《中国国家创新生态系统与创新战略研究》丛书编委会

顾　问　郭传杰
主　编　汤书昆
副主编　徐雁龙
编　委（以姓氏笔画为序）
　　　　王　娟　朱　赟　李建刚　范　琼
　　　　郑　斌　秦　庆　袁　亮　程　曦

"十四五"国家重点出版物出版规划项目

中国国家创新生态系统与创新战略研究(第二辑)

中国氨能工程化实施战略研究

李建刚　主编
袁　亮

Research on China's Engineering-Oriented Implementation Strategy of Ammonia Energy

中国科学技术大学出版社

内 容 简 介

本书依托中国工程院项目"作为氢能补充的氨能工程化实施战略研究",介绍了氨能作为氢能补充的可行性与必要性,氨能在产、储、运、用的呈现形式,氨能产业未来发展模式设想等内容。本书的最大特点是在叙述行业发展历史与现状的同时,对各研究分项的背景、可行性、优势、未来发展规模、材料设备供应商以及需要增加的产能、建议扶持的科研机构与企业、建议发展方式等给出了翔实的调研及充分的分析论证,并提出了审慎的建议。

本书可供相关领域的研究者参考使用。

图书在版编目(CIP)数据

中国氨能工程化实施战略研究/李建刚,袁亮主编. —合肥:中国科学技术大学出版社,2024.3

(中国国家创新生态系统与创新战略研究. 第二辑)

国家出版基金项目

"十四五"国家重点出版物出版规划项目

ISBN 978-7-312-05192-0

Ⅰ. 中… Ⅱ. ①李… ②袁… Ⅲ. 氨—能源发展—产业发展—研究—中国 Ⅳ. F426.2

中国国家版本馆 CIP 数据核字(2023)第 180406 号

中国氨能工程化实施战略研究

ZHONGGUO ANNENG GONGCHENGHUA SHISHI ZHANLÜE YANJIU

出版	中国科学技术大学出版社 安徽省合肥市金寨路96号,230026 http://press.ustc.edu.cn https://zgkxjsdxcbs.tmall.com
印刷	合肥华苑印刷包装有限公司
发行	中国科学技术大学出版社
开本	710 mm×1000 mm 1/16
印张	23.5
字数	372千
版次	2024年3月第1版
印次	2024年3月第1次印刷
定价	138.00元

编委会

主　编 李建刚　袁　亮
副主编 罗广南　丁　军　陈秋远
参编人员（以姓氏笔画为序）

丁　峻　中国科学院合肥物质科学研究院
方世东　中国科学院合肥物质科学研究院
田　林　上海核工程研究设计院有限公司
付　豹　中国科学院合肥物质科学研究院
冯汉升　中国科学院合肥物质科学研究院
任雪梅　中国科学院合肥物质科学研究院
江贻满　中国科学院合肥物质科学研究院
孙成伟　中国科学院合肥物质科学研究院
何　媛　中国科学院合肥物质科学研究院
张海民　中国科学院合肥物质科学研究院
陆恩泽　中国科学院合肥物质科学研究院
陈　磊　中国科学院合肥物质科学研究院
陈长伦　中国科学院合肥物质科学研究院
陈龙威　合肥综合性国家科学中心能源研究院（安徽省能源实验室）
林启富　合肥综合性国家科学中心能源研究院（安徽省能源实验室）
夏许露　中国科学院合肥物质科学研究院
倪陈宵　上海核工程研究设计院有限公司
郭大伟　中国科学院合肥物质科学研究院
唐　特　上海核工程研究设计院有限公司
盛林海　中国科学院合肥物质科学研究院
程　宇　合肥综合性国家科学中心能源研究院（安徽省能源实验室）

总 序

PREFACE

21世纪初,移动网络技术与人工智能技术的迭代式发展,引发了多领域创新要素全球性、大尺度的涌现和流动,在知识创新、技术突破与社会形态跃迁深度融合的情境下,创新生态系统作为创新型社会的一种新理论应运而生。

创新生态系统理论从自然生态系统的原理来认识和解析创新,把创新看作一个由创新主体、创新供给、创新机制与创新文化等嵌入式要素协同构成的开放演化系统。这一理论认为,创新主体的多样性、开放性和协同性是生态系统保持旺盛生命力的基础,是创新持续进发的基本前提。多样性创新主体之间的竞争与合作,为创新系统的发展提供了演化的动力,使系统接近或达到最优目标;开放性的创新文化与制度环境,通过与外界进行信息和物质的交换,实现系统的均衡与可持续发展。这一理论由重点关注创新要素构成的传统创新理论,向关注创新要素之间、系统与环境之间的协同演进转变,体现了对创新活动规律认识的进一步深化,为解析不同国家和地区创新战略及政策的制定提供了全新的角度。

进入21世纪以来,以欧美国家为代表的国际创新型国家,为持续保持国家创新竞争力,在创新理念与创新模式上引领未来的战略话语权,系统性地加强了创新理论及前瞻实践的研究,并在国家与全球竞争层面推出了系列创新战略报告。例如,2004年,美国国家竞争力委员会推出《创新美国》战略报告;2012年,美国商务部发布《美国竞争和创新能力》报告;2020年,欧盟连续发布了《以知识为基础经济中的创新政策》和《以知识为基础经济中的创新》2篇报告;2021年,美国国会参议院通过《美国创新与竞争法案》。

当前,我国已提出到2030年跻身创新型国家前列,2050年建成世界科技创新强国的明确目标。但近期的国际竞争使得逆全球化趋势日趋严峻,这带来了中国社会创新发展在全球战略新格局中的独立思考,并使得适时提炼中国在创新型国家建设进程中的模式设计与制度经验成为非常有意义的工作。研究团队基于自然与社会生态系统可持续演化的理论范式,通过观照当代中国的系统探索,解析丰富多元创新领域和行业的精彩实践,期望形成一套多辑多卷、具有中国特色的创新生态系统的理论成果丛书,来助推传统创新模式在中国式现代化道路进入新时期的重大转型。

本丛书从建设创新型国家战略的高度立论,在国际比较视野中阐述具有中国特色的创新生态系统构成体系,围绕"国家科学文化与科学传播社会化协同-关键前沿科学领域创新生态构建-重要战略领域产业化与工程化布局"3个垂直创新领域,展开了对中国创新生态系统构建路径的实证研究。作为提炼和刻画中国国家创新前沿理论应用的专项研究,丛书对于拓展正在进程中的创新生态系统理论的中国实践方案、推进中国国家创新能力高水平建设具有重要参考价值。

2018年,以中国科学技术大学研究人员为主要成员的团队完成并出版了国家出版基金资助的该项目的第一辑,团队在此基础上深入研究,持续优化,完成了国家出版基金资助的该项目的第二辑,于 2024 年陆续出版。

在持续探索的基础上,研究团队希望能越来越清晰地总结出立足人类命运共同体格局的中国国家创新生态系统构建模式,并对一定时期国家创新战略构建的认知提供更扎实的理论基础与分析逻辑。

本人长期关注创新生态系统建设相关工作,2011 年曾提出中国科学院要构筑人才"宜居"型创新生态系统。2018 年,应作者邀请为"中国国家创新生态系统丛书"作序。值此丛书第二辑出版之际,谨以此文表示祝贺并以为序。

中国科学院院士,中国科学院原院长

前言

FOREWORD

"双碳"目标的确定,为国家能源供给结构和能源消费结构提出了快速调整转型的要求。氢能是一种非常有前景的化学储能方式,可以有效地提高间歇式的风、光电力的利用效率,尽可能地减少浪费,保障电网安全稳定运行。以氢能为代表的化学储能方式将肩负起削峰平谷的能源再分配和大容量能源输送的作用,是未来能源体系中的"血液",将有助于加快扩大以新能源为核心的绿色产业规模的步伐。

利用同样不含碳的氨(NH_3)作为氢能的补充正受到越来越多的认可。将可再生能源生产的绿氢进一步合成为绿氨,并将绿氨作为绿氢大规模储运的载体,充分发挥氨在储运过程中能耗低、技术成熟、基础设施和规章制度完善、安全性高的优势,可以有效地补齐氢能的短板,节省攻克氢能大规模、长距离运输"卡脖子"技术难题的时间,支撑氢能战略的快速落地。

绿色氨能作为一种取之不尽、安全灵活、高能量密度的清洁能源,可逐步替代石油、天然气等战略性能源,保障能源安全和多元化。氨能还可以耦合电网、热网和气网(氢气等),是打造安全、稳定、高效的多元互补能源体系的理想核心能源。氨能将作为氢能的补充,为实现"双碳"目标贡献出自身独特的力量。

在生产端，氨是由以风电、光电为代表的清洁能源制得的绿氢以及空气中分离的氮气合成的，以这种方式合成的绿氨理论上不会产生碳排放，相比之下现阶段工业上普遍由化石能源制氨的方法资源消耗多，碳排放量大。

便于储存和运输是氨能最突出的优势。氨能储运可以依托国内现有成熟的技术、充足的基础设施原材料供应和设备生产商以及完备的安全保障措施和政策法规，在很短的时间内形成较大规模。相比于氢能运输、特高压输电等方式，氨能运输具有投资规模小、运营成本低、能量密度高的显著优势。

在应用终端，氨可以以较小的代价重新裂解为氢，将能源的"接力棒"交还给氢能，完成自己作为氢能储运载体的使命。此外，运输至目的地的绿氨也可以直接利用，因为氨是最重要的化工原料之一。氨同时也是一种优质的无碳燃料。氨分子仅由氮元素与氢元素组成，不含碳元素，也没有直接的温室效应。其完全燃烧时只产生水和氮气，没有硫氧化物、颗粒物等污染物或温室气体的排放，因此氨能同氢能一样，是一种完全绿色环保的能源，可以直接作为燃料用于发电厂、交通载具与城市供暖等多种应用终端。

本次战略研究还对"西北地区绿氨生产基地""氨能绿色智慧城镇""采煤沉陷区光伏-氢-氨-电-环境修复一体化产业""海上综合性绿氨生产平台""氨能辅助的智慧电网""绿氨港口""绿氢-绿氨耦合式智慧工业园区"等氨能产业链进行了规划与建议。

将氨能作为氢能的补充与发展，打造以绿氨为核心的氨能绿色产业，可以为氢能战略的稳定性与安全性提供有效支撑，对我国的国计民生意义重大：

（1）氨能可以充当氢能长时间储存与长距离输运的零碳替代方案，可以在较短时间内有效解决氢能储运的"卡脖子"技术难题，保障"双碳"目标的完成进度。

（2）氨能的储能效率较高，可以有效缓解可再生能源的消纳问题。氨能是唯一一种可以在时间和空间两个维度上实现大范围、大规模能源灵活性调节与分配的零碳储能方式，与我国能源供需逆向分布特征相匹配。在不久的将来，"双碳"目标推动下迅速扩大的可再生能源与氢能产业的产能或产品将面临周期性过剩、长时间大容量储存困难、大通量省际调配成本高昂等困境，需要氨能作为以可再生能源——氢能为主的能源体系的"润滑油""缓冲剂""吸水海绵"和"血液"，形成可再生能源——氢能-氨能能源体系，可以为可再生能源储量丰沛的地区的经济发展提供新引擎。氨能将成为未来西部地区风、光规模呈数量级上升的情境下向东部地区巨量输送能源的支柱方式之一，可以减少电网的压力以及扩增需求，减轻"西电东送""西气东输""北煤南运"的负担，有利于西部大开发和东西部协同发展。

（3）氨能作为氢能的补充可以加快能源体系绿色转型的节奏。作为可靠且低成本的大容量储能方式，氨能可加快风电、光伏、绿氢等产业扩大产能的步伐，有利于我国绿色能源产业的布局与发展，使得一次能源中可再生能源的增加速度以及最终规模超过预期。这将迅速减少我国的化石能源对外依赖度，提升我国的能源战略安全，并且有望在新能源领域实现弯道超车，让我国从化石能源进口大国蜕变为绿色氢氨能源出口国，助力我国在"百年未有之大变局"的战略关键时期实现人民币国际化。

（4）目前，国外在氢能产业的一些方面相比于国内已经代差领先，需要提防西方国家在氢能领域对我国进行技术"扼喉"。而依托我国庞大的氨市场和成熟的设备生产技术,以及集中力量办大事的制度优势,将氨能作为氢能的补充与发展将在短期内具备更高的自主性和可控性,并且有望实现绿氨产业核心关键技术的世界性的全面领跑。

(5)最重要的是,氨能产业可以直接减少巨量二氧化碳的排放。氨能产业的全面推广可以替代化石能源,促进冶金、化工、电力、交通、供暖等领域的深层次脱碳转型。例如,绿氨产能将逐步替代灰/棕氨产能,氨能船舶可以消除水运行业的高碳排放,仅这两项实现基于氨能的全面绿色迭代就至少可以减少总碳排放的 3%,同时节约煤和天然气总消耗的 2%～4%。我们预计,绿氨产业将在 2030 年减少全国年碳排放量 3.8×10^8 t,将在 2060 年减少全国年碳排放量 7.6×10^8 t。将氨能作为氢能的补充,将为实现"双碳"目标提供磅礴的力量。

编 者

2023 年 6 月

目 录

总序 ·· (ⅰ)

前言 ·· (ⅴ)

第 1 章
概述 ·· (1)

1.1 巴黎协定与全球减少碳排放的愿景 ····················· (1)

1.2 我国碳达峰和碳中和目标的宏伟蓝图 ··················· (4)

1.3 可再生能源的消纳困境与储能 ····························· (7)

  1.3.1 机械储能 ·· (13)

  1.3.2 化学储能 ·· (15)

  1.3.3 电磁储能 ·· (16)

  1.3.4 蓄热 ·· (16)

1.4 氢能对于实现"双碳"目标具有重要意义 ················ (18)

1.5 氨能作为氢能补充的重要意义 ····························· (20)

第 2 章
氢能产业发展现状及瓶颈 …………………………………………… (22)

- 2.1 氢能的基本介绍 ……………………………………………………… (22)
- 2.2 国内外氢能产业发展及规划 ………………………………………… (26)
  - 2.2.1 国外氢能产业发展及规划 ……………………………………… (26)
  - 2.2.2 国内氢能产业发展及规划 ……………………………………… (31)
- 2.3 大力发展氢能需要突破的极大挑战 ………………………………… (48)
  - 2.3.1 目前氢能在诸多方面存在困难,阻碍着氢能产业短期内的发展 …… (48)
  - 2.3.2 目前我国氢能产业发展面临的问题 …………………………… (49)
  - 2.3.3 补充和发展氢能的主要方式及其优劣对比 …………………… (52)

第 3 章
氨能产业发展现状及分析 …………………………………………… (58)

- 3.1 氨的基本性质 ………………………………………………………… (58)
  - 3.1.1 氨气易液化,便于储运 ………………………………………… (59)
  - 3.1.2 氨拥有最佳的储氢性能 ………………………………………… (60)
  - 3.1.3 氨是一种优异的直接能源 ……………………………………… (61)
  - 3.1.4 氨的安全性远高于氢 …………………………………………… (62)
- 3.2 氨能在承接氢能战略落地中将发挥的作用 ………………………… (69)
  - 3.2.1 发展氨能作为氢能补充完全可行 ……………………………… (69)
  - 3.2.2 发展氨能作为氢能补充非常重要 ……………………………… (70)
  - 3.2.3 氨能全产业链的整体布局思路 ………………………………… (73)
  - 3.2.4 氨能产业具有独特的优势 ……………………………………… (75)
- 3.3 我国在氨能技术研发的起步阶段暂时处于落后位置 ……………… (80)

第 4 章
氨能在生产端的前景和发展建议 ……………………………… (89)

 4.1 基本概念介绍 ………………………………………………… (89)
  4.1.1 传统合成氨方式 ……………………………………… (89)
  4.1.2 蓝/粉/绿氨生产过程的净碳排放量趋近于零………… (95)
 4.2 绿氨生产产业分析 …………………………………………… (99)
  4.2.1 原理介绍 ……………………………………………… (99)
  4.2.2 示范项目 ……………………………………………… (101)
  4.2.3 绿氨生产产业具备强劲竞争力 ……………………… (108)
  4.2.4 绿氢成本较高是现阶段氢能以及作为氢能延伸的氨能所面临的主要挑战 ……………………………………………………… (109)
  4.2.5 绿氨生产未来发展规模庞大 ………………………… (112)
  4.2.6 建议加大技术研发力度,降低绿氨整体成本 ……… (126)

第 5 章
氨能在运输端的前景和发展建议 ……………………………… (136)

 5.1 氨储存 ………………………………………………………… (136)
  5.1.1 简介 …………………………………………………… (136)
  5.1.2 氨在储存时的优势 …………………………………… (141)
 5.2 氨运输 ………………………………………………………… (145)
  5.2.1 简介 …………………………………………………… (145)
  5.2.2 氨在运输时的优势 …………………………………… (153)
 5.3 发展建议 ……………………………………………………… (159)
  5.3.1 建议加强安全保障 …………………………………… (159)

5.3.2 建议完善基础设施 …………………………………………（163）

第 6 章
氨能在高效利用端的前景和发展建议 ………………………（166）

6.1 氨转变为氢使用情景的前景和发展建议 ……………………（166）
    6.1.1 理论研究 …………………………………………………（166）
    6.1.2 示范项目 …………………………………………………（174）
    6.1.3 需要解决的问题 …………………………………………（181）
    6.1.4 发展建议 …………………………………………………（182）

6.2 用绿氨代替高碳排放的传统商品氨作为工业原料可以
    协助化工行业实现低碳转型 …………………………………（183）
    6.2.1 简介 ………………………………………………………（183）
    6.2.2 需要解决的问题以及发展建议 …………………………（187）

6.3 绿氨作为燃料使用的现状和发展建议 ………………………（188）
    6.3.1 理论研究 …………………………………………………（188）
    6.3.2 氨是一种十分具有竞争力的燃料 ………………………（193）
    6.3.3 氨可以在多种设备中直接氧化释放能量 ………………（196）
    6.3.4 氨作为燃料在工业、电力、交通、民生等领域的潜力巨大 …（215）
    6.3.5 氨燃烧需要解决的技术难点 ……………………………（253）
    6.3.6 氨燃烧技术重点研发方向建议 …………………………（263）

第 7 章
绿色氨能产、储、运、用一体化产业链试点模式建议 ………（274）

7.1 西北地区绿氨生产基地 ………………………………………（274）

   7.1.1 背景介绍 …………………………………………………… (274)
   7.1.2 试点模式简介 ……………………………………………… (281)
   7.1.3 发展建议 …………………………………………………… (282)
  7.2 氨能绿色智慧城镇 ………………………………………………… (287)
   7.2.1 背景介绍 …………………………………………………… (287)
   7.2.2 试点模式简介 ……………………………………………… (291)
   7.2.3 发展建议 …………………………………………………… (292)
  7.3 采煤沉陷区光伏-氢-氨-电-环境修复一体化产业 ……………… (293)
   7.3.1 背景介绍 …………………………………………………… (293)
   7.3.2 试点模式简介 ……………………………………………… (296)
   7.3.3 发展建议 …………………………………………………… (296)
  7.4 海上综合性绿氨生产平台 ………………………………………… (298)
   7.4.1 背景介绍 …………………………………………………… (298)
   7.4.2 试点模式简介 ……………………………………………… (303)
   7.4.3 发展建议 …………………………………………………… (304)
  7.5 氨能辅助的智慧电网 ……………………………………………… (307)
   7.5.1 背景介绍 …………………………………………………… (307)
   7.5.2 试点模式简介 ……………………………………………… (311)
   7.5.3 发展建议 …………………………………………………… (312)
  7.6 绿氨港口 …………………………………………………………… (315)
   7.6.1 背景介绍 …………………………………………………… (315)
   7.6.2 试点模式简介 ……………………………………………… (316)
   7.6.3 发展建议 …………………………………………………… (317)
  7.7 绿氢-绿氨耦合式智慧工业园区 ………………………………… (318)
   7.7.1 背景介绍 …………………………………………………… (318)
   7.7.2 试点模式简介 ……………………………………………… (321)

  7.7.3 发展建议 ·· (322)

第 8 章
氨能战略的前景和发展建议 ································ (324)

8.1 我国发展氨能战略是自主可控且安全的 ···················· (324)
8.2 创新驱动氨能产业的发展 ···································· (326)
  8.2.1 理论研究 ·· (327)
  8.2.2 新材料开发 ·· (328)
  8.2.3 新型制氢方法 ·· (328)
  8.2.4 新型合成氨方法 ·· (329)
  8.2.5 氨能利用新形式 ·· (329)
  8.2.6 新型产业发展模式 ······································· (329)
8.3 氨能战略发展建议 ··· (330)
  8.3.1 绿氨整体布局建议 ······································· (330)
  8.3.2 政策制定建议 ·· (333)
  8.3.3 重点扶持单位建议 ······································· (339)

结语 ··· (342)

参考文献 ··· (345)

第1章
概　　述

1.1　巴黎协定与全球减少碳排放的愿景

我们只有一个地球,保护地球环境就是保护我们赖以生存的家园。气候变化是地球环境的主要威胁之一,主要由以二氧化碳(CO_2)为主的温室气体所产生的温室效应引起。第一次工业革命以来,因人类活动导致大量碳元素以二氧化碳的形式从化石能源中释放到大气中,导致大气中的二氧化碳浓度逐年升高。在过去几年中,大气中的二氧化碳浓度达到了 2500 万年来的最高水平。以此趋势,大气中二氧化碳浓度将会很快超过 4.50×10^{-4} 的警戒值,如图 1.1 所示。如果人类不进行任何干预,预计到 21 世纪末全球气温将上升 5 ℃。毋庸置疑,气温上升将对地球和人类产生深远的影响。这些影响包括但不限于:冰川融化,海平面上升,沿海地区被淹没,极端天气增加;超过 75% 的物种灭绝,灭绝规模达到其至超越地球历史上的 5 次大规模物种灭绝事件,粮食产量减少 50%,这将导致严重的饥荒,引发大规模瘟疫及战争,产生惨绝人寰的人道主义危机。

2012 年 11 月,中国共产党第十八次全国代表大会明确提出要倡导人类命运共同体意识。面对气候变化,任何国家和个人都不能独善其身,唯有携起手来,以切实的行动减少二氧化碳排放量,才能在未来几十年内有效地减少因人类活动增加的温室效应,绿水长流,青山不改,让子孙后代永远享有"金山银山"。

联合国气候变化大会是在《联合国气候变化框架公约》框架下每年举行一

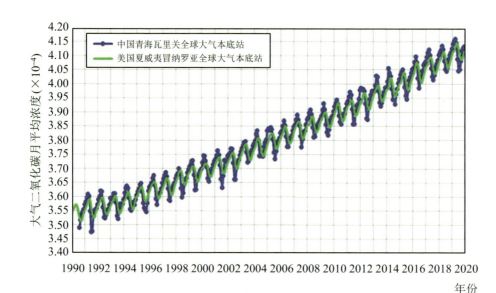

图 1.1　近 30 年来大气二氧化碳浓度的攀升

次的旨在商议气候变化议题的国际会议。1995 年以来,经各方商议与斡旋,在历次气候变化大会上已经取得了《京都议定书》、"巴厘路线图"、《哥本哈根协议》、《巴黎协定》等一系列具有里程碑意义的成果。《巴黎协定》于 2015 年在巴黎气候变化大会上通过,于 2016 年签署,我国在同年成为该协定的缔约方之一。时至今日,《巴黎协定》已经拥有近 200 个缔约方。

《巴黎协定》是继《京都议定书》之后,应对气候变化领域最重要的国际法律文件。该协定对 2020 年后全球应对气候变化的行动做出了统一安排,并提出了全球气温变化的长期控制目标:全球平均气温较前工业化时期上升幅度控制在 2 ℃以内,并努力将温度上升幅度限制在 1.5 ℃以内。在此目标下,大气中的碳浓度将保持在 $4.30\times10^{-4}\sim4.80\times10^{-4}$,海平面上升的幅度将保持在 0.6 m 以内。根据政府间气候变化专门委员会(Intergovernmental Panel on Climate Change,IPCC)得出的结论,到 21 世纪中叶,必须实现碳中和,这样才有可能将全球升温幅度控制在 1.5 ℃之内,如图 1.2 所示。

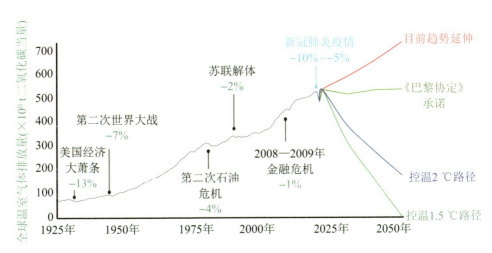

图1.2 《巴黎协定》愿景下的全球二氧化碳净排放量的路线图
资料来源：波士顿咨询公司（BCG）。

《巴黎协定》签署后，许多国家和地区相继公布减少碳排放或碳中和的时间节点。比如，已实现碳达峰的发达国家纷纷拟定碳中和时间表，如芬兰确定在2035年，瑞典、奥地利、冰岛等国家确定在2045年，英国、挪威、加拿大、日本等国家确定在2050年实现碳中和；又比如，欧盟确立的"CertifHy""碳中和"整体计划；再比如，目前美国已有23个州制定了减排目标，20个州承诺在2050年前实现100%清洁电力，12个州制定了碳定价政策，等等。截至目前，全球已有132个国家承诺在21世纪中叶前实现碳中和。

然而，不确定性与挑战依然存在。《巴黎协定》的大多数签署国尚未采取决定性行动。此外，作为人均碳排放量最高的国家之一的美国于2020年11月4日退出了《巴黎协定》。尽管美国新一届政府于2021年2月19日重回《巴黎协定》，但由此可见，美国的减碳政策缺乏连贯性，这种不可预测的表现为全球合作控制温室效应的信心蒙上了一层阴影。2020年9月，中国基于推动实现可持续发展的内在要求和构建人类命运共同体的责任担当，向世界做出了"中国力争2030年前实现碳达峰，2060年前实现碳中和"的庄严承诺，彰显了一个负责任大国应对气候变化的积极态度。

1.2 我国碳达峰和碳中和目标的宏伟蓝图

中国将采取更加有力的政策和措施,二氧化碳排放力争于2030年前达到峰值,努力争取2060年前实现碳中和。碳达峰和碳中和目标(以下简称"双碳"目标)是党中央经过深思熟虑做出的重大战略决策,是党中央结合我国国情和发展现状及阶段做出的切实可行的承诺和指引,为未来绿色低碳经济社会的发展指引了方向,同时也划定了红线,事关中华民族永续发展和人类命运共同体的构建。

"双碳"目标顺应我国可持续发展的内在要求,有利于构建绿色低碳可持续的循环经济发展,助推绿色生产方式和生活方式,为我国实现社会经济绿色低碳高质量发展提供了方向指引,擘画了宏伟蓝图。

"双碳"目标不仅是一次全面社会经济转型,更是中华复兴的一次观念、思想与生活方式的革命。在欧盟气候治理显现疲态、美国重回《巴黎协定》后需花费较长时间弥补先前劣势的背景下,若中国把握住第四次碳中和绿色革命,将使中国这个后发、新兴的发展中国家获得与发达国家同台竞争的优势,并在中国的社会主义现代化强国进程中将现代化的定义进行更新升级,从生态文明和发展质量的角度使社会主义的建设目标得到扩充。

"双碳"目标的实现将会对世界气候变化产生深远的影响。研究预测,中国越早将碳排放量减少到零,实现将全球升温幅度控制在1.5 ℃之内目标的可能性就越大。中国将用自身的切实行动,履行《巴黎协定》缔约国的义务,为实现《巴黎协定》制定的目标贡献磅礴力量。

然而,实现"双碳"目标并非易事。随着我国经济的腾飞,自2006年起,我国已成为世界二氧化碳排放第一大国。我国承诺实现从碳达峰到碳中和的时间,远远短于发达国家所用的时间,需付出更为艰苦的努力。实现"双碳"目标需要克服巨大的困难,包括产业偏重、能源偏煤、效率偏低,以及对高碳发展的路径依赖惯性比较大等。我国是制造业强国,制造业和电力的碳排放分别占我国总体碳排放的45%和34%。然而,中国日益增长的中等收入人群带来日益增长的商品和服务需求,及其对更安全、更健康、更幸福和更平等生活的向往会改变上述比例。可预见的人均电力消费与人均汽车保有量的快速上升也会给"双碳"目标带来不小的挑战。

为了高质量完成"双碳"目标,应对种种挑战,国家相继印发重磅指导文件。2021年2月,国务院印发了《关于加快建立健全绿色低碳循环发展经济体系的指导意见》。"十四五"开局之年,我国高规格发布构建绿色低碳循环发展经济体系的纲领性文件,是实现"双碳"目标的关键举措,具有重大意义和深远影响。2021年3月,"落实2030年应对气候变化国家自主贡献目标,制定2030年前碳排放达峰行动方案"纳入了"十四五"规划,碳排放达峰后稳中有降,亦作为2035年远景目标之一。

在迎来中国碳中和目标提出一周年之际,为完整、准确、全面贯彻新发展理念,2021年10月,《中共中央 国务院关于完整准确全面贯彻新发展理念做好碳达峰碳中和工作的意见》发布,要求把碳达峰、碳中和纳入经济社会发展全局,以经济社会发展全面绿色转型为引领,以能源绿色低碳发展为关键,加快形成节约资源和保护环境的产业结构、生产方式、生活方式、空间格局,坚定不移地走生态优先、绿色低碳的高质量发展道路,确保如期实现碳达峰、碳中和。

2021年10月,国务院发布《2030年前碳达峰行动方案》(以下简称《方案》)。《方案》提出非化石能源消费比重提高、能源利用效率提升、二氧化碳排放强度降低等主要目标,并要求将碳达峰贯穿于经济社会发展全过程和各方面,重点实施"碳达峰十大行动"。《方案》要求重点实施"碳达峰十大行动",即能源绿色低碳转型行动、节能降碳增效行动、工业领域碳达峰行动、城乡建设碳达峰行动、交通运输绿色低碳行动、循环经济助力降碳行动、绿色低碳科技创新行动、碳汇能力巩固提升行动、绿色低碳全民行动、各地区梯次有序碳达峰行动,并就开展国际合作和加强政策保障做出相应部署。

2022年5月,财政部印发的《财政支持做好碳达峰碳中和工作的意见》提出,到2025年,财政政策工具不断丰富,有利于绿色低碳发展的财税政策框架初步建立,有力支持各地区各行业加快绿色低碳转型。2030年前,有利于绿色低碳发展的财税政策体系基本形成,促进绿色低碳发展的长效机制逐步建立,推动碳达峰目标顺利实现。2060年前,财政支持绿色低碳发展政策体系成熟健全,推动碳中和目标顺利实现。国家层面的政策密集出台,体现了我国控制气候变化、实现能源结构转型的强烈意愿,彰显了我国实现"双碳"目标的决心,鼓舞了各行各业加快实现绿色低碳转型。

作为重要的碳排放行业之一,能源行业的转型将对中国实现低碳发展的道路产生深远的影响。能源行业实现"双碳"目标,既涉及能源结构的优化调整,又涉及能源利用效率的提升与化石能源使用规模的减量。面对波云诡谲的国际形势和后疫情时代的经济发展关键重振期,"双碳"目标不仅是我国作为负责任大国对世界可持续发展做出的庄严承诺,同时,也是倒逼我国将能源安全命脉掌握在自己手中,实现经济绿色转型和"双循环"经济新格局的战略性举措。深入实施可再生能源替代行动,大力发展清洁能源,构建以新能源为主体的新型电力系统,是保障国家能源安全、推动能源绿色低碳发展的重要举措。

"双碳"目标引领下的中国能源绿色生产与利用效率的全方位革新,有助于我国减少石油、天然气等能源的对外依赖性,使我国免受敌对势力能源制裁的"扼喉",提升能源与国家战略安全,并在"百年未有之大变局"的国际形势转变关键期助力人民币的进一步国际化;有助于我国在能源领域扬长避短,充分发挥我国制造业强国的优势,利用好西北地区丰富的可再生能源资源,在下一次能源革命、材料革命与工业革命即将到来的历史洪流中实现弯道超车,从化石能源进口第一大国蜕变为新能源出口第一大国;有助于我国构建绿色低碳循环发展经济体系,打赢蓝天保卫战,推动生态文明建设,让更多的蓝天白云与绿水青山在美丽的神州大地上书写绿色篇章、描绘生态画卷,让寰宇响彻保护地球、绿色发展的中国声音。

展望未来,中国已经做好充分准备,为应对全球气候变化做出重大贡献并发挥全球领导作用。中国将着眼于建设更高质量、更开放包容和具有凝聚力的能源、经济、政治和社会体系,形成更为绿色、高效和可持续的新发展模式,共同谱写生态文明新篇章。

1.3 可再生能源的消纳困境与储能

实现"双碳"目标,需要深刻认识我国的能源资源禀赋。我国是一个"富煤、贫油、少气"的国家。我国的能源资源禀赋决定了长期以来我国的能源结构特点为化石能源占比高($>80\%$),煤炭依赖度大($\sim 60\%$),不利于构建绿色低碳循环发展经济体系,成为实现"双碳"目标的巨大阻碍,更时刻威胁着我国能源与国防战略安全。我国自 2011 年起成为世界最大的煤炭进口国,进口煤炭占世界贸易量的近 1/4;2021 年石油、天然气的对外依存度分别达到了 73% 和 45%,在全球单边保护主义愈演愈烈、中美关系不确定因素增大、俄乌冲突等事件对全球能源贸易的影响下,我国能源安全风险进一步加大。因此,结合资源禀赋,我国能源转型重点在"减煤、稳油、增气,大力发展新能源"。

为助力实现"双碳"目标,能源产业需要构建清洁低碳、安全高效的能源体系,控制化石能源总量,着力提高利用效能,实施非化石能源替代行动。非化石能源(低碳能源),特别是可再生能源,是我国可以掌控的、更经济安全的电源。辽阔的国土面积使得我国拥有丰富的可再生能源开发潜力,我国现已开发的可再生能源不到技术可开发量的 1/10。依据 2021 年 6 月国家能源局印发的《关于 2021 年风电、光伏发电开发建设有关事项的通知》中的计算以及 2021 年 10 月国务院印发的《2030 年前碳达峰行动方案》中的要求,经数学模型预测分析得出,"双碳"目标要求低碳能源在一次能源消费总量中的占比,应从 2021 年的约 11% 增加到 2025 年的 20%~30%,再到 2035 年的 35%~65%,最终达到 2050 年的 70%~85%。我国能源消费总量会在碳排放量达到峰值后逐步下降,但电能消费总量一直呈上升趋势,非化石能源电力+氢能逐步替代传统能源,终端能源使用以电能为主,约占能源消费量的 70%,如图 1.3 所示。

清洁能源中,水电、核电、生物质发电的大规模增长空间有限,这是因为:① 水电受制于资源有限、移民困难、丰枯期发电不均、对河流生态影响大等;② 核电受制于安全约束高、厂址受限、固定投资大、核废料处理困难等;③ 生

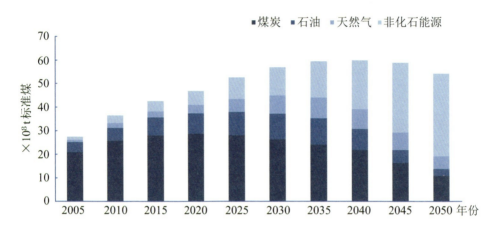

图1.3 2℃目标导向情境下中国能源消费结构情况

资料来源：《中国长期低碳发展战略与转型路径》。

物质发电受制于燃料运输半径短、单机容量小、投资成本和运行成本较大等。而我国风能、太阳能资源丰富，且风电、光伏技术水平领先、产业成熟，因此风电、光伏是电力实现"双碳"目标的中流砥柱（表1.1）。

表1.1 2035年年发电量变化预测

单位：$\times 10^{12}$ kW·h

2020年（总计7.6）	2035年（总计15）	备注
5.17(68%)	4~6(25%~40%)	火电：调峰
1.36(18%)	1.8~2(12%)	水电：基荷+调峰
0.72(9%)	4.8~6.8(32%~42.5%)	风光：需配合储能
0.37(5%)	2.4~3.2(15%~20%)	核电：基荷+调峰

目前，我国风电、光伏、动力电池的技术水平、产业竞争力和产业规模总体处于全球最前沿。

中国在全球清洁能源产品供应链中占主导地位。截至2022年6月，全国可再生能源发电总装机已突破1.1×10^9 kW。太阳能光伏制造业中，2021年中国硅料、硅片、电池和组件产量分别达到5.05×10^5 t、227 GW、198 GW 和182 GW(1 GW=1000 MW, 1 MW=1000 kW)。全球的光伏设备很大程度上依赖于中国,特别是欧盟,在 2022 年第一季度,欧盟对于中国的光伏太阳能的组件需求达到了 16.7 GW,进口规模比 2021 年同期增长了 145%。在风力发电机的产业链中,中国拥有大约 2/3 的产能;中国的锂电池制造业约占全球供应量的3/4。此外,中国在氢能、地热、能源互联网等领域的科研实力也比较雄厚。

我国风电、光伏、水电装机量均已占到全球总装机量的 1/3 左右,领跑全球。2021 年我国新增风电装机容量为 47.6 GW,占全球新增装机容量的 51%;新增光伏装机容量为 54.9 GW,占全球新增装机容量的 30%,可再生能源的开发利用的增幅也稳居世界第一。"十四五"时期将是我国可再生能源发展的战略机遇期。截至 2021 年底,我国风电、光伏发电累计装机容量均突破 3×10^8 kW 大关,可再生累计装机容量突破 1×10^9 kW 大关,占全国发电总装机容量的比重达到 43.5%。

预计到 2030 年和 2060 年,风电总装机容量分别达到 8×10^8 kW 和 2.5×10^9 kW,形成西北陆上、东南海上风电并举格局;光伏总装机容量分别达到 1×10^9 kW 和 3.55×10^9 kW,形成集中式和分布式并重开发的局面。

一座座风力发电厂如同参天大树,一片片太阳能电池板如同茵茵草甸,让曾经荒芜的戈壁沙漠生长出能源的绿洲,为当地的经济发展注入强有力的新动能,以强大的能量支持西部的大开发与乡村振兴。

然而,我国能源供需逆向分布特征明显,可再生能源发电侧与负荷侧地理位置不匹配。我国"三北"地区集中了全国 60% 以上的风电和仅 50% 的光伏发电装机,但只占全国负荷比例的 32%,导致位于西南、"三北"地区的可再生能源发电基地大多是大装机、小负荷。叠加"富煤、贫油、少气"的能源资源禀赋,我国局部地区、局部时段供需矛盾依然突出。

与常规同步电源相比,新能源发电表现出弱支撑性、弱惯量和低抗扰性的特征。

我国地形复杂,气候类型多样,随机波动性强,风能与太阳能的多寡几乎不被人的意志所左右。过去,由于风电、光伏发电量的波动以及电网接纳能力的不足,"弃风""弃光"现象大量存在。随着各项规定和措施的实施,我国的"弃风""弃光"现象得到了很大程度的缓解。2019 年,我国新能源利用率达到96.7%,提前一年实现新能源利用率95%以上的目标,但个别省区仍面临较大压力。

除了能量的浪费,可再生能源发电的比例增加还会提高大电网的功率、频率波动性,对系统的灵活性造成冲击。2019年,国家电网公司经营区新能源日最大功率波动达1.07×10^8 kW,占其装机的31%。未来,随着新能源装机的增大,其功率波动将进一步增大。预计2050年全国范围内新能源日内最大功率波动将超过1×10^9 kW,与当年常规电源(火电、水电)总装机容量相当,仅靠常规电源调节难以应对新能源日内功率波动,新能源消纳面临巨大挑战。

跨入21世纪以来,受经济形势、极端天气以及储能不足等因素的影响,2001—2004年、2008—2011年、2018—2021年我国部分地区发生电力供应紧张事件,对人们的生产生活造成了影响,能源安全保障供应形势严峻。加之新能源装机容量增长以及疫情后经济复苏等因素的影响,未来新能源消纳难度将增大。

能源系统转型需要解决两个层次的问题:一是如何鼓励和引导可再生能源装机,持续提升可再生能源装机水平;二是如何优化利用现有可再生能源装机,促进现有装机的高水平利用。就第一层次而言,风电、光伏这两个主流新能源发电技术已经成熟,现阶段面临的现实挑战是如何在平价时期实现可再生能源的可持续发展;就第二层次而言,需要应对可再生能源高比例接入后的系统灵活性挑战以及零碳能源外送的技术和经济挑战。

在这种背景下,储能、电力输送等技术当"扛起"重任。储能技术不仅可以削峰填谷、平滑负荷,还可以提高系统运行的稳定性、调整频率、补偿负荷波动。特别是当储能技术与可再生能源相结合时,能显著提高可再生能源的利用效率。然而,与飞速增长的风电、光伏装机容量相比,目前我国储能产业、电网输送能力的发展相对滞后,成为清洁能源消纳的巨大障碍。"进一步完善可再生能源电力消纳保障机制"是《2030年前碳达峰行动方案》中提出的大力发展新能源的行动项之一。

发展储能技术可以丰富我国的战略能源储备形式。战略能源储备是为了应对能源供应突然中断或能源供应突然出现严重短缺的情况,我国作为能源进口大国,目前的石油战略储量远低于国际能源署(International Energy Agency,

IEA)要求的合格战略石油储备标准。我国能源对外依存度高,因此,国内能源市场在很大程度上受制于国际能源市场,加之能源储备的不足,当面对一些紧急状况,如能源价格飞涨、地区局势剧变、石油危机甚至是战时紧急状况时,倘若能源储备不足将面临十分被动的局面。

如图 1.4 所示,根据中关村储能产业技术联盟(China Energy Storage Alliance,CNESA)全球储能项目库的不完全统计,截至 2020 年底,全球已投运储能项目累计装机容量为 191.1 GW,同比增长 3.4%,增速提高 1.5%;其中,我国已投运累计装机容量为 35.6 GW,同比增长 9.8%,增速提高 6.2%;我国已投运累计占全球总规模的 18.6%,同比提升 1%。需要从战略上将储能与可再生能源放在同等重要的位置,使二者的发展相匹配。

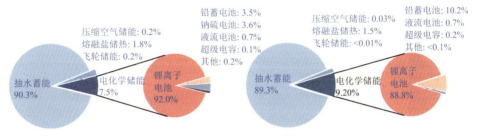

(a) 全球已投入电力储能项目类型分布　　(b) 中国已投入电力储能项目类型分布

图 1.4　已投入电力储能项目类型分布

资料来源:CNESA。

我国在储能产业的战略布局始于 2005 年出台的《可再生能源产业发展指导目录》。经过十多年的发展,目前储能方面的政策已日趋完善,如图 1.5 所示。尤其是在 2020 年后,相关政策的密集出台彰显了国家层面对于发展储能的重视。《关于加快推动新型储能发展的指导意见》提出:到 2025 年新型储能装机规模达 3×10^7 kW 以上。各地积极响应国家号召,已有超过 20 个省/直辖市/自治区相继出台政策规定新能源发电项目储能配置,要求储能配置比例为 5%~30%,备电时长为 1~4 h。

发展初期
- 2005年《可再生能源产业发展指导目录》
- 2010年《中华人民共和国可再生能源法(修正案)》

"十二五"期间
- 2011年《国家能源科技"十二五"规划(2011—2015)》
- 2014年《能源发展战略行动计划(2014—2020年)》
- 2015年《关于进一步深化电力体制改革的若干意见》《关于促进智能电网发展的指导意见》《关于开展可再生能源就近消纳试点的通知》

"十三五"期间
- 2016年《关于促进电储能参与"三北"地区电力辅助服务补偿(市场)机制试点工作的通知》《能源技术革命创新行动计划(2016—2030年)》《电力中长期交易基本规则(暂行)》
- 2017年《关于促进储能技术与产业发展的指导意见》《关于开展分布式发电市场化交易试点的通知》
- 2018年《分布式发电管理办法(征求意见稿)》《关于加快储气设施建设和完善储气调峰辅助服务市场机制的意见》《关于创新和完善促进绿色发展价格机制的意见》《供电监管办法(修订征求意见稿)》
- 2019年《关于促进电化学储能健康有序发展的指导意见》《输配电定价成本监审办法》《贯彻落实〈关于促进储能技术与产业发展的指导意见〉2019—2020年行动计划》
- 2020年《关于加强储能标准化工作的实施方案》《储能技术专业学科发展行动计划(2020—2024年)》《省级电网输配电价定价办法》《2020年全国标准化工作要点》《关于加快建立绿色生产和消费法规政策体系的意见》《关于做好可再生能源发展"十四五"规划编制工作有关事项的通知》《关于新时代推进西部大开发形成新格局的指导意见》《关于建立健全清洁能源消纳长效机制的指导意见(征求意见稿)》《2020年能源工作指导意见》《关于做好2020年能源安全保障工作的指导意见》《关于开展"风光水火储一体化""源网荷储一体化"的指导意见(征求意见稿)》《关于扩大战略性新兴产业投资培育壮大新增长点增长极的指导意见》

"十四五"期间
- 2021年《关于推进电力源网荷储一体化和多功能互补发展的指导意见》《中华人民共和国国民经济和社会发展第十四个五年规划和2035年远景目标纲要》《关于进一步完善抽水蓄能价格形成机制的意见》《关于2021年风电、光伏发电开发建设有关事项的通知》《关于"十四五"时期深化价格机制改革行动方案的通知》《关于进一步提升换电基础设施服务保障能力的实施意见(征求意见稿)》《"十四五"循环经济发展规划》《关于做好新能源配套送出工程投资建设有关事项的通知》《关于加快推动新型储能发展的指导意见》《电力可靠性管理办法(暂行)》《关于鼓励可再生能源发电企业自建或购买调峰能力增加并网规模的通知》《电化学储能电站安全管理暂行办法(征求意见稿)》《并网主体并网运行管理规定(征求意见稿)》《抽水蓄能中长期发展规划(2021—2035年)》《新型储能项目管理规范(暂行)》《关于完整准确全面贯彻新发展理念做好碳达峰碳中和工作的意见》《2030年前碳达峰行动方案》《关于加强产融合作推动工业绿色发展的指导意见》《"十四五"工业绿色发展规划》《贯彻落实碳达峰碳中和目标要求推动数据中心和5G等新型基础设施绿色高质量发展实施方案》《电力辅助服务管理办法》《关于推进中央企业高质量发展做好碳达峰碳中和工作的指导意见》《电化学储能电站并网调度协议示范文本(试行)》
- 2022年《能源领域深化"放管服"改革优化营商环境实施意见的通知》《2022年能源监管工作要点》《智能光伏产业创新发展行动计划(2021—2025年)》《"十四五"现代综合交通运输体系发展规划》《关于深入推进世界一流大学和一流学科建设的若干意见》《电力安全生产"十四五"行动计划》《关于完善能源绿色低碳转型体制机制和政策措施的意见》《"十四五"国家应急体系规划》《"十四五"东西部科技合作实施方案》《"十四五"新型储能发展实施方案》《氢能产业发展中长期规划(2021—2035年)》《"十四五"现代能源体系规划》《关于推进共建"一带一路"绿色发展的意见》《2022年能源工作指导意见》《关于进一步推进电能替代的指导意见》《"十四五"能源领域科技创新规划》《关于"十四五"推动石化化工行业高质量发展的意见》《关于加快建设全国统一大市场的意见》《加强碳达峰碳中和高等教育人才培养体系建设工作方案》《关于完善能源绿色低碳转型体制机制和政策措施的意见》《关于扎实推动"十四五"规划交通运输重大工程项目实施工作方案》《关于加强电化学储能电站安全管理的通知》《关于进一步推动新型储能参与电力市场和调度运用的通知》《关于促进新时代新能源高质量发展的实施方案》《财政支持做好碳达峰碳中和工作的意见》《"十四五"可再生能源发展规划》《关于进一步推动新型储能参与电力市场和调度运用的通知》

图 1.5 我国储能政策发展历程

资料来源:政府网站搜集。

在政策的驱动下,进入"十四五"时期,陕西、内蒙古、宁夏、新疆、甘肃、青海等西部和北部省区大型风、光发电基地的建设重点逐渐转向"风光水储""风光火储""风光水火储"等多能互补模式。

为了满足不同时间尺度下的功能,研究人员开发了一系列储能技术。目前,现有的储能技术允许以机械能、化学能、电磁能、热能等形式储存能量。下面我们简要介绍不同储能技术的原理和特点。

1.3.1 机械储能

在储能技术中,机械能储能是比较成熟的。典型的储能技术包括抽水蓄能、压缩空气储能和飞轮储能。

抽水蓄能是规模最大、技术成熟度最高的储能技术。几乎 99% 已安装的超过 120 GW 的电力储存,均是抽水蓄能。抽水蓄能的原理是将水从低标高的水库抽到高标高的水库中进行电能储存,并将高标高的水库中的水释放出来驱动水轮机进行电能发电,如图 1.6 所示。抽水蓄能的优点包括相对高效(70%~80%)、寿命长(>50 年)、放电功率大(>100 MW)、放电损失可以忽略不计、低周期成本——每周期 0.1~1.4 美元/(kW·h)等。这些优点使得抽水蓄能可以很好地适应风、光电力的波动性,特别是满足季节性储能需求。然而,抽水蓄能对地理条件的要求较高。建设抽水蓄能会淹没 10~20 km² 的土地,不仅对当地环境造成影响,而且需要很长的项目准备时间(约 10 年),在一些蒸发量较大的干旱地区会加剧水资源的损失。这限制了抽水蓄能的灵活性,阻碍了其迅速扩大规模的步伐。

压缩空气储能是利用剩余电力压缩空气,并将其储存在地下或 4~8 MPa 的容器或管道中。压缩空气可以与天然气混合,通过改造后的燃气轮机发电。压缩空气储能的额定功率高(5~300 MW)、寿命长(>25 年)、自放电损耗小。因此,压缩空气储能是在一个季节甚至超过一年的时间内进行储能的另一种选择。压缩空气储能的资本成本为每周期 2~4 美元/(kW·h),仅高于抽水蓄能。

图1.6 沂蒙抽水蓄能电站鸟瞰图

飞轮储能具有循环稳定性好、响应时间快、维护成本低、功率密度高(~5000 W/L)、往返效率高(80%~90%)等优点,能够抑制快速的可再生功率波动,提高电能质量(图1.7)。然而短放电时间(秒至小时数量级)和高自放电(100%/天)的缺点限制了飞轮储能的独立应用,但将飞轮储能与其他储能技术结合成为混合储能子系统是可行的。

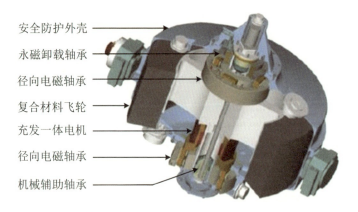

图1.7 飞轮内部结构

1.3.2 化学储能

由于化学储存介质的多样性,以化学能形式储存能量提供了比较广泛的可选储能技术。一般来说,目前的储能技术主要通过电池和燃料来储存能量。

蓄电池储能技术可分为二次电池储能技术和流动电池储能技术。铅酸电池、镍镉电池、镍氢电池、锂离子电池和钠硫电池都是二次电池。二次电池具有动态响应快、功率密度高、往返效率高、交付时间短、便捷性高和技术模块化等优点。然而,金属毒性是二次电池面临的一个重大生态问题。在各种二次电池中,铅酸电池的往返效率较高,但循环寿命较短。运行周期的限制显著降低了铅酸电池每次循环的资本成本。镍镉电池具有更长的寿命周期,可用于大规模储能(最高可达 40 MW)。而镍镉电池在遭受深度循环时,其寿命会显著缩短,并且其运行也受到记忆效应的影响。锂离子电池在功率和能量密度方面表现更好,其在电动汽车中的应用得到了广泛的研究,但每千瓦的资本成本较高,限制了锂离子电池的应用规模。钠硫电池在 300~340 ℃ 环境下的寿命周期最长,每个周期的资本成本最低,但每天的自放电最高,因此,钠硫电池在频繁充放电过程的应用中更经济。与二次电池相比,流动电池由于外部储存液体电解质而具有更长的放电时间和更低的自放电损耗。钒氧化还原电池、多溴化硫电池和锌溴电池是典型的流动电池。特别是钒氧化还原电池的生命周期数超过 10000,显示了其在大规模储能中的潜力。从整体上看,二次电池的储能技术成熟度高于流动电池。

用燃料储能是另一种可行的化学储能技术。剩余的能量可以转化为气态燃料,如氢气(H_2)和合成天然气(Synthetic Natural Gas, SNG)等,以及液态燃料,如甲醇、甲酸和氨。电化学、光化学和光电化学转换技术的发展为可再生能源和燃料之间的直接和双向转换提供了新的选择。例如,电能转化为燃料气(Power to Gas, PtG)技术可以将剩余的可再生电力通过电解槽转化为气态燃料,然后储存气态燃料而不产生零自放电损耗。氢是 PtG 的典型产物。水电解槽可以在电力驱动下直接产生高纯度氢气。在需要时,H_2 燃料电池或 H_2 燃料热机可产生稳定的电力。PtG 具有高能量密度、高储存周期、零自放电等优点。除抽水蓄能和压缩空气储能外,燃料储能是唯一适用于季节性储能的储能技术。然而,PtG 具有较低的往返效率,特别是在使用低温电解槽和燃料电池时。从技术成熟度和资金成本来看,使用电解槽和燃料电池的 PtG 仍处于商业化的早期阶段,但发展迅速。近年来,PtG 在世界范围内取得了很大的进步,预计投资成本在未来将继续下降。除氢外,甲烷(SNG)也是 PtG 的一种替代气体储存燃料。电制甲烷不仅为天然气储存(现有天然气网络)提供了更好的解决方案,而且对化石燃料利用过程中排放的枯竭二氧化碳进行了回收和再利用。此外,用甲醇、甲酸、液氨等液体燃料储存,具有能量密度高、传输方便等优点,是一种相当经济可行的储能技术。

1.3.3 电磁储能

超级电容器和超导磁储能是两种可选的以电磁能量形式储存能量的技术。超级电容器具有比传统电容器大得多的电容、更高的效率、更长的寿命和更高的能量密度。其独特的优点是极高的循环稳定性和功率密度($40000 \sim 120000$ W/L),极低的内阻使其充放电快,适用于微尺度变化的可再生功率平滑和功率均衡。超导磁储能由于线圈处于超导状态,响应速度非常快,因此可以提供有功和无功功率。超导磁储能可用于小规模的商业用途,在均衡负载和稳定电源方面有很大的潜力。

1.3.4 蓄热

根据工作温度的不同,蓄热储能可分为低温蓄热储能和高温蓄热储能。储存在蓄热储能中的热/冷能既可以提供给热机循环发电,也可以直接提供给终端用户。热能负荷可分为工业冷负荷($<18\ ℃$)、建筑冷负荷($0\sim 12\ ℃$)、建筑热负荷($25\sim 50\ ℃$)和工业热负荷($>175\ ℃$)。运行温度低于室温的蓄热储能属于低温蓄热储能,包括含金低温蓄热储能和低温储能。相反,高温蓄热储能的工作温度高于室温。熔盐储存和室温离子液体,混凝土储存和相变材料属于正在使用和正在开发的高温蓄热储能。

总而言之,可再生能源消纳困境需要能源储备技术跟上可再生能源发展的步伐。有多种技术可供选择:短期储能可选用电池和机械储能,通常最长可达几天;季节性储能多采用化学储能、抽水蓄能或者压缩空气储能,如图1.8所示。

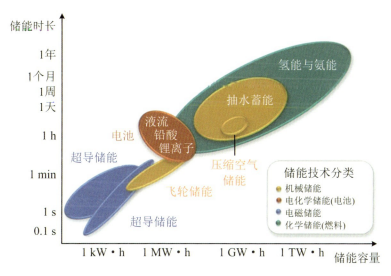

图1.8　不同储能形式的储能时长与储能容量的对比
资料来源:Joi Scientific。

氢或氢载体(甲醇、氨等)形式的化学(燃料)储能方式是未来解决可再生能源消纳问题的主要解决方案之一。可再生氢是利用可再生电力通过电解从水中产生的,产生氧气作为副产品。氢可以在燃料电池或燃气轮机中燃烧成水,再次发电。然而,氢不容易长期储存和远距离、大规模运输。因此,需要寻找氢能的载体代替氢以降低储运难度,氨(NH_3)是最优的选项之一。在这种情况下,间歇式可再生能源提供的电力就地转化为"绿色"的氢或氨,可以存储过剩的可再生能源。这些清洁能源还可以通过管道运输至东部地区,从而缓解电力输送网络的压力,也可减轻"西电东送""西气东输""北煤南运"工程的负担。

综上所述,能源产业助力"双碳"目标,就是要推动可再生能源的大规模、高比例、市场化发展,进而使其成为我国一次能源消费主体。通过实施绿色技术创新攻关行动,围绕可再生能源制氢、绿氢制氨、氢氨能高效利用等领域布局一批前瞻性、战略性、颠覆性科技攻关项目，着力解决能源领域"卡脖子"的基础技术和关键核心技术，将切实增强能源产业核心竞争力，加快推动能源体系绿色高效转型步伐，助力"双碳"目标更高质量地完成。

1.4 氢能对于实现"双碳"目标具有重要意义

作为清洁无碳的二次能源，氢能在实现"双碳"目标过程中将发挥举足轻重的作用。全球氢能产业目前尚处于产业化起始阶段，我国制氢量占全球制氢量的1/3，与美国、欧洲主要国家和日本形成多级竞争格局。我国绿氢前景广阔，有望实现快速赶超，在全球氢能产业竞争中抢占先机。

氢能很可能会代替电力，成为未来能源的"血液"，有望成为下一次能源革命、材料革命或工业革命的主角（图1.9）。氢能将发挥重构电力系统运行方

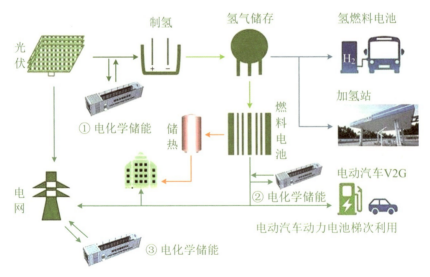

图1.9 氢能将成为未来能源的"血液"
资料来源：中国储能网。

式、推动传统火电低碳转型、助力工业领域减排、支撑交通运输行业脱碳和替代城市供暖使用的化石能源等作用，成为我国节能减排的坚固柱石，是实现"双碳"目标不可或缺的一环。

（1）重构电力系统运行方式。正如上文所提到的，利用过剩的电力生产氢气，将弃电就地消纳储存，形成多个独立的微电网，各个微电网之间互相备用支撑，实现"绿能随时身边取"，这将提高整个电力系统的灵活性。通过新能源发电离网制氢，不仅可解决新能源固有的不稳定性问题，还可通过氢储运，实现规模化储能、跨地域能源运输。同时，绿氢的快速功率调制特性可增加电网的安全稳定性，氢的储能特性更能起到"削峰平谷"的作用，打破可再生能源的发展瓶颈。

（2）推动传统火电低碳转型。传统的火电发电厂通过天然气与氢等低碳燃料耦合发电，或完全由氢气代替天然气发电，可以实现火电发电的低碳转型。

（3）助力工业领域减排。氢气对于工业界来说并不陌生，钢铁、合成氨等行业大量使用氢气作为还原剂或原料。然而长期以来，这些行业采用的氢气并不属于"绿色"氢气。采用天然气或煤制氢虽然技术成熟，但是在消耗大量的化石能源的同时会排放大量二氧化碳；而若是改为采用可再生能源生产的"绿色"的氢，则可以完全避免这一项碳排放。

（4）支撑交通运输行业脱碳。氢的燃烧热值高，每千克氢燃烧后的热量约为汽油的3倍，并且不会产生任何碳排放。以氢代油可以在未来实现汽车等交通载具的零污染排放，可以有效地提升城镇的空气质量，提升居民的生活质量与幸福感，在实现"双碳"目标的同时打赢蓝天保卫战。

（5）替代城市供暖使用的化石能源。北方城市冬季供暖用能源可以逐步被氢能代替，也将降低数目可观的煤炭消耗与污染排放。

国家层面对氢能产业发展给予高度重视。《中华人民共和国能源法（征求意见稿）》中，首次提出将氢能纳入能源体系管理。《能源技术革命创新行动计划（2016—2030年）》《国家创新驱动发展战略纲要》《"十四五"新型储能发展实施方案》《氢能产业发展中长期规划（2021—2035年）》等文件中，明确支持氢能及燃料电池关键技术装备研发和示范应用。《中华人民共和国国民经济和社会发展第十四个五年规划和2035年远景目标纲要》将氢能列入"前瞻谋划未来产业"部分。

总之,作为实现"双碳"目标的重要措施,发展氢能产业不仅可以提高能源效率,保障能源战略安全,也是推动各行各业实现绿色升级、构建绿色社会的强大引擎。

1.5 氨能作为氢能补充的重要意义

氢能一直以来被视为最理想的清洁能源,是许多国家能源发展战略的重点研究对象。然而越来越多的研究表明,氢并不是最合适的能源载体,其本身的诸多缺点成了阻碍其大规模推广应用的障碍。这些缺点包括:传统方式制氢碳排放高,而低碳或无碳方式制氢成本居高不下;氢气的难液化、高腐蚀性、高逃逸性等特性导致其储存或运输相当困难,对材料、技术与设备要求高,且浪费多、成本高;氢气易泄漏且易爆,安全性很低。

因此需要寻找别的媒介作为氢能的补充与载体,弥补氢的缺点。综合考虑生产、储存、运输、利用等各个阶段,选择氨作为载体更易于使用,最方便替代氢。

氨同样是一种无碳化合物,燃烧时只产生水和氮气以及少量的氮氧化合物,也可以作为清洁能源来代替化石燃料。使用可再生能源生产的氢(绿氢)与空气中的氮气合成的氨被称为绿氨。氨的能量密度高于汽油、甲醇等燃料,辛烷值高,又极易压缩液化,储运安全方便。合成氨是世界上产量最大的化工产品之一,生产、储运和供给工艺成熟,设备完善,安全保障方式的有效性已被证实,相关法律法规与行业规范健全。此外,氨是一种富氢化合物(含氢质量分数为17.8%),作为储氢物质来说其储氢性能远高于目前性能最高的储氢材料,并且释放氢的过程也较为容易。综合来看,氨可以作为氢的良好载体,将绿氢进一步合成绿氨可以有效解决氢能的储运难题。氨本身也是一种无碳且优质的能源,与氢一样可以直接作为交通载具、燃料电池、发电厂或供暖系统的燃料,并且拥有很高的安全性。可以说,氨能是氢能发展的补充,是氢能大规模推广应用的必经之路,能够更高效安全地发挥氢能对于实现"双碳"目标将会起到关键作用。

此外,绿氨生产产业还可以完全代替传统合成氨产业,使得从化石能源中获得氨并排放大量二氧化碳的生产方式一去不复返。我国是世界上合成氨产量最高的国家,合成氨产业如果能完成产业升级,仅此一项就可以减少大量化石能源的消耗与二氧化碳的排放,可以有效地降低我国化石能源的依赖度,保障我国能源安全,并为实现"双碳"目标再加把劲。

21世纪以来,氨燃料的研发应用越来越受到重视。美国、加拿大、荷兰、日本等国家的学者均在积极探索氨能的发展潜力。2004年起,美国每年举行一次"氨学术交流会议",2008年更是将会议主题定为"氨——美国能源独立的关键",从中可以看出氨在美国能源独立战略中的重要地位;日本、韩国、新加坡等国已经开始与澳大利亚、智利等国讨论设立绿氨贸易航线。目前,我国对氨燃料的研究工作尚在起步阶段,以氨作为储能介质的相关研发应用亟须尽快开展。

本 章 小 结

在全球气候变暖及环境恶化的大背景下,《巴黎协定》提出了全球减少碳排放的愿景与要求。作为世界第二大经济体和最大的二氧化碳排放国,中国宣布力争在2060年前实现碳中和目标,积极响应《巴黎协定》应对气候变化,主动做出减排承诺,对于加速中国能源的转型与重构具有至关重要的战略意义。因此低碳化、清洁化和高效化是中国能源发展的大势所趋,以光伏、风电为代表的新能源产业是中国实现"双碳"目标的有效途径,在未来40年内规模将迅速增长。化学储能中的燃料储能方式具有投资少、成本低、灵活度高、能量密度高、储存时间长、可运输的优点,是解决光伏、风电消纳问题的"金钥匙"。氢是一种典型的燃料储能方式,对实现"双碳"目标具有重要意义。氨是另一种零碳的储能燃料,由绿氢转化而得,其更易储运的特性恰好弥补了氢储能的短板,因此我们建议将氨能作为氢能的补充进行工程化实施应用。

第 2 章
氢能产业发展现状及瓶颈

2.1 氢能的基本介绍

氢,在元素周期表中位列第一,是目前已知最小的原子。氢也是宇宙中分布最广泛的物质,宇宙质量的 75% 都是氢。

根据 IEA 统计,1975—2019 年,全球氢气需求量由不到 2×10^7 t 增长至超过 7×10^7 t,但其中大部分均用于工业领域,例如作为化工原料或工业气体应用于合成氨、石油炼化等行业。随着近年来全球主要经济体陆续提出长期碳中和目标,我们预计氢气的能源属性将逐渐显现,应用领域将逐步拓展至电力、交通、建筑等。

氢是最优质的清洁能源之一。氢的燃烧热值高,除核燃料以外,氢的燃烧热值居各种燃料之首,是液化石油气的 2.5 倍、汽油的 3 倍。氢是零碳燃料,它燃烧后只生成水,不产生任何温室气体或有害物质,而水电解又可以生成氢,因此氢是一种可循环使用的清洁能源。

在人类发展史中,能源利用方式的改进往往会导致社会面貌的变革,每一次能源革命都是划时代的里程碑,并带来深刻的世界格局重构。最初,火的发现开启了人类文明,柴火使食物的能量密度得以提高,人类因此可以通过短时间进食获取足够多的能量。而以煤为动力的蒸汽机的使用,开启了人类的工业化进程,使人类的生产率得以大幅提升。随后,石油、天然气的使用大大扩大了人类活动的半径,并衍生出种类繁多的化工制品。从柴火到煤,再从石油到天然气,能源的变革其实就是一个减碳加氢的过程,也是人类能源利用方式演变的总体趋势。氢作为减碳加氢过程的终点,必将在未来引领一次能源变革。可以说氢是未来人类最理想的能源之一。

地球上的氢元素大多以化合态的形式存在,因此需要通过化学及物理过程获得单质形态的氢气。现阶段被报道的制氢方式已有很多种,如图2.1所示。目前成熟的制氢方式主要包括化石能源制氢、电解水制氢以及其他制氢方法三种。

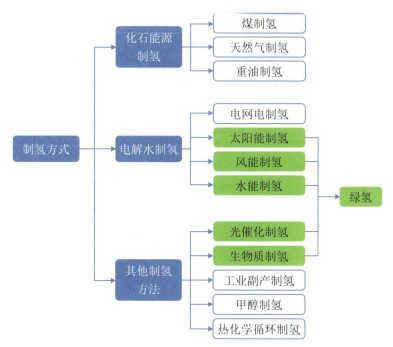

图2.1 人造氢气的分类以及绿氢概念的范畴

化石能源制氢通过裂解煤炭或者天然气获得氢气,工业副产制氢则是对焦炭、纯碱等行业的副产物进行提纯获取氢气,本质上两者的氢气来源仍为传统的化石燃料,都被称为"灰氢"。这种制氢方法工艺成熟,成本低廉。这种类型的氢气约占当今全球氢气产量的95%,主要用于氢制氨、氢制甲烷等化工产业。但这种生产方式伴随着大量二氧化碳的排放,每生产1 kg的氢气有时会排放超过

15 kg 的二氧化碳。现阶段我国约 98% 的氢气都是由化石能源制氢或工业副产制氢获得的,为实现碳减排和化石能源替代的目标,后续应主要发展蓝氢和绿氢。

蓝氢有时也被称作低碳氢,也是从化石燃料(一般是较为清洁的天然气)中产生的,并融合了碳捕集、利用与封存(Carbon Capture Utilization and Storage, CCUS)技术。蓝氢的资本支出和运营成本高昂,必须有可靠的天然气供应,而且 CCUS 技术需要相对罕见的地质条件,因此在全球范围内蓝氢比绿氢更难获取。虽然通过 CCUS 可有效降低化石能源制氢过程中产生的碳排放,但蓝氢相较于灰氢最多只能降低 80% 碳排放,是灰氢向绿氢的过渡阶段,长期来看只有绿氢才能真正实现零碳排放(图 2.2)。

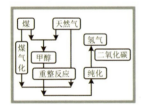

图 2.2　灰氢、蓝氢与绿氢

资料来源:惠誉解决方案公司(Fitch Solution)。

绿氢是利用可再生能源(如太阳能或风能)通过电解水工序产生的,其碳排放可以达到净零。利用可再生能源过剩电力就地制氢,既可以减少由可再生能源的波动性引起的浪费,又可以作为储能材料解决可再生能源丰富地区的能源消纳问题。

现阶段灰氢生产的成本低于蓝氢,远低于绿氢。可喜的是,可再生能源制氢的生产成本正以超预期的速度快速下降,如图 2.3 所示。立足于以光伏、风电、水电等为代表的可再生能源制氢技术,在未来成本大幅度降低后,生产出的绿氢将成为主流,以绿氢作为载体,其他可再生能源可以实现和现有能源系统的融合,同时绿氢也可以作为单独的能源使用。这一美好愿景引起了包括中国在内的世界多国的兴趣。

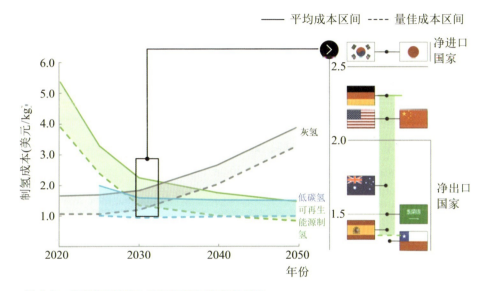

图2.3 未来各国灰氢、蓝氢与绿氢的成本对比
资料来源:麦肯锡公司(McKinsey & Company)。
关键假设:① 天然气价格2.6~6.8美元/百万英热单位(1英热单位≈1055.06 J);② 碳排成本(美元/t):30(2020年)、50(2030年)、150(2040年)和300(2050年);③ LCOE(美元/(MW·h)):25~73(2020年)、13~37(2030年)和7~25(2050年)。

氢能的概念是将绿氢作为一种能量载体,以类似于电池的方式储存和携带能量。设想中的氢能产业可以使用多种能源来生产绿氢,因此可以打破石油垄断的壁垒。这些能源包括风能、太阳能、生物质能和核能等替代能源技术,它们几乎不产生温室气体,而且可以在国内大规模生产。氢能将分别用于内燃机和燃料电池,以转化为机械动力和电力动力。

2.2 国内外氢能产业发展及规划

2.2.1 国外氢能产业发展及规划

随着全球气候压力的增大以及能源转型的加速,氢能以其清洁、灵活高效和应用场景丰富等优势受到全球瞩目,各国相继出台具有实操性的氢能战略,为氢能发展添油助力。截至目前,已有20余个国家把发展氢能提升到国家战略层面,相继制定发展规划、路线图以及相关扶持政策,另有十余个国家正在制定和计划发布氢能战略。这些国家既有德国、法国等发达国家,又有印度、俄罗斯等发展中国家;既包括挪威、荷兰等可再生能源较为普及的国家,也包括沙特、澳大利亚等以化石能源为主的国家,还包括日本、韩国等资源匮乏的国家。这说明,发展氢能已成为全球共识。

根据国际氢能委员会(图2.4)统计,在全球范围内,氢能产业链目前已有228个已建、在建及规划项目。其中,有17个是已公开的兆瓦级绿氢生产项目(即超过1GW可再生能源和超过2×10^5 t/年的低碳氢产能项目),主要分布在欧洲、亚洲、中东、澳大利亚、智利等地区和国家。预计到2030年,绿氢的年产能将从现在的2.3×10^6 t 增加至6.7×10^6 t。

欧洲在已公开的氢能项目数量方面处于全球领先地位(126个项目,占比55%),澳大利亚、日本、韩国、中国和美国紧随其后。在欧洲已公开的氢能项目中,有105个氢气生产项目,其他项目涵盖氢能全产业链,重点布局在工业应用和交通运输应用领域。同时欧洲以密切的跨行业合作以及政企合作为特色,支持多个综合氢经济项目(如荷兰北部的"氢谷")。

在欧盟成员国中,德国、法国、意大利、西班牙、葡萄牙、荷兰、匈牙利、捷克等国均制定了国家氢能战略,其中德国在氢能和燃料电池技术上处于领先地位。德国制定并执行了严格的氢能法规和标准,涉及氢能的生产、运输、加注、

图 2.4　国际氢能委员会成员

车辆的使用和购买等。2006 年,《氢能与燃料电池技术国家创新计划(2006—2016)》开始实施,用于支持氢能及相关产业的研究。2015 年,多家企业共同组成了 H2 Mobility 联盟,合作参与氢能基础设施的建设和运营工作。2016 年,德国对《氢能源交通战略规划》进行了修订,提出未来氢能与交通协同发展的理念。2017 年,宝马、奔驰等车企已开始商业化发展氢燃料电池汽车。2020 年 7 月,欧盟委员会发布了《欧盟氢能战略》,提出到 2030 年欧洲的制氢能力将从目前的每年 1×10^6 t 增长至每年 1×10^7 t,并开展多样化应用,预计总投资超过 4500 亿欧元。2020 年,德国联邦内阁出台了《国家氢能战略》,将绿氢作为未来氢能战略发展的重点。2021 年,德国国家氢委员会发布了《德国氢行动计划 2021—2025》,该行动计划探讨了德国氢能产业发展的初期状况,分析了到 2030 年的氢经济增长预期,并为有效实施《国家氢能战略》提出了 80 项具体措施。2021 年以来,德国围绕氢能推出了一揽子政策,政府资助总额超过 87 亿欧元,有力地支持了德国氢能产业的发展。

美国在1990年出台了《氢能研究与发展、示范法案》,涉及氢能生产、储运和利用等诸多方向;2002年又出台了《国家氢能发展路线图》,是全球首个国家级氢能发展战略;此后,《氢及燃料电池项目计划》《美国氢能经济路线图》相继出台,旨在加强氢能及燃料电池技术研究,促进氢能相关产业的发展。目前,美国已经从政策的评估、制定转向以技术研发、示范为起点的系统化实施阶段。2017年,在美国加利福尼亚州,壳牌石油公司与丰田公司合作,在当地建立了7座加氢站,使全州的加氢站数量增加到了25座。一个拥有5座加氢站的供应商甚至宣布,他们提供的氢气每千克少于10美元,这一定价被看作氢能定价的关键里程碑。2021年11月,美国总统拜登签署了1.2万亿美元的《基础设施投资和就业法案》(以下简称《法案》),以推进美国经济发展。《法案》中制定了氢能研究与开发专项条款。根据《法案》,95亿美元将作为氢能专款,其中80亿美元将用于大型区域性清洁氢能中心的建设,10亿美元将用于电解制氢研究和开发,5亿美元将用于清洁氢的制造和利用。2022年6月,拜登在主要经济体能源和气候论坛上发表的讲话提出美国要扩大使用清洁氢能源。预计到2030年,美国氢经济产值为1400亿元,到2050年占能源结构的14%。

目前,日本是氢能源应用最广泛的国家,在1970年已开始氢能技术研究,现在已经成为世界上拥有加氢站最多的国家。2013年,日本出台了《日本再复兴战略》,将氢能的发展定位上升到国策层面,并开始大力推广燃料电池技术;2014年,日本出台了《能源基本计划》,明确指出将氢能作为未来发展的核心能源之一;2017年,日本出台了《氢能源基本战略》,提出未来氢能汽车将逐步替代燃油汽车;2019年,日本对《氢能与燃料电池战略路线图》进行了第三次修订,明确提出到2025年将氢能普遍应用在交通领域;同年3月,日本发布了《氢能利用进度表》,提出到2030年日本将建成超过900座加氢站,并实现氢能发电商业化,全方位推动氢能产业布局。2021年举办的东京奥运会使用氢气代替丙烷作为奥运圣火的主要燃料。此外,奥运村的供暖系统和往返赛场的班车都使用氢气作为燃料,充分体现了日本发展"氢气社会"的决心。

根据全球氢能项目公告、实现各国政府生产目标所需的投资、支出等数据预测,到2030年,全球氢能产业链的投资总量将超过3000亿美元——相当于全球能源投资的 1.4%。鉴于氢能产业仍处于早期发展阶段,这些投资中的绝大多数(75%)未公布投资总额。预计到 2030 年全球将有约 800 亿美元的成熟投资,其中包括处于规划阶段的 450 亿美元,和已承诺的项目或在建、已投产或已投入运营的项目的 380 亿美元。

在交通领域,已有 20 多个国家宣布在 2035 年前禁止销售燃油车。世界范围内,保有量超 1 亿辆汽车的 35 个城市正在制定更严格的排放限制,25 个城市承诺从 2025 年起只购买和应用零排放公交车。在全球范围内,预计到 2030 年,燃料电池汽车保有量将超过 450 万辆,其中中国、日本和韩国将带头推动燃料电池汽车产业的发展,届时全球将建设 10500 个加氢站,为这些车辆提供燃料。

在工业领域,各国也提出了氢能发展目标。例如,欧盟建议各成员国将低碳氢气生产纳入可再生能源指令(RED Ⅱ 指令),通过此举可显著推动炼油厂和燃料供应商应用氢气。此外,四个欧盟国家(法国、德国、葡萄牙和西班牙)最近在其国家战略中宣布了针对特定行业的清洁氢消耗目标,这四个欧盟国家还将就航空和航运燃料配额进行深入讨论。其他国家也已经通过税收优惠的方式建立了对低碳氢应用的激励措施,例如美国的 45Q 法案(按照捕获与封存的碳氧化物数量抵免所得税)。同样,在法国,工业用户可以通过使用绿氢来规避碳税成本;而荷兰正加大对海上风电制氢项目、天然气和电网改造项目进行投资,用氢能替代化石燃料。全球主要经济体氢能规划见表 2.1。

表 2.1 全球主要经济体氢能规划

经济体	提出时间	相关文件	主要内容
中国	2021 年 3 月	《中华人民共和国国民经济和社会发展第十四个五年规划和 2035 年远景目标纲要》	在氢能与储能等前沿科技和产业变革领域,组织实施未来产业孵化与加速计划,谋划布局一批未来产业
	2022 年 3 月	《氢能产业发展中长期规划(2021—2035)年》	
美国	2020 年 12 月	(美国)《氢能项目计划》	进行氢能全产业链的技术研发,加大示范和部署力度,实现氢能产业规模化

续表

经济体		提出时间	相关文件	主要内容
欧盟		2020年7月	《欧盟氢能战略》	2024年前安装不少于6 GW的可再生能源电解水制氢设备,产氢量达到1×10^6 t;2024—2030年安装至少40 GW的可再生能源电解水制氢设备,产氢量达到1×10^7 t;2050年所有脱碳难度系数高的工业领域使用氢气
欧盟成员国	德国	2020年6月 2021年8月	(德国)《国家氢能战略》 《德国氢行动计划2021—2025》	提出到2030年具备5 GW绿氢生产能力,并提供超80亿欧元资助62个大型氢能项目
	法国	2020年9月	《法国发展无碳氢能的国家战略》	计划到2030年投入72亿欧元发展绿氢,扶持电解制氢行业
	英国	2021年8月	(英国)《国家氢能战略》	到2030年发展5 GW低碳氢能的产能目标,满足工业、交通、电力和居民等多种用能需求。同时,建立完善的监管和市场框架,并通过早期的项目和以市场驱动的技术创新更好地降低制氢成本,为2030年后氢能的快速扩张奠定基础
	意大利、西班牙等国	2020—2022年	《国家氢能战略》	均制定了未来电解水制氢的发展目标,到2030年总计超20 GW

续表

经济体	提出时间	相关文件	主要内容
澳大利亚	2019年11月	(澳大利亚)《国家氢能战略》	详细说明了政府、行业和社区所需的协调行动,致力于消除氢能行业发展的障碍。澳大利亚政府已为该项目投资超过13亿澳元
日本	2019年3月	《氢能与燃料电池战略路线图》第三次修改	2030年前构建商业化的氢能产业链,氢气成本降低至30日元/Nm^3;2025年前氢燃料电池汽车超过20万辆,2030年前氢燃料电池汽车超过80万辆
韩国	2019年1月	《氢能发展路线图2040》	2040年氢燃料电池汽车累计产量增至620万辆,加氢站数量增至1200个,燃料电池产量扩至15 GW
南非	2022年2月	《南非氢能社会路线图》	为南非绿色氢气和氨气创造出口市场,利用绿氢为重型运输部门脱碳,利用绿氨为工业部门脱碳

资料来源:新华社、美国能源部、欧盟委员会、日本产业经济省、韩国政府等。

2.2.2 国内氢能产业发展及规划

我国是氢气生产和消费大国,2021年中国氢气生产量约为3.3×10^7 t,稳居全球第一。其中约80%由化石能源转换得到,电解水制氢不足2%(图2.5);氢气消费结构中合成氨、甲醇、石油炼化占99%以上,用于燃料电池的能源氢消费不足0.1%(图2.6)。近年来,绿色氢能的生产以及氢能的高效利用正越来越受到国内研究者的关注,我国正快速地从氢气生产大国转变为氢能开发利用强国。"双碳"背景下,利用可再生能源(如太阳能或风能)发电后通过电解工序制取的绿氢占比将逐渐提升,预计到2050年达到70%。谈及我国目前氢气的用途,饶建业表示,目前我国氢气主要应用在工业领域,占比达到84%。预计到2025年,氢在我国终端能源体系中占10%~15%。

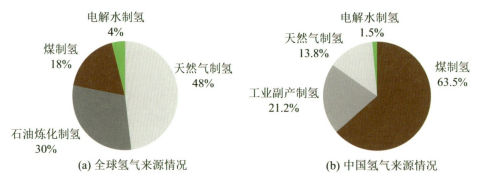

图 2.5　全球及中国的氢气来源情况

资料来源:国际可再生能源署(IRENA)。

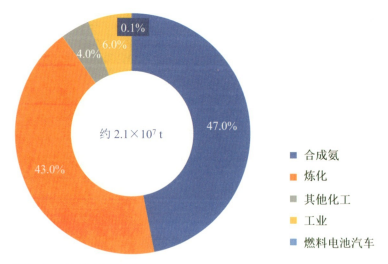

图 2.6　中国氢气需求结构

资料来源:中国化工信息中心(CNCIC)。

我国于21世纪初开始氢能相关研究。2019年国务院首次将氢能源写入《政府工作报告》，随后各级政府出台了大量促进氢能发展的政策及规划文件，涵盖氢储能等诸多方向（表2.2）。在政策的引导与鼓励下，我国氢能发展迈入快速发展阶段。2021年，氢能列入《中华人民共和国国民经济和社会发展第十四个五年规划和2035年远景目标纲要》未来产业布局，意味着我国氢能的发展已上升至战略高度。

在国家政策的支持下，各省、地市积极规划布局氢能产业，各地产业布局加速，截至2022年6月已有20多个省（自治区、直辖市）、40多个地市发布氢能规划和指导意见，并且其中有至少12个省（自治区、直辖市）将氢能写入省级能源发展"十四五"规划。在政策的带动下，我国已建成250余座加氢站，燃料电池汽车保有量超9000辆，并开展了燃料电池汽车研制及可再生能源制氢等示范工程；已建成（或规划）30余个氢能产业园区，其中，长江三角洲、珠江三角洲、环渤海区域产业初具规模，汇集多家氢能企业及研发机构，呈现集群化的发展态势。目前，我国各省市到2025年的氢能规划产值总额已接近万亿元，巨大市场潜力下的规模效应，将是我国氢能产业迅速发展的基础。

近几年，央企、国企在我国诸多扶持政策及补贴激励下积极响应国家氢能产业布局，开展氢能产业项目。根据国资委的数据，目前已有超过1/3的中央企业布局包括制氢、储氢、加氢、用氢等全产业链，并取得了一批技术研发和示范应用的成果。2022年上半年，中国石油天然气集团有限公司、中国石油化工集团有限公司、国家电力投资集团有限公司、国家能源投资集团有限责任公司、中国华电集团有限公司、中国长江三峡集团有限公司、中国中车股份有限公司、中国东方电气集团有限公司、中国船舶重工股份有限公司、国家电网有限公司、中国能源建设股份有限公司、中国电力建设集团有限公司、中国电信集团有限公司等多家央企、国企均已加速布局氢能产业，表现形式包含建设示范项目、综合能源站、设立产业基金、下属氢能公司、下属研发机构、研发关键产品和发布氢能报告等（表2.3）。其中，中国石油化工集团有限公司在其"十四五"规划中明确提出，要将自身打造成世界领先的洁净能源化工公司，全面布局制氢、用氢和加氢全产业链。

表 2.2 氢能推广各阶段涉及的国家政策（截至 2022 年 6 月）

阶段名称	时间	政策名称	与氢能相关的主要内容
起步阶段	2006	《国家中长期科学和技术发展规划纲要（2006—2020）》	提出开展可再生能源制氢及燃料电池研究，建立氢能行业规范与标准，将氢能及燃料电池技术作为未来能源发展方向之一
	2007	《高新技术产业发展"十一五"规划》	提出未来将重点发展氢能源
		《中国的能源状况与政策》白皮书	重点研究新能源高效制氢技术
	2010	《国务院关于加快培育和发展战略性新兴产业的决定》	提出开展氢能汽车相关技术研究
	2011	《产业结构调整指导目录（2011年本）》	将储氢材料列入鼓励类
		《当前优先发展的高技术产业化重点领域指南（2011年度）》	将"氢开发与利用"列入先进能源产业的高技术产业化重点领域
	2012	《节能与新能源汽车产业发展规划（2012—2020年）》	提出开展氢能汽车示范
	2014	《关于新能源汽车充电设施建设奖励的通知》	符合国家标准的加氢站给予最高400万元奖励
		《能源发展战略行动计划（2014—2020年）》	提出将"氢能与燃料电池"作为重点创新方向之一
	2015	《中国制造 2025》	提出要实现氢能汽车千辆级市场规模及大区域小规模化运行
推广阶段	2016	《能源技术革命创新行动计划（2016—2030年）》	重点开发新型燃料电池及大规模制氢技术研究
		《能源生产和消费革命战略（2016—2030）》	推动氢能技术取得突破

续表

阶段名称	时间	政策名称	与氢能相关的主要内容
推广阶段	2016	《国家创新驱动发展战略纲要》	开发氢能、燃料电池等新一代能源技术
		《节能与新能源汽车技术路线图》	发布氢燃料电池车技术路线图
	2017	《实施能源革命战略促进绿色低碳发展》	加强氢能前沿技术研究
	2018	《清洁能源消纳行动计划（2018—2020年）》	探索可再生能源富余电力转化为热能、冷能、氢能，实现可再生能源多运径就近高效利用
		《绿色产业指导目录（2019年版）》	鼓励氢能相关产业发展
		2019年的《政府工作报告》	推动充电、加氢站等设施建设
快速发展阶段	2019	《交通强国建设纲要》	提出加快推动氢能汽车发展，扩大氢能汽车市场，加快加氢站布局
		《产业结构调整指导目录（2019年本）》	开展高效制氢技术研究，提高制氢经济性
		《关于推动先进制造业和现代服务业深度融合发展的实施意见》	推动氢能产业创新、集聚发展，完善氢能制备、储运、加注等设施和服务
		《关于进一步完善新能源汽车推广应用财政补贴政策的通知》	采取"以奖代补"方式对示范城市给予奖励
		《柴油货车污染治理攻坚战行动计划》	鼓励各地组织开展燃料电池货车示范运营，建设一批加氢示范站

续表

阶段名称	时间	政策名称	与氢能相关的主要内容
快速发展阶段	2020	《关于做好可再生能源发展"十四五"规划编制工作有关事项的通知》	将氢能与储能技术相结合,开展储能示范
		《中华人民共和国能源法(征求意见稿)》	首次将氢能纳入能源范畴
		《关于开展燃料电池汽车示范应用的通知》	积极推进氢能汽车的布局,逐步完善氢能技术质变、测试体系及规范标准
		2020年《政府工作报告》	加大氢燃料电池基础科研投入;鼓励、推动各地因地制宜开展氢能示范应用
		《2020年能源工作指导意见》	推动储能、氢能技术进步与产业发展
		《关于开展燃料电池汽车示范应用的通知》	要明确氢能的能源定位,建立健全安全标准及监管模式,确保生产、运输、加注、使用安全;明确牵头部门,出台加氢站建设审批管理办法
		《新能源汽车产业发展规划(2021—2035年)》	有序推进氢燃料供给体系建设,攻克氢能储运、加氢站、车载储氢等氢燃料电池汽车应用支撑技术
		《西部地区鼓励类产业目录(2020年本)》	鼓励贵州省发展氢加工制造、氢能燃料电池制造、输氢管道、加氢站等涉氢产业;鼓励陕西省发展风电、光伏、氢能、地热等新能源及相关装置制造产业

续表

阶段名称	时间	政策名称	与氢能相关的主要内容
快速发展阶段	2021	《中华人民共和国国民经济和社会发展第十四个五年规划和2035年远景目标纲要》	在氢能与储能等前沿科技和产业变革领域谋划布局一批未来企业
		《关于加快建立绿色生产和消费法规政策体系的意见》	研究制定氢能等新能源发展的标准规范和支持政策
		《2021年能源工作指导意见》	开展氢能产业试点规范，结合氢能、储能、数字化等技术研究增设若干创新平台
		《"十四五"工业绿色发展规划》	指出加快氢能技术创新和新基础设施建设，推动氢能多元利用
		《关于加强产融合作推动工业绿色发展的指导意见》	引导企业加大对可再生能源使用，推动电能、氢能、生物质能替代化石燃料；加快充电桩、换电站、加氢站等基础设施建设运营
		《关于加快建立健全绿色低碳循环发展经济体系的指导意见》	因地制宜发展水能、地热能、海洋能、氢能、生物质能、光热发电；加强新能源汽车充换电、加氢等配套基础设施建设
		《2030年前碳达峰行动方案》	从应用领域、化工原料、交通、人才建设等多个方面支持氢能发展

续表

阶段名称	时间	政策名称	与氢能相关的主要内容
快速发展阶段	2021	《关于完整准确全面贯彻新发展理念做好碳达峰碳中和工作的意见》	统筹推进氢能"制储输用"全链条发展；推进可再生能源制氢等低碳前沿技术攻关；加强氢能生产、储存、应用关键技术研发示范和规模化应用
		《"十四五"新型储能发展实施方案》	开展氢（氨）储能等关键核心技术、装备和集成优化设计研究；拓展氢（氨）储能等应用领域；开展依托可再生能源制氢（氨）储能等试点示范
		《氢能产业发展中长期规划（2021—2035年）》	到2025年，形成较为完善的氢能产业发展制度政策环境，产业创新能力显著提高，基本掌握核心技术和制造工艺，初步建立较为完整的供应链和产业体系
	2022	《"十四五"现代能源体系规划》	开展风电、光伏发电制氢示范；强化储能、氢能等前沿科技攻关
		《2022年能源工作指导意见》	因地制宜开展可再生能源制氢示范，探索氢能技术发展路线和商业化应用路径；加快新型储能、氢能等低碳、零碳、负碳重大关键技术研究
		《关于推进共建"一带一路"绿色发展的意见》	重点围绕高效低成本可再生能源发电、先进核电、智能电网、氢能、储能、二氧化碳捕集利用与封存等开展联合研究及交流培训

续表

阶段名称	时间	政策名称	与氢能相关的主要内容
快速发展阶段	2022	《"十四五"能源领域科技创新规划》	攻克高效氢气制备、储运、加注和燃料电池关键技术，推动氢能与可再生能源融合发展
		《加强碳达峰碳中和高等教育人才培养体系建设工作方案》	加快新能源、储能、氢能和碳捕集等紧缺人才培养
		《关于促进新时代新能源高质量发展的实施方案》	积极参与风电、光伏、海洋能、氢能、储能、智慧能源及电动汽车等领域国际标准、合格评定程序的制定和修订
		《"十四五"可再生能源发展规划》	推动可再生能源规模化制氢利用。开展规模化可再生能源制氢示范。在可再生能源发电成本低、氢能储输用产业发展条件较好的地区，推进可再生能源发电制氢产业化发展，打造规模化的绿氢生产基地

表 2.3 能源领域代表性央企的标志性氢能相关行动

企业名称	项目规划	主要内容
国家能源集团有限责任公司	宁东可再生氢生态碳中和示范区项目	形成以新能源、氢能基础设施、氢燃料汽车等领域的科技研发、先进制造、智能应用、产业聚合创新链条
	成立中国氢能源及燃料电池产业创新战略联盟	促进氢能产业创新发展,发布全球首个绿氢行业标准
	签署《200吨级以上氢能重载矿用卡车研发合作框架协议》	致力于开发大型氢能矿车
	发起百亿元新能源产业基金	投资氢能、储能等新兴产业,开展风光互补制氢示范
	国家能源集团氢能(低碳)研究中心	创建耦合制氢应用示范基地
	国华投资宁夏新能源宁东可再生氢碳减排示范区项目	由光伏发电和电解水制氢系统组成,拟利用太阳能发电制氢,实现光伏发电就地利用
	"燃料电池车用氢气纯化技术"项目	重点研究氢气纯化技术及车用氢气纯化检测技术
	与渭南市签约打造国家氢能经济示范区	建设渭南氢能汽车研究实验室
	大规模风光互补制氢关键技术研究及示范	建设具有国际领先水平的大规模风光耦合制-储-输-用氢系统综合示范工程,服务北京冬奥会
	赤城风氢储多能互补示范项目	为北京冬奥会供给绿氢
	万全油氢电综合能源站	为北京冬奥会氢能汽车提供保障
	重载铁路加氢站科研示范项目	我国重载铁路加氢站科研示范站

续表

企业名称	项目规划	主要内容
国家电网有限公司	"氢霆"无人机	填补了氢燃料在电力无人机史上的空白
	六安兆瓦氢能综合利用示范站	国内首座兆瓦级电解水制氢、储氢及氢燃料电池发电系统
	台州大陈岛氢能示范项目	全国首个海岛氢能制取、储能及热电连供氢能示范项目
	宁波慈溪氢电耦合直流微网示范工程	国家电网公司首个氢能相关的国家重点研发计划配套项目
	国家电投氢燃料电池实验室和储能技术实验室	研发氢燃料电池和储能技术
国家电力投资集团有限公司	国家电投集团氢能科技发展有限公司	已形成了氢能技术创新、生产制造、市场开发的全链条产业能力
	国家电投新能源产业基地	国内首座制氢、储氢、加氢、氢气充装、加油、充电一体化综合智慧能源站示范工程
	国家电投长春氢能产业基地项目	建成后将成为集碳中和关键技术和装备研发创新、示范应用、高端装备制造一体化的产业集聚区
	与中国人寿合作设立100亿元清洁能源基金	将重点支持大型清洁能源基地项目股权融资
	国家电投荆门氢混燃机示范项目	我国首个氢混燃机示范项目
	国家电投氢能交通运营平台	打造全国最大的氢燃料电池汽车运营平台,助力北京冬奥会
	国家电投华南氢能产业基地项目	将建设国家电投集团膜材料、夜纸华南地区唯一的氢能产业基地

续表

企业名称	项目规划	主要内容
国家电力投资集团有限公司	与西门子共同签署《绿色氢能发展和综合利用合作谅解备忘录》	聚焦氢能供需两侧关键技术的联合研发与应用
	与吉电股份等合资成立电投氢能基金	投资方向为氢能、储能等新兴能源项目
	北京制氢、加氢项目	绿电进京,能源创新,氢能应用,综合智慧能源,能源数字产业,绿色金融等
	宣化储氢综合智能源示范项目	河北首个获批的新能源+储能+氢能项目
	国家电投黄河流域氢能产业基地项目	打造国家级氢能创新平台
	白城分布式发电制氢加氢一体化示范项目	将吉林省白城市打造成"中国北方氢谷"
	与亿利洁能合作开发内蒙古杭锦旗库布齐沙漠EOD	沙漠风光氢储化一体化项目
	宁东可再生能源制氢示范项目	氢能重卡示范
中国华电集团有限公司	四川泸定水电站可再生能源制氢、大规模储能及氢能综合利用技术研究项目	开展大规模可再生能源制氢、大规模储能及氢能综合利用技术研究
	中国华电氢能技术研究中心	重点氢能产业政策与动态研究、氢能材料、装备及系统开发、氢能应用数字研究

续表

企业名称	项目规划	主要内容
中国大唐集团能源投资有限责任公司	大唐海南氢能产业发展中心	推动海南氢能产业发展,加速海南氢能产业化、规模化、商业化进程
中国长江三峡集团有限公司	三峡集团内蒙古乌兰察布"源网荷储"一体化示范项目	已创下多个"国内之最"和"行业首次"纪录
	"三峡氢舟1号"	系中国长江三峡集团有限公司长江电力与中国船舶第七一二研究所合作研发建造的国内首艘内河氢燃料电池动力船
	与北京海珀尔氢能科技有限公司合作建设液气油氢混建站	把位于北六环和京藏高速交汇处的加油站扩建为液气氢加氢、加油综合建站
中国石油	中石油氢能研究所	围绕中国石油集团氢气制取储运及高效利用、燃料电池及储能技术等氢能产业相关技术研究
	中石油华北石化分公司燃料电池氢气橇装项目	产氢速率 2000 Nm³/h
天然气集团有限公司	北京冬奥会张家口赛区火炬台	冬奥历史上首个以绿氢为燃料的火炬台
	中石油古城油氢合建站	加氢能力达 1000 kg/d,是西南地区首座采取油氢合建模式的加氢站

续表

企业名称	项目规划	主要内容
中国石油天然气集团有限公司	广东石化炼化一体化项目	进行氢能技术和产品研发
	发布《中国石油绿色低碳发展行动计划3.0》	计划2050年占据国内30%供氢市场
	西安交大—中油国研氢能技术与装备研究中心	促进氢能技术及装备取得突破性进展
	投资建设油氢混合站项目	将加油站改造升级,实现氢混合加注
	投资建设环珠三角氢能网络项目	为珠三角地区提供氢气资源,培养氢能管理人才队伍
	鄂尔多斯市乌审旗风光融合绿氢化工示范项目	年产绿氢20000 t
	新疆库车绿氢示范项目	年产绿氢20000 t
	塔河光伏发电制氢项目	年产绿氢20000 t
中国石油化工集团有限公司	《2021年中国石化可持续发展报告》	积极布局氢能产业,高质量建成8个供氢中心;因地制宜加快推进伏业务发展,稳步推进生物质能源供应;加快打造"油气氢电服"综合能源服务商
	中石化十堰阳光综合能源站	由单一能源加油站改建的油、氢、电多能源综合建站
	中石化燕山石化兴隆油氢合建站	顺利通过国际《低碳氢、清洁氢及可再生氢标准与评价》,燕山石化是全国首个取得该认证的企业
	中石化石油机械股份有限公司成立氢能装备分公司	中石化氢能装备生产基地正式建立

续表

企业名称	项目规划	主要内容
中国石油化工集团有限公司	中石化西部氢气检测实验室	国内首座站内氢气检测实验室
	中石化雄安新能源有限公司	负责氢能基础设施建设、氢能科技研发
	中石化茂名石化氢燃料电池供氢中心	我国华南地区最大氢燃料电池供氢项目
	与福州大学合作建设氨制氢加氢一体化示范站	推进"氨-氢"能源技术国家科技示范项目，并在"氨-氢"能源技术联合研发、产品生产及商业应用方面深入合作
	北京燕山石化PEM制氢示范项目	PEM电解水技术与燕山石化光伏电力耦合制取绿氢
	中石化舟山六横岛加氢站项目	舟山首个"海上氢岛"
中国海洋石油集团有限公司	海油发展清洁能源公司	海上风电制氢
	中海石油(中国)有限公司北京新能源分公司	开展海陆风光伏发电，加大CCUS科技攻关，探索培育氢能
	甘肃省张掖市光储氢热综合应用示范项目	涉及光伏发电、储能、氢能、加注站等建设内容
中国能源建设股份有限公司	黑龙江省肇东市百万千瓦综合能源基地项目	建设百万千瓦综合能源基地(包括500 MW光伏、500 MW风电、储能、充电桩、氢能等一体化项目)
	辽宁朝阳县1500 MW风光储氢项目	"绿色电力+绿色氢能+绿色装备+绿色建材"四个板块
	青海海西4 GW风光储氢一体化项目	涉及光伏发电、风力发电、电化学储能、氢能等建设内容，总投资额214亿元

续表

企业名称	项目规划	主要内容
中国能源建设股份有限公司	中国能建华北院氢能源研究院惠州大亚湾石化区综合能源站项目	为集团在与氢能源相关的创新领域提供帮助
中国东方电气集团有限公司	东方电气国信氢能(德阳)有限公司氢能源示范项目	开展电解水制氢、新型储氢技术和装备研制、分布式热电联供、垃圾等离子制氢等项目的示范应用
	安徽阜阳氢能源示范项目	推动阜阳市氢能生产及利用布局
	贵阳氢能产业园示范项目	投资20亿元建设氢能产业园示范项目
	四川德阳氢能综合智慧园区	国内首个氢能综合智慧园区
	大湾区氢能科技总部	由东方电气集团控股子公司东方氢能在广州开发区设立
	东方电气氢能及燃料电池基地	打造氢能源及燃料电池高端装备研制中心、应用示范及运维大数据中心、综合供能中心
中国电力建设集团有限公司	与甲骨文电力合作在巴基斯坦建设400 MW绿氢工厂	配套700 MW太阳能,500 MW风能和450 MW电池储能能力
	平朔矿区农光储氢一体化PC项目	位于山西省朔州市平鲁区境内,拟建场址为山地,项目总规划建设容量约330 MW
	中国电建集团第一届国际氢能产业合作论坛	电建新能源集团、电建装备集团等二十多家成员企业,以及壳牌、蒂森克虏伯(ThyssenKrupp),法液空、道达尔能源等国内外氢能企业代表,总计约2000人参加会议

2021年4月,全球最大电解水制绿氢项目——宝丰能源"国家级太阳能电解水制氢综合示范项目"在宁夏投产。该项目通过太阳能电解水制绿氢、绿氧,并直供化工系统,用绿氢、绿氧替代化石能源生产高端化工产品,开辟了一条用新能源替代化石能源的科学路径,每年直接减少使用近 4×10^5 t 标准煤、减少二氧化碳排放量约 7×10^5 t。如果按近期煤价 1000 元/t 计算,每年可直接降低 3.8 亿元的原料成本。2021年5月,中国石油化工集团有限公司宣布,该公司首个绿氢项目——鄂尔多斯 10000 t/年制氢项目将于 2022 年投产。同年 11 月,国内目前最大的氢气充装站正式投入运营,投资建设单位为东华能源股份有限公司旗下东华能源(宁波)新材料有限公司。该氢气充装站位于浙江宁波大榭岛,可以辐射江苏、浙江和上海等主要用氢市场。氢气充装站设计产能为 8000 m^3/h,充装能力为国内第一,共设有 10 个充装位、11 台大型压缩机、8 个变压吸附器,可以实现快捷高效的氢气充装。

2008 年北京奥运会期间,由 20 台氢燃料电池轿车和 3 台氢燃料电池客车组成的车队活跃在北京的街头巷尾。这是我国燃料电池汽车的首次示范应用,为后续的技术研发提供了参考数据。14 年后,在 2022 年北京冬奥会与冬残奥会上,氢能继续发力。众多中国的氢能品牌以绿色+科技的形式为冬奥会助力,引领着未来人类的生活方式。由国家能源集团有限责任公司承担的冬奥会重点保障工程同步完成的还有"大规模风光互补制氢项目""万全油氢服务站项目"和"赤城风光氢储耦合项目"制氢站,采用大规模太阳能和风能耦合的方式,通过可再生能源制氢,为冬奥赛区提供绿色氢能。中国航天科技集团有限公司参与研制的奥运火炬燃料全部采用氢能源,将奥林匹克精神与"绿色""环保"进一步握手。冬奥会开幕式上,由中国石油供应的氢气,点燃了北京冬奥赛场的主火炬。此外在北京冬奥会和冬残奥会举行期间,有 816 辆由北汽福田汽车股份有限公司研发的"100%国产"氢燃料电池车为赛会提供服务。

国际能源署(IEA)分析的报告表明,中国的绿氢生产拥有得天独厚的价格优势。大力发展绿氢产业已经成为我国实现能源转型的必然方向之一。凭借着技术优势、规模优势和成本优势,在不久的将来我国很可能成为绿氢生产第一强国,并且可以向周边国家出口绿氢。目前我国还是一个能源对外高度依赖的国家,大力发展氢能可以让我国短时间内在能源领域"翻身做主人",成为世界能源供应的新核心。然而无法回避的是,大力发展氢能需要突破的挑战有很多。

2.3 大力发展氢能需要突破的极大挑战

2.3.1 目前氢能在诸多方面存在困难,阻碍着氢能产业短期内的发展

氢分子是体积最小的分子。这一特性一方面使得氢气的密度很低(常温常压下仅为 80 g/m³),虽然氢的质量能量密度为 142 MJ/kg,但体积能量密度非常低。在 25 ℃ 和 1.01325×10^5 Pa 下,氢气(气态)的体积能量密度仅为 0.0108 MJ/L,即燃烧汽油 1 L 得到的发热量相当于 3000 L 的氢气。加压至 7×10^7 Pa 时,氢气(气态)的体积能量密度为 6 MJ/L。换句话说,与汽油相比,7×10^7 Pa 下氢气的质量能量密度高出 3 倍以上,而体积能量密度不到 18%。液态氢气的体积能量密度为 10 MJ/L,因此在氢的储运过程中需要将其液化以提高效率。但氢气的液化点为 -253 ℃,接近绝对零度,低温液化困难,无论用哪种液化方式都会使氢气成本上升至少 30%。

除此之外,体积小的特性又使得氢气分子很容易钻入包括钢铁在内的各类材料的分子间隙中,造成材料的强度降低(即"氢脆"现象,如图 2.7 所示)以及氢分子从容器或管道中逃逸,因此对氢气管道的防漏技术要求很高。总之用于氢气储运的材料必须兼具耐低温、耐高压、不发生"氢脆"、密封性极佳等特性。而另一种储运氢的方案——金属氢化物储氢暂没有达到工程化的应用效率,因为储存 1 kg 的氢,需要一个重约 160 kg 的金属氢化物罐。虽然近年来储氢材料的研发一直是材料学科的热点之一,但仍然没有寻找到完美的储氢材料,绝大多数材料还处于实验室论证阶段,并没有验证大规模应用的经济性与可靠性。低温、高压且必须使用特制的材料导致氢的储运不能依托现有的基础设施,只能为其新构建一套完整的产业链:包括氢的生产、储氢材料的合成、专用

的储存设施、专用的管网、专用的终端分销网点如加氢站等。氢能产业目前还处于试点论证阶段,现阶段还没有氢能大规模的储存、运输以及终端分配网络的基础设施。因此如果将氢能在全国范围内推广,需要经过一段较长时间的评估论证与基础设施建设的阶段,这与"双碳"目标的紧迫性相悖。

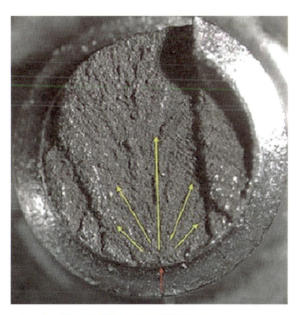

图 2.7 "氢脆"现象造成的构件断裂

此外,氢是一种非常不安全的物质。氢的爆炸极限(体积分数为 4.0%~75.6%)范围极宽,最小着火能也非常小,属于极端易燃危险物品,只需要微量的泄漏与热量,就会引起爆炸(图 2.8)。如果氢能真的如电能一样走进千家万户的生活,城镇中的加氢站的数量等同甚至超过加油站的数量,将造成不小的安全隐患,并引发居民的担忧与恐慌。

2.3.2 目前我国氢能产业发展面临的问题

阻碍氢能产业短期内向更广、更深领域发展的因素除了氢本身的特性外,还有诸多问题,当前我国氢能产业发展同样面临着这些问题。

图 2.8 挪威奥斯陆郊外的加氢站爆炸

2.3.2.1 自主性弱,海外厂商技术领先

氢能产业制、储/运、加注和燃料电池制造等全产业链各环节关键核心技术或材料与国际先进水平差距较大,导致我国氢能产业发展整体相对落后,自主性弱。氢能装备和核心部件方面是我国氢能产业发展最主要的短板,存在明显的"卡脖子"环节,进口依赖性大。技术的落后主要体现在以下几个方面:① 在电解槽方面,目前挪威 Nel、加拿大 Hydrogenics,2019 年被康明斯与法液空联合收购)等海外设备厂商已有数十年乃至近百年的发展历程,无论是在碱性电解槽还是 PEM 电解槽上均有深厚的技术积累。国内厂商的起步则相对较晚,目前已在碱性电解水制氢设备上实现了较好的国产化,但在 PEM 电解槽上距海外领先水平仍有很大差距。② 在燃料电池方面,国产氢燃料电池的质子交换膜、催化剂、碳纸等核心材料对外依存度总体较高,空压机氢气循环系统和增压器进口比例较高。国内氢燃料电池电堆体积功率密度、每千瓦铂催化剂用量、长管拖车压缩氢气压强分别为 1.8 kW/L、0.4 g/kW、20 MPa,而国际先进水平为 3.1 kW/L、0.2 g/kW、45 MPa,差距较大。进口依赖导致产业链成本高昂,如 3.5 t 燃料电池物流车制造成本达 80 万元,终端用氢成本达 50 元/kg。③ 在氢能储运方面,高压储氢瓶用高强度碳纤维材料、瓶口组合阀亟待突破,

低温液氢的全套装备几乎都缺乏成熟的国产化产品。④ 在氢能加注方面,国产加氢站装备有待验证,特别是 70 MPa 压缩机。高精度氢气流量计、传感器以及加氢枪等核心零部件均依赖进口。如果采用其他方式对氢能进行补充,如氨能,则可以完全规避上述②～④条技术落后劣势,在崭新的赛道上取得领先优势,提升我国氢能战略的整体自主性。

2.3.2.2 氢能作为一种储能方式在时间和空间维度上的局限性与我国的能源资源禀赋不匹配

我国西部储量丰富的绿氢资源,远离中东部的能源负荷中心。未来伴随着西部地区可再生能源发电装机容量的规模迅速扩大,需要配套超大规模的远距离能量输送。不同于抽水蓄能和电化学储能等方式,氢能可以进行空间上的转移。然而,氢能在时间和空间维度上具有局限性,具体表现为长期储存损耗大、成本高,长距离大规模运输困难,管道技术尚未成熟,罐车运输成本非常高。因此需要找到一种储能方式,其在时间和空间维度上能够与我国的能源资源禀赋相匹配。

2.3.2.3 当前氢储能各环节产业化程度较低,规模化发展尚需时日,与"双碳"目标的时间节点不匹配

在制氢环节,目前电解水制氢的成本明显高于传统化石能源制氢,未来电费成本与设备投资均有较大的下降空间。在储运环节,现阶段氢气的储运体系尚不成熟,输氢管网、加氢站等基础设施仍需大量投入。在应用环节,绿氢或将在部分传统工业领域率先得到推广,氢燃料电池则仍处于起步阶段。短期来看,我们认为氢储能的发展速度将慢于抽水蓄能、压缩空气储能及电化学储能,后续的产业化进程有赖于各环节技术的进步、基础设施的完善以及成本的降低。经过 30 多年的研究,氢能应用的关键技术仍然无法匹配较大时空维度产业化要求。关键技术的进步依赖于研发的大量投入,这种投入不仅体现在财力、人力、物力上,还体现在时间上。碳达峰是碳中和的前提,前者实现时间越早,越有利于后者的推进,对经济的影响也越平缓。我们认为氢能规模化发展尚需储运等关键技术的突破,其进度可能会出现与 2030 年实现碳达峰的时间节点不匹配的情况,因此在短期内需要找到氢能的补充方式,保障碳达峰目标如期实现。

2.3.2.4 部分地区氢能发展过热苗头显现

在"双碳"目标的指引下,各地对于发展氢能产业的热情空前高涨,这一现象的推动因素包括完成区域性减排指标,带动地区科技进步、经济增长等。当前,部分地方政府将氢能产业作为重要的新动能来培育,纷纷在辖区开展全套产业链布局,缺乏对本地发展氢能产业比较优势的客观分析,同质化发展、无序竞争现象较为严重。据数据统计,我国氢能产业链相关企业数已超过 2000 家,从 2019 年起每年氢能企业注册量都超过 400 家,呈爆发式增长,而在 2011 年仅有 21 家氢能企业被注册。但从产业发展阶段来看,氢能产业整体处于早期发展阶段,期望值远高于产业实际和技术成熟度,需警惕低质量发展、低水平扩张和盲目投资的风险。特别是在氢气的储运与下游应用尚未成熟的阶段,如果没有其他能够及时消纳绿氢的方式(如氨能等),会造成绿氢的滞积以及上游产能的浪费。

2.3.3 补充和发展氢能的主要方式及其优劣对比

氢能的储存和运输存在的巨大困难为其他作为替代的储运技术的发展创造了机会。氨载体、有机氢载体、合成烃类载体等补充和发展液氢的储运方式,其本质都是通过化学转化的方式将氢储存于富氢载体中,并通过这些富氢载体实现对氢能的更高效、更经济且更安全的运输。

正如上文提到的,液氢储运方式需要大量的液化能量供给,加之储氢容器材料昂贵,又需要很高的安全标准,所以所需的储存设备具有非常高的资本支出,并且转移液氢所需的卸载和装载设备的成本也非常高。此外,无论储存设备的质量如何,每天都不可避免地会有一些液氢蒸发,蒸发率通常是每天 0.2%～0.3%,这意味着长期储存液氢存在大量损耗,还会带来安全隐患。综上,将氢能以液氢的方式储运将会面临高昂的成本支出,根据国际能源署估计,每吨液氢储存容量的资本支出为 90000 美元。尽管成本高昂,但"一分价钱一分货"的规律并不适用于液氢,因为液氢的储氢密度与能量运输效率比氨载体等其他方式低得多。

图 2.9 显示了各种替代氢载体按质量和体积计算的能量密度。一些化学

氢化物如甲醇、液态烃和液态氨可以同时达到质量能量密度和体积能量密度的目标。在这些常见的化学氢化物中,只有氨是无碳的,因此,氨作为一种有前景的氢载体受到了广泛的关注。

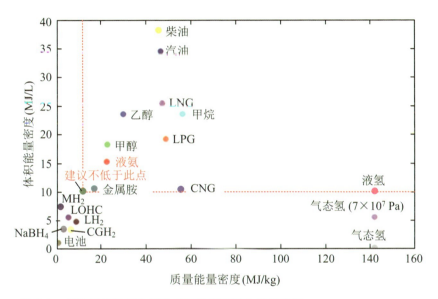

图2.9　各种替代氢载体按质量和体积计算的能量密度
LNG为液化天然气,LPG为液化石油气,CNG为压缩天然气。

2.3.3.1　合成烃类载体储运氢能技术

合成烃类化合物,如甲基环己烷等,是由电解氢与碳源反应生成的。这项技术融合了CCUS技术,其可行性与成本很大程度上取决于CCUS技术的成熟度。考虑到CCUS对地下构造要求较高,且建造周期较长,规模化水平较难评价。此外,如果无法通过低成本的方式获得持续且浓缩的二氧化碳,那么通过直接空气捕捉获得碳的能源成本将非常高。一旦合成碳氢化合物被生产出来,储存和运输就变得简单,并且可以使用现有技术进行。

2.3.3.2　液态有机氢载体储运氢能技术

有机氢载体包括甲苯、二苄基甲苯、甲醇和萘等许多种类,它们在常温常压下是液态的,或者是容易液化的。能源供给端可以通过溶解等方式将氢气"装入"这些载体中,需求端可将其"卸下",这两种过程分别称为氢化和脱氢。

当使用非易燃和无毒载体材料时,液态有机氢载体可以使用现有的工业油气输运基础设施,而无需任何额外的安全设施或法规。然而,这些载体的体积氢密度很低,并且氢化和脱氢过程需要额外的能量消耗与设备需求,增加了运输成本。

2.3.3.3 氨载体储运氢能技术

将蓝/绿氢进一步合成氨,即将氢气的化学能量储存在氨分子中是一个新颖且潜力巨大的方案。通过将氢转化成便于储运的氨,可以长距离大规模地将绿色能源从可再生能源廉价或过剩的地方运输到可再生能源有限或昂贵的地方。这种协同效应十分契合我国能源资源禀赋,可以高效实现可再生能源合理分配。在分配终端,氢除了以氨的形式直接使用外,还可以以相对较低的成本通过裂解的方式转变回氢气,这样氨就完成了作为氢能载体的使命。

2.3.3.4 各种氢能载体的对比

综合考虑成本、效率、碳排放、技术成熟度、基础设施建设情况等因素,使用氨作为储运氢能的载体是最优秀的,这是因为:

(1) 氨合成过程中的能量损失远小于烃类化合物合成,并且与合成烃类化合物一样,由于其相对较高的能量密度和温和的储运条件,氨在各类氢载体或储氢材料中的储氢能力也是最优秀的,拥有着较高的质量密度和最高的体积密度,如图 2.10 所示。就质量分数而言,氨的含氢量为 17.8%,相当于储氢合金($Ti_{1.1}CrMn$)的 10 倍,在储氢材料中最为显著。就体积氢密度而言,在 293 K 和 $8.6×10^5$ Pa 的条件下,液氨(108 kg H_2/m^3)中的氢密度比金属氢化物中最先进的储存方法(25 kg H_2/m^3)高 4 倍。更重要的是,在能源使用终端,与烃类不同,氨无论是直接利用还是再裂解成氢都不会产生二氧化碳。

(2) 氨本身就是一种基础工业原料,合成化肥等行业中需要消耗大量的氨,使用可再生能源生产的氨可以规避传统合成氨产业中大量排放的二氧化碳。氨还是一种优质的清洁能源,可以直接为燃料电池、交通载具、发电厂、供暖锅炉等提供能量。在能源使用端直接利用氨的情况中,由于氨免除了裂解制氢的步骤,与其他载体相比具有可观的成本优势。

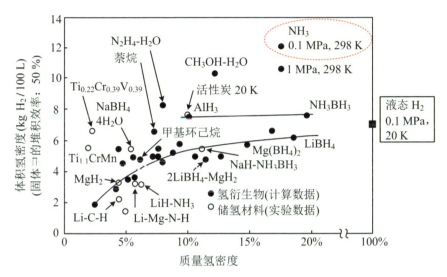

图 2.10　氨作为储氢分子的效率优势

图 2.11 直观地展示了各种运输氢能的成本对比图。根据各国透露的计划的汇总，美国将从智利以氨载体的形式、欧盟将从沙特以液氢的形式、日本将从澳大利亚以液态有机载体的形式进口氢能。据麦肯锡公司与国际氢能委员会的共同推算，至 2030 年，三种路径的成本相当。如果美国直接利用进口的绿氨作为工业原料或能源，其会以 26%～36% 的成本优势购得无碳能源。

单位：美元/kg H_2

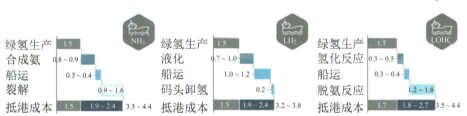

(a) 美国将从智利以氨载体的形式运输氢能　　(b) 欧盟将从沙特以液氢的形式运输氢能　　(c) 日本将从澳大利亚以液态有机载体的形式运输氢能

图 2.11　各国采用各种载体长距离运输氢能的成本对比

(3) 除上述因素外，目前全世界已建成多处氨运输和储存设施，每年可以运输约 1.8×10^7 t 氨。与氢相比，氨的储运成本要低得多。氨气的液化条件比氢气容易实现得多，一般的碳钢储罐足以安全、低成本且长时间地储存液氨。通常氨的长距离运输是通过使用碳钢管道来完成的，并且几乎无需转化步骤就可以将天然气管道转变为输氨管道，并且可以实现氨与天然气混运，而现在氢气与天然气混运仍然存在管道材料问题。储存与运输氨的安全保障方式的有效性已被证实，相关法律法规与行业规范健全。因此氨载体可以在最短的时间内实现大规模氢能运输。

本 章 小 结

为了抑制全球变暖引起的气候变化，迫切需要减少温室气体的排放。国际能源署(IEA)提出了在 2060 年前通过各种技术减少二氧化碳排放的展望，并提出了提高能源效率、使用可再生能源、燃料转换、核能以及引入 CCUS 技术等措施。在使用可再生能源和燃料转换方面，氨和氢是仅有的两种既不含碳又可以从任何能源中产生的替代燃料，有望在未来实现低碳社会中发挥重要作用。

氢能有望成为未来能源体系的重要组成部分。氢能是一种高效清洁的能源形式，在碳中和的背景下，全球主要经济体陆续将氢能发展上升至战略高度，预计未来氢气的能源属性将逐渐显现。目前化石能源制氢仍是主要的氢气来源，我们认为可再生能源电解水制备的绿氢是长期的发展方向，与此同时氢气的下游应用也将逐渐由当前的传统工业领域拓展至电力、交通、建筑等各类场景。

然而，利用氢载体储存和运输氢仍然是一个具有挑战性的问题。经过 30 多年的研究，氢能应用的关键技术仍然无法匹配较大时空维度的产业化要求。目前氢能在运输、储存、安全、成本和消费者接受程度方面存在重大困难，阻碍着氢能产业短期内向更广、更深领域发展。同时我国氢能产业发展面临着自主性弱、下游不成熟、发展过热等问题。氢气的储运与下游应用仍处于尚未成熟的阶段，如果没有其他能够及时消纳绿氢的方式（如氨能等），会造成绿氢的滞积以及上游产能的浪费。

补充和发展氢能的方式有氨载体、有机氢载体、合成烃类载体等。其本质都是通过化学转化的方式将氢储存于富氢载体中,并通过这些富氢载体实现对氢能的更高效、更经济且更安全的运输。综合考虑成本、效率、碳排放、技术成熟度、基础设施建设情况等因素,使用氨作为储运氢能的载体是最优秀的。

氨合成过程中的能量损失远小于烃类化合物的合成,并具备相对较高的能量密度和温和的储运条件。氨在各类氢载体或储氢材料中的储氢能力也是最优秀的,拥有着较高的质量密度和最高的体积密度。更重要的是,氨本身就是一种基础工业原料、优质的清洁能源,与烃类不同,氨无论是直接利用还是再裂解成氢都不会产生二氧化碳。因此,氨是在不久的将来作为氢能的补充和发展,以及替代煤炭等传统化石燃料广泛应用的最好选择之一。

第 3 章
氨能产业发展现状及分析

3.1 氨的基本性质

在如何实现中国的可持续发展这个大课题中,能源和环境无疑是最令人关注的问题。我国的燃油消费量及其中进口石油量所占比的日增,使能源供给问题很可能成为影响中国长盛久安的隐患。此外,"双碳"目标使中国能源的长期供应得以确保的办法,唯有自力更生。而以自力更生实现可持续的能源自给的办法,唯有发展利用可再生能源。

在各种可再生燃料中,氢长期以来被视为最理想的选择。然而,使氢能成为可以取代目前石油经济的一种实用能源,尚有待若干关键(尤其是储运)技术上的突破性发展。鉴于能源革新已经刻不容缓,等待氢能技术的成熟实非上策。相比之下,将氨能作为氢能的补充与扩展的提案,不仅更为切实可行,且对中国高质量实现"双碳"有着重要的意义。

氨,英文名为"ammonia"(曾经被音译为阿摩尼亚),分子式为 NH_3,是一种常温常压下无色且具有独特刺激气味的气体。氨是当今世界上产量最大的无机化工产品之一,在工业界的用途已经十分广泛,目前最大量的用途是合成化肥(尿素、硝酸铵或硝酸铵钙)。除化肥外,氨还是制造硝酸、纯碱、炸药、塑料、染料、合成纤维和多种药物的直接原料,因此可以说,氨是化工产业的基石之一。

3.1.1 氨气易液化，便于储运

氨的理化性质如下：无色气体，有刺激性恶臭味；分子式为NH_3，分子量为17.03；相对密度为 0.7714 g/L，熔点为 -77.7 ℃，沸点为 -33.35 ℃，蒸气密度为 0.6，蒸气压为 1013.08 kPa(25.7 ℃)。氨在空气中不易燃烧或爆炸，其自燃点高达 651.11 ℃，氨气与空气混合物爆炸极限浓度为 16%~25%（最易引燃浓度为 17%），氨的密度为 0.769 kg/m³，比空气轻，使得少量的氨泄漏会很快飘散到上空，而不会在低空聚集达到有害和可燃浓度。氨在 20 ℃的水中可溶解 34%，25 ℃时，在无水乙醇中可溶解 10%，在甲醇中可溶解 16%，且可溶于氯仿、乙醚，它是许多元素和化合物的良好溶剂。氨的水溶液呈碱性，0.1 mol/L 氨水溶液 pH 为 11.1。氨的物理性质类似于丙烷（丙烷沸点为 -42 ℃，25 ℃时的蒸气压为 1.0 MPa），而丙烷是液化石油气（Liquefied Petroleum Gas，LPG）的主要成分之一，因此可以说氨的物性类似于 LPG。

如图 3.1 所示，氨气分子的空间构型为三角锥形，其键角为 107.3℃。氮原子由 5 个外部电子和来自每个氢原子的另外 3 个电子组成，总共有 8 个电

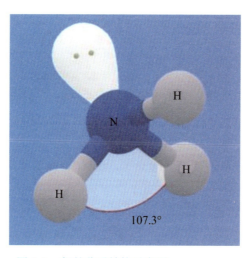

图 3.1 氨的分子结构示意图

子,或 4 对四面体排列的电子。这种形状给了分子一个偶极矩,使它具有极性。分子的极性,特别是它产生氢键的能力,使得氨非常容易溶于水。它也很容易液化,这也是由分子之间的弹性氢键造成的。氨在标准温度和压力下的沸点和冰点分别是 $-33.35\ ℃$ 和 $-77.65\ ℃$,并且室温下高于 $8.6×10^5$ Pa,氨即会被液化,液化条件比氢气宽松得多(氢气必须在 $-253\ ℃$ 以下或者 $3×10^7$ Pa 以上的苛刻条件下才能液化)。氨气燃烧时呈淡黄绿色火焰。在适当的催化剂和一定温度条件下,氨被分解成组成元素,即氢和氮。

3.1.2 氨拥有最佳的储氢性能

除了作为化肥等工业产品的原料,氨也是一种业界公认的最具潜力的能源物质之一。氨能顾名思义是一种以氨为基础的新能源,旨在用无碳化合物代替化石燃料来减少排放,是一种清洁能源。

氨是除氢以外最易生产的绿色二次能源之一。在目前普遍采用的工业化合成氨生产中,所需的氮元素可自空气中直接分离获得,而氢元素的来源则为天然气、煤炭、石油、生物质及水。现阶段制氨所需能源大多源自化石能源,然而氨可以完全由可再生能源生产,利用可再生能源生产的绿氢合成绿氨,可以实现合成氨过程的 CO_2 的零排放。氨易液化、安全性高、能量密度高的特点使其成为氢能载体的最优"候选人",可以从根本上解决氢能储运难的困境。

氨含氢量为 17.8%(质量分数),相当于储氢合金($Ti_{1.1}CrMn$)的 10 倍,在储氢材料中最为显著。在室温、1 MPa 以下的条件下,氨容易压缩液化。液态氨的体积氢密度为 $10.7\sim12.1$ kg H_2/100 L(0.1 MPa,$-33\ ℃$ 至 1 MPa,$25\ ℃$),为液态氢(7.1 kg H_2/100 L,0.1 MPa,$-253\ ℃$)的 1.5 倍以上,显示出最高的体积氢密度。氨燃烧不产生 CO_2,也可作为能源载体。分解氨放出氢所需的能量(46.1 kJ/mol H_2),约相当于氢燃烧能(286 kJ/mol H_2)的 10%。实际上,欧美国家使用的无水氨,与超高压氢运输相比,农业肥料可用液态氨罐灌装 1.83 MPa 的氨 3025 kg,考虑到氨含氢量为 17.8%,实际运输的氢约为 534 kg。而 26.4 m^3 的筒式拖车可运输压力为 22.1 MPa 的纯氢 350 kg。因此,尽管液态氨罐仅占超高压氢筒容量的 1/4 以下,但灌装氨中的氢质量增加了 53%。

氨的高位发热量(High Heating Value,HHV)(包括燃烧气中生成水蒸气凝结时得到的凝结潜热的发热量)为 22.5 MJ/kg 或者 13.6 MJ/L(1 MPa,298 K 的密度为 0.603 g/cm³),单位能量的氨价格为 0.07 元/MJ[0.28 元/(kW·h)]。汽油的 HHV 为 34.6 MJ/L,如销售价格为 7 元/L,单位能量的汽油价格则为 0.2 元/MJ[0.8 元/(kW·h)]。氢的 HHV 为 142 MJ/kg,如高压氢供应平均价格为(70 MPa)63 元/kg,则能源单位价格为 0.4 元/MJ[1.6 元/(kW·h)],即 1 kW·h 的氢的价格约为汽油的 2 倍,氨的 5.7 倍。综合来看,氨是一种非常经济的氢能载体或能源。

3.1.3 氨是一种优异的直接能源

氨分子由氮元素与氢元素组成,不含碳元素,也没有直接的温室效应。其完全燃烧时只产生水和氮气,没有硫氧化物、颗粒物等污染物或温室气体的排放,因此氨能同氢能一样,是一种完全绿色环保的能源。可以直接用于交通载具、发电厂与供暖锅炉等多种终端中的燃料。

将氨直接用于燃料的尝试由来已久。氨具有常用燃料所必备的所有特点:廉价、易得、易挥发、易储存、高燃烧值、高辛烷值、相对安全、可与多种燃料混用等。1955 年,美国国家航空航天局研制了一款高超声速技术试验机 X-15,其火箭发动机完全采用液氨作为燃料,最大速度可达到 6.72 马赫(1 马赫≈1225.08 km/h),是迄今为止人类研制的速度最快的有人驾驶飞机。20 世纪六七十年代,美国汽车工程师协会(Society of Automotive Engineers,SAE)曾发表了多篇有关氨燃料、氨内燃机等方面的学术文章。在这些理论的指导下,1972 年由美国田纳西大学的几名大学生在郝吉森教授的指导下设计改装的氨燃料汽车,在有 65 辆车参赛的都市汽车大赛中获得总分第二。这些尝试有效地证明了氨作为发动机燃料的可行性与优势。

液氨的比重与汽油相近。虽其燃烧值仅约为汽油的一半,氨的辛烷值却远高于汽油,因而可大大增加内燃机的压缩比以提高输出功率。氨内燃机的热效率可达 50%甚至接近 60%,是通常汽油内燃机的 2 倍以上,因此也就足以在多种用途中成为可取代汽油的燃料。氨的能量密度高于汽油、甲醇等燃料,又极易压缩液化,储运安全方便,补给时,现有加油站的基础设施即可满足液氨的加注需求。从成本的角度来看,每吨液氨的价格只有 4500 元,但却足以替代每吨 10000 元的成品汽油。

在智能电网中,氨的再生与其高效内燃机发电循环,与天然气的多级热电联产,可以成为一个联合体,实现 60%~80% 的发电效率与高达 90% 的热效率,并可望实现 COP 高达 5~10 倍能效的建筑体新型供能方式。

液氨除了可直接作为用于内燃机或燃气轮机内的燃料,也可作为清洁能源来代替化石燃料的其他用途。液氨比液化天然气更便于储运。除车载船运外,液氨还可利用现有的输气管输送。在以管道输送等能量的条件下相比,液氨较液氢或天然气都具有明显的经济优势。

氨作为富氢化合物(含氢质量分数为 17.8%),也可用作燃料电池制氢的原材料。

总结上文,将氨作为能源的优点归纳起来如下:① 易液化,储运方便;② 不含碳,含氢率高;③ 容易取出氢;④ 安全性高、能量密度高;⑤ 成本优势明显;⑥ 辛烷值高,内燃机热效率高;⑦ 现有加油站的基础设施即可满足液氨的加注需求;⑧ 氨的物性值接近丙烷,可与 LPG 同样处理;⑨ 适合作为燃料电池的燃料。

因此,氨能的应用不仅可以高效、经济的运输氢,还可以直接作为内燃机和燃料电池的燃料,为实现"双碳"目标提供强大的推力。

3.1.4 氨的安全性远高于氢

3.1.4.1 氨具有毒性,但因为氨直接导致的病亡率极低

使用氨最大的问题之一是它的毒性。氨的蒸气压使其在大气条件下极易挥发,因此在与氨接触时会对健康和安全产生不利影响。此外,压缩氨的快速释放会导致凝结和液滴的形成,在地面形成冷氨云,这也是压缩氨储运时必须面临的一个风险。

如果吸入一定量的氨气,会造成中毒现象。绝大部分人都会察觉到 5×10^{-5} 的氨,因此不同于氢气、煤气和天然气,氨气有自我泄漏警报功能。在 5×10^{-4}

的浓度下,人的鼻子和喉咙会立即受到严重的刺激。短期暴露于 1.5×10^{-3} 氨的环境中可导致肺部积液。氨暴露限值通常设定为 2.5×10^{-5}(8 h 长期暴露)和 3.5×10^{-5}(短期暴露)。吞咽氨水会导致口腔、喉咙和胃部烧伤。皮肤接触氨会引起发红、疼痛、刺激和烧伤。表 3.1 总结了氨气浓度对健康的影响。

表 3.1 氨气浓度对健康的急性影响

对健康的急性影响	空气中的 NH_3 浓度（按体积）
不易察觉的气味	5×10^{-6}
容易察觉的气味	$2\times10^{-5}\sim5\times10^{-5}$
长时间接触不会造成不适或健康损害	$5\times10^{-5}\sim1\times10^{-4}$
一般不适和流泪;短时间接触不会产生持久影响	$1.5\times10^{-4}\sim2\times10^{-4}$
严重刺激眼睛、耳朵、鼻子和喉咙,短期接触无持久影响	$4\times10^{-4}\sim7\times10^{-4}$
咳嗽、支气管痉挛	1.7×10^{-3}
危险,接触不到 30 min 可能致命	$2\times10^{-3}\sim3\times10^{-3}$
喉部水肿、窒息,迅速致死	$0.005\sim0.01$
立即致命	0.01

在加注或卸载氨时,对皮肤的危害也是需要注意的。在大气条件下,氨蒸发的速度很快。因此,与液态氨接触会导致严重的冻伤,而且由于氨与水的高度亲和性,它对细胞具有破坏性的影响,会使细胞和组织脱水、死亡。

能够大规模生产氨的技术发明以来已有 150 年,在有法律条文严格规定的国家中,与氨有关的年死亡总人数通常为个位数,在有适当培训和应急服务支持的情况下,事故是可以控制的。

3.1.4.2 气态氨没有温室效应与臭氧层破坏效应,但进入水体会产生污染,要注意防止泄漏

氨气对环境危害很小,具有零 GWP(全球变暖潜能值)和零 ODP(臭氧消耗潜能值)。

氨溶解于水体中会造成污染。少量氨溶于水会参与自然循环,被自然界的

植物吸收；然而大量的氨泄漏至水体中会造成较严重的污染。欧盟指令67/548/EEC(1967年6月27日)将氨列为对环境有害的物质,因为它对水生动物具有很大毒性。广泛使用氨作为燃料肯定会导致泄漏,其可能会流入湖泊、河流,如果发生在沿海地区,有可能会进入海洋。

关于对海洋生物的影响,需要采取进一步的预防措施。在泄漏中氨的总量和造成的危害之间的关系并非简单明了,危害的阈值水平因微生物而异,但通常以毫克每升(百万分之一)来衡量。这种不确定性是由水中氨的不同形式引起的：天然的、非电离的氨(NH_3^0)和铵离子(NH_4^+)。危害的主要载体是NH_3^0,这是一种小的、中性的(非离子的)NH_3^0分子,可以被动地通过细胞膜扩散,比如鱼鳃。因此氨对水体的污染来说是一个必须考虑的因素,特别是在那些寻求使用氨作为燃料源的水运行业中。

近年来,随着越来越多的发展中经济体遵循更先进的指导方针,氨泄漏事故得到有效控制,使得氨作为能量载体可以更安全地在全球普及。

人们还将氨与氢做比较,发现氨作为一种配送基础设施高度发达的化学品,其安全性远远高于氢。Crolius等人最近研究了氨和氢在电力应用中的使用比较。该研究通过小的($0.25\ mm^2$)和大的($2.5\ mm^2$)泄漏来比较室内气体扩散云随通风率和压力的变化趋势(图3.2)。很明显,氨的分布较小,而氢在高通风量的情况下甚至会呈现出较高的浓度峰值。因此,"纯氢"经济的基础在

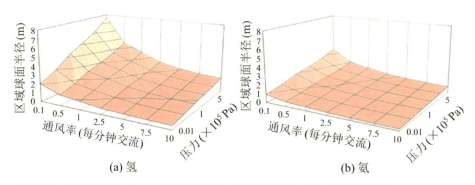

图 3.2　比较氢与氨二次泄漏的区域范围,结果表示氢的扩散率比氨高得多

健康和安全方面暴露了一个关键的缺点,因为氢分子具有如此高的扩散率。此外,如前所述,氢与氨相比的更高的可燃性突出了氢的高扩散率的缺点,使得氢泄漏在空气中十分危险。因此,将氨能作为氢能的补充是很有必要的。

在分析污染性时还必须考虑到氨不完全燃烧可能产生的尾气 NO_X。NO_X 在地球的污染中扮演了重要的角色,潜在温室效应是 CO_2 的近 300 倍。此外,NO_X 可导致地面臭氧(O_3)、酸雨(通过硝酸形成)和微粒物质(通过二次微粒形成,如硝酸铵)的形成,加剧水体富营养化,对农业产生较大威胁。NO_X 会对人体健康产生一定危害,如引起过敏反应和呼吸系统损伤等。此外,环境科学家和地球物理学家已经广泛地讨论了氨对大气中颗粒物的影响。细颗粒物(直径<2.5 μm)的主要问题是,它们可以通过皮肤和肺部扩散,到达动物和人类的器官和血液。从硝酸铵(NH_4NO_3)和硫酸铵[$(NH_4)_2SO_4$]的形成来看,氨对这些有害颗粒的形成起着至关重要的作用,从而导致了氨排放广泛地区的空气质量下降。本书第 6.3.5 节将详细分析氨燃烧的氮氧化物排放问题的预防与处理方法。

综上所述,氨气对环境危害很小,较小的密度以及良好的扩散特性使得较少的氨气泄漏可以很快地消散。氨溶于水体时会造成较严重的环境污染,应采取严格的措施防止氨泄漏进水体。氨不完全燃烧的尾气对环境有害,应改善燃烧条件,并使用尾气处理装置。

3.1.4.3 氨在一般情况下对钢材没有腐蚀性

本节将介绍氨对各种材料的腐蚀性,这些材料包括金属、合金、塑料、橡胶等。在具体分析中,氨被认为是一种能量载体,因此可能需要在严苛的温度与压强条件下储存、分配和应用。

氨对大多数常见材料的相容性好,特别是对铁基材料一般没有腐蚀性,详见表 3.2。但在高压(15.0~20.0 MPa)和高温(>770 K)条件下,由于氨会和碳氧化物反应生成硝酸铵,有一定的腐蚀性,不过正常情况下不会同时用到如此高的压力和温度。氨在储运过程中,压力容器(如氨储罐等)通常使用碳钢制造,碳钢也被用于氨管道、连接件和阀门。有时也用浸镀层来保护钢,通常推荐用合金,如锌铝镁。另外,通常使用环氧树脂的涂层作为抑制剂来去除对氨储存有害的二氧化碳。

表 3.2　氨及氨的衍生物的材料相容性

材　料	氢氧化铵	无水氨
ABS 塑料	—	D
缩醛（缩醛树脂）	D	D
铝	C	A
黄铜	—	D
青铜	—	D
丁钠（腈）橡胶	D	B
石墨	—	A
碳钢	D	B
卡彭特合金	—	A
铸铁	D	A
全氟橡胶	—	B
红铜	—	D
氯化聚氯乙烯	—	A
三元乙丙橡胶	A	A
环氧树脂	—	A
哈氏合金	B	B
氯磺化聚乙烯	A	D
海翠料	—	D
全氟醚橡胶	—	A
聚三氟氯乙烯	—	A
低密度聚乙烯	—	B
皮革	—	D
天然橡胶	—	D
氯丁橡胶	B	A

续表

材　　料	氢氧化铵	无水氨
改性聚苯醚	—	B
尼龙	C	A
聚碳酸酯	—	D
聚醚醚酮	—	A
聚内烯	A	A
聚氨酯	—	D
聚苯硫醚	—	A
聚四氟乙烯	A	A
聚氯乙烯	—	A
聚偏氟乙烯	A	A
Santoprene 热塑性橡胶	A	A
硅胶	—	C
不锈钢 304	B	A
不锈钢 316	A	A
钛	—	C
聚乙烯	—	A
氟橡胶	—	D

注：A～D 表示相容性等级，A 为优秀，B 为良好，C 为一般，D 为较差。

值得注意的是，由于氨对铜及其合金在低应力下具有较高的腐蚀性，因此，即使在氨浓度低至 5×10^{-5} 时，也应避免使用黄铜部件。在密封方面，使用的材料通常是丁腈橡胶，而不是传统的橡胶，因为后者在与氨接触时会降解。

然而,在某些情况下,氨可能会被其他分子污染。如果氨罐被 HCl 污染,腐蚀会很严重,导致材料出现点蚀。CO_2 或 O_2 分子的存在也会加剧腐蚀过程。

综上所述,氨在通常情况下对钢材没有腐蚀作用,但对铜合金有害。此外,应尽量避免 HCl、CO_2 和 O_2 分子的污染。

3.1.4.4　氨在空气中不太易燃,也不易爆

氨在空气中不太易燃,而氢、天然气、甲醇或汽油蒸气则非常易燃。在爆炸极限方面,氨的浓度要求明显高于汽油蒸汽、氢气或天然气。

与甲烷、氢、丙烷(LPG)、甲醇和汽油比,氨的闪点、着火点高(表 3.3),爆炸范围狭小。在可燃性方面,氨是这类物质中相对最安全的。

表 3.3　氨与其他物质的可燃性与易爆性的比较

项目	爆炸范围	闪点(℃)	着火点(℃)
氨	16%~25%	132	651
甲烷	5%~15%	−188	537
氢	4%~74%	−157	530
丙烷(LPG)	2.1%~9.5%	−104	450
甲醇	6%~36%	11	464
汽油	1.4%~7.6%	−40	300

总的来说,氨比纯氢和甲醇、乙醇、甲烷、汽油等各种其他氢源更安全,因为它具有以下特性:

(1) 如果氨逃逸到大气中,它会迅速消散,因为它的密度比空气的密度轻。氨扩散到空气中不会产生温室效应,也不会破坏臭氧层。

(2) 氨可以自我报警:任何泄漏都可以被鼻子检测到。

(3) 普通的钢材就可以作为氨储罐的主力材料,不会发生类似于"氢脆"的材料腐蚀。

(4) 氨的可燃性范围很窄,因此一般认为是不易燃的,在运输条件适当时没有爆炸危险。

3.2 氨能在承接氢能战略落地中将发挥的作用

3.2.1 发展氨能作为氢能补充完全可行

发展氨能作为氢能补充的可行性,可从以下多个方面进行考证:

(1) 经济性。正如上文中反复提及的,氨具有能量密度大、易液化、易储运的特点。氨作为氢能的载体具有较强的成本优势(表3.4、表3.5)。

表 3.4 与氢对比,氨在储存方面的巨大优势

参数	氨	氢	氢
储存方法	液体	压缩气体	液体
储存压力(MPa)	1.1	70	—
液化温度(℃)	−33	—	−252.87
密度(kg/m³)	600	39.1	70.99
180 天以上储存成本(元/kg H_2)	3.4	—	94.2
单位容量投资[元/(kW·h)]	0.83	—	22

表 3.5 与氢对比,氨在运输方面的巨大优势

参数	氨			氢	
	卡车	铁路	船舶	卡车	卡车
储存方法	液体	液体	液体	压缩空气	液体
储存压力(MPa)	2.07	1.55	—	17.91	—
运输能力(t)	26	77.5	55000	0.34	3.9
能源容量(GJ-较高热值)	600	1746	1240000	48	553

(2) 安全性。与甲烷、氢、液化石油气、甲醇和汽油比,氨的闪点、着火点高,爆炸极限范围更窄;与氢等物质相比,氨是相对安全的物质。人类的嗅觉对氨气很敏感,极少量的氨气($<3\times10^{-5}$)泄漏就可以让周围的人产生警觉。但氢气是一种无色无味的气体,其泄漏很难察觉,而少量的氢气泄漏即可造成爆炸隐患。

(3) 氨能具有完善的生产和分销基础设施,具有明确的法规和成熟的安全保障措施。合成氨技术被发明以来已有一个多世纪的时间,这期间世界各地都在大量生产用量大、用途广的氨。因此氨在产、储、运、用的各环节的技术设备成熟且各样化,如管道、储罐等的基础设施普及率高。相关法律法规和完全保障措施已形成完备的体系,因而氨能具备推广应用的良好基础,能够适应多种应用场景的复杂需求。

3.2.2 发展氨能作为氢能补充非常重要

大力发展氨能作为氢能补充,有助于降低我国能源的对外依赖度,提高国家能源战略安全;有助于减少温室气体的排放,为实现"双碳"目标注入磅礴动力;有助于促进西部大开发,落实"一带一路"倡议的实施;有助于支撑经济社会向更高效、更节能、更低碳、更环保、更绿色的方向发展,提高综合国力,以实现振兴国家的伟大目标。

3.2.2.1 氨燃料的利用对降低我国能源对外依赖度以及应对能源供应紧急状况有重要意义

从能源的经济性出发,一方面,氨燃料来源广泛,我国市场上的液氨主要由煤合成,液氨的市场报价比较稳定,(经两种燃料热值比例折算后)与天然气相比成本更低。另一方面,就储存和运输而言,氨燃料比天然气更易储存和运输,在温度为 25 ℃、压力为 1.03 MPa 的条件下或温度为 -33 ℃ 的常压条件下能将氨液化,氨燃料可采用槽车、轮船、管道等多种方式进行运输,利用现有的天然气管道对其连接处进行处理可直接运输氨,并且在同等大小的管道内,在其他条件相同的情况下,液氨所运输的能量是天然气的 1.5 倍。

从能源的安全性出发,我国是人均油气资源匮乏的国家,天然气的供应安全性较差。从国内天然气供应角度来看,我国气源分布不均导致天然气市场供应地与需求地"错位",使得天然气使用成本增高,天然气的使用与供应安全性降低。国际天然气供应的不安全性众所周知,2014年乌克兰危机与2022年俄乌冲突都导致欧洲大部分国家出现"气荒"现象,甚至出现部分居民因建筑采暖供气中断而冻死的事件。我国北方建筑采暖属于季节性能耗,能源使用规模较大,若未形成完备的储备机制,则无法应对天然气危机的冲击。因此,为了应对上述天然气供应的不安全性和季节性波动,建设具有相当储存能力的储气库或采用替代性能源供应方案是必需的。

表3.6是根据十部委印发《北方地区冬季清洁取暖规划(2017—2021年)》的文件中核算出的我国为应对北方地区冬季采暖问题需要建设的天然气储气库的规模及投资。由表3.6可看出,储气库规模庞大,建设投资高昂,这也反映了季节性用气高昂的季节储存成本。而氨燃料替代天然气使用不需要额外的建设成本,可利用现有的合成氨厂生产氨并进行供应。

表3-6 我国为应对北方地区冬季采暖问题需要建设的天然气储气库的规模及投资

采暖面积 ($\times 10^8$ m³)	单位面积 需气量(m³)	采暖季用 气量占比	储气库容量 ($\times 10^8$ m³)	储气库投资 (亿元)
22	15	40%	200	1000

2019年、2020年和2021年我国的合成氨产能分别为6.619×10^7 t、6.354×10^7 t和6.851×10^7 t,2019年、2020年和2021年我国的合成氨应用量分别为4.735×10^7 t、4.954×10^7 t和4.704×10^7 t,过剩率均在30%左右。由表3.7可知,我国近几年的合成氨产能均相当于等热值的天然气3×10^{10} m³,约占天然气总用量的10%。换言之,在天然气短缺的情况下,我国现有的氨产量也能解决全国一个月的天然气消费量。此外,2019年的合成氨产量可替代的天然气量占天然气进口量的24%,能将我国天然气的对外依赖度从44%降低至33%;2020年的合成氨产量可替代的天然气量占天然气进口量的22%,可将天然气的对外依赖度从43%降低至35%;2021年的合成氨产量可替代的天然气量占天然气进口量的20%,可将天然气的对外依赖度从46%降低至37%。当然将所有的合成氨产能用于替代天然气是不现实的,不过在未来氨能经济全面

推广之后,绿氨产业链产能的确可以替代相当大的比例(经估算,根据推广程度和应用方式的不同,比例范围为 14%~83%)的化石能源消耗。

表 3.7 我国现阶段氨产能可替代的天然气进口量

年份	氨产能 ($\times 10^4$ t)	天然气可替 代量($\times 10^8$ m^3)	占当年天然 气总用量比例	占当年天然 气进口量比例
2019 年	6619	322	10%	24%
2020 年	6354	309	9.6%	22%
2021 年	6851	333	8.9%	20%

3.2.2.2 从能源使用的环保性及气候保护性出发,氨能与天然气等含碳能源相比具有更加绿色的优势

天然气中的甲烷本身就是一种温室气体,且燃烧尾气中含有的大量二氧化碳亦属于温室气体,而氨燃料燃烧产生的尾气由氮气和水组成,不含温室气体,显示出良好的环境效益,因此,氨燃料在气候保护性上更胜一等。

氨是一种重要的工业原料,传统合成氨工业会消耗大量化石能源并排放大量二氧化碳。绿氨可以代替用传统方法生产的氨,可以促进化肥生产等行业加速脱碳转型。绿氨除了可以供应工业消耗,其本身也可以作为燃料直接应用于燃料电池、内燃机、燃气轮机、供暖锅炉中,助力电力生产、交通运输、城市供暖等行业进行绿色升级。

综上所述,大力发展氨能作为氢能的补充,可以为我国实现"双碳"目标提供强劲的升力。

3.2.2.3 氨能可作为一种长时间、跨区域的储能方式,与我国能源资源禀赋匹配

随着可再生能源逐渐成为电力装机主体,未来储能的应用场景将更为丰富,储能的形式也将更加多样化。我们认为氨储能是氢储能的补充方式,并且与其他储能方式的互补性强于竞争性,其中电化学储能主要针对日内、高频的波动,氢储能则主要用于生产侧和用户侧短期小容量储存,氨储能将在超大规模季节性储存和跨地区能量转移上充分发挥其优势。长期来看,氨储能有望与氢储能、抽水蓄能、电化学储能一道,共同成为未来电力储存系统的重要组成

部分。

我们预计未来氨储能的应用场景将更为丰富,主要体现在时间维度上。传统的化石燃料发电具有较好的稳定性,只要保证燃料供应与设备运行正常就基本可以按计划输出电量,而风力、太阳能等可再生能源在不同长短的时间维度上均具有天然的波动性。因此在时间维度上,新能源装机的实时发电功率也容易受到天气等因素的影响出现较大变化。因此,在未来的能源系统中,新能源装机在不同时间维度上的发电波动都需要通过氨储能进行灵活性调节。

氨储能在未来能源系统中的作用还将体现在空间维度上。石油、煤炭、天然气等传统化石能源具有高度发达的储运体系,可实现便捷的跨地区运输,而风力、太阳能则是典型的过程性能源,无法直接进行储存与运输。当新能源发电占比较低时,现有的输配电网络尚可支撑电能的跨地区转移,而随着新能源逐渐替代传统的化石能源装机,能量在空间上的不均衡性将愈发明显。因此,在未来的电力体系中,更多比例的可再生能源需要以氨能的形式实现空间上的转移。

我国能源供需逆向分布特征明显,叠加富煤、贫油、少气的能源资源禀赋,我国局部地区、局部时段供需矛盾依然突出。中国西部地区有着丰富的太阳能、风能资源。中国西北干旱区是国内沙漠最为集中的地区,约占全国沙漠总面积的80%,如果算上戈壁共有近1×10^6 km^2 的沙漠,蕴含丰富的太阳能和风能开发潜力,并且这种开发不会牺牲耕地、森林或草地等的面积。比如,甘肃省已建成全国最大的太阳能和风能电站。又比如2021年4月,总投资达14亿元的全球最大的太阳能电解水制绿氢项目在宁夏回族自治区正式投产。

氨能作为可再生能源电解氢产业的补充和发展,可以有效解决西部地区可再生能源的消纳困境,并将绿色能源高效地输送至东部地区。现阶段发展相对落后的西部省份,将成为中国乃至东亚的绿色能源生产中心。这些变化将极大地促进西部大开发与东西部协同发展,也有利于落实"一带一路"倡议的实施。

3.2.3 氨能全产业链的整体布局思路

氨能的产、储、运、用路线图如图3.3所示。

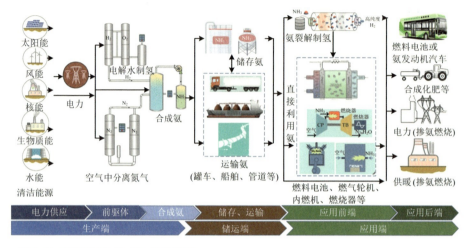

图 3.3　氨能的产、储、运、用路线图

如上所述,发展氨能作为氢能的补充是完全可行的,大力发展氨能产业是非常必要的。氨能全产业链可以分为生产端、储运端和应用端三部分。在生产端,能源的来源是清洁无污染且无净碳排放的太阳能、风能、核能、生物质能、水能、潮汐能等。一般的做法是利用这些能源驱动电机发电,用绿色电力电解水制绿氢,再就地结合空气分离系统合成绿氨。也可以直接利用热能(源自太阳能、核能、海洋温差等)采用热化学/热催化的方法制氢/合成氨。在储运端,氨几乎完全替代氢作为能源储运介质。依托现有成熟的技术、发达的生产能力和完善的安全规定,实现大规模氨储运不存在技术瓶颈。在氨能高效应用端,氨可以裂解为氢,实现原设想中的氢经济的所有利用模式。氨还可以作为工业原料(化肥等),大幅替代传统合成氨产能,实现大规模降碳。氨还是一种优质的能源,可以在燃料电池、燃烧器、内燃机、燃气轮机中直接释放能量,由此可以在利用终端实现绿氨交通载具(车辆、船舶、飞行器)、绿氨发电厂、绿氨供暖/冷厂等,以大幅减少交通、电力、供暖系统的碳排放。

将可再生能源过剩电力转化为绿氢,再进一步转化为绿氨,绿色能源就可以以氨能的形式实现长周期、大规模、低成本的调节、储存与调配。在使用终端,氨能既可以以极低的成本转变回氢能,又可以充当直接能源,如煤电厂掺氨燃烧降碳等形式,为社会提供无碳能源保障。综上,氨能的加入可以弥补氢能经济的不足,打通可再生能源-绿氢-绿氨-无碳高效利用的完整绿色经济体系。

3.2.4 氨能产业具有独特的优势

3.2.4.1 西部生产绿氨运输至东部裂解制氢与直接在东部光伏制氢的对比

1. 方案一 西部生产绿氨运输至东部裂解制氢

在光照资源丰富的西部地区,目前非水可再生能源制氢方案中光伏制氢的成本最低。以约 1×10^6 t/年绿氢生产规模所对应的光伏装机规模($\sim$30 GW)为例进行推算:

根据现有的各部分投资水平,西部生产绿氨运输至东部裂解制氢方案总投资预计为1682亿元(表3.8),每年东部地区获得优品氢 1.09×10^6 t,价值240亿元(含税),生产、维护(含劳动力)、利息、折旧等年成本113亿元。

表3.8 方案一投资结构

类别	光伏发电	电解制氢	合成氨	输氨干线	支管	氨裂解制氢
规模	30 GW	8.11×10^6 Nm³/h	3.68×10^6 kg/h	1500 km	150 km	7.69×10^6 Nm³/h
产量	48 TW·h/年	1.15×10^6 t/年	5.89×10^6 t/年	5.89×10^6 t/年	—	1.09×10^6 t/年
单位投资	350 万元/MW	4000 元/(Nm³/h)	3289 元/(t/年)	1300 万元/(Dm·km)	400 万元/km	380 元/(Nm³/h)
分项总投资	1050 亿元	324 亿元	194 亿元	93 亿元	6 亿元	15 亿元
占比	62.4%	19.3%	11.5%	5.9%		0.9%

2. 方案二 直接在东部光伏制氢

在生产相同数量的绿氢的情况下,直接在东部光伏制氢方案总投资预计为 1906 亿元(表 3.9),每年东部地区获得优品氢 1.09×10^6 t,价值 240 亿元(含税),生产、维护(含劳动力)、利息、折旧等年成本 106 亿元。

表 3.9 方案二投资结构

类别	光伏发电	电解制氢	输氢系统(支管)
规模	45 GW	3.82×10^6 Nm^3/h	150 km
产量	45 TW·h/年	1.09×10^6 t/年	—
单位投资	350 万元/MW	4000 元/(Nm^3/h)	1600 万元/km
分项总投资	1575 亿元	307 亿元	24 亿元
占比	82.6%	16.1%	1.3%

可以看出,由于东部地区的光伏利用小时数(~1000 h/年)普遍比西部地区低得多(~1600 h/年),因此生产相同的绿氢所需要的太阳能电池数量也更多,而光伏电站投资又占总投资的绝大部分。此外 45 GW 的光伏电站占地面积约 900 km^2,在东部地区很难在不占用耕地和其他生产生活用地的前提下找到如此大面积的连续而平整的荒地,而更小规模的分布式光伏的单位能量投资数额更大,因此实际总投资会更高。如果不采用绿氨作为运输介质,而直接长距离输送绿氢,投资和运行成本将大幅提高,具体计算参见第 3.2.4.3 节。

3.2.4.2 绿氨产业与绿色甲醇产业的对比

将绿色甲醇作为氢能的补充也是近几年讨论火热的解决可再生能源消纳问题的途径之一。电力制甲醇系统集成了电解槽、碳补集和随后的醇化。与氨能相比,甲醇体系由于强烈的吸热甲醇化过程而具有额外的效率损失。甲醇作为天然气的主要成分,可直接送入天然气网络,运输更方便、更安全。此外,甲醇作为燃料已被广泛应用于目前的内燃机、燃气轮机、燃烧器等能源装置中,其质量能量密度与氨相近,因此使用甲醇烃不需要对这些装置进行改造设计。从生产到最终应用,绿色甲醇产业链同样也可以实现净零碳排放。

同样以西部地区 30 GW 光伏绿氨项目为例。根据现有的各部分投资水平,绿氨产业总投资预计为1568亿元(表3.10),每年生产优品绿氨5.89×10^6 t,价值265亿元(含税),生产、维护(含劳动力)、利息、折旧等年成本96亿元。

表 3.10 30 GW 绿氨投资结构

类别	光伏发电	电解制氢	合成氨
规模	30 GW	8.11×10^6 Nm³/h	3.68×10^6 kg/h
产量	48 TW·h/年	1.15×10^6 t/年	5.89×10^6 t/年
单位投资	350 万元/MW	4000 元/(Nm³/h)	3289 元/(t/年)
分项总投资	1050 亿元	324 亿元	194 亿元
占比	67.0%	20.6%	12.4%

西部地区30 GW光伏绿色甲醇项目总投资2426亿元(表3.11),每年生产绿色甲醇4.37×10^6 t,价值127亿元(含税),生产、维护(含劳动力)、利息、折旧等年成本178亿元(主要是CCUS成本)。

表 3.11 30 GW 绿色甲醇投资结构

类别	光伏发电	电解制氢	CCUS	氢合成甲醇
规模	30 GW	8.11×10^6 Nm³/h	—	13.64×10^7 kg/h
产量	48 TW·h/年	1.15×10^6 t/年	1.205×10^7 t/年	4.37×10^6 t/年
单位投资	350 万元/MW	4000 元/(Nm³/h)	0.21 亿元/(10000 t/年)	1.6 亿元/(10000 t/年)
分项总投资	1050 亿元	324 亿元	253 亿元	799 亿元
占比	43.3%	13.4%	10.4%	32.9%

使用相同的光伏规模,制绿氨比制绿色甲醇的投资规模更小,回报率更高。由于结合碳补集的绿色甲醇的合成技术并没有完全成熟,因此绿色甲醇短期内还不能成为氢能的主要载体。

3.2.4.3 长距离电力输送、氢能输送与氨能输送的效率对比

在本节中将对比讨论将西北地区30 GW光伏产生的能量输送至东部地区

(假设两端距离为 1500 km)的各种方案。

1. 方案一 在西部地区将可再生能源转化为绿氢,再进一步转化为绿氨,以液氨的方式运输至东部地区(即第 3.2.3 节中的方案)

根据现有的各部分投资水平,该方案总投资预计为 617 亿元(表 3.12),每年生产优品绿氨 5.89×10^6 t,价值 265 亿元(含税),生产、维护(含劳动力)、利息、折旧等年成本 101 亿元。

表 3.12 方案一投资结构

类别	电解制氢	合成氨	输氨管线（干管）	输氨系统（支管及其他）
规模	8.11×10^6 Nm^3/h	3.68×10^6 kg/h	1500 km	150 km
产量	1.15×10^6 t/年	5.89×10^6 t/年	5.89×10^6 t/年	—
单位投资	4000 元/(Nm^3/h)	3289 元/(t/年)	1300 万元/(Dm·km)	400 万元/km
分项总投资	324 亿元	194 亿元	93 亿元	6 亿元
占比	52.5%	31.5%	16.0%	

该项目内部收益率(Internal Rate of Return,IRR)约为 19.6%。即使液氨价格在未来 10 年内一直保持相对低位(3000~3400 元/t,较现价低约 20%),仍然有约 8% 的收益,与行业基准折现率相当。

目前日本欲从澳大利亚进口绿氨。因此通过港口可以将绿氨出口至韩国、日本等地,相比于澳大利亚出产的绿氨具有运输成本优势,可以进一步提升项目收益率,创造外汇收入。

综上所述,本方案投资回报率高,且具有成本优势。

2. 方案二 将可再生能源转化为绿氢,以氢槽车的方式运输至东部地区(对比组 1)

根据现有的各部分投资水平,该方案总投资预计为 324 亿元(同表 3.12 第二列),每年输运至东部地区液氢 1.09×10^6 t,价值 285 亿元(含税),生产、维护(含劳动力)、利息、折旧等年成本 295 亿元。

需要说明的是，H_2储运相较于NH_3会困难许多，液化过程消耗H_2本身所含热值的1/3，且H_2的运输所需能耗也高于NH_3。H_2导致的氢脆效应使得长距离氢气输送管道技术至今没有突破，因此只能采用高成本槽车运输。现阶段H_2的储运费用占H_2售价的比例一般高达40%~70%。方案二的年收益是负的，因此是不可行方案。

3. **方案三** 直接以特高压直流输电的方式将30 GW的光伏电力输送至东部地区（对比组2）

根据现有的各部分投资水平，该方案总投资预计为1448亿元（表3.13），每年输运至东部地区电力89.7 TW·h，价值269亿元（含税），维护（含劳动力）、利息、折旧等年成本112亿元。

表3.13 方案三投资结构

类别	特高压直流输电(800 kV)	配套储能设施(铅酸电池储能)
规模	1500 km	4.5×10^6 kW
产量	96 TW·h/年	1.8×10^7 kW·h
单位投资	0.985 元/(GJ·100 km)	1200 元/(kW·h)
分项总投资	1178 亿元	270 亿元
占比	81.4%	18.6%

值得注意的是，光伏发电属于间歇式电力，光伏项目并网需要配储能，这里没有采用成本最低的蓄水储能方式，因为蓄水储能的建设周期为7年，与碳达峰目标的时间紧迫性不兼容，而是采用成本较低的铅酸电池储能方式（为最便宜的电化学储能方式，投资成本与压缩空气储能相当），1年便可建成。

可以看出方案三的投资成本最高，并且投资成本对距离敏感度高，如果将电力运输至珠三角等更远的用电中心，投资成本将更高，回报率非常低。这里的计算是以所有线路都是满负荷输电为前提的，然而实际情况是，由于电源侧的波动性大，10条"西电东送"特高压线路送电量仅为设计输送量的40%，部分线路输送比例不到20%。考虑输电负荷的浪费，方案三的投资与运行成本将更高。相比而言，将氨作为能量载体具有投资低、回报高、能量传输密度高、占地少等优势。

综上所述,将氨作为能量的大规模、长距离运输方式(方案一)的收益率高、成本低、安全性好,相比于其他两个方案具有明显的优势。具备大规模、长周期、易输送特征的高能量密度的氨储能的发展有望破解在消纳和外送瓶颈下的可再生能源开发困局。

3.3 我国在氨能技术研发的起步阶段暂时处于落后位置

目前已经有许多国家和国际组织十分重视氨能,我国在氨能技术研发的起步阶段暂时处于落后位置。目前,将氨作为能量载体已经引起了美国、日本、英国、澳大利亚等发达国家的关注。

世界经济论坛《十大新兴技术报告》十周年版(2021年)列出了蓄势待发、将在未来三到五年影响世界的新技术,其中绿氨技术赫然在列。《科学美国人》杂志也将绿色氨能评为"2021年度十大新型产业技术创新"之一。国外已公布的较大规模绿氨项目清单见表3.14。

表 3.14 国外已公布的较大规模绿氨项目清单

国家	公司/组织	期	可再生能源	(计划)投产时间	总电解器容量(MW)	氨产量(t/年)	资本支出(百万美元)
日本	SIP	—	—	2018	—	7	—
英国	Siemens	—	风能	2018	—	10	—
澳大利亚	Yara&Engie	0	太阳能	2022	10	3500	43.75
		1	风能/太阳能	2026	500	70000	—
		2	风能/太阳能	2028	1000	4.8×10^5	—

续表

国家	公司/组织	期	可再生能源	(计划)投产时间	总电解器容量(MW)	氨产量(t/年)	资本支出(百万美元)
澳大利亚		3	风能/太阳能	2030	1500	7.2×10^5	—
澳大利亚	AREH	—	风能/太阳能	2025	15000	—	36000
	Origin Energy	—	水电	2025	500	4.2×10^5	
丹麦	Haldor Topsoe	—	风能/太阳能	2022	10	8500	—
挪威	NEL&Yara	1	水电	2022	5	5000	
挪威	NEL&Yara	2	水电	2026		5×10^5	
美国	CF 工业	—	—	2023		20000	<450
智利	Engie&Enaex	1	太阳能	2024	26	1800	
智利	Engie&Enaex	1	太阳能	2030	1600	7×10^5	
荷兰	Ørsted&Yara	—	风电	2025	100	75000	
沙特阿拉伯	NEOM	—	风能/太阳能	2025		1.2×10^6	500
阿曼	ACME					8.03×10^5	2500
智利	Ökowind EE GmbH	—	风能	—		8.5×10^5	—

自 2004 年起，美国每年举行一次"氨学术交流会议"，2008 年更是将会议主题定为"氨——美国能源独立的关键"，从中可以看出氨在美国能源独立战略中的重要地位。美国能源部的先进能源研究计划署（Advanced Research Projects Agency-Energy，ARPA-E）启动了可再生能源转化其他高能量密度液体燃料（REFUEL）项目，以开发可推广的技术，将可再生能源转化为储存在高

能量密度液体燃料中的化学能，并随后将液体燃料转化为氢气或电力用于能源运输或分布式能源供应。在 REFUEL 项目中，拨款 3270 万美元支持 16 个项目，其中 81% 的项目选择 NH_3 作为理想的高能量密度液体燃料。

在欧洲，西门子、牛津大学、卡迪夫大学和卢瑟福·阿普尔顿实验室合作开展了由英国科学与技术设施委员会(Science and Technology Facilities Council, STFC)支持的"绿色氨"项目。该项目在卢瑟福·阿普尔顿实验室建立了一个日产量为 30 kg 的可再生电力制 NH_3 系统，自 2018 年 6 月以来一直运行。在 Fuel Cells 和氢气联合企业(FCH JU)的支持下，Alkammonia 项目旨在开发高效率和高成本效益的氨燃料电池(Ammonia Fuel Cell, AFC)，包括间接氨燃料电池(IAFC)和直接氨燃料电池(DAFC)，为偏远地区的基站提供电力。最近，FCH JU 提供 1000 万欧元资金支持了另一个名为"ShipFC 项目"的 AFC 项目，该项目由 14 家欧洲公司和机构运营，由挪威 NCE Maritime CleanTech 领导。在这个项目中，IAFC 的规模将从 100 kW 级升级到 2 MW 级，每年仅为船舶提供 3000 h 的动力。预计在 2023 年底由 Viking Energy 公司负责完成 IAFC 的安装。如果该项目成功完成演示，IAFC 系统将成为世界上最大的 NH_3 燃料电池系统。在欧洲，由于风电场数量的激增和大型风电项目成本的降低，廉价能源的生产需要开发能够储存非高峰期产生的一些过剩能源的技术。例如，欧洲的北海占欧洲近海风力发电能力的 70%，预计到 2040 年，这些设施的发电量将达到 70~150 GW。氨可作为具有成本效益的能源储存方式，绿氨可以在近海风电场附近生产，从而在不占用土地的前提下促进欧洲绿氨产能的提升。西门子领导的欧洲分散能源供应项目是 21 世纪首次利用氨作为可再生燃料的重大尝试。由此产生的成果足以证明将可再生能源大规模储存在氨中的可行性，这些工作使人们认识到氨在全球氢能部署中起着重要作用。

为完成 2050 年的碳中和目标，日本政府于 2021 年 10 月内阁会议通过第六次能源基本计划，首次将氢和氨发电方案纳入电力来源构成。日本政府计划到 2030 年 1% 的电力(相当于 1 GW)来自氢/氨，到 2050 年 10% 的电力来自氢/氨。为达成这一目标，到 2030 年需要绿氨产能 3×10^6 t/年，到 2050 年需达到 3×10^7 t/年，并将绿氨的成本降低到现有技术的 30%。在日本跨部门战略性创新推行计划(SIP)的推动下，由东京煤气公司、IHI 株式会社、日本科学技术振兴机构(JST)、日挥株式会社(JGC)、大阪煤气公司等19家企业和3家研究机构组成的"绿色氨"顾问团成立。目前该顾问团已经启动了一系列将 NH_3 与现有能源系统结合起来的项目。例如,IHI 株式会社和东北大学正在开发一种富含 NH_3/CH_4 燃料的燃气轮机;Chugoku 电力公司正试图在他们的发电厂中实现 NH_3 和煤混燃;由 JGC 和日本国家先进工业科学技术研究所(AIST)正在进行世界上第一个基于 NH_3 的混合电力系统的研发,该系统具有完整的基于 NH_3 的能源循环,涉及可再生电力到 NH_3 和 NH_3 发电;来自京都大学的 Eguchi 团队与株式会社日本触媒、丰田工业公司、三井化学公司和 IHI 株式会社合作,实现了 1 kW 级 DA-SOFC 堆栈 1000 h 的运行。

韩国成立了"绿色氨联盟",由政府资助的研究机构(韩国能源研究所、韩国化学技术研究院)、国有企业(韩国天然气安全公社)牵头,H2KOREA、碳中和研究协会、斗山重工业、斗山燃料电池、乐天精细化工、三星、浦项钢铁、Hanwha Solutions、现代石化、现代汽车、现代钢铁、现代重工等企业参与组成。

在新加坡,2021 年 3 月,Maersk、Fleet、Keppel、Mc-Kinney Moller Center、Sumitomo 和 Yara 同意就新加坡氨船舶燃料供应进行可行性研究,考虑建立具有成本优势的绿氨供应链,设计氨加注船舶以及相关的供应链基础设施。

在澳大利亚,可再生能源转化为 NH_3 的技术已经成为全国关注的焦点。一些可靠的提案是利用澳大利亚北、西、南部地区强烈的太阳辐照,生产绿色氢气和氨。根据 Rystad Energy 2020 年 4 月的数据,澳大利亚大多数可再生氢气项目都是由氨生产商运营的。目前,澳大利亚政府正在努力支持氢气项目的发展,扩大其在未来 5 年的工业规模。澳大利亚国家电解水项目产能已经超过 700 MW,其中 58% 由氨生产商进行无碳氨合成。在这些氨生产商中,Yara Pilbara 的产能最大,其与 ENGIE 在澳大利亚皮尔巴拉(Pilbara)的合作项目产能达到了约 26 GW(风能、太阳能发电的装机总量),每年可生产 $1.75×10^6$ t 绿氢,这些绿氢可生产 $9.9×10^6$ t 绿氨。另一个项目,即 H2U Port Lincoln 试点项目,可能会与皮尔巴拉项目形成一系列潜在电解能力为 3 GW 的"氢枢纽"。CSIRO 等组织的氨源氢燃料质子交换膜(Proton Exchange Membrane,PEM)技术应用已进入示范阶段,正在商业开发中。澳大利亚目前的研究还支持向日本等承诺通过氨等氢化载体脱碳经济的经济体进行大规模出口。

俄罗斯也在加快布局氨能源。他们将氨项目称为"H4"项目,意为"比 H_2 还 H_2"(即氨能是氢能的进阶替代)。俄罗斯利用北极圈资源生产蓝氨和绿氨的项目已经立项,并已与壳牌公司确定合作开发氨运输航线,为荷兰、日本等国提供清洁氨能源。

2022年2月,南非高等教育部、科学和创新部(Department of Science and Innovation,DSI)发布了南非氢能社会路线图,这也是非洲的第一份国家氢能路线图。路线图提出,基于南非可再生资源和矿产资源,刺激当地对可再生能源制氢、合成氨的需求,并建立绿氢、绿氨出口市场,从而帮助南非经济增长,创造可持续的绿色就业机会。绿氨除了用于出口,还将为本国能源密集型工业企业实现脱碳目标贡献力量。

其他发展中国家,如沙特、智利和阿根廷,已经或计划开展绿氨出口贸易。这些国家的风能或太阳能资源非常丰富,具有生产绿色氢气和氨的巨大潜力(表3.15)。

表3.15 国际上一些将氨作为能源载体的"联盟"

名称	国家或地区	性质和目标
绿氨财团	日本	致力于在日本和其他国家开发氨气作为主要能源,建立一个强大的工业联盟。财团致力于使2030年氨能占日本能源的1%
绿氨海运	日本	NYK Line、日本海事联合公司和Nippon Kaiji Kyokai签署了一项联合研发协议,旨在研发氨燃料的氨气运输船及配套仓储、加注、汽化等设备
ZEEDS	欧洲	其中包括 Aker Solutions、Equinor、DFDS、Kvaerner 和 Wärtsilä,旨在探索和演示实现包含氨燃料的零碳排放航运
ShipFC	欧洲	由NCE Maritime CleanTech领先,欧洲工业和研究组织的14个成员组成联盟,计划将"维京"号能源船改装2 MW氨燃料电池
MAN发动机	欧洲	由MAN发动机公司主导的初期资本为500万欧元的研究组织,于2022年开发第一艘船用二冲程氨发动机

续表

名称	国家或地区	性质和目标
BEIS	欧洲	即欧洲商业、能源和工业战略部,近期宣布了总计高达3.9亿欧元的碳减排计划,其中包含"x-to-power"概念,"x"包含氢、沼气和氨
ARHENA	欧洲	一个由11个成员组成的联盟,目前正在研究如何将氨作为内燃机和固体燃料电池使用
FLEXnCONFU	欧洲	一个由21个成员组成的联盟,目前正在研究如何将氢和氨同时用于非高峰电力的储存
REFUEL	美国	旨在开发可扩展的技术,将可再生能源转化为电能
AREH	澳大利亚和南亚	由澳大利亚牵头,旨在将澳大利亚定位为一个主要的绿色氢/氨出口国。包括26 GW的风能和太阳能,为皮尔巴拉用户提供至少3 GW的绿电装机以及23 GW的绿氢和绿氨
NEOM	沙特阿拉伯	沙特与Air Products将打造世界上最大的绿氢和绿氨工厂

许多国际机构也开始重视氨能。例如,国际海事组织(International Maritime Organization,IMO)已认识到使用氨作为船舶燃料的环保潜力。国际能源署分析了氨与其他氢载体相比在运输成本方面的潜在优势,从而计划实施新举措,以创建可以在全球范围内有效输送氨能的海上路线和新管道。现有天然气管道网络使用的钢材类型相对耐氨腐蚀,因此用于氨输送时改动较小。

在中国,合肥综合性国家科学中心能源研究院下属氢能源和氨应用研发中心是我国现有的极少数专门从事氨能技术攻关的综合性研发平台,目前已掌握多项核心技术。此外,厦门大学、浙江大学、福州大学、佛山仙湖实验室、宁夏氨氢研究院等科研单位中的一些团队已经开展氨能相关的研究。我国的氨能研究与布局在国际上已经处于起跑较慢的境地,但依托于我国发达的科研能力与工业水平,以及集中力量办大事的制度优势,只要立即重视起氨能,就可以奋起直追,一举完成超越,成为世界领先。

本 章 小 结

在本章中,我们全面讨论以氨(NH_3)为基础的能源路线图的概念和技术的安全性、可行性与必要性。

在"双碳"大背景下,氨能在我国能源转型中的作用和定位包括:① 作为氢能的补充,作为氢能大规模、长时间储存和远距离运输的替代能源;② 实现时间、空间维度上的大范围、大规模高效可再生能源消纳;③ 充当能源缓冲载体,提高能源系统韧性;④ 降低化工、冶金、交通、电力、供暖等领域的碳排放。

将氨能作为氢能的补充,具有一系列优点,具体如下:

(1) 氨的氢含量高,能量密度高。NH_3含氢量为17.8%,是最高效的储氢材料和氢能源载体。液态NH_3的含氢量是液态H_2的1.5倍,是最先进的金属氢化物的4倍,1 L液态NH_3可产生108 g的H_2。NH_3的能量密度按体积计算为13.6 MJ/L,按质量计算为22.5 MJ/kg。

(2) 氨产业技术成熟。NH_3是最常见的无机化学品之一,广泛用于化肥、塑料、纤维、炸药的生产,以及硝酸、脱硝、制冷等。氨合成有一个多世纪的历史。由于化肥和化学工业的高需求,全球NH_3年产量约为$1.8×10^8$ t。特别是中国每年NH_3产量约为$5.7×10^7$ t,占全球NH_3产量的32%。使用氨作为氢载体可以适应当前的基础设施,从而降低资本成本。

(3) 氨易于储运。氨是最有效的能源载体之一,可以有效地解决氢能现阶段在储运等方面遇到的瓶颈。室温下高于$8.6×10^5$ Pa,NH_3即为液态,液化条件比氢气宽松得多(氢气必须在-253 ℃以下或者$3×10^7$ Pa以上的苛刻条件下才能液化)。在实际应用中,通常NH_3在1.83 MPa的条件下通过钢制或者铝制的罐体与管道进行储存和运输,储运成本较低,也比较安全。氨能储能是新能源电力系统的核心技术,氨能是集中式可再生能源大规模、长周期储存的最佳途径。因此绿色氨能和绿色氢能、储能电池可以互为补充,共同支撑可再生能源的发展。

(4) 氨能安全性较高。NH_3在空气中不易燃,爆炸极限(16%~25%)比汽油蒸气和天然气高得多。NH_3 由于其刺激性气味,具有自我报警功能,一旦 NH_3 的体积超过 5×10^{-6},只要闻一下,就有可能注意到泄漏。而 5×10^{-6} 这一浓度数值仅为能对人体造成损伤的最低浓度 (5×10^{-5}) 的 1/10,在这一浓度下的泄漏也不会引起自燃或爆炸。NH_3 能导致毒性的分压为 ~ 27 kPa,比甲醇和汽油蒸气高出 3 个数量级。氨具有轻微的毒性,但只有浓度达到可被察觉浓度的 1000 倍才会致命,人类对氨气的敏感性较高,为 $2\times10^{-5}\sim5.3\times10^{-5}$,而且现在已有专用的防氨面具。氨密度较低,泄漏后扩散快,不会积聚。少量氨溶于水会参与自然循环,被自然界的植物吸收。氨会腐蚀部分金属,如铜、锌及其合金,但通常状态下对于普通的钢材没有腐蚀性。

(5) 氨能有利于提升我国能源战略安全,推动"双碳"目标的早日实现。未来氨能经济全面推广之后,绿氨产业可以替代相当大比例的化石能源消耗,降低我国能源对外依赖度。通过平衡可再生能源波动式生产与持续不断增长的能源需求,起到"削峰平谷"的能源储藏与减少长距离输电网规模的能源输送功能,氨能将有助于维持我国电力供应稳定,减少可再生能源过剩电力导致的能源浪费,降低"西电东送""西气东输""北煤南运"工程的负担,提高我国应急能源战略储备。从能源使用的环保性及气候保护性出发,氨能与天然气等含碳能源相比具有更加绿色的优势。氨在生产、储运和使用时几乎不产生 CO_2 排放;如前所述,NH_3 是一种无碳氢载体,完全燃烧时仅产生氮气和水,这两种物质是完全无害的。

(6) 氨储能十分适用于长时间、跨区域的储能场景。本章的分析测算得出的结论是,氨储能在长时间、跨区域的储能场景中的综合表现优于其他方案。① 在储能时长上,氨储能基本没有刚性的储存容量限制,可根据需要满足数天、数月乃至更长时间的储能需求,从而平滑可再生能源的季节性波动;② 氨能在空间上的转移也更为灵活,氨气的运输不受输配电网络的限制,可实现能量跨区域、大容量、长距离、连续性的转移;③ 氨能的应用范围也更为广泛,可根据不同领域的需求转换为氢能、电能、热能、化学能等。

综上,我们认为氨能有望成为未来能源体系的重要组成部分,具有巨大的发展潜力。目前氨气的生产与应用仍基本集中在传统的化工领域,其作为一种清洁、高效能源的优势尚未充分发挥。因此,未来氨能需要与可再生能源以及氢能进行更深程度的融合。氨能作为长周期、战略储备型能源，可以满足国家多样性的能源需求。将氨能列入能源版图，可以进行深度能源结构调整。氨在储能领域的应用也对高比例可再生能源接入电网起到压舱石的作用。氨能产业很有可能超越光伏、风电、氢能和锂电储能等产业规模，成为未来新能源领域的新领军者。

第 4 章
氨能在生产端的前景和发展建议

4.1 基本概念介绍

4.1.1 传统合成氨方式

传统合成氨每年要消耗大量的化石能源,并排放大量二氧化碳。

4.1.1.1 Haber-Bosch 合成氨法

Haber-Bosch 合成氨法(简称 H-B 合成氨法)是一种沿用超百年的成熟技术。Fritz Haber 和 Carl Bosch 在 20 世纪初发明了 Haber-Bosch 法(H-B 法),取代了 Birkeland-Eyde 法和 Frank-Caro 法合成氨,Fritz Haber 也因此获得了 1918 年诺贝尔化学奖。迄今,人类社会在工业规模上还一直沿用 H-B 法,其对推动人类社会文明的发展起到了不可磨灭的作用。

氨生产可以分为两个主要生产阶段:一是原料混合气生产,二是 H-B 法合成氨生产。在第一阶段,通过两级蒸汽-含碳燃料重整反应器生产氢气,在此过程中还可以结合水气转换(Water Gas Shitf,WGS)工艺和 CCUS 工艺。重整反应器工作在有催化剂的前提下的工作条件一般为 850~900 ℃ 和 2.5×10^6 ~ 3.5×10^6 Pa。氮气是通过空气分离装置(Air Separation Unit,ASU)从空气中获得的,该装置通过压缩、冷却和膨胀将氮气、氧气和其他化合物从空气中分离出来。典型的 ASU 的工作原理是吸入大气中的空气,首先过滤掉不需要的颗粒和化合物,然后空气被压缩到大约 $6×10^5$ Pa。压缩过程中的热量被去除,压缩空气被冷却到 -180 ℃ 左右,接着膨胀以进一步降低温度,再将冷空气送入分离柱。氧和氮的沸点分别为 -183 ℃ 和 -196 ℃。氧气在分离柱内的温度下液化并沉淀到分离柱底部,而氮气上升到分离柱的顶部。

$$N_2 + 3H_2 \longrightarrow 2NH_3 \quad \Delta H_{298K} = -92 \text{ kJ/mol}$$

在第二阶段,H-B 法合成氨需要高温(400~600 ℃)来使氮分子获得足够的能量裂解,以激活特别稳定的 N≡N 三键。催化剂的加入会破坏氮键。但如果温度不够高,氮原子仍然强烈地束缚在催化床表面,阻止催化剂进行新的催化循环。而在合成氨的反应中,2 mol 反应物生成 1 mol 生成物,因此低温高压有利于正向反应。又因为刚才分析的结论——反应温度不能设定得太低,所以只能大幅提高操作压力($1×10^7$~$3×10^7$ Pa)来促进氨的生成。一般情况下,H-B 法合成氨的操作温度为 600 ℃、压力为 $1×10^7$~$2.5×10^7$ Pa 时,分别可以达到 25%~35% 的转换率。

自发现以来,H-B 法经历了许多实质性的改进和优化。20 世纪 50 年代中期的最低能耗从 60 GJ/t_{NH_3} 以上降低到今天的 27.4~31.8 GJ/t_{NH_3},这些改进代表着总体能源效率从 36% 提高到 65%,已接近理论极限(空气和水合成氨的最小理论能量输入为 21.3 GJ/t_{NH_3})。商业上使用的催化剂是以铁为基础的,最早采用磁铁矿氧化物(Fe_3O_4),后来采用浮石($Fe_{1-x}O$)或 Fe-Co 催化剂。1979 年,BP 公司和 Kellogg 公司联手合作,由 BP 负责开发低温低压下高活性的钌基氨合成催化剂,由 Kellogg 公司负责开发与其配套的氨合成工艺,共同开发新型氨合成工艺(Kellogg Advanced Ammonia Process,KAAP)。该工艺作为一种替代工艺在 20 世纪 90 年代流行起来,允许该工艺将操作压力降至 $1×10^7$ Pa 以下,从而节省了巨大的能源和成本。

合成氨生产能源消耗中约 95% 的能量用于氢气生产,其余部分用于氮气净化和氨合成。因此氢气的制备方法深刻影响着合成氨行业的能耗、排放和利润。

4.1.1.2 传统合成氨方式有很多对环境十分不友好的问题

按照生产过程中使用的原料和排放的气体,氨被贴上了颜色标签。根据合成氨所用氢的来源不同,所得的成品氨的颜色标签与原料氢的保持一致,具体可分为：① 采用煤（包括以煤为原料的焦炭、焦炉气、液态烃等）作为原料制氢合成的氨被称为棕氨；② 采用天然气重整制氢合成的氨被称为灰氨；③ 蓝氨采用与灰氨或棕氨相同的原料，并结合 CCUS 过程耦合合成甲醇等副产物，以减少碳排放；④ 利用核能制氢合成的氨被称为粉氨（在一些场合，粉氢和粉氨的概念不被特别提出，被归于绿氢和绿氨的一类）；⑤ 用于合成绿氨的氢是由电解水产生的，"绿色"意味着所用电力是可再生的。如果未来的技术只使用可再生电力作为能源输入，并且没有其他相关的碳排放，那么直接从原料（比如水和空气）中生产氨，而不经过临时的制氢步骤，生产出的氨也是绿氨。

现阶段棕氨和灰氨生产占世界氨产量的 99% 以上。棕氨和灰氨的生产带来了严重的温室气体排放问题：每生产 1 t 棕氨，约产生 2.623 t CO_2；每生产 1 t 灰氨，约产生 0.524 t CO_2。以天然气为原料，单位能量制氨成本最低：技术极限是 28 GJ 天然气，生产 22.5 GJ 氨。以煤为原料的能源成本最高：每 22.5 GJ 氨产品消耗 65 GJ 煤。对于其他生产方法，单位能耗介于这两个极端之间。

传统合成氨产业存在一些不可回避的问题：① 受热力学限制，氮气加氢转换效率较低；② 能耗高，每年合成氨需要消耗全世界总能耗的 1%~3%；③ 更重要的是合成氨需要的 H_2 主要来源于水和碳质燃料裂解重整，每年需消耗全世界天然气总量的 3%~5%，且伴随大量 CO_2 的排放（约占全球 CO_2 排放量的 1.2%），CO_2 排放大部分来自原料氢气的生产工序。传统 H-B 法存在技术缺点，明显与"双碳"目标不符。

传统方式合成氨的产业发展现状如下：

1. 世界合成氨产业现状

如今，全球氨的产量超过 1.78×10^8 t，中国是氨的主要生产国，占全球产量的 28.5%。全球氨市场广阔，每年价值 1900 亿~2250 亿美元。按原料结构划分，天然气、煤各占产能比例的 72% 和 27%，天然气的比例正以每年约 1% 的步幅增长。氨的主要生产国有中国（5×10^7 t/年）、俄罗斯（1.3×10^7 t/年）、印度（1.3×10^7 t/年）和美国（1×10^7 t/年）。

从地理上看，亚太地区垄断了氨市场，占世界消费的一半以上，这主要是由于该地区人口增加导致农业活动密集，最大的氨基肥料消费国是中国和印度，北美、欧洲、南美以及中东和非洲地区的氨市场占有率紧随其后。

作为化肥原料的氨的使用占氨总消费的80%以上。剩余的市场份额由大到小依次来自纺织、采矿、制药、制冷等终端用户行业，以及塑料制造和废物处理等其他行业。

以美国为例，美国大型的氨工厂有35家，隶属于16家氨生产公司，最大的氨生产公司是CF Industries、Nutrien、Mosaic和Yara。由于使用天然气作为氢气原料，以及生产氨所需的高温和压力的燃料，美国的大部分氨生产工厂位于路易斯安那州、俄克拉荷马州和得克萨斯州等天然气储量丰富的地区。美国的大部分氨由国际公司生产并用于国内消费，一些进口自加拿大、特立尼达和多巴哥等国。美国国内生产的氨少量用于出口，尽管与国内生产和消费相比，美国氨的进出口量似乎很小，但与其他氨进出口国相比，这一数字仍然可观。美国是世界上第九大氨出口国和第二大氨进口国。用于运输氨的方式包括冷藏驳船、轨道车、管道和罐车。在夏季和冬季，化肥生产商将仓库和码头储存满氨；而在春季和秋季，由于农民向田地施肥，化肥需求量大，氨储存被清空。

2. 国内合成氨产业现状

我国传统方式合成氨的产能最高，现正在调整产能。我国的合成氨工业能耗高、能效低。一方面是原料利用不合理。天然气被认为是最廉价、最合理的合成氨原料，国外合成氨工业85%以天然气为原料，即生产的氨以灰氨为主，而我国煤是合成氨的主要原料，占总原料的比例达70%以上，即生产的氨以碳排放更高的棕氨为主。煤炭是我国最重要的能源载体，能源和化工行业是两个主要的二氧化碳排放行业。煤制氨和煤制甲醇是中国煤化工行业二氧化碳排放的主要贡献者，分别占中国煤化工行业二氧化碳排放总量的41.3%和21.0%。另一方面是生产企业管理落后，效率低。我国合成氨企业的能耗比国外企业高40%~50%。

合成氨行业是我国五大重点行业之一，占我国化学工业能源消费总量的25%，也是国家节能减排工作重点关注的领域。目前行业产能处于过剩状态。由于"十三五"以来工业和信息化部要求重点行业淘汰落后以及过剩产能，其中合成氨行业不得少于1×10^7 t，加上"退城进园"等部分政策的影响，我国合成氨行业去产能效果显著（图4.1），仅2020年11月就淘汰了落后产能2×10^6 t以上。

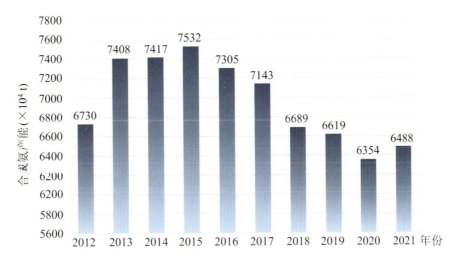

图 4.1　2012—2021 年中国合成氨产能变化情况
资料来源：中国氮肥工业协会等。

由于"十三五"以来落后产能逐渐被淘汰，2014—2020 年中国合成氨产能减少了超过 1×10^7 t，已经基本完成"十三五"目标。因此 2021 年中国淘汰的落后产能数量开始减少，中国合成氨产能开始增长，2021 年中国合成氨产能新增 1.34×10^6 t，产能增速"十三五"以来首次成为正值。

从年产量变化来看，"十三五"以来伴随着环保限产以及落后产能的淘汰，近年来合成氨的开工也是徘徊低位，产量逐年降低，如图 4.2 所示，2015—2018 年合成氨产能直线下滑，于 2018 年达到最低位的 4.587×10^7 t。2018 年后受产能不断收紧的影响，我国合成氨交投均价上抬，部分技改企业陆续投产、增产，合成氨产能逐年回升。

市场对合成氨的需求主要来自农业和工业两大方面，如图 4.3 所示，合成氨下游消费量整体呈现"减肥增化"的转型趋势，故合成氨消费量下降速度较缓，低于尿素 3.3% 的 5 年年均降速。具体来说，农业消费量近年呈逐年下降的趋势，占合成氨消费量比例为 70%，相比于 2010 年的 90% 左右下降了近 20%。农业消费领域中下降最快的两大产品是尿素和碳酸氢铵，近 5 年的年均降幅分别为 9% 和 21%。

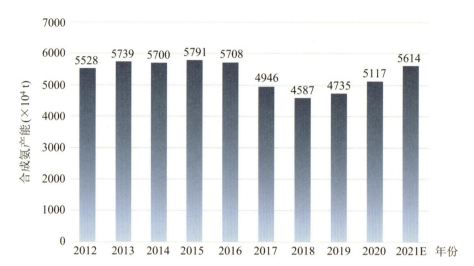

图 4.2 2012—2021 年中国合成氨产量变化情况

资料来源:国家统计局。

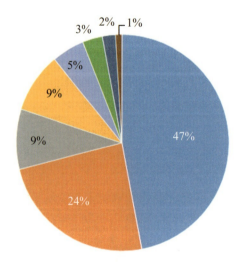

图 4.3 中国合成氨的农业消费结构

合成氨的工业消费量近年来增长显著。受惠于环保治理不断加强,合成氨在车用尿素和电厂脱硫、脱硝领域的消费量增长最快,近5年年均增幅均超过50%。除此之外,己内酰胺、三聚氰胺、脲醛树脂等化工新材料领域也显著拉动了合成氨消费量的增长,近5年年均增速在10%以上。

2014—2019年,中国合成氨行业市场规模从2014年的2616.7亿元下降至2019年的2079.1亿元。近两年随着合成氨行业产能置换工作完成、下游需求回暖等因素的影响,市场恢复平稳发展趋势,预计2023年中国合成氨行业市场规模将达到2305.7亿元。

4.1.2 蓝/粉/绿氨生产过程的净碳排放量趋近于零

如上所述,H-B法合成氨时所使用的H_2主要是由化石燃料生产的,因此在生产NH_3的过程中必然会产生较高的CO_2排放。如果没有有效的CO_2捕获,目前NH_3生产产生的CO_2排放量约为全球人类活动造成的CO_2排放量的1.2%。

目前的工业H-B法合成氨需要催化剂,并在高温(400~600 ℃)和高压(10~25 MPa)下操作。为了实现清洁高效的NH_3生产,当前的H-B法合成氨需要优化。一方面,降低H-B法合成氨的操作温度和压力,可以提高系统的效率和经济性,也可以开发更灵活的氨生产的新型分布式系统。另一方面,可再生能源、核能等无碳能源可以替代现有的化石燃料作为生产清洁氨(蓝氨、粉氨和绿氨)的能源。

4.1.2.1 蓝氨

考虑到甲醇和氨的生产是中国碳排放的主要贡献者,一些人提出了"蓝色能源经济"的概念,这一概念简而言之就是将灰色和绿色能源转化为蓝色的甲醇和氨作为能源载体。通过引入CCUS生产蓝氨的过程可以实现CO_2的排放与吸收接近中性,减少高达90%~95%的二氧化碳排放量。如图4.4所示,由空气中分离的N_2、由绿/蓝色电力生产的H_2以及由CCUS过程生产的CO_2被一起输送至化工厂内同时生产氨和甲醇。甲醇和氨可以充当燃料以及农业化肥和其他化学品的重要化工原料。值得注意的是,甲醇是一种含碳的化合物,

直接燃烧会产生 CO_2，以化肥等形式参与到全球碳循环中还是会间接产生 CO_2，相当于作为原料的化石燃料中的碳并没有实质性的减少。因此尽管生产蓝氨及甲醇的过程实现了碳中和，但站在从生产到利用的完整闭环的角度看，蓝氨是否真正能够减少碳排放一直存在较大争议。

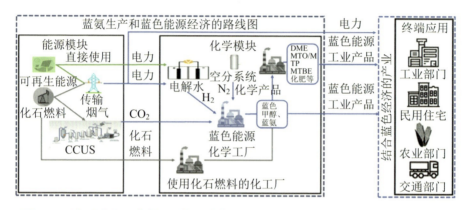

图 4.4　蓝氨生产和蓝色能源经济的路线图

4.1.2.2　粉氨

核能利用受控的核反应从原子核中获得能量。核燃料与化石燃料的相似之处在于其数量有限，但可获得的数量要比化石资源大得多，使用时间也长得多，特别是如果增殖反应堆技术得到广泛应用的话。尽管核能发电确实产生了必须处理的核废料，但在核能发电过程中不会直接产生温室气体。通过核能产生的氢一般被称为粉氢（有时也被归为绿氢），利用粉氢合成的氨被称为粉氨（绿氨）。现阶段粉氨的生产技术尚处于实验论证阶段。

美国能源部（Department of Energy，DOE）正在进行粉氢生产方式的摸索，并支持了一批研发项目。这些项目的目标是建立一个商业规模的氢生产系统，并使其在 2025 年之前运行。这些项目目前正在积极研究三种利用核能生产氢的方法。第一种方法是利用核电站产生的电力来电解水，然而从核热到最终产物氢的能量转换的效率低下，限制了这种方法大规模使用的可行性，因此 DOE 需要转而研究直接利用核热的方法，包括热化学分解水，即第二种方法。由于热化学分解水过程的效率远远高于电解，因此正在研究硫-碘、杂硫和钙-溴循环。研究的第三种方法是蒸汽高温电解,其潜在效率高于常规电解。

Ryazantsev 等人提出利用核反应堆的谷电能进行电解制氢。在 Ryazantsev 等人的计划中,一个发电能力为 30 MW、产氢能力为 14500 kg/d 的小型制氢设施将被安装在现有的核电站旁边。该制氢设施以后可以扩大到 300 MW 的产能,制氢能力约为 8000 t/年。这一分析结果表明,即使不新建核动力制氢设施,也可以利用现有的核电站生产氢气。

与传统的电解相比,热化学分解水效率更高。Schultz 的一项研究发现,通用原子模块化氦反应堆(Modular Helium Reactor,MHR)与硫碘(SI)工艺结合是热化学分解水的最佳组合。他们基于安全性、经济性、高温运行以及商业运行所需的最少量设计了相应的 MHR 设备。他们计划使用 4 个模块式 MHR,可以提供 2400 MW 热能,并通过 SI 工艺以每天 8×10^5 kg 的速度生产氢气。根据工艺温度和资本回收系数的不同,这种设备的氢气成本预计为 2.45~2.63 美元/kg。

Richards 等人提出了一种蒸汽高温电解(HTE)循环的设计概念,采用 MHR 作为热源和电源。该反应堆的设计运行温度高达 850 ℃,远高于目前的轻水反应堆温度(约 350 ℃)。较高的温度使得传统电生产的热效率更高,也可以满足高温电解所需的温度。

除了 DOE 的研发项目,2021 年,英国商业、能源和工业战略部宣布了"下一代核反应堆"计划,计划在"先进模块反应堆"示范项目上投资 1.7 亿英镑,旨在未来十年将最新的核技术投入使用,并利用最新的核技术生产粉氢、粉氨和低烃气体。迄今,除了英国,美国、俄罗斯和加拿大等国也开始尝试利用核能生产氢气或氨气。目前世界范围内粉氢、粉氨的生产尚处于规划或启动初期,并受到广泛质疑。一些学者从安全角度考虑,认为氢气作为一种可燃气体不应与核燃料出现在同一地点;另一些人则认为氢和核电都是资本密集型产业,将两者合并只会大幅增加制氢成本,使得合成的粉氨的成本远高于蓝氨或绿氨;还有一些人认为政府的重点应该转向更便宜的风能和太阳能来生产绿氨。

由于粉氨在原理上与绿氨几乎一致,许多学术文献和会议中将核电产氢制得的氨也称为绿氨。在本书之后的论述中,如果没有特别说明,将粉氨视为绿氨的一类。

4.1.2.3 绿氨

目前全球每年大约仅能生产 1.8×10^8 t 氨,且绝大多数氨都是从天然气或煤炭获得的棕氨或灰氨,合成氨产业每年排放的 CO_2 相当于全世界碳排放总量的 1.2%。因此,在能源结构转型的大背景下,氨工业需要进行绿色改造,逐渐淘汰灰氨,将蓝氨作为过渡,绿氨作为未来氨产业的主力军。考虑到可再生能源价格与化石燃料竞争的趋势,绿色的 H-B 法合成氨的过程不再是一个愿景。在第 4.2 节中我们将着重介绍绿氨产业。

图 4.5 中的路线图是学界对全球氨技术迭代发展的愿景。可以预期,全球用于化肥生产等工业用的氨产量,增长速度将超过人口增长速度,预计这种增长速度将至少与能源消耗的增长速度保持一致。预计氨生产将继续沿用并改进当前的 H-B 技术(第一代技术)。第二代技术,即由电解水分解产生的绿氢

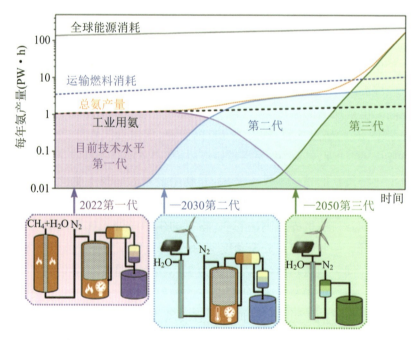

图 4.5 第一代(紫色)、第二代(浅蓝色)和第三代(绿色)氨生产技术的当前和预计贡献

供给的现有和新 H-B 工厂,很可能在 2030 年左右成为绿氨的主要生产方式。然后,第二代氨的产量将迅速增加,最终取代当前和第一代技术。鉴于现有的 H-B 基础设施非常重要,第二代技术很可能在未来继续增长,并在世界许多地方保持基准氨生产。全电化学的、可再生电力驱动的第三代氨合成技术有望在 2050 年前后大规模进入市场。一旦技术成熟度达到 CRI3,第三代技术将迅速成为首选技术。

4.2 绿氨生产产业分析

4.2.1 原理介绍

绿氨生产只需要水、空气和可再生能源,且得到的氨能源燃烧时不排放碳,在生产与利用两端几乎不排放 CO_2,是标准的零碳燃料。对于绿氨生产,目前主要是利用太阳能或者风能发电电解水获得氢气,与空分装置得到的氮气通过 H-B 法合成氨。其中,电解水制氢具有三方面核心优势:一是绿色环保,因其主要杂质是水和氧气;二是生产灵活,可实现大规模分布式利用;三是产品纯度高,氢气纯度可达 99%~99.9%。目前的电制氢,主要有碱性(Alkaline,ALK)电解水制氢、固体氧化物(Solid Oxide Electrolysis Cell,SOEC)电解水制氢、质子交换膜(Proton Exchange Membrane,PEM)电解水制氢等,其技术对比在表 4.1 中列出。

表 4.1 电解水制氢技术对比

电解槽类型	ALK 电解槽	高温 SOEC 电解槽	PEM 纯水电解槽
电解质	20%~30%的 KOH	固体氧化物	聚合物
工作温度(℃)	70~90	700~1000	70~80

续表

电解槽类型	ALK 电解槽	高温 SOEC 电解槽	PEM 纯水电解槽
电流密度(A/cm^2)	0.2~0.4	1.0~10.0	1.0~2.0
电解效率	65%~75%	85%~100%	70%~90%
单位能耗($kW·h/Nm^3$)	4.5~5.5	2.6~3.6	3.8~5.0
单槽容量(Nm^3/h)	1000	—	200
电解槽寿命(h)	<12000	—	<10000
碳足迹($m^2·kW$)	0.095	—	0.048
电解槽成本(元/kW)	2500~4000	6500~10000	10000~15000
电解槽成本占比	50%	—	60%
系统运行维护	有腐蚀性液体,运维复杂,成本高	以技术研究为主,尚无运维需求	无腐蚀性液体,运维简单,成本低
三废产生情况	碱液污染,石棉致癌	无污染	清洁无污染
技术成熟度	国内外均已商业化	实验室研究阶段	国外已商业化
优点	简单,技术成熟,可靠性高,能在常温常压下运行	电解效率高	生命周期长,稳定性好,槽腐蚀性小,电解效率高,系统简化,装置结构紧凑,产氢纯度高
缺点	制氢效率低,能耗大,存在渗碱、环境污染等情况	工作温度要求高,关键材料在高温下易老化	成本高,价格昂贵,膜电极组件上的电催化剂易被金属离子毒化

续表

电解槽类型	ALK 电解槽	高温 SOEC 电解槽	PEM 纯水电解槽
代表企业/研发机构	中船重工第七一八研究所、天津大陆新技术有限公司、苏州竞立制氢设备有限公司等	美国 Proton、加拿大 Hydrogenics、中船重工第七一八研究所、淳华氢能科技股份有限公司、赛克赛斯生物科技股份有限公司、中国科学院大连化学物理研究所等	美国 Idaho 国家实验室、欧洲能源研究所、丹麦 Risø 国家实验室、意大利陶瓷科学技术研究所、德国 Sunfire 公司等

除了较为成熟的电解水制氢,科学家们也在不断探索其他绿氨生产方法,虽然这些方法尚处于实验论证阶段,但具有颠覆性的潜力。

2021 年 6 月 15 日,澳大利亚莫纳什大学的科学家在新近一期《科学》杂志撰文称,他们研制出了一种基于磷盐的生产过程直接零碳排放氨合成方法,这在全球尚属首次。这种反应装置可以做到冰箱大小,因此,该方法可以在农场或社区推广。

2021 年 8 月 25 日,韩国科学技术信息通信部的机械材料研究院发布消息,称开发出了一种在常温常压下利用可再生能源生产氨的创新工艺。这是一种零碳排放的氨生产工艺,这项技术有望在未来为实现碳中和目标做出巨大贡献。该工艺是一种绿色合成氨等离子体催化剂集成系统,是利用大气中的氮和水,通过等离子体催化剂集成系统生产合成氨的环保方法。这个过程不使用任何化石燃料,是一种可以产生"绿色氨"与零碳排放的技术,它能实现的产量比现有电化学氨生产技术高出 300~400 倍,被认为是 H-B 法的主要替代方式。

4.2.2 示范项目

过去几年,国际上涌现了许多绿氨生产示范项目,表明氨能正受到多方关注。例如,在美国,Schmuecker Pinehurst Farm LLC 已经建造了一个太阳能绿氨厂,并已运行多年,其中 H_2 和 N_2 通过电解和动力切换系统从水和空气中产生,然后加压并注入合成氨反应塔。

RTI International 已于 2020 年实现绿氨的小规模量产(图 4.6)。可再生能源来自位于明尼苏达州的实验场地附近的风电机组($1.65\ MW\times 2$)和光伏机组(240 kW)。该研发项目采用自主研发并申请专利的低温低压催化剂合成氨,以及新型高温氨分离吸附剂分离氨。

图 4.6 RTI International 的小型绿氨生产设施

2020 年 11 月,世界上最大的化肥生产商之一 CF 工业公司宣布将把路易斯安那州唐纳森维尔(Donaldsonville)的工厂部分装置改造成电解氢装置以生产绿氢,并计划每年生产 20 kt 的绿氨。

2021 年 4 月,德国工业巨头 ThyssenKrupp 与主要的氨气生产商 CFI 公司签署协议,在 CFI 位于美国路易斯安那州的唐纳森维尔生产基地建立氢能工厂进行绿氨的生产,航运业是其目标客户。

2021 年 10 月 8 日, Maire Tecnimont S.p.A. 宣布,其子公司 MET Development、Stamicarbon 和 NextChem 与总部位于美国的 Greenfield Nitrogen LLC 公司达成协议,在美国中西部开发首个专门的绿氨工厂。作为协议的一部分,NextChem 公司将开始对每天生产 240 t 绿氨项目进行可行性研究。MET Development LLC 公司将协助 Greenfield Nitrogen 公司开发此项目。工厂的核心技术将采用 Stamicarbon 公司 2021 年年初推出的全新 STAMI 绿氨技术。该项目是

Greenfield Nitrogen 在美国玉米种植带进行战略性开发的一系列绿氨设施的首个项目。该工厂和储存设施将建于艾奥瓦州加纳附近，由当地可再生能源提供电力，旨在为当地传统的氨消费市场供应氨。绿氨工厂每年生产约83000 t 氨，将降低该地区对目前从国外进口氨的依赖。工厂还将加强该地区低碳行业的发展，预计每年将减少 1.66×10^5 t CO_2 排放。

Greenfield Nitrogen 项目还计划在美国艾奥瓦州联合建设绿氨工厂。该工厂也是采用 STAMI 绿色氨技术，预计每年可生产绿氨 96000 t（每天275 t）。项目计划于2022年7月开始建设，预计2025年3月完工。艾奥瓦州是美国粮食生产集中区之一，每年需要大量由氨制得的化肥。

在英国，在技术战略委员会的"创新英国"（Innovate UK）项目的支持下，西门子与牛津大学、卡迪夫大学和英国科学与技术设施委员会合作，在卢瑟福·阿普尔顿实验室启动了"绿色氨"项目，展示了一个集可再生电力驱动的绿氢及绿氨合成和 NH_3 发电为一体的 NH_3 储能系统（图4.7）。该系统具有日产 30 kg NH_3 的能力，示范装置位于英国牛津郡哈韦尔的卢瑟福·阿普尔顿实验室。利用生产的 NH_3，西门子及其合作伙伴计划在现阶段通过以 NH_3 为燃料的内燃机产生稳定的电力，在2023年实现以 NH_3 为燃料的燃气轮机发电，并在未来通过新型 NH_3 燃料电池产生稳定的电力。

在西班牙，西班牙化肥生产商 Fertiberia 正与能源公司 Iberdrola 合作生产绿氨。他们计划建立一个20 MW 的试点绿氨生产工厂，总投资估计为18亿欧元。项目建成后预计将产生4000个工作岗位，年减少二氧化碳排放 4×10^5 t，相当于减少了6万辆汽车的排放。

在丹麦，2020年12月，由 Skovgaard 公司牵头投资并由 Haldor Topsoe 公司和 Vestas 公司提供技术支持的丹麦合作集团宣布将建造世界上第一个10 GW 的绿氨工厂。这座位于日德兰西部的工厂计划于2022年投产，每年将从可再生能源中生产5000 t 以上的绿色氨，应用于农业和工业。这个项目每年将减少8200 t 的碳排放。

在挪威，化肥巨头 Yara International ASA、Aker ASA 旗下 Aker Clean Hydrogen 和电力巨头 Statkraft ASA 共同成立了 HErøya GReen Ammonia (HEGRA)。HEGRA 是一个合资公司，旨在为位于 Porsgrunn 的 HErøya 的

(a) 外景

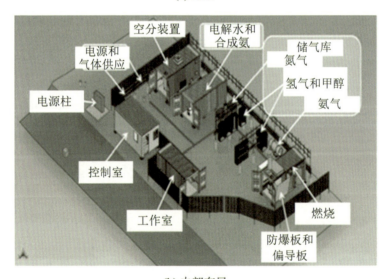

(b) 内部布局

图 4.7　由西门子领衔的绿氨生产设施外景及内部布局

Yara 合成氨工厂提供电力和脱碳，实现大规模的绿色合成氨生产。Yara 还宣布将把下属一家合成氨工厂的氢气改为由可再生能源供电的电解水生产供应。该工厂将氢气转变为电解绿氢，将消除挪威最大的二氧化碳来源之一——合成氨工业。这个 5×10^5 m^2 的合成氨工厂的电力将来自挪威电网。而目前挪威大约98%的电力来自可再生能源,主要是水力发电项目,可以说挪威电网提供的电力就是绿电。2022年6月,Technip Energies拿到IVERSON eFuels AS的设计和工程项目订单,开始建设日产600 t绿氨的项目,所产绿氨采用管道输送技术运输至港口,最终被用于船舶燃料。第一期计划完成300 MW电解设备的建设。

在澳大利亚,西澳大利亚州皮尔巴拉附近和南澳大利亚州林肯港已经开发了几个项目,以评估可再生能源驱动氨厂的可行性。其中Yara Pilbara与ENGIE在澳大利亚皮尔巴拉的合作项目的产能最大,达到了约240 GW(光伏制氢合成氨的装机总量)。

在日本,JGC公司和AIST公司成功运行了全球首个以绿氨为基础的混合动力系统,该系统由20 kg/d可再生动力驱动的绿氨合成子系统和47 kW以绿氨为燃料的燃气轮机发电子系统组成。该系统首次实现了从电力到绿氢,再到绿氨,到电力的完整和扩大的能源链。

在韩国,KIER的绿氨项目采用PEM燃料电池生产超纯氢,可以在较低的温度和压力下(350 ℃,5×10^6 Pa)合成绿氨,从而可以减少能源消耗。如图4.8所示,生产装置已经在2021年5月完成测试,目前绿氢生产能力为20 Nm^3/h。

图4.8 韩国KIER绿氨项目台架及细节

生产能力为 1000 Nm³/h 的装置已于 2021 年 9 月开始测试,计划于 2025 年实现商业化应用,并计划在 10 kW·h 100% 绿氨燃料燃气轮机燃烧器和燃煤锅炉上进行试点。目前在 100 kW·h 循环流化床燃烧器中氨-煤混燃实验台架已经搭建完成。

在越南,越南政府计划在未来 30 年逐步从石化能源向清洁能源过渡。2022 年 4 月越南可再生能源开发公司 The Green Solutions 与挪威海事工程公司 ECONNECT Energy、德国 ThyssenKrupp 公司以及美国 Black & Veatch 公司签署协议,合作在越南茶荣省开发筹建可再生氢氨生产厂。

在沙特,2021 年 12 月 13 日,世界领先的工业气体供应商 Air Products 宣布与 ThyssenKrupp 签署合同,为沙特阿拉伯的未来城市 NEOM(图 4.9)建设一个超过 2 GW 的水电解制氢、合成氨工厂,这将是全球最大的绿氨项目之一。根据合同,ThyssenKrupp 将采用 20 MW 水电解模块为制氢工厂提供工程设计、采购及建设服务。项目投运后,项目合作伙伴 NEOM、ACWA Power 和 Air Products 三方组成的"NEOM 绿氢公司"将负责运营该工厂,将绿氢合成为零碳排放的绿氨,并专由 Air Products 出口至全球市场。目前项目的工程设计和采购工作正式启动,预计工厂将于 2026 年开始生产。

图 4.9　沙特 NEOM 氢氨未来城

在阿曼,政府将投资 300 亿美元在阿拉伯海沿岸建设绿氨工厂,同时出口绿氢和绿氨。2022 年 3 月 7 日,挪威 Scatec 公司与印度 ACME 公司在奥斯陆签署协议,在阿拉伯半岛阿曼的 Duqm 经济特区开建年产 1.2×10^6 t 绿氨的工厂。该工厂第一期将建设 500 MW 光伏以及配套的 300 MW 电解槽,达到年产 1×10^5 t 绿氨的目标。2022 年 5 月 26 日,美国空气公司、阿曼国有能源集团、沙特 ACWA 公司签署联合协议,在阿曼投资数十亿美元开建绿氨生产设施。阿曼地处霍尔木兹海峡咽喉之地,在此开建绿氨生产,将对世界未来绿色燃料的布局产生深远的影响。

在肯尼亚,意大利 Maire Tecnimont 集团下属 NextChem 子公司推出的 STAMI 绿氨项目,计划在肯尼亚内罗毕市形成工业规模绿氨生产并实现商业化运作(~2×10^5 t/年),并建设世界首个商用绿色肥料装置,如图 4.10 所示。

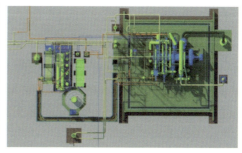

(a) 设计3D图　　　　　　　　(b) 俯视图

图 4.10　STAMI 绿氨项目厂区设计 3D 图与俯视图

在津巴布韦,一个硝铵厂利用可再生能源驱动的 H-B 法生产绿氨产品。该生产设施多年来一直处于高产状态,每年可生产 2.4×10^5 t 硝酸铵。

在中国,2022 年 4 月,国际氢能冶金化工示范区项目正式签约。该项目将建设全国规模最大的 5×10^6 kW 风力发电、1.5×10^6 kW 光伏发电和 3×10^5 t 电解水制绿氢项目,并围绕以绿氢、空气捕捉的氮为原料,建设中国首台套氢电催化合成技术的 1.2×10^6 t 绿氨化工项目。

4.2.3 绿氨生产产业具备强劲竞争力

绿氨产业目前而言面临的竞争主要集中于与传统的"灰氨""蓝氨"等成本的对比。而在制氨流程中,后续的氢气、氮气合成氨部分基本可认为是相当的,成本差异主要体现在前面的制氢部分,具体来说,包括太阳能/风力发电和电解水产氢两部分成本。

4.2.3.1 成本竞争力分析

近期,光伏发电的中标电价连创新低,2021 年四川甘孜州正斗一期 200 MW 光伏项目报出 0.1476 元/(kW·h)[折合 2.28 美分/(kW·h)]的全国最低价;在国际上,沙特于 2021 年 4 月报出创纪录的 1.04 美分/(kW·h)的价格。根据模型测算结果分析,光伏发电能力每增加一倍,太阳能电力价格就会下降 30%~40%。按照这一模型推测,预计到 2030 年,光伏的度电成本将下降到 0.5~0.7 元,光伏组件的成本将下降到 0.9 元/W,可能会成为人类能够大规模获取的最具经济性的电能。随着风电、光电成本的降低,电解水制氢成本有望不断降低。据预测,到 2030 年,可再生制氢成本可能低于 10 元/kg。

在可再生能源电价与电解制氢成本不断下降的情景下,绿氨的生产成本具有一定的竞争力,具体测算如下:

还是以在 30 GW 光伏项目落地的基础上建设绿氨产业为例,总投资预计为 617 亿元,年生产优品液氨 5.89×10^6 t,价值 265 亿元(含税),生产、维护(含劳动力)、利息、折旧等年成本 101 亿元(随着可再生能源的度电成本和电解槽成本的下降而逐年降低),项目的 IRR 为 19.6%。

为评估大规模可再生能源制绿氢并合成绿氨的经济性,对绿氨进行平准化单位成本测算。平准化单位成本即在行业平均社会投资回报的机会成本下,对项目产品产量折现到当期,进行项目产品的平均成本测算。我们可按下式对绿氨的终端成本进行平准化成本(Levelized Cost of Ammonia,LCOA)测算:

$$\text{LCOA} = \frac{\sum_{n=1}^{N}\frac{(I_n+A_n+T_n)}{(1+i)^n} - \frac{R_V}{(1+i)^n}}{\sum_{n=1}^{N}\frac{Y_n}{(1+i)^n}}$$

式中，I_n 为项目第 n 年的投资；A_n 为项目年度运营费用；T_n 为项目年度税收；R_V 为项目运营期后残值；Y_n 为年度产品数量（即液氨生产吨数）；i 为折现率。

根据公式测算项目平准化成本可得：LCOA 为 1687 元/t。与目前合成氨生产行业的液氨平均生产成本 2000～2300 元/t（不考虑碳价）相比具有成本优势。如果考虑碳排放交易价格，由于绿氢生产是几乎不排碳的，而传统的合成氨（棕氨、灰氨）所需的 H_2 主要来源于天然气和水蒸气裂解重整，并伴随大量 CO_2 的排放（生产 1 t 氨产生约 1.99 t CO_2），因此每生产 1 t 液氨可节约碳价成本＝碳价×1.99。目前各界对中国未来碳价普遍看涨，根据各方数据，到 2030 年，碳价将涨至 200～1400 元/t，届时绿色氨的成本优势将更加突出。

4.2.3.2 减碳效应竞争力分析

绿氨生产几乎是无碳的，每生产 1 t 绿氨相较于蓝氨可以减少排放 0.13 t CO_2，相较于灰氨可以减少排放 0.52 t CO_2，相较于棕氨可以减少排放 2.62 t CO_2。按我国合成氨生产棕氨：灰氨＝7：3 的比例计算，还是采用第 3.2.4 节中所举的例子，30 GW 光伏所能合成的绿氨（1.178×10^7 t/年）一年可以减少合成氨产业 CO_2 排放约 2.344×10^7 t，相当于 2020 年全国碳排放量的 2.4‰。目前我国可再生能源的开发程度不足 10%，30 GW 光伏仅是未来西北地区光伏产能的冰山一角，由此可见绿氨产业对于实现"双碳"目标的重要意义。

4.2.4 绿氢成本较高是现阶段氢能以及作为氢能延伸的氨能所面临的主要挑战

目前我国乃至世界的绿氨工业处在发展起步阶段，且不够成熟，面临着许多风险与挑战。

4.2.4.1 现阶段作为原料的绿氢成本较高

分析人士认为，要想推进氢能技术，必须降低成本。可再生能源成本过去十年已大幅降低，但仍需继续下降。而电解水制氢成本，包括基本硬件电解槽，必须遵循成本下降的路径。

目前主流的绿氢生产技术存在成本高、耗电量大等缺点。据国际能源署统计，当前技术水平下绿氢的制取成本高达 3.2～8.1 美元/kg，远远高于灰氢和蓝氢的价格。不同制氢方式成本的对比如图 4.11 所示。

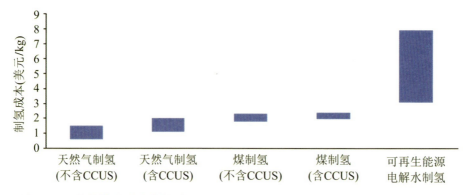

图 4.11 不同制氢方式成本的对比

4.2.4.2 合成绿氨厂需要适应原料供给的浮动性

可再生能源是持续变化的,但是一般情况下氨厂是连续性生产的。比如,建设在光伏电站旁边的合成绿氨厂会面临着阴天和晚上不能生产,原料供给浮动性大,需要设备频繁启动和停止等,从而会对制氨设备的耐久性和制氨产能的稳定性造成影响。

一些合成氨项目可以实现高灵活性氨合成,其采用的创新技术可以有效适应原料供给的浮动性,例如 ThyssenKrupp Uhde 项目。其原理基于先进的智能控制系统,根据预测的 H_2 波动调整氨产量,实现大规模绿氨生产与可再生能源的波动耦合。

又比如星火能源自 2016 年起研发可变功率模块化氨生产技术,并于 2021 年实现 100 kg/d 的模组化绿氨生产规模,在同年完成了首轮融资。现已扩建研发中心达 2100 m²,计划于 2022 年完成商业产品的设计。

再比如 RTI International 的试点项目也可以实现绿氨生产规模的灵活控制,可以完全匹配作为原料的绿氢的供给波动(图 4.12)。

4.2.4.3 水资源问题

对严重依赖水的电解水工艺来说,水资源的供应是一个令人担忧的问题。太阳能资源丰富的区域多位于降雨量有限的干旱地区,因此可能受到水资源短缺的挑战。电解水制氢的水资源消耗是无法忽略的,产生 1 kg H_2 通常需要消

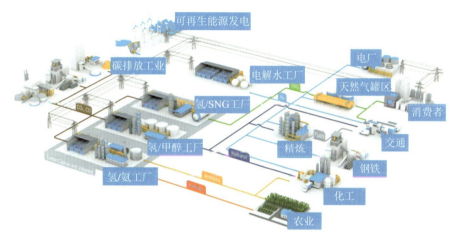

(a) 试点项目概览

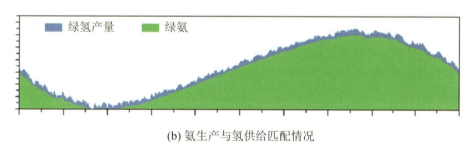

(b) 氨生产与氢供给匹配情况

图 4.12　RTI International 的试点项目概览以及氨生产与氢供给匹配情况

耗 4~6 kg 水。未来在西北地区大规模推行可再生能源制氢的情况下,水资源的供应可能会成为难题。不过一些电解水制氢方式对水质要求不高,可以利用经一定处理后的脏水、废水产生氢气。虽然表面上看绿氨生产会消耗大量水资源,但从另一角度看,绿氨储能是风、光电力在西北地区更大规模建设的保障,实际上可以节约水资源。经测算,一个年产 1×10^6 t 绿氨的工厂虽然每年需要消耗 1.8×10^6 t 水资源,但其保障的绿电装机容量每年可以节约发电用水 5.98×10^6 t,而与这些绿氨储能能力相同的在西北干旱地区建设的抽水蓄能站每年将蒸发 2.2×10^6 t 水。因此,从理论上讲,供水不应该是建立绿氨工业的主要问题。

4.2.5 绿氨生产未来发展规模庞大

我们预测,中国的绿氨生产未来发展规模庞大。生产绿氨和绿氢的国家潜能情况在表 4.2 中列出,可看出中国、美国、智利等一些国家或地区拥有强大的绿氢和绿氨生产能力,对这些国家在未来提高综合竞争力具有重大意义。

表 4.2 零碳燃料(仅绿氨和绿氢)生产潜力国别排名

排名	国家(地区)	收入类别	综合得分	潜力级别
1	中国	中高收入	81.1	高潜力
2	美国	高收入	71.6	高潜力
3	智利	高收入	58.8	高潜力
4	西班牙	高收入	51.7	高潜力
5	日本	高收入	47.7	高潜力
6	奥地利	高收入	47.2	高潜力
7	瑞士	高收入	45.5	高潜力
8	英国	高收入	45.3	高潜力
9	意大利	高收入	43.8	高潜力
10	摩洛哥	中低收入	42.2	高潜力

资料来源:中国知网等。

4.2.5.1 可用于绿氨生产的可再生能源规模

我国风能和太阳能储备丰富。据资料统计,中国风能、太阳能和水电资源的技术可开发量分别为 3.11×10^9 kW、1.15×10^{10} kW 和 6.87×10^8 kW,合计 1.5297×10^{10} kW。中国风能资源丰富区的 100 m 高空,平均风功率密度为 400~500 W/m^2,在Ⅰ类风资源地区或海上风场,平面规划面积为 50~70 MW/km^2,年利用小时数约为 3000 h,风能资源转化为电能后的资源量约为 0.648 GJ/(m^2·年)。中国太阳能Ⅰ类地区全年辐射量在 6700~8370 MJ/m^2,年利用小时数为 1400~1650 h。从分布上看,中国的风能资源绝大部分集中在内陆三北地区和沿海近海区域;太阳能资源集中在西部地区,水能资源集中在四川、云南等西南地区(表4.3)。因此,在绿氨生产方面,我国作为可再生能源资源大国相对其他国家具有较强的绿色氨能发展优势,将在未来世界绿氨贸易中占据主导地位。

表 4.3 我国风电装机与光伏装机分布

地区	风电装机数值	光伏装机数值
安徽	590	2154
北京	24	95
重庆	182	69
福建	742	465
广东	1357	1590
广西	946	520
贵州	592	1420
甘肃	2073	1417
海南	29	246
河南	1903	2333
河北	2797	3855
黑龙江	943	475
湖南	900	636
湖北	778	1316
江苏	2254	2508
江西	555	1202
吉林	1143	387
辽宁	1173	601
内蒙古	4548	1561
宁夏	1457	1584
青海	973	1842

续表

地区	风电装机数值	光伏装机数值
上海	107	195
山东	2302	4270
山西	2318	1696
四川	598	206
陕西	1164	1516
天津	145	221
新疆	2614	1578
西藏	3	178
云南	912	585
浙江	423	520
香港	暂缺	暂缺
澳门	暂缺	暂缺
台湾	暂缺	暂缺

国家能源局发布的 2021 年全国电力工业统计数据显示,截至 2021 年底,全国发电装机容量约为 2.38×10^9 kW,同比增长 7.9%。其中,风电装机容量约为 3.3×10^8 kW,同比增长 16.6%;太阳能发电装机容量约为 3.1×10^8 kW,同比增长 20.9%。风电和光伏的增长幅度最大。2021 年 10 月 24 日,国务院印发《2030 年前碳达峰行动方案》提出,到 2025 年,我国非化石能源消费比重达到 20% 左右,单位国内生产总值能源消耗量比 2020 年下降 13.5%,单位国内生产总值二氧化碳排放量比 2020 年下降 18%。到 2030 年,我国非化石能源消费比重达到 25% 左右,单位国内生产总值二氧化碳排放量比 2005 年下降 65% 以上。到 2030 年,风电、太阳能发电总装机容量达到 1.2×10^9 kW 以上。届时将面临的艰巨任务是 1.2×10^9 kW 风电、太阳能发电的合理消纳,因此绿氨产业发展潜力巨大。

作为可靠且低成本的大容量储能方式,氨能将反过来加快风电、光伏、绿氢等产业扩大产能的步伐,使得一次能源中可再生能源的增长速度以及最终规模超过原有预期。我们预计,在实施氨能战略的情景下,到2030年,风电、太阳能发电实际装机装机容量之和将达到 1.5×10^9 kW,新能源总装机将达到 2.3×10^9 kW,配套氢-氨储能 $3 \times 10^8 \sim 5 \times 10^8$ kW,绿氨产业将在当年直接减少全国年碳排放量 3.8×10^8 t,氨能产业年直接投资 2000 亿元,年新增就业岗位 2 万余个。到 2060 年,风电、太阳能发电实际装机容量之和将达到 4×10^9 kW,新能源装机将达到 6×10^9 kW,配套氢-氨储能 $8 \times 10^8 \sim 1 \times 10^9$ kW,绿氨产业将在当年直接减少全国年碳排放量 7.6×10^8 t,新能源电源建设直接投资累计将超过 50 万亿元,氨能产业直接投资累计将超过 10 万亿元,累计创造超 150 万个就业岗位。

4.2.5.2 绿氢生产成本与规模

1. 绿氢生产成本预测

可再生能源电解制氢的成本奇点必将加快到来——全球各地,可再生能源制氢成本持续下降,并即将开始低于化石燃料制氢成本。目前主要有三个因素正在推动绿氢成本的加速下降:一是可再生能源平准化度电成本(Levelized Cost of Energy,LCOE)正在下降;二是电解槽成本正在加速下降;三是规模的提升。

(1) LCOE 的下降。电解水制氢的经济性主要取决于电费,电解水制氢的能量效率为 $4 \sim 5$ kW·h/m³,电费成本约占 85%(图 4.13)。

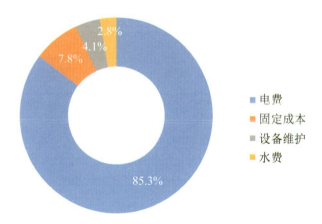

图 4.13　电解水制氢成本分布,其中电费占绝大多数

风电、光伏产业在泛摩尔定律的作用下,不断实现技术迭代和工艺优化,加

之装机规模的扩增、补贴退坡的倒逼作用等因素,度电成本(1度=1 kW·h)持续大幅下降。过去10年陆上风电度电成本下降58%,海上风电度电成本下降51%,在一些地区的发电成本已经低至0.25元/(kW·h),已经低于传统化石能源发电[0.32元/(kW·h)]。预计到2030年,陆上风电成本将下降50%至0.2元/(kW·h),海上风电成本有望下降33%。光伏发电成本过去10年已下跌90%,随着技术的进步、规模的扩大以及政策的支撑,未来10年度电价格还将继续下跌。目前,一些地区的光伏电力上网电价(含税)为0.15元/(kW·h),预计到2030年,将下降到0.10元/(kW·h),成为全球较便宜的能源之一。从全球来看,预计资源最佳的地区度电成本下降幅度最大,包括中国、西班牙、智利、北非和中东等地。据测算,当电价低于0.3元/(kW·h)时,电解水制氢成本与其他工艺路线相当(图4.14)。光伏制氢是最具潜力的电解水制氢方式,目前已经初具经济性。

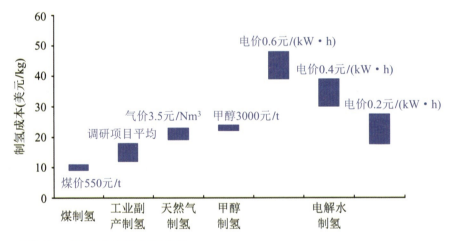

图4.14　主要制氢方法成本对比
资料来源:《财经》。

除了新能源整体发电成本的降低,未来电力市场中的峰谷价差也将持续拉大,电解水制氢将有更多可利用的低电价时段。未来,可再生能源过剩电量的消纳将成为氢-氨储能的重要应用场景,这部分零成本甚至负成本的电量可作为电解水制氢的重要电力来源。

(2) 电解槽成本的下降。绿氨生产产业中的关键是电解水制氢,而电解水制氢的关键是电解槽的核心技术要满足低成本、长寿命、高效率的大规模生产要求。全球保守估计电解槽装机容量将由当前的不到数千兆瓦,到 2030 年达数百吉瓦。现在欧盟国家制定可再生能源计划时均将指标直接落实到电解槽装机容量上。

通过材料与设计的优化(如更薄的隔膜、更高效的催化剂、减少稀有金属的使用等),未来电解槽成本与性能将有较大的提升空间。

以欧美市场为例,电解槽成本在过去 5 年中下降了 40%~50%。据估算,到 2030 年,全球电解槽设备平均成本有望下降至少 30%。根据国际可再生能源机构(International Renewable Energy Agency,IRENA)提出的目标,到 2050 年碱性电解槽与 PEM 电解槽系统(包括电解槽、电源和整流器、干燥/净化、压缩设备)的成本有望达到 100 美元/kW 以下,较当前水平下降 60% 以上。

在中国,受益于较低的原材料价格、人力成本以及较高的工厂利用率,这类设备成本的下降将更加明显。随着技术的发展和自主化程度的提升,电解槽生产规模的扩大以及自动化水平的提高,到 2030 年我国电解水制氢设备的固定成本有望降低 50%~60%。由规模化发展带来的成本效应,也有助于推动未来绿氨生产产业的腾飞。

此外,大型综合可再生能源制氢项目的电解槽利用率水平正逐步提高。这种现象主要受到生产集中化、可再生能源(如陆上风能和太阳能光伏)耦合化和系统集成优化(如为了优化利用而扩大可再生能源装机容量与电解槽产能)的共同推动。当前电解水制氢效率约为 55 kW·h/kg 氢气(即生产 1 Nm^3 氢需要约 4.5 kW·h 电);随着制氢项目规模化更大、制造工艺更优秀、质量品控更好,辅以其他环节的技术,未来电解槽的效率有望提升至 40 kW·h/kg 氢气(即生产 1 Nm^3 氢需要约 3.7 kW·h 电),从而推动绿氨生产成本持续下降。

(3) 产业化程度的提升。一方面,随着设备单体规模的扩大,电力转换、气体处理等模块的单位成本将被摊薄。另一方面,生产规模的扩大也将降低单台设备分摊的制造费用。参照光伏、锂电池行业的发展历程,随着规模与产业化程度的提升,电解水制氢设备的平均成本有望进入快速下降通道。2050 年,全球能源领域将消耗 19 EJ 绿氢,意味着 2030 年全球将安装约 700 GW 电解槽,2050 年将为 1700 GW。因此,绿氢将在未来 5 年内具备与灰氢相当的成本竞争力,略高于蓝氢。2035 年以后,所有绿氢成本均将低于灰氢,与蓝氢相当(图 4.15)。

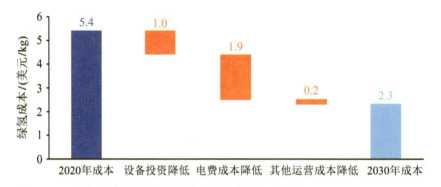

图 4.15 全球可再生能源电解水制氢平均成本下降路径

未来我国可再生能源制氢成本将进一步下降。根据中国产业发展促进会氢能分会的预测,在"十四五"期间,我国将在积极利用工业副产制氢的同时,大力发展可再生能源电解水制氢示范,氢气平均制备成本降至 20 元/kg;到 2030 年,国内电解水制氢规模将达到 75 GW 左右,氢气平均制备成本在 15 元/kg 左右;到 2050 年,我国将以可再生能源发电制氢为主,副产氢、化石能源制氢配合 CCUS、生物制氢和太阳能光催化分解水制氢等技术为有效补充,氢气的平均制备成本将降至 10 元/kg。

2. 氢气需求规模预测

目前,国内氢能产业尚处于市场导入阶段。如图 4.16 所示,据多方统计与预测汇总得出的结论,2020 年我国氢气需求量已突破 2×10^7 t;预计在中国氢能市场发展初期(2021—2025 年),氢气的年均需求量约为 2.492×10^7 t,市场规模将超过 8800 亿元,工业副产制氢因成本较低,将成为有效供氢主体;在氢能市场发展中期(2030 年左右),氢气年均需求量约为 3.157×10^7 t,我国氢气的年需求量在终端能源消费中的占比约为 6%,可再生能源电解水制氢将成为有效供氢主体,国内可再生能源制氢装机规模将达到 100 GW;在氢能市场发展远期(2050年左右)保守估计氢气的年均需求量约为 6×10^7 t,乐观预测达 1.6×10^8 t,即在 30 年的时间内氢气需求量在 2020 年的基础上增长 7 倍,其中电解水制氢比例将进一步增长 70%～80%,约有 1000 GW 的光伏装机用于为生产绿氢提供电力。届时,氢能在我国终端能源体系中占比超过 15%(约 5×10^8 t 标准煤,折合 1.1×10^8 t 氢气),与电力协同互补,共同成为中国终端能源体系的消费主体之一,可实现 CO_2 减排约 7×10^8 t/年,累计拉动 33 万亿元经济产值,并创造 350 万个就业岗位。在 2060 年前碳中和的情景下,我国氢气的年需求量在终端能源消费中占比约为 20%,可再生能源制氢产量约为 1×10^8 t,部署电解槽装机 500 GW 以上。

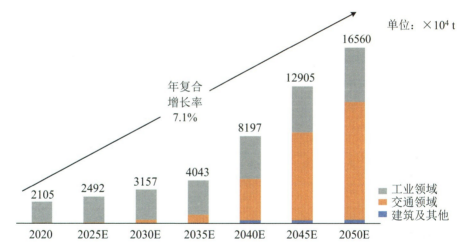

图 4.16　中国中长期氢气需求预测
资料来源:CNCIC。

这个亿吨级氢能的目标,将改变中国的能源结构并推动中国进入氢能社会。据估算,中国可开发的绿氢资源超过 3×10^8 t,完全能够满足我国可持续发展的自给自足的无碳氢能,将从根本上改变我国的能源战略安全。

4.2.5.3　原材料供应

1. 可再生能源设备材料

大规模的绿氨生产需要足够的设备材料保障。风能和太阳能发电以及氢电解槽的结构和功能材料都需要在未来扩大产能,特别是一些核心的专用材料;至于合成氨产业,需要的材料是普遍的,预计不会出现重大短缺。我国大规模扩增风电和光伏的装机容量是具有得天独厚的优势的,因为在这一领域中我们具有最成熟的技术、最大的生产规模、最大的现有装机容量和一些关键材料的垄断。

在氨能战略实施的情况下,预计用于风电永磁体发电机的钕、镨、镝和铽以及用于太阳能电池板的锗、碲、铟和硒的需求将增加。我国的稀土产量占全球稀土产量的95%,处于垄断地位,可以满足氨能战略的需求,也是我国发展氨能的巨大优势之一。

据多方统计数据汇总整理,2021年中国光伏组件产能约为350 GW/年,产量为182 GW,同比增长46.07%,其中,出口量为98.5 GW,同比增长25.1%,占比54.1%。硅片、电池片产能全球占比分别约为97%和80%。国际可再生能源署(IRENA)发布的《2023年光伏应用趋势》显示:2022年全球新增光伏装机达236 GW,其中,中国106 GW,海外130 GW。这意味着中国的光伏组件产能可以满足全世界的需求,海外的新增光伏装机容量基本由我国的出口产品来支持,出口产品中超过80%是以组件的形式出口的。如图4.17所示,从2020

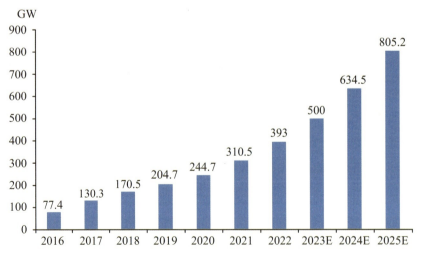

图4.17 中国光伏发电行业市场规模(按累计装机容量统计)
资料来源:国家能源局。

年起,我国光伏年新增装机容量逐年增加,因此可以预见未来相当长的一段时间内光伏产业链自下而上持续扩增产能的趋势。

我国多种光伏材料产能可以满足未来 5 年的发展需求,种类包括光伏玻璃、硅片等。需要注意的是如下两种材料:一是 EVA 粒子材料,二是硅料。目前 EVA 粒子材料在全球范围内供不应求;而多晶硅料是生产单晶硅片及多晶硅片的上游原料,该行业技术门槛高,曾经被国外垄断。随着科研、技术人员的不懈努力,我国已实现关键技术上的突破,国外垄断早已被打破。我国硅料产量连续 7 年居全球首位,但每年仍需进口 1×10^5 t(2020 年)以匹配国内的装机速度。2021 年三四季度,我国硅料产能出现了第一轮投产高峰,产能从上一年的 4.57×10^5 t 猛增至 5.75×10^5 t,进口依赖度降至零,但仅仅是刚好能够满足目前的需求,未来仍需要继续以较快的速度提升产能。

风电叶片材料由基体树脂、增强纤维、芯材(夹层材料)、黏接胶(结构胶)等构成,其成本占比分别为 36%、28%、12%、11%,风电叶片结构如图 4.18 所示。未来 10 年随着我国风电装机规模的高速增长,将会大幅带动增强纤维(碳纤维等)、黏接胶等风电材料的需求。

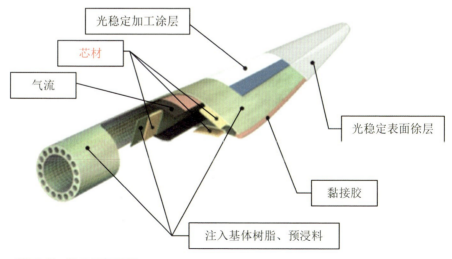

图 4.18 风电叶片结构

2. 电解槽的材料

有三种类型的氢电解槽：碱性(ALK)、质子交换膜(PEM)和固体氧化物(SOEC)电解槽。ALK 电解槽已经被使用在工业规模上采用氯碱工艺，生产氢氧化钠和氯气。该技术循环氢氧化钾和使用镍基催化剂，基本不会出现材料短缺的情况。然而，在未来这种电解方式的效率将低于其他电解方式。PEM 电解槽还没有在工业规模上广泛应用，目前更多地依赖贵金属，包括铂和铱。这些材料的短缺可能会阻碍 PEM 电解槽的广泛应用，尽管这些材料的消耗量可能会随着技术进步而减少。例如，全球每年只生产 5 t 铱，而一个 1 GW 的装置就要消耗其中的 0.5 t。SOEC 电解槽大多使用常见材料，最稀缺的是钇金属，一个 1 GW 的 SOEC 装置只需要大约半天的钇金属的全球生产产能，材料供给不像 PEM 电解槽那样紧缺。

4.2.5.4 可用场地

绿色氨厂（含电解水制绿氢工艺）所需的绝大多数土地都属于可再生能源设备占地。SAFCO 是世界上最大的（常规）合成氨工厂，占地面积约为 1 km^2，产量超过 1×10^6 t/年。在这种土地密度下，仅需大约 200 km^2 就可以生产出全球的氨，因此生产绿氨的厂区用地问题是不必担心的。然而，收集能源为这些工厂提供可再生电力将需要更多的土地。

理论上说，地球上的场地可以满足未来全球可再生能源的产能上升。来自太阳辐射的能量是巨大的，每年到达地球表面的总能量为 5.457×10^{18} MJ。2005 年，整个地球从各种能源中消耗的总能量为 4.883×10^{14} MJ，比地球接收的太阳能量小几个数量级。太阳能技术只需要少量的土地就可以满足地球的能源需求。例如，如果一个太阳能发电系统仅以 10% 的转换效率运行，那么在满足人类所有活动的能源需求的同时，太阳能发电只会覆盖不到世界陆地面积的 1%。即使假设能源效率创新停滞不前，按现有技术水平测算仅撒哈拉沙漠的日照量就足以满足 2050 年全球人口的需求。风是太阳能的一种间接形式，地球表面上大约 2% 的太阳辐射会转化为移动空气的动能，其中约 30% 的能量在距离地球表面 1000 m 以内。据估计，美国的风能潜力为每年 10777 TW·h，是美国 2021 年发电量 4115.5 TW·h 的 2.6 倍。同样，理论上，到 2050 年，仅浅层和中等深度的海上风能潜力就可以满足全球能源需求的 75%，深水区的风电场水产能可以满足近10倍的能源需求。

然而在实践中,土地限制可能是很大的。例如,由于在柔软的、倾斜的或流动的沙丘上安装电池板很困难,在沙漠地区收集所有的太阳能辐射是不现实的。而占用耕地去开发可再生能源是断不可行的,因为这会威胁到国家粮食安全,而且由于砍伐了地表植被,会减少10%的碳汇,得不偿失。因此,适宜集中式可再生能源发展的场地应是平坦、连续、荒芜且可再生能源储量丰富的。根据我国国情,在西部地区可以选择沙漠、石漠、戈壁地区,在东部地区可以选择废弃矿坑(水面),在沿海地区可以选择风力较大的地方建设海上风电场。东部及南部地区光热资源丰富,人口密集,适宜发展分布式光伏。

经测算,我们认为在我国大力发展绿氨产业,在场地角度上是可行的,并且相比于其他国家是占优势的。整体上,辽阔的国土面积使得我国拥有丰富的可再生能源储量,我国现已开发的可再生能源不到技术可开发量的1/10,进一步开发的潜力巨大。从理论上讲,单从可用场地的角度看,可再生能源的生产可以完全满足全国能源需求,其中当然也包括氨能。并不是所有国家都能实现氨能自给自足。绿氨生产潜力低的国家(由于人口密度、崎岖的地形或大量的农业需求等)将需要从绿氨生产潜力相对较高的国家进口绿氨,我国很可能成为绿氨主要出口国之一。

4.2.5.5　资本规模

与其他形式的能源相比,包含氨能的绿色能源投资对疫情、地区冲突等的抵御能力相对较强。尽管有这种韧性,但可再生能源的未来道路尚不明确。国际能源署预计,2020—2025年,经济复苏将有两条道路,会对绿色能源投资产生不同的影响。在一条道路上,由于政府支持有限,缓慢的经济复苏会导致消费者和生产商延长以化石燃料为基础的现有资产的寿命,而对新技术的投资很少。在另一条道路上,政府的支持和对脱碳的重新公开承诺刺激了对绿色能源的快速投资,到2030年总投资将比目前水平翻一番。

我国将成为绿氨的主要出口国之一。政府可以出台一揽子政策吸引国内外投资者投资氨能产业。一揽子政策包括但不限于创建供应链(如支持试点项目、能力建设和促进国际贸易)、扩大开放(如制定负面清单、建立针对绿氨产业的减免税产业园或自贸试验区)以及金融支持(如提供创新的融资工具、担保和促进绿色债券市场)。

4.2.5.6 绿氨需求规模

我国庞大的工业实力和消费基础为绿氨生产产业发展提供了规模优势。从氨的广泛应用来看,不论是作为氮肥、炸药等的原料还是单纯作为优良的零碳燃料,氨的需求量都庞大且稳定。近年来,全球经济受新冠肺炎疫情影响较大,但是据统计和分析预测,全球氨的产量仍然呈上升趋势,并不会受疫情影响而收缩。预计到 2024 年,全球氨的产量会增长 2%(图 4.19)。

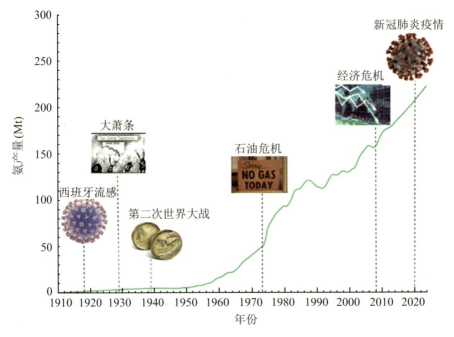

图 4.19　1910—2024 年全球氨产量(受战争、疫情和金融危机影响较小,预计未来数年年复合增长率保持在 2%)

绿氨生产规模上升的过程实际上是逐渐替代传统合成氨产能的过程,这一点与绿氢生产产业类似。不过氨的需求量是氢的数倍,将氢进一步合成氨可以避免氢能发展过热带来的产能过剩无法消纳的问题。我们预计绿氨的需求将在未来数年迎来一个快速增长的黄金时期,绿氨生产产业具有不可阻挡的发展优势,在未来会有无限的发展可能。

4.2.5.7 设备供应产能增长需求

为了适应预测的绿氨未来生产规模,各环节设备生产企业需要相应地提高生产规模。具体来说,经我们测算,2021—2030 年,光伏设备需要扩大产能 300%~350%,风电设备需要扩大产能 200%~250%,电解水制氢设备需要扩大产能 1000%~10000%,合成氨设备产能保持现状即可。适应规模增长产能发展过程有以下三点需要有关部门注意:

一是电解水制氢设备生产产业规模需要快速扩大,需要在未来 10 年扩大到现在的 10~100 倍,在未来 20 年将扩大到现在的 1000 倍,需要有关部门提前规划,有序引导,避免市场盲目扩张、资本过量涌入和无序竞争。

二是光伏中的 EVA 粒子的产能提升困难,是光伏产业提升规模的限制因素。理论上,每吉瓦光伏需要 4300 t EVA 粒子,而 2022 年全球光伏新增装机预计为 203 GW,对应 8.73×10^5 t EVA 粒子,然而现阶段全球光伏级 EVA 粒子产能仅有 6.5×10^5 t。国内具备量产光伏 EVA 料生产能力的厂家仅有斯尔邦、联泓新科和宁波台塑三家,累计可用于生产光伏 EVA 粒子的产能不足 4×10^5 t。由于光伏 EVA 扩产周期长达 4~5 年,其中从开工到投产周期为 2.5~3 年。综上所述,光伏 EVA 今年紧平衡,明年供给有缺口,未来 10 年内会一直存在供应缺口的情况。有关部门需要引导大型光伏设备生产企业提前布局 EVA 粒子的扩产,或者转产新型的 POE 和 EPE(EVA+POE 混合),将光伏设备全周期、全要素牢牢掌握在自己手中,避免出现 EVA 粒子需要大量进口而被外国"卡脖子"的情况。

三是绿氨产业涉及的高新技术很多,企业在增产能的时候会遇到研发成本高、单位产能投资高的情况。例如,硅料、硅片、电池片等环节的设备投资额均高于 1 亿元/GW,建设一条 1000 t/d 的光伏玻璃产线需要 6 亿~8 亿元。政府可以给予适当的低息贷款和税收减免。此外亟需扩大产能的硅料产业的扩产周期(12~18 个月,产能爬坡期 3~6 个月),扩产节奏与下游不匹配。因此各级政府有关部门要做好提前布局,形成企业-政府-智库三方的有效沟通机制,提前 1~2 年推进属地多晶硅企业放大产能,不让硅料产业成为"掉队生",拖整个光伏产业甚至是"双碳"目标的后腿。

4.2.6 建议加大技术研发力度，降低绿氨整体成本

4.2.6.1 建议采用新型制氢方法以提高电解效率

除工艺上相对成熟的化石燃料制氢法外，目前还存在具有发展前景的其他制氢方法，如水分解制氢、生物质制氢、热化学循环制氢等。

1. 水分解制氢

水分解制氢法是采用电、光等能量并通过催化剂协助将氢原子从水分子中分离出来形成氢分子。这种方法的原料是水，而地球上的水分布广泛、资源丰富，利用该法制氢不会发生反应原料耗尽或不可再生的窘境。水分解制氢中最常见的是电解水制氢。目前我国工业上利用水电解法生产氢气的产量占总氢气产量的1.5%。在电解制氢过程中的主要能耗是电能，产生 1 Nm^3 H$_2$ 所需电费占整个电解制氢生产成本的85%左右。电解制氢所需的电能由热能或其他形式能源转换而来，一般的热电转换效率只能达到30%~40%。这样，由一次能源变为氢能的总效率只有25%~34%。若利用水力资源、风力资源和太阳能资源发电与水电解制氢相结合，可以提高整体效率，并且避免 CO_2 排放，从而实现资源的合理利用和互补，对经济和环境都具有非常重要的意义。

科学家发现利用太阳能入射光的能量可以使水分子发生氧化还原反应而生成氢气，即光催化水分解制氢。这种方法直接利用取之不尽的太阳能，将光-电-氢的生产路径简化为光-氢，因此其潜力不可限量。但由于太阳能量密度对光分解水制氢的效率影响较大，且在目前发现的光分解水时所用的催化剂中，大多数太阳能利用率仅为4%，导致制氢效率尚无法满足工程化要求。

2. 生物质制氢

生物质制氢技术包括热化学转化法和生物法，分别通过利用热化学法或微生物将生物质（秸秆、粪便等）通过裂解或酶催化反应制得氢气。据统计，全球每年的生物质产量约为 3×10^{10} t，但其中被用作能源生产的仅占4%，用于制氢的生物质资源时潜力巨大。生物质热化学转化法制氢分为普通气化、热裂解和生物质超临界水气化等方法。其中，普通气化法易产生焦油且气化率低导致制氢效率较低；热裂解法在对湿生物质脱水处理的过程中耗能高；生物质超临

界水气化法可直接对湿生物质进行处理,降低干燥过程所需的能耗,且具有高气化率,但仍需解决设备的堵塞和腐蚀等问题。现阶段生物法制氢技术仅处于实验室初期研究阶段,实验数据多数为短期结果,连续稳定运行的研究实例很少。

3. 热化学循环制氢

热化学循环水分解制氢的概念早在1964年由科学家Funk和Reinstrom提出,该法不是利用热量或电能直接使水分解产氢,而是在不同阶段和不同温度下在含有其他元素或化合物的水分解系统中,使得水经过多步骤反应后最终变为氢气和氧气。在众多热化学循环中,碘-硫循环最具发展前景,该循环流程如图4.20所示。碘-硫循环的成本低,化学过程可连续操作,在整个闭合循环中只需加入原料水。碘-硫循环制氢法的预期效率可达到52%,联合制氢与发电效率可达到60%。

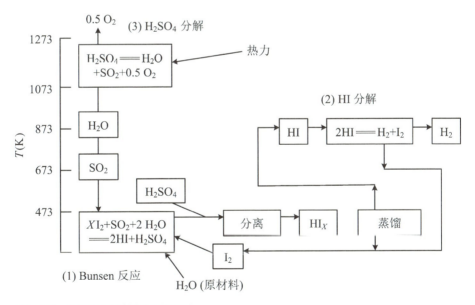

图4.20 碘-硫循环制氢法流程图

4. 新型制氢方法的重点扶持方向的选择建议

目前AEC电解槽的技术已较为成熟,主要成本为隔膜与电极(镀镍不锈钢),建议加大对厚度更薄、电导率更高的新型隔膜研发的支持力度。而PEM

电解槽主要由双极板、多孔传输层、膜电极以及催化剂组成,建议加大对改进双极板、传输层、隔膜的材料与结构设计研发的支持力度,从而提升功率密度,同时降低铂、铱等贵金属的用量。除此之外,我们还建议采用两步法电解水制氢以提高电解效率(表 4.4)。

表 4.4 两步法电解水制氢具有独特的优势

参数	碱性电解	质子交换膜电解	固体氧化物电解	两步法电解
电解质	氢氧化钾溶液	聚合物膜	YSZ 阳离子导体	氢氧化钾溶液
阴极	Ni,Ni-Mo 合金	Pt,Pt/Pd	Ni/YSZ	Pt,Pt/Pd
阳极	Ni,Ni-Co 合金	RuO_2,IrO_2	LSM/YSZ	RuO_2,IrO_2
隔膜	有膜	有膜	无膜	无膜
工作温度(℃)	60~80	50~80	650~1000	常温
单位能耗(kW·h/m³)	4.2~5.9	4.2~5.5	>3.2	3.7
转换效率	62%~82%	67%~82%	>90%	95%
电压(V)	1.8~2.4	1.8~2.2	0.7~1.5	1.4~1.6
电力来源	稳定电力	稳定电力	稳定电力	稳定电力 可再生电力
操作压力(MPa)	<3	<20	<2.5	>5
综合成本	较低	较高	较高	较低

传统的电解水制氢具有氢气纯度高、清洁度高、无污染等优点。但也存在能耗高、投资大等问题,限制了其规模化应用。

针对这一技术难题,近年来两步法电解水制氢技术应运而生。可再生能源(太阳能、风能)发电两步法电解水制氢可以成功实现析氢反应(Hydrogen Evolution Reaction,HER)和析氧反应(Oxygen Evolution Reaction,OER)过程在空间上进行分离,使得制氢/氧成为两个独立的步骤。其核心思想是,电子-质子缓冲介质(ECPBs)电极首先通过自身的氧化反应释放出电子和相应的离子,用于阴极的电化学析氢反应(第一步);随后,利用双极电极与OER过程之间的电位差作为反应的驱动力,并辅以必要的热辅助氧化还原反应,实现了$Ni(OH)_2$缓存介质的还原再生和氧气的同步释放(第二步)。换言之,伴随着ECPBs的可逆氧化还原过程,OER和HER可以在无隔膜的条件下循环交替发生,从而避免了氢气/氧气同时产生所造成的气体混合问题,也可避免传统碱性电解水氢氧容易混合爆炸的危险和氢氧分离纯化的工艺过程,有望降低原有碱性电解水制氢成本的1/3,且制氢过程零碳排放。两步法有望大大降低电解水能耗和成本,有望直接应用于新能源发电领域,从而为可再生能源消纳和大规模扩展提供新的解决方案。

对于水资源稀少但能提供高温热量的清洁能源(如核能和太阳能)的场地,可以使用热化学过程来代替电解生产氢。在大规模集中太阳能和核设施等高温热源中,用热化学法生产氢气比电解法成本更低,更节约水,效率更高。热化学法制氢仍然需要少量电力,可以通过利用废热或其他能量回收的方法,为空气分离装置和合成氨循环提供电力。

4.2.6.2 建议采用新型合成氨方法

我国是合成氨生产第一大国,传统H-B法合成氨的技术缺点,明显与当前社会倡导的绿水青山就是金山银山、生态文明建设、绿色低碳循环经济、碳达峰和碳中和发展目标不相符。因此发展低温、低压、不利用化石资源、没有温室气体排放的人工合成氨技术是当前社会可持续发展的必然要求。

我国自主开发低温、低压、高效且适应于绿氨生产特点的合成氨催化剂具有重要的战略意义。在优化可再生能源驱动的H-B法的同时,光催化、电催化和等离子催化等替代方法的发展,使N_2还原反应在常压和中等环境温度下进行。与旧的H-B法相比,这些新技术具有明显的优势。

1. 光催化

在低温和低压下利用水和空气光催化反应生产氨的方式显示出巨大的潜力,吸引了越来越多的科学家的研究兴趣。通常,光催化机制中使用光子来驱动N_2的活化。光催化剂将N_2转变为NH_3的过程可用下式表示:

$$N_2 + 3H_2O \xrightarrow{光} 2NH_3 + \frac{3}{2}O_2$$

光催化固氮过程包括几个步骤。简而言之,由光催化效应产生的电子被驱动到导带中,在价带中形成一个空穴。一些空穴和电子重新结合在一起,而另一些则转移到催化表面并参与氧化还原反应。然后 H_2O 被空穴氧化成 O_2,而 N_2 被水衍生的质子和光产生的电子反应还原成 NH_3。

二氧化钛(TiO_2)基金属氧化物光催化剂具有成本低、稳定性好等优点,在固氮领域研究较早。继 1977 年 Schrauzer 和 Guth 的开创性研究之后,越来越多的催化剂被尝试用于光催化过程,如金属氧化物、金属硫化物、氧卤化物和其他氮化石墨碳材料。

2. 电催化

除光催化外,电催化法合成氨的研究也在进行中。在电催化的质子导电电解质电池中,气态的 H_2 通过阳极变成质子(H^+),而氮气在阴极发生还原反应。然后 H^+ 扩散到阴极,在那里它与分解的氮气结合形成 NH_3,下面的方程可以描述这个反应:

$$3H_2 \longrightarrow 6H^+ + 6e^-$$
$$N_2 + 6H^+ + 6e^- \longrightarrow 2NH_3$$
$$N_2 + 3H_2 \longrightarrow 2NH_3$$

但是,这种电池结构必须在反应动力学缓慢的低温下工作。在较高的温度下使用电化学电池更有优势,因为在相同的电极面积内可以实现更高的反应速率,并且可以防止联氨的发展。

根据工作温度,电催化合成氨可分解为高温(高于 500 ℃)、中温(100～500 ℃)和低温(低于 100 ℃)电催化,常用的电解质分别为钙钛矿、熔融盐、Nafion 和磺化聚砜(SPSF)。

3. 等离子体催化

等离子体催化是最有希望超越 H-B 法效率的合成氨方式之一。等离子体除了正离子和负离子外,还常常含有大量的中性粒子,如原子、分子、自由基和激发态粒子等,在化学合成中使用等离子体会产生高活性的物理和化学反应。等离子体中的电离和激发物质的浓度比传统合成方法的热气体中的要高得多。因此,即使在没有催化剂的情况下,这些电离和激发物质也可以快速反应。等离子体也可以作用于催化剂表面,等离子体将产生更多的活性点,从而具有更高的催化活性。当等离子体和催化剂有效结合时,很可能产生更高的合成氨效率。

根据热平衡与否,等离子体可分为热等离子体和非热等离子体(Non-Thermal Plasma,NTP)。等离子体的温度,就像任何其他物体的温度一样,是由等离子体粒子(中性和带电的)和它们的平均能量决定的。等离子体作为一个多组分系统可以表现出多种温度。在常见的等离子体放电时,能量通过与电子的碰撞转移到重粒子上。在热等离子体中,电子和重粒子由于焦耳加热而达到热平衡。焦耳加热或欧姆加热定义了电流的能量在流过电阻时转化为热量的过程。热等离子体中气体的温度非常高,一般为4000~20000 K。非热等离子体的特点是不同的等离子体粒子具有不同的温度和不同的自由度。在非热等离子体中,电子与重粒子之间没有达到热平衡,NTP的温度可能与室温一样低。即使电子、原子激发态和电离态的温度比室温高($T_e \gg T_0$),NTP依然是等离子态的。由于NTP提供更少的功率输入,这种等离子体对化学合成是一个更有吸引力的选择。

最近,有人尝试在无催化剂等离子体-水界面系统中基于间歇反应器过程合成氨。这种合成方式的原理是利用电化学和等离子体的结合,将等离子体与水的界面作为NH_3反应位点。近年来这一方式取得了不少突破性的进展。在这些研究中,金属阳极被N_2-等离子体气体取代,成功地在1 mm²等离子体-液体界面上产生了高达0.44 mg/h的NH_3。

4. 新型合成氨方法的重点扶持方向的选择建议

建议研发非贵金属低温低压热催化合成氨(Thermocatalytic Nitrogen Reduction Reaction,TNRR)催化剂材料。目前,TNRR催化剂的研发多选用贵金属催化剂(如Au、Pt、Pd、Ru、Ir等),这类材料稀缺、造价高,不利于大规模推广。建议发展非贵金属生物质碳基材料催化剂,这种催化剂不含贵金属,可以节约大量成本,同时还能降低催化剂的毒性,提升催化效率,具有广阔的前景。

建议研发常温常压电催化合成氨(Electrocatalytic Nitrogen Reduction Reaction,ENRR)催化剂材料。ENRR可以在常温常压下反应,理论上提高了能量利用效率,并且更加安全。ENRR中的一些路线是直接从水中提取氢源的,如果该技术路线被打通,那么绿氨生产将不再需要生产绿氢的前置环节,可以大大提高绿氨产业的投资回报率、生产效率和安全性。迄今,几乎所有报道的 ENRR 催化剂的性能还较低[氨产率<10^{-8} mol/(s·cm^2),法拉第效率<70%],分析其原因主要是:在所有报道中,催化剂几乎无例外地被负载到商业导电基体上(如碳布、碳纸等)进行 ENRR 测试。一方面,这种方式导致催化剂的负载量有限。另一方面,这种方式导致催化剂在电催化过程中易聚集形成大尺寸粒子,因此催化活性下降;此外,负载过程中使用的黏结剂等添加物可能会影响电催化过程中的传质。从所有报道结果来看,即使催化剂有较高的 ENRR 活性,但传统的催化剂负载方式存在的缺点使其很难在产氨性能上有大的突破,因此探索并发展能充分利用催化剂丰富活性位的新型 ENRR 体系是被寄予高度期望的,有关研究对电催化合成氨技术的发展具有重要的意义。

建议将等离子体技术用于预活化 N_2(纯 N_2 或空气)。为了大幅提升低温低压热催化合成氨反应的效率,建议引入等离子体技术来预活化反应气中的 N_2,主要包括:① 利用等离子体技术活化 N_2+H_2 反应气,形成 ·N_2H_X,进一步在双活性位点催化剂表面吸附、活化和加氢合成 NH_3,这会大大降低催化剂表面吸附和活化 N_2 的能垒,因此提升了合成氨的效率;② 利用等离子体技术直接活化空气,主要形成 NO(～95%)和 NO_2(～5%)混合物,进一步按比例混合 H_2 制备反应气,NO_X 在催化剂表面催化位点吸附和活化,结合活性 ·H 形成 NH_3。这种技术路线获得合成氨的效率会大大高于 N_2 在催化剂表面吸附和活化的方式合成氨的效率,因为 N—O(201 kJ/mol)和 N=O(607 kJ/mol)键能均小于 N≡N(945 kJ/mol)键能,相对更容易活化加氢形成 NH_3。

综合以上几点,建议构建耦合等离子体活化技术的 TNRR/ENRR 合成氨体系,如图 4.21 所示。这种方式可以有效循环利用 TNRR 和 ENRR 中产生的 H_2、N_2 副产品,并通过等离子体提升效率,实现三者的工艺耦合。建议有意愿研究该体系的科研机构开展如下理论研究:通过反应动力学及 DFT 理论计算明确反应机理及产物分布和稳定性影响规律,揭示 N_2 分子在催化剂活性位点的活性新机制、新途径,从而为新型催化剂规模化合成并实现高效热催化合成氨提供理论基础和实验数据支持。

建议采用热吸收剂提高氨的生产效率。如图 4.22 所示,用吸收代替冷凝,可以降低出口氨分压,温度高(换热少,无冷却),可更彻底地分离降低合成回路的压力,提升安全性。

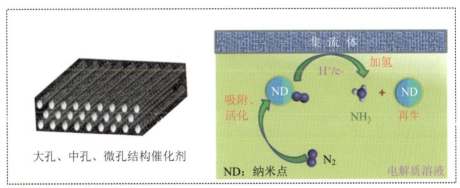

(a) 低温低压TNRR合成氨反应单元　　(b) 常温常压流态式ENRR合成氨反应单元

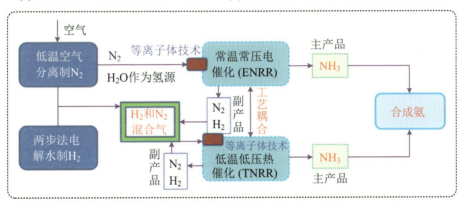

(c) 耦合等离子体活化技术的TNRR/ENRR合成氨体系

图4.21　ENRR/TNRR耦合式合成氨技术

4.2.6.3　建议提升产业链数字化、智能化水平

风电站、光伏电站与电解设备进行智能合作,将大幅降低绿氢以及绿氨的生产成本,推动其更快投入规模生产和使用。目前,还在小范围试验阶段的储能与电力智能多元转换技术潜力巨大,一旦实现规模化量产,就可以大规模实现风电站、光伏电站与绿氢、绿氨生产的深度耦合,从而显著压缩绿氢及绿氨的生产成本。如果考虑更好的经济效益,建议不妨先发展蓝氢和蓝氨产业,随着

可再生电力价格的下降,再逐步过渡到绿氢或绿氨。不过,这样会产生蓝氢和蓝氨的"沉没资产"风险,因此需要谨慎评估。

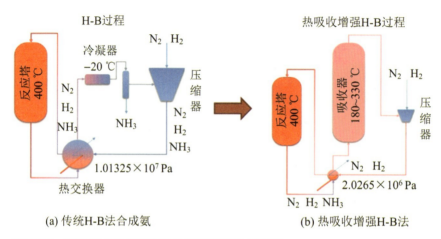

图 4.22　传统 H-B 法合成氨以及热吸收增强 H-B 法
资料来源:ACS。

本 章 小 结

本章比较了传统化石燃料(如煤和天然气)和替代能源(如核能、太阳能、风能和生物质能)生产氨的方式,分析得出后者(即绿氨生产)具有零碳排放的巨大优势。

氨是由氢和氮合成的,其大多数原料成本与氢的生产有关。因此,氨能产业的未来发展取决于低成本和环境友好的氢气来源是否可靠。目前,氢气生产的主要原料是化石燃料,如天然气和煤。然而,这两种燃料的供应都是有限的,此外,它们在生产氢气的过程中会释放大量温室气体。因此,出于环境和经济两方面的原因,必须寻求替代的方式生产氢和氨。尽管从历史上看,化石燃料工厂生产氢与氨的成本比替代方式更低,但化石燃料的成本正在增加,而替代能源技术的成本随着规模经济的实现正在下降。经测算,现阶段绿氨生产的平准化成本为 1687 元/t。随着未来可再生电力成本的继续下降叠加"碳价"的上升等其他因素,绿氨的成本优势将更加凸显。

通过综合分析未来可再生能源规模,绿氢生产成本与规模,原材料、场地、资本和设备供应的规模,我们在测算出在实施氨能战略的情景下,到2030年,风电、太阳能发电实际装机容量之和将达到 $1.5×10^9$ kW,新能源总装机将达到 $2.3×10^9$ kW,配套氢-氨储能 $3×10^8 \sim 5×10^8$ kW,绿氨产业将在当年直接减少全国年碳排放量 $3.8×10^8$ t,氨能产业年直接投资2000亿元,年新增就业岗位2万余个。到2060年,风电、太阳能发电实际装机容量之和将达到 $4×10^9$ kW,新能源装机将达到 $6×10^9$ kW,配套氢-氨储能 $8×10^8 \sim 1×10^9$ kW,绿氨产业将在当年直接减少全国碳排放量 $7.6×10^8$ t,新能源电源建设直接投资累计将超过50万亿元,氨能产业直接投资累计将超过10万亿元,累计创造超150万个就业岗位。

最后我们建议加大技术研发力度,降低绿氨整体成本,提升绿氨生产产业的整体效率和经济性。

第5章
氨能在运输端的前景和发展建议

5.1 氨 储 存

5.1.1 简介

为运输及储存便利,通常将气态的氨通过加压或冷却得到液态氨,即将其液化。其储存一般采用加压、降温或两者结合的方法,其中低温常压和常温中压是国内常用的两种储存方式。储存量较大的企业一般都采用低温常压储存方式。而一些冷冻厂、食品厂等制冷站由于液氨储存量较小,一般都选择常温中压储存方式。各种燃料的储存条件对比见表5.1。

表5.1 各种燃料的储存条件对比

参数	液氢	气氢	天然气	氨	丙烷	汽油	甲醇
化学式	H_2	H_2	CH_4	NH_3	C_3H_8	C_8H_{18}	CH_3OH
储存方式	低温压缩液体	压缩气体	气体	液体	液体	液体	液体
辛烷值	RON>130 MON 很低	RON>130 MON 很低	107	110	103	87~93	113
储存温度(℃)	-253	25	25	25	25	25	25

续表

参数	液氢	气氢	天然气	氨	丙烷	汽油	甲醇
储存压力(MPa)	102	24821	24821	1030	1020	101.3	101.3
密度(kg/m³)	71.1	17.5	187.2	602.8	492.6	698.3	786.3
质量能量密度(MJ/kg)	120.1	120.1	38.1	18.8	45.8	42.5	19.7
体积能量密度(MJ/L)	8.5	2.1	7.1	11.3	22.6	29.7	15.5
与1L汽油能量相同的燃料							
燃料体积(L)	3.5	14.1	4.2	2.6	1.3	1.0	1.9
燃料重量(kg)	0.2	0.2	0.8	1.6	0.6	0.7	1.5

5.1.1.1 低温常压储氨技术

低温常压储氨技术是采用冷却系统将液态氨温度降到其沸点以下再冷却，将腔内的气相压力控制在和大气压相同或接近的水平，这样就可以使用常压方式进行储存。低温常压储罐的设计温度一般为-33 ℃，设计压力为4～10 kPa，它适于大量储存，容量一般为5000～30000 t。罐体外形类似于大型立式储油罐，如图5.1所示。在构造上，常压罐由两个罐体组成，一个罐放在另一个罐里面，两罐之间充填绝热材料，内罐是由耐低温的特种钢制成的。低温系统每吨钢材可储存41～45 t氨，比压力储存的效率高出近15倍。这种较低的钢材使用量，以及由此产生的较低的资本成本，是低温常压储氨技术被广泛用于大规模氨储存的主要因素之一。

低温常压储氨技术的特点是一次性设备投资较小，但是储存期间设备运行费用较高，因为这种储存技术制冷系统长时间运转以冷却和液化燃料，并保持燃料为液体，这就需要额外的能量输入。液体在燃料箱中不断地蒸发，然后这些蒸汽必须被液化，否则燃料就会从容器中流失。在冷藏库中，蒸发是由环境获得的热量引起的，由储存的液体每天蒸发的百分比这一参数衡量。大型氨罐每天的蒸发率通常低于0.1%。尽管设备的资本成本会增加，但通过使用更好

图 5.1　低温常压储罐

的绝缘材料可以实现更低的蒸发率。值得注意的是,由于储存氢的温度要比氨低得多,因此需要更多的绝缘材料来减少氢罐中的蒸发,这就使得氢气液化储存的成本较高。

5.1.1.2　常温中压储氨技术

常温中压储氨技术采用压力式容器进行储存,设计压力为 1.6~2.5 MPa,属于全压力储存。如图 5.2 所示,常温中压储罐有球罐和卧罐两种类型,液氨施肥通常采用卧罐,而液氨批发零售站周转性储存常选用球罐。常用的储罐容量为 12~66 t,最大可达 270 t。常温中压储存装置一般情况下的设计温度为 50 ℃,操作温度与环境温度相同或接近,所以为常温储存。根据行业经验,常温中压储罐每吨钢铁大约可以储存 2.8 t 氨,仅为低温常压储罐的 1/15 左右。这种储存工艺的特点是一次性设备投资较大,但储存期间设备运行费用非常低,因此适用于储存量较小的企业,比如加气站。

(a) 球罐　　　　　　　　　　(b) 卧罐

图 5.2　球罐和卧罐

5.1.1.3　化学储氨技术

一些金属胺盐因其可以长期安全地储存氨而成为一种有效的储氨材料,甚至有望成为战略性能源储备材料。例如,由于六氨氯化镁($MgCl_2 \cdot 6NH_3$)(图 5.3)具有显著的可逆氨储存性能,在常温常压固态氨储存/输送系统中具有潜在的应用价值。在室温下,无水氯化镁可以很容易地结合氨分子形成 $MgCl_2 \cdot 6NH_3$。$MgCl_2 \cdot 6NH_3$ 可以形成小而致密的固体,没有任何空隙空间,携氨能力强。这种新的氨储存材料具有高达 93% 的体积氨密度。它们还被考虑用于临时制冷系统或从低压合成氨厂吸附分离 NH_3。

图 5.3　$MgCl_2 \cdot 6NH_3$ 产物的宏观照片

按氨携带的氢元素计算,该材料的体积氢含量为 $105\sim110$ kg H_2/m^3,质量氢含量在 9% 以上。近年来,丹麦研究人员提出了一种以 $MgCl_2 \cdot 6NH_3$ 为基础的安全、高密度且便捷的以颗粒形式储存氢气的新途径,有望取得储氢技术领域的重要突破。因此,研究这一极具发展前景的功能材料的大规模低成本合成具有重要意义。

到目前为止,合成 $MgCl_2 \cdot 6NH_3$ 的方法有很多,包括氨吸收法、氨水饱和醇溶液法和乙二醇法。20 世纪 60 年代,日本小松电子金属株式会社通过硅化镁(Mg_2Si)和氯化铵(NH_4Cl)在液氨中的反应,开始生产硅烷(SiH_4),SiH_4 是半导体工业中的一种关键气体。该工艺的反应机理如下:

$$Mg_2Si + 4NH_4Cl \longrightarrow 2MgCl_2 + 4NH_3 + SiH_4$$

在这个反应中,$MgCl_2$ 被认为是这个过程的固体副产品(称为硅化镁法,如图 5.4 所示)。在研究从固体副产物中回收氨的过程中,研究人员首次发现固

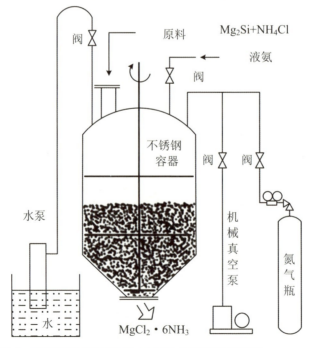

图 5.4 硅化镁法合成 $MgCl_2 \cdot 6NH_3$ 实验装置示意图

体副产物不是 $MgCl_2$，而是 $MgCl_2 \cdot 6NH_3$。当 Mg_2Si 与 NH_4Cl 的质量比为 1∶2.8 时，实验制备的 $MgCl_2 \cdot 6NH_3$ 产品为纯相、结晶度较高的 $MgCl_2 \cdot 6NH_3$。因此，上述硅化镁法可以低成本制备出大量的 $MgCl_2 \cdot 6NH_3$。

除了 $Mg(NH_3)_6Cl_2$，近年来学界和工业界还研发了 $Mn(NH_3)_6Br_2$、$Mn(NH_3)_6Cl_2$、$Sr(NH_3)_8Cl_2$、$Ca(NH_3)_8Cl_2$ 等一系列化学储氨材料，其中 $Ca(NH_3)_8Cl_2$ 的性能有望超越 $Mg(NH_3)_6Cl_2$，如图 5.5 所示。

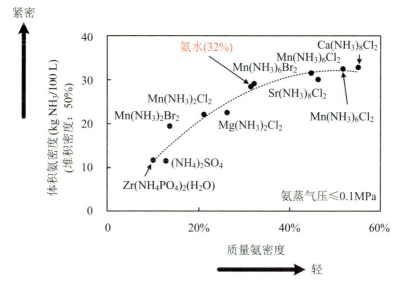

图 5.5　不同氨储存材料中的氨密度

5.1.2　氨在储存时的优势

5.1.2.1　氨与石油的储存方式对比

石油是国际贸易中最重要的货物之一，其储存设施遍布全球，储存技术十分成熟，且规模庞大。石油储存过程简单、损耗少，可以长时间大规模储存。石油库是石油储存的重要场所，其安全问题也是重中之重，且安全问题多是由油罐区燃烧或爆炸引起的。石油储存中的安全问题会引起巨大的经济财产损失，更会危及石油库周边居民的生命安全。

相比于石油,氨在空气中不可燃,不容易引起火灾和爆炸,储运过程中的安全性相对较高,并且氨储存也同样具备现有规模大、技术成熟的优点。

5.1.2.2 氨与天然气的储存方式对比

天然气用途广泛,例如,它是许多西方国家家庭取暖的主要来源。绝大多数油气藏都含有天然气,由于全球对石油的需求量很大,天然气供应量相对较大,因此天然气的储存与运输的技术较为成熟,且现有规模较大。

氨与天然气储存相比,有众多优势。氨储存不需要复杂的管道、阀门和储罐设备,并且其能量密度也更高。此外氨受储存价格波动或阀门/压缩机故障的影响相对较小。另外与昂贵的液化天然气(Liquefied Natural Gas,LNG)储存方式相比,氨的液态储存成本比较低,且较为安全。

5.1.2.3 氨能与氢能以及其他储能方式的对比

对氨储存和氢储存对比分析表明,氨储存在各个方面几乎都优于氢储存。

首先是储存效率对比,氨的储存效率为93.6%。相比之下,氢的储存效率只有76.9%。

然后是储存条件对比,氨储存已在本章开始的时候做过详细介绍。作为对比的氢储运可分为气态储运、液态储运以及固态储运三种方式。其中,气态储运的成本较低、充放氢速度较快,但储氢密度与运输半径较为有限;液态储运的储氢密度较大,但设备投资与能耗成本较高;固态储运则在潜艇等特殊领域有所应用,整体仍处于小规模试验阶段。

无论是低温常压还是常温中压储存,氨的储存条件是相对温和的,而氢的储存条件就要苛刻得多。氢气是一种低能量密度气体,一般使用高压来压缩气体,以达到更高的能量密度来储存。氢气高压储存容器的最大工作功率为 3×10^7 Pa,对应的能量密度为 2.96 MJ/L,而氨在 8.58×10^5 Pa 的压力下的能量密度为13.77 MJ/L。因此,为了储存同样数量的能量,氢气不仅需要比氨大至少 4.65 倍的体积,而且还需要高得多的压力,需要更强、更重的容器结构,以及支付压缩气体产生的额外费用。目前我国的氢气主要以 20 MPa 长管拖车高压气态运输方式为主,充装和卸载时间为 4~5 h,适合 50 km 以内的短距离运输,在用氢规模较小的情况下可以满足短期需求。但随着未来绿氢生产规模的快速扩大,叠加绿氢地域性供需不平衡的影响,现有氢储存技术将难以为继,需要将氢转化为氨进行存储。

如果采用低温存储的方式,氢储存所需的额外能量输入几乎是氨储存的5倍。由于氢气的临界温度约为-240 ℃(在此温度以上无论怎样增大压强也不能使氢气液化),液化氢气需要耗费15 kW·h/kg以上的能量,这是当前液氢储运成本居高不下的主要原因。氢一般在-253 ℃的温度下可以以常压液体的形式储存,能量密度为9.98 MJ/L。这种非常低的温度需要比温度更高的液态气体更复杂的冷却系统设计。具体来说,氢气液化需要利用液氮将压缩氢气预冷至-195 ℃,然后氢气膨胀至大气压力液化,达到-253 ℃的液氢温度。这两个步骤是必需的,因为氢必须满足低于-71 ℃的条件,才能在膨胀时冷却。由于这个原因,需要一个更复杂和昂贵的冷却系统,它需要更多的压缩机、泵、热交换器和液氮系统来实现氢的液化。储氢容器的设计容量通常比氨容器小。液氨罐可以轻松突破5000 t的容量,但最大的液氢罐实际只有228 t的容量。液氢储罐必须高度隔热,以最大限度地减少从环境中获得的热量,这就需要更好更厚的隔热层,增加了设备成本。

压缩气体和液体形式的氢气的低体积能量密度使得氢气的储存成为大多数应用的难题。这种限制在车载储存领域最为明显,对于具有300英里(1英里≈1.61 km)行驶里程的氢能源汽车,将需要约5 kg的氢气;而在$7×10^7$ Pa的压力下,储存系统的容量约为200 L,是当今燃油汽车中汽油箱容量的3~4倍。与氢气相比,氨相同能量含量所需的空间更小,储存系统的体积是当今燃油汽车中汽油箱容量的一倍多,更具竞争力。

最重要的是,氨比氢具有储存成本优势。氢能与氨能所代表的化学储能是单位投资最少的储能方式之一,且建设周期短,仅需1~2年。氢和氨储能系统的度电投资成本(即把能量单位归一为kW·h衡量储能能力)分别为28元与0.8元(即4783元/GJ和222元/GJ),度电运行成本分别为2.3元与0.09元。这表明,氨的储存成本比氢气低得多,造成这种差异的原因是氢压力容器中为防止"氢脆"现象导致的碳纤维复合材料与昂贵涂层的应用。相较于其他大规模、长时间的储能方式,如抽水蓄能[投资成本920元/(kW·h),建设周期为5~7年,受地理因素影响大,运行成本为0.25元/(kW·h)]、压缩空气储能[投资成本为1183元/(kW·h),建设周期为3~5年,受地理因素影响较大,运行成本为0.9元/(kW·h)]、电池储能[最便宜的铅酸电池储能投资成本为1200元/(kW·h),建设周期为1～2年,运行成本为0.8元/(kW·h)],氨能储能对地理位置并不挑剔,建设周期短,而且投资和运行成本低得多。各类储能方式储能投资、运行成本比较如表5.2所示。

表5.2 各类储能方式储能投资、运行成本比较(以年储能发电2000 h测算)

比较项目	抽水蓄能	压缩空气	铅酸电池	液流电池	锂离子电池	氢能	氨能
单位容量投资[元/(kW·h)]	5500(单位功率投资)	7100(单位功率投资)	1200	8000	2000	22	0.83
建设期(年)	7	2	1	1	1	1	1
设备寿命(年)	30	30	1	20	10	10	30
最大充放电次数	—	—	280	12000	3000	—	—
运行维护费率	2.5%	2.0%	0.5%	0.5%	0.5%	10%	1%
电能转换效率	75%	40%	80%	70%	90%	35%	24%
储能投资(亿元)	66	85.2	86.4	576	216	1.6	0.06
储能度电成本	0.46	0.92	0.51	0.34	1.02	2.3	0.09
储能周期	年	季	月	月	月	周	年
能否移地	不能	不能	困难	困难	困难	小规模、短距离	可大规模、长距离运输
建设周期(年)	5～7	3～5	1～2	1～2	1～2	2	1
地理条件要求	高	高	低	低	低	低	低
安全性	高	一般	较高	较高	一般	低	较高

需要注意的是,氢的储存成本高度依赖于储存时间跨度。氢的储存成本随着储存时间的延长而显著增加,而氨的储存成本基本不变。

5.2 氨 运 输

5.2.1 简介

氨运输分为压缩气和低温液化运输两类,也存在压缩和低温两者兼具的运输方式。其大规模运输可以通过管道、铁路、公路、船舶和航空运输五种主要方式进行。一般来说,管道、铁路和船舶用于大量的氨运输。飞机通常用于远距离快速氨运输,而卡车通常用于在最终用户(即零售商级运输)的最终距离内进行配送。与压缩氢或液化氢相比,压缩氨或液化氨的储存相对容易。氨运输的技术成熟度较高,美国、俄罗斯和中国的较早建成的输氨管道至今均已平稳运行了30~40年。这些因素使得氨成为可输运储能方式中的一个最具竞争力的选择。如图5.6所示,氨的国际贸易量大。氨具有相对较高的能量密度,依托于现有的全球运输和储存基础设施,将来的绿氨贸易将提供一种新的、综合的全球可再生能源储存和分配解决方案。

5.2.1.1 管道运输

氨的大规模长距离运输通常使用管道完成,因为它是最经济的运输方法。管道的初期投资和运行费用都很低,并且比其他输氨方式更为安全可靠。与其他运输方式相比,管道运输的一个主要缺点是缺乏灵活性,仅限于特定位置。管道在世界各地得到广泛使用,长管道(>1000 km)主要存在于美国和俄罗斯,而较短的管道(从几千米到74 km)在欧洲(表5.3)和世界其他地区很常见。

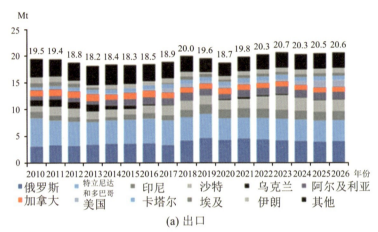

(a) 出口

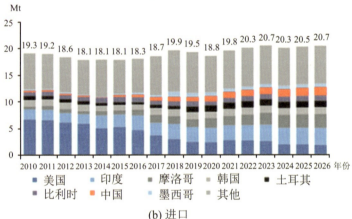

(b) 进口

图 5.6　氨的国际贸易量：出口和进口

资料来源：Argus、GTT、IFA 等，这组数据在测算时没有考虑到中国实施氨能战略后带来的进出口逆转。

表 5.3　欧洲地区已有的输氨管线

位置	长度(km)	运行温度(K)	运行压力(MPa)	直径(mm)	运输量(t/d)
比利时	10	283～288	2.2	100～150	3100
	12	283～288	2.2	100～150	3100

续表

位置	长度(km)	运行温度(K)	运行压力(MPa)	直径(mm)	运输量(t/d)
德国	24	278～313	2.1	50～200	2800
	2.8	278～313	1.1	150	1900
	12	274～278	1.0～1.5	275	3600
意大利	74	283	1.7	200	900
荷兰	5.8	278	1.6	100～200	3000
	1	241	1.0	80	1000
波兰	1.2	243	1.0～1.5	200	1500
	1.5	266～273	1.3	75～150	120
	6	240～258	0.8～1.3	350	14000
	5.9	240～258	0.8～1.3	100	600
	1.2	268	0.5～2.2	150	1680
葡萄牙	1.9	243	1.3	100	900
西班牙	10	286	1.45	150～350	10000
	1.5	240	0.35～0.45	300	12000
	2.4	240	0.6	300	390
	4.2	281～288	1.5～1.8	100	240
英国	8.8	241	3.0	100～150	1440
	6.9	240～298	2.1	150	1440
	6.8	245	2.1	150	290
	2.2	244～环境温度	1.4	100	240
	1.6	244～环境温度	1.4	100	12000
	2	241	0.2～0.5	300	600
	2	241	0.2～0.5	75	—

美国已经具备安全、可靠、经过验证的氨储存和输送基础设施。美国有三

条主要的氨运输管道,总长约 4950 km,其中,NuStar 线和 Magellan 线每年的氨运输量分别约 1.5×10^6 t 和 9×10^5 t,管道沿线分布着近百个大型氨冷冻库终端。NuStar 线总长 3070 km,于 1971 年完工,主要由 4 英寸(1 英寸≈2.54 cm)、6 英寸、8 英寸和 10 英寸管连接而成。这条管线(网)将氨源源不断地从密西西比州运输到美国中部和北部各州的农业地区的中心,在那里可以通过 Magellan 线(约 1900 km)进一步分运,两条运输线每年输送约 2.9×10^6 t。氨在运输终端,即船舶、火车和卡车补齐了发达且完整的运输系统。氨在美国主要用于农业,因此,美国有超过 1 万个氨储存点,主要位于中西部;还有一些氨设施位于洛杉矶等城市(洛杉矶港的储存容量为 1.5×10^5 t),其中,密度最高的是艾奥瓦州,拥有 800 多家零售网点,1000 多个储存设施,总储存容量约为 8×10^5 t。当农作物生长季节需要氨时,农民就可以很方便地从零售网点购买氨肥。

在东欧,俄罗斯 TogliattiAzot 工厂于 1979 年投入使用一条长 2417 km(其中 1021 km 在乌克兰)的氨管道,从陶里亚蒂的一个大型氨生产厂延伸到敖德萨(黑海),每年约有 3×10^6 t 氨通过该管道运输。

在图 5.7 中可以看到氨管道系统的示意图。对于这个系统,氢气压力为 1×10^7 Pa 左右,并通过使用 H-B 法合成氨,转换效率为 0.390 kW·h/kg NH_3。氨离开合成装置并在进入管道段之前被加压到 1×10^7 Pa 的管道压力。在管线上,氨被加压泵反复加压到 1×10^7 Pa 的管道压力,以补偿运输过程中的压力损失,加压过程要根据管道总长重复数次。在运输终端,氨通过减压阀流出管道,并仍保持足够高的压力以液体形式排出,可用作 NH_3 汽车燃料等。

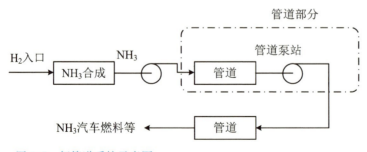

图 5.7　氨管道系统示意图

对于管道输氨的材料选择,管材应符合《压力管道规范 工业管道》(GB/T 20801.1—2020)的相关规定,可能与氨介质接触的所有管道包括管件、阀门等零部件全部要严格禁铜。输氨介质的管道应采用无缝钢管,其质量最低应符合《流体输送用无缝钢管》(GB 8163—2018)的要求,碳钢(20#钢)主要用在热氨管道,其使用的极限温度为 $-20\ ℃$;Q345E 用在冷氨管道,但管道温度不能低于 $-40\ ℃$,否则钢的应力会达到下限;A33Gr6 低温无缝钢管可以用在 $-196\ ℃$ 的低温环境下。为防止液氨应力腐蚀,要求碳钢管材做焊后热处理。输送氨介质的金属管道的焊接,除需要采用法兰连接形式外,其他地方均需采用焊接形式,还应按国家相关规范要求对焊缝进行相应的检测。此外,氨输送管道应设置接地系统。

5.2.1.2 铁路运输

在没有水路和管道基础设施的地方,大规模内陆氨运输严重依赖铁路。铁路的建设成本比管道贵,但建成的铁路路线可以运输的货物远不止氨一种。铁路罐车运氨,适用于中长距离的运输,是氨的主要运输方式之一,运输成本介于汽车和管道之间。但在某些情况下,铁路运输可能比船舶和管道的运输方式更便宜。在西欧,每年约有 $1.5×10^6$ t 氨通过铁路输送。

我国的液氨运输以火车罐车运输为主,目前主要用容量为 70~80 t 液氨的罐车运输。一些需氨量较大的企业,通常自备有液氨火车罐车(节)。如图 5.8 所示,铁路运输使用与氨储存类似的压力罐,压力为 $1.55×10^6$ Pa,罐体总容积一般超过 60 m³,最多能够运输 80 t 氨(相当于 1800 GJ 的能量)。铁路罐车是将圆筒形卧式罐体固定在火车底盘上。常见的附件配置为安全阀(2 个)、压力表、液面计、装卸阀(液相、气相各 2 个)。为了减少太阳光对罐车的直接热辐射,在罐体上部装有包角 120°的遮阳罩,有的罐体设有隔热层,既防日晒,也防火灾。

5.2.1.3 公路运输

在液氨的运输中,公路运输是成本相对最高的一种方法,但和运输等效量的硝铵、尿素相比,还是经济的。在氨运输过程的最后几千米,公路运输仍是一种主要运输方法。

卡车广泛用于短距离氨运输,通常用于不到 150 km 的终端运输,这是由于这种运输方法的成本相对于其他运输方式较高。在北美,使用 MC331 型号罐

图 5.8 液氨火车罐车(节)

体作为液氨储罐,公路拖车的容量为 9.5~43.5 m³,操作额定压力为 2.1 MPa,通常可承重 27 t,最大运输货物的重量限制在 40 t 左右。在德国和其他欧洲国家,液氨和氨水罐车的容量分别为 100 m³ 和 30 m³。在我国,液氨运输车属于危险品运输车,容量为 2~80 m³。这些车通常在 1.0 MPa 下操作,能够承受的最大压力为 2.5~2.8 MPa。

液氨公路运输罐车可分为固定式、活动式、拖拉式、拖挂式四种。图 5.9 为公路氨罐车,从用途上可分为运输罐车、输配罐车、输配和田间作业兼用拖罐

图 5.9 公路输氨罐车

车。容量 6 t 以上的宜作为运输专用车,2~5 t 的可用于运输(视运距而定),也可作为野外作业的供氨车。1~2 t 的主要用于田间作业,亦可由拖拉机牵引到输配站装氨,进行田间短途运输。

(1) 固定式汽车罐车。固定式液氨罐车的构造,是将卧式圆筒形储罐固定在汽车底盘上。罐体内部装有防波隔板;罐体上装有入孔、液位计、安全阀、温度计和阀门箱,箱内装有气相阀、液相阀、紧急切断阀、压力表等,阀门箱位于罐体侧面。

(2) 活动式汽车罐车。将罐体固定在车厢底板上的罐车称为活动式罐车,这种车的特点是安装方便,不用时可以将罐体卸下来,汽车则可运输其他物资。但这种罐车容量较小。

(3) 拖罐车。对于液氨施肥来说,拖罐车有很多优点,其主要特点是有田间运输和作业两种功能。

(4) 全封闭厢式运输车。厢体外壁采用可产生静电效应的冷轧钢板,中间附以阻燃泡沫,内饰铝合金,经现代工艺复合而成,外形美观,经久耐用。厢内安装防燃离子感烟火灾探测器,前置防撞防静电胶皮,侧厢安装固定运载物的卧环,侧厢开有通风口,前厢板装有 2 个灭火器,安全性很高。

5.2.1.4 船舶运输

由于氨是一种重要的化工原料,其国际海上贸易网络已经建立完善,各方面技术成熟度高。目前全球已有超 120 个港口配备了氨储运相关设施,以便在全球范围内储存和分销这种化学品。此外,很多合成氨厂或规模庞大的氨储存设施就位于港口辐射范围内,使得这些港口成为氨储运网络的核心枢纽。这些现有的港口和航运基础设施可以为作为未来主要能源载体和燃料的绿氨的大规模运输提供保障。

用于氨运输的船舶通常配备有温度为 221~240 K 且接近大气压的隔热罐,属于冷藏(全冷藏或半冷藏)运输船,这类船舶也可以运输天然气。氨运输船舶一般容量为 20000~60000 m^3,容量大于 60000 m^3 的船舶主要用于液化天然气运输,但在俄罗斯,容量大于 60000 m^3 的船舶也用于氨运输。容量 20000~30000 m^3 的船舶比较灵活,便于在始发港和目的港装卸。容量小于 20000 m^3 的船舶主要用于氨的短途运输。欧洲大多使用自航驳船在狭窄而浅的内陆水道输送氨。在美国,大多驳船沿密西西比河和墨西哥湾的海边运输,常见的运输方式是使用容量 1500～2500 t 的全冷藏驳船,将它们绑在一起并由单船推进。这些驳船通常由氨生产公司拥有或长期租赁。

船舶运输氨可以使用加压或低温储存容器。低温储存比加压储存使用更少的钢材,从而获得更大的氨输送能力和更低的初始设计成本。现有的远洋轮船能够通过低温储存运输 50000 t 氨,图 5.10 为一种大型运输液氨的货船。

图 5.10　大型输氨货船

5.2.1.5　航空运输

纵观历史,在工业化初期和中期,分别先后由海运、铁路和公路运输方式的兴起引发了经济高速增长;而在工业化中后期,航空运输必然成为引发经济高速发展的带动力量。在经济全球化背景下,航空运输适应了国际贸易距离长、空间范围广、时效要求高等要求,因而成为经济发展的驱动力,是现代化国际经济中心城市迅速崛起的重要依托。

绿氨作为未来全球贸易中的重要货物,绿氨航空运输具有战略性意义,但是相比于其他运输方式,飞机机舱容积和载重量都比较小,投资成本和运费比其他运输方式高。航空运输受天气的影响大,限制了飞行的正常和准点性。此外,航空运输速度快的优点在短途运输中难以充分发挥。因此航空运输适合距离远、运量少、对时间的要求高、运费负担能力较强的绿氨运输。

5.2.2 氨在运输时的优势

5.2.2.1 氨与石油的运输方式对比

对于长途国际航运，重油(Heavy Fuel Oil,HFO)是目前最常见的燃料货物。HFO 是原油精炼过程的副产品，因此与其他油基燃料(如船用柴油)相比，在长途应用中更经济。石油运输的优点首先是能量密度特别高，因此，与其他燃料类型相比，需要的空间和重量更少。其次是石油燃烧与炼化技术普遍成熟，因此高效且具有成本效益。

然而，HFO 的硫含量较高。这导致燃烧 HFO 时污染物 SO_x 的含量特别高。绿氨在具有高能量密度的同时还是零碳零硫燃料，有望在将来挤占相当比例的石油运输量，成为未来国际能源贸易的支柱货物之一。

我国石油运输大体经历了以公路为主、以铁路为主和以管道为主三个阶段。至于水路运输，初期与铁路联运，之后又与管道、铁路联运。从 1975 年起，开始了以管道运输为主的阶段。当年原油运输，管道占 44.8%，铁路占 32.7%，水运占 22.5%。此后，管运和水运呈上升趋势。

相比起石油的成熟的运输体系，我国氨运输体系形成较晚，我国第一条长输液氨管道于 1990 年在秦皇岛建成并投产运行至今，这是长输液氨管道技术在我国的首次应用。

5.2.2.2 氨与天然气的运输方式对比

为了减少储存所需的体积，大部分天然气以液体形式运输，体积约为气态时的 1/600。鉴于天然气的沸点约为 $-160\ ℃$，因此液化天然气(LNG)油轮需要相对先进的技术，例如，性能强大的隔热储罐和专门的双壳设计。当天然气以液体形式大量储存时，会出现可观的蒸发损失。LNG 在远洋运输阶段的日损耗率为 0.12%，对于 $1.6\times10^5\ m^3$ 的油轮，每程(12000 km 距离，即 13 个航行日)损失了 1000 t LNG。因此为了有效利用损失的 LNG，许多船舶制造商设计了由蒸汽轮机提供动力的 LNG 油轮，这意味着油轮可以直接使用 LNG 作为燃料。在能源运输末端，由于 LNG 罐车的比表面积大，吸热更快，对保温材料的要求更高,其单位运输能力投资成本比大型 LNG 船高 15%。

经测算,液化天然气和液氨的总运输成本分别为 38 美元/t 和 20 美元/t。与液化天然气相比,氨的单位质量成本更低。在不考虑碳价的情况下,LNG 的运输成本稍低,这是因为 LNG 的热值较高,液化天然气和液氨的单位能量运输成本分别为 0.83 美元/GJ 和 1.08 美元/GJ。然而,当碳价为 11 美元/t 时,两者单位能量运输成本一致;当碳价更高时,氨运输成本优势将逐渐凸显。

图 5.11 将甲烷(天然气的主要成分)管道直观地与氨管道进行了直接对比,具体数据列于表 5.4 中。由图 5.12 可知,氨的压力和耗能更少,运输能量更多。由表 5.4 可知,氨氮管道的能量消耗为 185 kJ/kg NH_3,甲烷管道则高达 1704 kJ/kg CH_4。再比较两种管道的 HHV 效率,它是输出的化学能除以输入的化学能和输入系统的功的和。甲烷系统的 HHV 效率为 97.0%,考虑到计算中也包括了最终压缩对燃料压力的影响,这个效率已经很高了。而氨管道的 HHV 效率更高,可达到 99.2%。相比之下,氢气管道系统的 HHV 效率最低,只有 86.9%。HHV 效率的差异是由于氨管道泵送流体压缩比节省了能源。

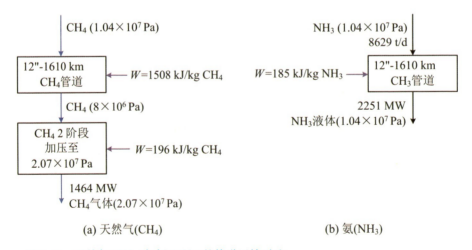

图 5.11 天然气(CH_4)与氨(NH_3)的管道运输对比

表 5.4　天然气(CH_4)与氨(NH_3)的管道运输对比

参数	CH_4 管道	NH_3 管道
总能量消耗(kJ/kg)	1704	185
质量流量(kg/s)	26.37	99.87
能量输入(MW)	45	18
HHV 能量输出(MW)	1464	2251
最大管道速度(m/s)	10.3	2.2
最小管道速度(m/s)	4.2	2.2
HHV 效率	97.0%	99.2%
能量密度(MJ/L)	9.73	14.09

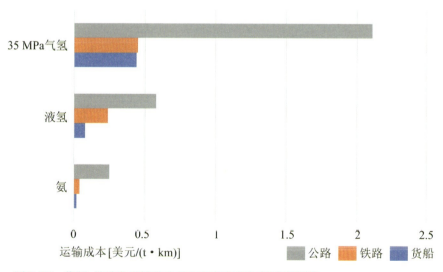

图 5.12　货船、铁路和公路拖车的氨气和氢气运输成本估算

表 5.4 中的数据显示了其他重要参数,包括被输送的总能量消耗和能量密度的对比。尽管两种系统使用相同管道和相同数量的压缩站,但氨管道输送的能量比天然气管道多 54%。氨管道的这一优势很重要,因为它表明,将现有的天然气管道改造成输送氨的管道,可以增加管道的能量输送能力。此外,氨的

能量密度比压缩天然气(Compressed Natural Gas,CNG)高 1.45 倍,因此,对于压缩气体运输,氨罐需要的体积比压缩天然气罐少,压力更低(压缩氨气为 $1.7×10^6$ Pa 的中等压力,CNG 为 $2.07×10^6$ Pa),成本也更低。

5.2.2.3 氨与氢气的运输方式对比

H_2 储运相较于 NH_3 会困难许多。NH_3 很容易通过管道、船舶、铁路和公路运输。而 H_2 由于其能量密度低、液化条件苛刻、材料腐蚀性强、易燃易爆、损耗大、技术不成熟等缺陷,运输难度大、成本高。

如图 5.12 所示,与压缩或液化氢相比,氨是成本最低的无碳能源运输方法,是远距离能源运输的技术优质选项。完善的分销网络以及氨的多功能性进一步巩固了氨作为卓越能源载体的地位。

在短距离运输中,气氢拖车运输技术较为成熟,是国内最普遍的运氢方式,但运输效率极低,适用于小规模、200 km 内的短途运输,运输成本高达 9 元/kg。如果假设氢气运输是在 $3.45×10^7$ Pa 的压力容器中进行的,那么运输的能量含量为 8 GJ/m^3,即是运输汽油的能量含量(32 GJ/m^3)的 1/4。如果要开发在如此高的压力下分配氢气的管道,管道的厚度必须比天然气管道厚 50% 以上。公路氢罐车可以在 $1.791×10^7$ Pa 的压力下运输大约 340 kg H_2。这一数量的 H_2 的能量含量为 48 GJ,是使用公路氨罐车运输的能量的 1/12。对比两种燃料在压缩气态状态下的输送结果表明,氨比氢在管道或公路运输中的输送效率更高、成本更低。此外,氢在运输过程中的能量损失更多,具体来说,氨和氢的燃料运输效率分别为 93.4% 和 86.9%。

H_2 作为液体运输将允许车辆携带更多的 H_2。具体地说,一辆液氢拖车可以装载大约 3900 kg H_2,这比一辆压缩氢管拖车可以容纳的 H_2 多一个数量级。这种运输方法首先需要液化氢气,这是一个能量密集型过程,液化过程消耗 H_2 本身所含热值的 1/3,且 H_2 的运输所需能耗也高于 NH_3。为了减轻拖车重量,氢隔热液罐不使用制冷系统,这极大地限制了液氢的运输半径。

不像氢气那样液化困难,氨可以在至少 $8.58×10^5$ Pa 的压力下保持液体状态。在这种负载下,碳钢罐就足够使用了。如果温度降到 −33 ℃ 以下,氨也可以作为液体进行低温运输,制冷系统的重量轻,可以持续制冷以扩大运输半径,而氢只能在 −252.87 ℃ 的低温下冷却液化。氢与氨在储存与运输过程中的对比如表 5.5 所示。

表 5.5 氢与氨在储存与运输过程中的对比

参数	氨	氢	氢
储存方法	液体	压缩气体	液体
储存压力(MPa)	1.1	70	—
液化温度(℃)	−33	—	−252.87
密度(kg/m^3)	600	39.1	70.99
180 天以上储存成本(元/kg H$_2$)	3.4	—	94.2
1500 km 以上的运输成本(元/kg H$_2$)	7050(管道)	93328(罐车)	—

氨罐车在 2.07 MPa 下可输送 43530 L 氨。这样的储罐可以容纳 26 t(600 GJ 的能量)的氨。氨的高能密度使氨的运输比氢气更容易、更便宜。一辆卡车在运输氨气时可以运输 600 GJ 能量的氨,相比之下,相同的车在高达 17.91 MPa 的压力下只能运输约 340 kg 的氢气,相当于 48 GJ 的能量。运输氢气所需的卡车数量和费用将是氨的 12 倍。

氨的铁路运输使用 $1.55×10^6$ Pa、60 m^3 的加压罐,能够携带 80 t 氨。氨的远洋船舶可以一次性运输 55000 t 氨。相对而言,利用铁路和船舶运输氢的技术路线仍没有完全打通,相关的技术安全规范是空缺的。

目前长距离运输氨主要通过管道运输。以美国为例,通过管道在路易斯安那州唐纳森维尔和艾奥瓦州马歇尔敦之间运输氨的长度为 1610 km,运费为 31.22 美元/t NH$_3$。同样距离的条件下,氢气管道运输成本估计为 3220 美元/t H$_2$(事实上,如此长的输氢管道的技术尚未突破,这里只进行虚拟计算来对比)。以相同的能量计算,氨作为载体运输氢气的折算成本为 194 美元/t H$_2$,这使得氢的运输成本至少是氨的 15 倍。

氢的长距离输运将更加困难。氢导致的氢脆效应使得长距离氢气输送管道技术至今没有突破,因此只能采用高成本槽车运输。现阶段氢的储运费用占氢售价的比例一般高达 40%~70%。据我们计算,在长距离运输的情景中,虽然气氢拖车运输技术较为成熟,但并不适合大规模长距离运输,而采用能量更高的液氢运输,其槽车运输成本(含人力成本)高达 16 元/kg,即 1.6 万元/t,液氢如此高的运输成本凸显了氨能作为氢能的替代载体在运输方面的巨大优势。

5.2.2.4 氨与电力的运输方式对比

从能量传输密度的角度出发,在相同的投资成本下,液氨管线运输的效率比直接将合成这些绿氨所需的可再生电力用高压线运输至相同目的地的效率高得多。以 1000 km 运输距离为例,特高压直流输电线的投资成本以及液氨管线投资成本分别见表 5.6 和表 5.7。管线输送的绿氨在目的地可以发出的电能与特高压输电线运输至该地的电能相等。需要的光伏发电属于间歇式电力,按现阶段的规定,电网销售需要配备储能设施,这里计算时采用的是成本较低且建设周期较短的铅酸电池储能方式。

表 5.6 特高压直流输电线投资成本

类别	特高压直流输电(800 kV)	配套储能设施(铅酸电池储能)
规模	1000 km	4.5×10^6 kW
输电量	96 TW·h/年	1.8×10^7 kW·h
单位投资	0.985 元/(GJ·100 km)	1200 元/(kW·h)
电力损耗	6.5%	20%
分项总投资	785 亿元	270 亿元
占比	74.3%	35.7%

表 5.7 液氨管线投资成本

类别	输氨管线(干管)	输氨系统(支管及其他)
规模	1000 km	150 km
液氨量	1.178×10^7 t/年	—
单位面积年输送量	2.595×10^7 t/(m²·年)	—
氨损耗率	<2%	~2%
单位投资	1300 万元/[m(直径)·km]	400 万元/km
分项总投资	87 亿元	8 亿元
占比	91.6%	8.4%

通过对比表 5.6 和表 5.7 不难看出,输送电力的投资成本远高于输送同等能量的液氨。除了投资成本,输送电力还存在着维护成本高、能量损耗多、占用土地多等劣势。

据我们测算及预计,为了保护环境,实现"双碳"目标,2050 年可再生能源在一次能源消费中的占比将达到 70%～85%,西北地区太阳能、风能资源丰富,将成为我国的电力生产中心。然而我国的电力消费中心仍为东部沿海地区。这意味着我国每年要将 6 万亿度电从西部运送至东部,这需要 65～150 条特高压输电线。而截至 2021 年底,我国共建成 33 条特高压线路。建设如此多的特高压线路需要消耗的资源是惊人的,并会让河西走廊的上空遍布电线,成为"电线走廊"。作为对比,仅需建设 26 条直径为 1.2 m 的输氨管道就可以将这些能量以绿氨的形式输运。

综上所述,氨能作为一种高效率的储存、运输可再生能源的载体,能够为解决未来光伏、风电规模快速增长带来的能量消纳和大规模输送问题提供有效的解决方案。液氨管线可以将能源大规模地从西部地区输送至东部地区,能够大幅减少特高压线投资,还不占用地表土地,可以缓解我国能源供需逆向分布的困局,打通新的能源大动脉。

5.3 发 展 建 议

5.3.1 建议加强安全保障

建议液氨储存依据实际情况选取适宜的方式。储罐应按相关设计规范进行合理的布置与设计,输氨管道及相关管件、器材应正确选取、设计与设置。要在熟悉相应规范的前提下,依据其使用条件综合考虑,既要保证其可靠、安全,又要经济适用。

5.3.1.1 加强管理

液氨储存单位应当建立健全本单位的安全生产责任制、安全生产规章制度和操作流程,明确各岗位人员的职责。确保企业安全生产的主体责任落实。项目试生产(使用)前,应严格按照有关规定制定方案,办齐相关手续。工程项目验收时,应同时验收安全设施。涉及生产、经营、储存液氨的企业应依法申请安全生产行政许可,不得在取得许可后降低法定的安全生产条件。

液氨储存和运输场所的储罐、管道、阀门、电气设施必须符合国家标准、规范的要求,并定期监测和检查。液氨储存和运输场所必须设置明显的警示标志,注明危险化学品的危害防治、处置措施、报警电话等。

液氨储存、运输单位的从业人员上岗前应接受相应的培训,考试通过才能持证上岗,并加强日常安全教育。

当前某些液氨使用或生产企业在安全意识上存在一定的不足,不仅缺少对于员工的安全操作的培训和监管,而且没有建立一套有效的应急处置方案,极其容易在事故发生时因处置不及时、处置方法不恰当而扩大事故,带来更大的经济损失和人员伤害。因此,各液氨生产或使用单位必须高度重视现场安全管理,加强液氨储运技术革新,采用新型储运设备和装运技术,有效降低泄漏,减少危险。

5.3.1.2 消防措施

通常依据《石油化工企业设计防火规范》(GB 50160—2008)的相关要求,液氨储罐之间的防火距离应与液化烃储罐要求相同。这样,罐组内布置的全压力式或半冷冻式储罐,如有事故排放至火炬的措施,球罐间距为 $0.5D$(D 为相邻较大储罐的直径);卧(立)罐间距为 $1.0D$;如无事故排放至火炬的措施,上述两种罐间距均为 $1.0D$。

全压力式、半冷冻式液氨储罐组的防火堤不宜高于 0.6 m,堤内的有效容积不应小于罐组内最大储罐容积的 60%。储罐外壁距离防火堤内堤脚线不应小于 3 m,堤内应采用现浇混凝土地面,并应坡向外侧,防火堤内的隔堤不宜高于 0.3 m。码头、管架、管墩等均应采用不可燃材料,其耐火极限不应低于 3 h。

液氨储存和运输场所的储罐、管道、阀门、电气设施必须安装相应的防雷、防静电装置;必须安装安全联锁设施,当压力和温度高于设定值时自动开启降温喷淋系统;液位和压力高于设定值时自动停止进料;液氨泄漏量检测值高于设定值时自动开启消防喷淋系统。液氨储罐均应设置独立的用于降低罐体表面温度的降温喷淋系统,喷淋强度不得低于 4.5 L/(m² · min)。应加强氨罐区喷淋系统的维修、维护,确保应急状态下的正常使用(图 5.13)。各相关单位应按照《氨罐区喷淋设施安全管理制度》认真落实好管理、维修、维护和应急响应责任,保证喷淋系统在事故状态下能及时应急启用。

图 5.13　罐区举行喷淋装置消防演习

5.3.1.3　泄漏预防与应急处置

1. 泄漏预防

罐区内应安装氨气泄漏检测仪。罐区周围应安装视频监控。应定期检测、检查、维修、更换。

建议在氨罐区及管道处的地面进行防渗、防漏、防腐处理,并在合适的地点修建小型围堰、泄漏液收集沟、事故应急收集池。收集池应与污水处理设施毗邻。

建议改善卸车管路接口。因传统的卸车方式,在对液氨进行加热汽化处理时其橡胶管路在高温高压下容易受损导致泄漏事故,因此可以将其换成万向节接口并使用压缩机进行液氨卸车,此种卸车方式能有效改善卸车中因压力造成的泄漏,规避超压风险,更换接口部件后能减少管路的日常维护,降低问题的发生率。

为加强液氨防漏的现场控制,需要在现场布置完善的检测及监控设施。例如,可燃物质检测系统、泄漏物检测系统、全覆盖的实时监控系统、泄压装置和泄漏预报警系统、自动喷淋系统和联动消防控制系统,将整个装卸车过程以及储存区域进行有效监管,及时检查和消除安全隐患,保障企业生产安全、运营安全。同时需要加强安全规章和制度的培训,制定合理科学的应急方案并组织定期实物抽检和应急演练,针对常见的液氨泄漏事故、毒气污染事故进行全方位、高标准的训练,增强液氨储存的现场管控能力,最大化地降低安全风险,避免发生人员安全事故,减少企业和群众的财产损失。

液氨储运中一旦发生事故就需要及时进行泄压处理,但目前的液氨泄压系统较多使用弹簧式安全泄压阀。这种泄压阀在一些输送设备上使用较多,实际工作中可避免泄漏发生在泄压时导致安全阀重新回流到球罐中,因球罐内气压较大会产生不确定的背压情况,影响泄压阀正常开启造成球罐不能及时泄压,而带来较大危险。因此需要采取有效措施来降低背压对泄压阀的工作影响,建议设计使用新式的平衡波纹管安全泄压阀系统,加强安全阀的超压保护,及时处理背压波动的问题,同时可增加阀门弹簧和安全件的使用寿命,有效防漏。

2. 应急处置

针对卸车工作中突发的超压泄漏事故,在现场控制失控时可利用现代化信息技术设备进行网络远程操作,紧急切断,防止泄漏事故扩大。某些严重事故可采用现场管理和远程操作的双向模式,将事故影响降到最低。

因液氨具有融水特性,通过水的作用可有效防止其挥发和泄漏,通常在储运时要在运输球罐上设置喷淋装置,但是这些装置相对简单,喷淋量和效率较低,不能及时地处置突发事故,因此建议在原有设备设施的基础上升级喷淋设备,在球罐上设置多层级、高强度、全覆盖的消防喷淋设施,在卸装区增设泵群消防喷淋吸收装置,设置防控分区,布置分区自动喷淋装置,同时利用全覆盖的监控设备设置预报警装置加强现场管控。一旦卸车中出现泄漏状况,立即启动喷淋装置,并警示相关人员安全撤离,对已泄漏挥发的氨气进行喷水吸收。由于氨进入水体将造成严重污染,因此建议喷淋后的含氨水不能直接排放,而要收集并妥善处理。

5.3.2 建议完善基础设施

产业化程度的提升将有效降低氨能储运的成本,储运基础设施的建设与完善是后续氨能规模化发展的前提。考虑到未来氨能的终端应用场景将更为丰富,我们认为氨气的储运环节也将朝着以集中罐区与管道为主,多层次、体系化的方向演进。整体来看,后续大型氨罐区、输氨管道、加氨站等基础设施仍需较大资金投入。随着氨气储运条件的逐渐成熟,终端的用氨成本有望明显下降,氨能在使用终端的经济性将进一步提升。

5.3.2.1 输氨管网设计建议

我国是合成氨生产大国,合成氨的产量多年来处于国际领先地位,运输与储存成品氨的基础设施广布,运输与储存技术成熟,相关的行业标准、安全规范、法律法规齐全。就长距离输氨管道而言,全国化学品长输管道长度大于 5 km 并且通过厂区、化工园区之外的公共地域的埋地敷设管道共计 51 条,长度总计 1328.2 km,其中最长的管道为河北省秦皇岛市中阿化肥有限公司的液氨输送管道,管道全长为 82.5 km。目前我国液氨长输管道共计 4 条,长度总计 161.7 km。目前在运行管道 3 条,每年共运输约 1.8×10^7 t 氨,并有在建管道数条。为了适应氨能战略的需求,需要在现有输氨管道以及天然气管网的基础上改扩建一套输氨管网。

综合考虑我国的山川地理、城镇及人口分布、现有管线基础以及绿色氨能对外出口等因素,我们对未来氨能战略情景下的输氨管网(干网)进行了设计。在我们的设计中,能源汇集支线逐级将西部地区生产的绿色氨能汇总至"新甘蒙""藏青宁"主干网,再通过蒙西枢纽将绿氨分配至东部、南部各省份。在沿海设一条南北贯通的干线,与绿氨港口配合便于氨能出口。

5.3.2.2 建议推广普及加氢站

截至 2021 年底,我国已经累计建成各类加氢站超过 190 座,在营加氢站超过 157 座,已超过日本的 147 座,位居世界首位,主要服务于公共汽车、物流车和卡车等。但目前部分加氢站的规划设计、工艺流程及设备配置、氢源选择、自动控制系统等尚不能满足商业化的运营要求,耐久性验证较少。经测算,外供液氢加氢站建成所需的所有费用为 3000 万～4000 万元,相当于传统加油站的数倍和加氨站(每座约 300 万元)的 10 余倍。

高昂的建设成本加上短期难以突破的技术瓶颈是阻碍加氢站大规模推广的主要障碍,也是氢能大规模应用的挑战之一。反观将氨能作为氢能补充的路线,可以用加氨站替代原先规划中的加氢站,从而加快氢能战略在储运分销末端的普及进度。我们预测,加氨站的建设成本与普通加气站相当或更低,其技术研发难度远低于加氢站。

通过长管拖车、液氨槽车或者管道输运氨气至加氨站后,在站内进行压缩、储存、加注等操作。根据氨储存相态不同,加氨站有气氨加氨站和液氨加氨站两种。相比气氨加氨站,液氨加氨站占地面积小,同时液氨储存量更大,适宜大规模的加氨需求。

目前,已经有央企开始试点加氨站。2022 年 4 月,中国石化销售股份有限公司与福州大学签署了战略合作协议,旨在共同推进"氨-氢"能源技术国家科技示范项目,并在"氨-氢"能源技术联合研发、产品生产及商业应用方面深入合作。在战略协议框架下,合作双方将共同在福州建设一座氨制氢加氢一体化示范站,以点带面、以面成片,助力福建氢、氨能产业的发展。

加氨站的推广普及应分三个阶段进行:第一阶段,各级政府有关部门应鼓励、引导油气加注行业龙头企业(如中国石油天然气股份有限公司)与相关研发机构开展合作,共同建立联合实验室、联合研发平台等形式的研发实体,开展加氨站关键设备研发,培养科技人才。研发进行到一定阶段时,合股(研发机构以技术入股为主)成立科技公司,生产加氨站核心零部构件和器械。最终在这一阶段完成首个加氨站示范项目。第二阶段,在局地进行试点,在新建氨能工业园区、氨能走廊、氨能港口等试行包含加氨站的氨供应系统,在实践中不断优化完善加氨站设计。建议通过"以奖代补"等形式激励试点地区和城市。第三阶段,顺应氨能战略全面普及的形式,加氨站作为氨能战略的组成部分之一在全国范围内推广。

本 章 小 结

本章介绍了氨在储运时的常见形式,并与其他能源储运形式进行了对比。结果表明,氨的储运技术均已成熟,在将来氨能战略实施的过程中,可以沿用现有的大部分技术。氨在储运时具有成本低、耗能少、安全性高、能量密度大等多方面优势,特别是在与氢能对比时。

我们建议在做好安全措施的前提下,由点及线再及网地逐步构建起跨地域的输氨管网,并在分销末端逐步普及加氨站等设施。

第 6 章
氨能在高效利用端的前景和发展建议

6.1 氨转变为氢使用情景的前景和发展建议

在绿色能源产业链高效利用端,可以便捷地将输入的氨能裂解转变为氢能。这样绿氨就顺利地将能源的"接力棒"交还给绿氢,完成自己作为氢能储运载体的主要使命。

6.1.1 理论研究

6.1.1.1 氨裂解方法及装置

氨作为一种高氢质量分数的氢载体,通过氨分解生成氢(Ammonia-to-H_2,AtH)是在以绿氨为基础的能源路线图中的一个重要应用。AtH 使氨能够用于目前以氢为原料/燃料的各种应用终端,如内燃机、燃气轮机、燃料电池等。AtH 还可以被用于半导体工业、冶金工业和其他相关行业。经过 H_2/N_2 分离后,AtH 可以生成高纯度的氢气。氨储氢方便,氢容量大,就地制氢可显著降低加氢设施的投资成本。

氨可以通过以下吸热反应热催化裂解得到氢:

$$\frac{2}{3}NH_3 \xrightarrow{30.1 \text{ kJ/mol } H_2} H_2 + \frac{1}{3}N_2$$

Outotec 公司利用其开发的计算软件 HSC Chemistry 6.0,计算了 500~650 ℃

温度区间内,在化学平衡状态下的氮和氢的混合气浓度以及氨残余率。结果表明,温度越高氢浓度越高,0.1 MPa 条件下 500 ℃、550 ℃、650 ℃的氨残余率分别为:0.0013、8×10^{-4}、3.4×10^{-4}。因此这项研究的结果表明升温有助于氨裂解。氨裂解产生的废气、燃烧过程中的其他热废气或高温燃料电池中的电化学电力转换可以用来为氨分解提供能量。

为了在实用速度下加速氨分解,有必要研发高效的催化剂。有大量的催化剂(如 Fe、Ni、Pt、Ir、Pd 和 Rh)适用于氨分解。目前,一系列镍基催化剂已经商业化,然而,镍基催化剂需要在 800 ℃以上的温度条件下运行,以实现足够高的氨转换率。为了提高 AtH 的灵活性、安全性和能源效率,并增强与后续氢应用终端的兼容性,氨裂解应在较低的温度下进行(然而如上所述,升温有助于氨裂解反应正向进行,因此需要研发人员反复对比得出最优裂解温度)。

钌(Ru)基催化剂是一类性能优异的催化剂,每千克催化剂产生的氢超过 60 kW 当量,并且可以降低 AtH 系统的操作温度。日本产业技术综合研究所催化剂化学融合研究中心开发的高性能钌系催化剂(Ru/MgO),使氨分解的化学平衡浓度(理论值)达到世界最高水平。日本昭和电工和丰田自动织机随后用该催化剂开发的氨分解装置,以 1 m^3/h(标准)的氨气流量供应氨分解装置,550 ℃条件下得到氨浓度在 0.001 以下的流量 2 m^3/h(标准)分解气(氢 75%、氮 25%)。钌基催化剂上氨分解最好的温度范围为 350~525 ℃,因为温度低于 300 ℃或温度高于 550 ℃时,氨的 N—H 键的断裂速度是有限的。

图 6.1 展示了用于氨裂解的三种可能的反应器配置。如图 6.1(a)所示的管式催化床反应器是最简单的一个,它在工作时不分离输出流中的产品。反应器由一个简单的管子组成,管内填充催化床,从外面用烟道气加热。一些基于这种反应器的裂解制氢试验采用铁基催化剂,在 900 ℃的条件下,1 L 反应器可以产生相当于 1.3 kW HHV 的氢气。Hacker 和 Kordesch 的最新研究描述了一种基于 Ni-Ru 催化剂的管状反应器,在 600~800 ℃的条件下,1 L 反应器可以产生相当于 1.3 kW HHV 的氢气。

图 6.1(b)为 H_2 选择性膜催化床反应器。反应器是用于反应物-生成物流交叉流动的烟气加热的。氨在底部被注入,并通过分解反应发生的催化床。催化床周围有一层氢选透膜,只允许纯氢通过。钯基膜是已知的最有效的氢分离

膜。这类反应器已被几组研究人员报道出来，并进行了实验室阶段的初步测试。Garcia 等人采用钌基催化和钯膜，比常规（管式）催化反应器的转化率提高约 20%。Ganley 等人表明，1 L 这种反应器可以产生相当于 170 kW HHV 的氢气。

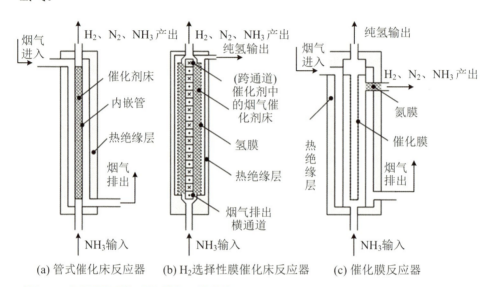

图 6.1　热催化氨裂解反应器的三种形式

第三种催化膜反应器如图 6.1(c)所示，由 Skodras 等人提出。所用的催化剂基于镍和氧化铝载体。在这种裂解方式中，氢选择性膜被氨裂化催化剂掺杂，形成催化膜。这种装置的设计运行参数是 500～800 ℃，2×10^5～1×10^6 Pa。通过从反应器中提取氢，可以避免氮的重组效应，达到较高的反应速率。

6.1.1.2　氢气纯化系统

为了增强与后续氢应用终端的兼容性，氨裂解产生的气体（主要是 75% 的 H_2、25% 的 N_2 和未反应的 NH_3）需要净化以获得高纯度的氢气。因此，一个完整的 AtH 系统应该包含一系列的净化过程，包括余氨去除系统和氢氮分离系统，一个典型的氨制氢系统示意图如图 6.2 所示。根据 ISO 14687-2 标准，燃料电池所用的氢的纯度需要提高到 99.97% 以上（即总杂质含量低于 3×10^{-4}），并且氨含量需降低到 1×10^{-7} 以下。残余氨的去除方法有几种，即吸附、吸收、氨选择性催化氧化(Selective Catalytic Oxidation,SCO)和氢渗透膜。已有报道用硫酸氢铵(NH_4HSO_4)作为氨除去材料,NH_4HSO_4在工业上容易加热再生,单位体积氨除去量多,氢中氨浓度可降低至$1×10^{-7}$,具有可实用性。但反应后生成物硫酸铵加热再生硫酸氢铵,即实现除去材料的循环利用困难。最近,广岛大学的研究者发现加热再生容易,可将氨除去至$1×10^{-7}$以下的无机系除去材料,与过去的硫酸氢铵除去材料相比,除去量增加3倍,还可通过加热的方式"初始化"材料。昭和电工用此除去材料开发的余氨去除装置,接入流量2 Nm^3/h的氨分解气(氨在0.001以下,氢75%、氮25%),确认氨剩余浓度可减低至国际标准的$1×10^{-7}$以下。

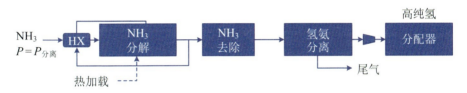

图 6.2　一个典型的氨制氢系统示意图

对于氢气与氮气的低温分离,常采用聚合物膜分离法。该方法具有较高的回收率和较低的投资成本,但商用聚合物膜很难获得足够高的H_2纯度以满足ISO 14687-2 标准。变压吸附分离法(Pressure Swing Adsorption,PSA)是另一种可行的氢氨分离方式。在中小型制氢设施中,低温分离设备投资大、能耗高,成本不高。而PSA可获得高纯度氢气,适用于对纯度要求较高的中小型制氢场景。此外钯膜是一种新型的中温膜技术(300～550 ℃),适用于氢气超净化(最高可达99.999999%),可以提供约80%的能量效率。然而,钯膜仍处于商业化的早期阶段,价格相对较高,导致总成本较高,具体价格为4.67～6.68欧元/kg H_2。由于温度与氨裂解位置匹配,钯膜有可能将氨裂解设备整合到一个紧凑的反应器中,从而在一个整体的氨裂解设备中直接生产高纯度的氢气。

6.1.1.3　氨氢燃料电池

氨将有望在碱性燃料电池中广泛使用,具有较好的发展前景。

按所使用的电解质不同,燃料电池通常可以分为碱性燃料电池(AFC)、磷酸盐燃料电池(PAFC)、质子交换膜燃料电池(PEMFC)、熔融碳酸盐燃料电池(MCFC)、固体氧化物燃料电池(SOFC)等类别。

氨作为一种无碳富氢化合物,其廉价、安全、易于储运、技术成熟、产业基础完善的特点,恰好可以弥补氢作为燃料电池的燃料所面临的不足。现阶段,所谓的氨燃料电池通常都是以将氨分解为氢的方式运作的,即氨氢燃料电池。氨氢燃料电池本质上还是一种氢燃料电池,与一般氢燃料电池不同的是用氨代替氢作为储能燃料,也可以视作氨能对氢能的一种补充形式。也有较少数的以氨作为直接燃料的燃料电池报道,这种电池在逻辑上不属于本节的讨论范畴。出于集中讨论的考量,本节将阐述所有氨燃料电池。

20 世纪 60 年代就有人将氨作为燃料电池的燃料源进行了实验:Allis-Chamber 公司曾为大众公司研制过一个 8 kW 的 NH_3-空气燃料电池系统,而瑞典 ASEA 曾为瑞典海军设计过一台 200 kW 的用游离氨和液氧制成的燃料电池,用于驱动潜水艇。1968 年,Cairns 等研究了在 50~200 ℃ 条件下,氨可以被用于 KOH 电解液的碱性燃料电池。Aronsson 等人的研究表明,氨可以用于熔融氢氧化物(NaOH 或 KOH)燃料电池,在阴极和阳极分别用镍作催化剂且工作温度为 200~450 ℃ 的条件下,燃料电池的功率密度可以达到 40 mW/cm^2。

目前,已有大量关于 AFC、SOFC 和 PEMFC 的研究,其中 AFC 和 SOFC 的发展已趋于成熟。图 6.3 对比以氨和天然气为燃料的 AFC、SOFC 和 PEMFC 流程,发现 PEMFC 使用两种燃料时都需要在进入电池前制备高纯净氢,防止 CO 或 NH_3 对电池的损害。因此,PEMFC 相比于 AFC 和 SOFC 较为不适合采用氨作为其燃料。

2000 年以来,Wojcik 等人首次尝试将氨作为直接燃料用于以铂(Pt)作为电极和以氧化钇稳定的氧化锆(Yttria-Stabilized Zirconia,YSZ)作为电解质层的 SOFC,并得到此燃料电池在 800 ℃ 条件下输出的最大功率密度为 50 mW/cm^2 的实验结论。2007 年,Hagen 对直接氨 SOFC 的耐久性进行了研究。2010 年,Lan 和 Tao 研究了直接氨碱性膜燃料电池,通过实验对比了分别将氢气和氨气作为燃料用于以 MnO_2/C 为阴极、CDN/C 为阳极、CPPO-PVA 复合膜为电解质的燃料电池性能,如图 6.4 所示。这种直接氨碱性膜燃料电池的最大功率密度可达 16 mW/cm^2,且当优化电极成分和微观结构时,可进一步提高能量密度。

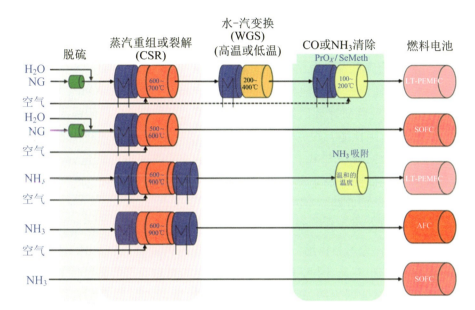

图 6.3 以氨和天然气为燃料的 AFC、SOFC 和 PEMFC 流程
资料来源：ZBT。

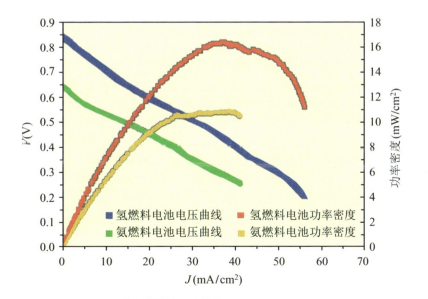

图 6.4 H_2、NH_3 碱性膜燃料电池性能对比

Hejze 等人分析了熔融氢氧根（NaOH/KOH）作为电解质的潜力。然而 KOH 和 NaOH 的使用对使用空气的燃料电池不利，因为它与 CO_2 反应生成 K_2CO_3 和 Na_2CO_3，这会降低碱性电解质的性能。

近年来，碱性膜燃料电池（Alkaline Membrane Fuel Cell，AMFC）因其与 CO_2 的相容性而受到研究者们的关注。Unlu 等人报道，AMFC 阴极引入 CO_2 对提高氨燃料电池性能有积极作用。在最近的研究中，Lan 等人和 Tao 等人联合开发了室温 AMFC。与基于酸性聚合物电解质的燃料电池相比，AMFC 的优点是可以适应低成本的非贵金属催化剂，包括 MnO_2、银或镍。此外，Pt/C、PtRu/C 和 Ru/C 是近期 AMFC 阳极材料的研究热点。

氨在运行温度为 600～1000 ℃ 的 SOFC 内部会自动裂解生成氢和氮。因此，氨可以直接作为燃料供给 SOFC 而不需要额外的处理，表现出的性能足以与氢燃料 SOFC 相媲美，因此在 SOFC 中氨被认为是最有潜力的替代氢的零碳燃料。此外，没有证据表明氨对 SOFC 中使用的陶瓷电解质有不良影响。然而，由于陶瓷材料的脆性，SOFC 通常不适合在交通载具上使用。SOFC 燃料电池的研究可分为氧离子导电电解质（SOFC-O）和氢离子导电电解质（SOFC-H），后者又称为质子导电电解质。SOFC-O 和 SOFC-H 燃料电池的原理图如图 6.5 所示。

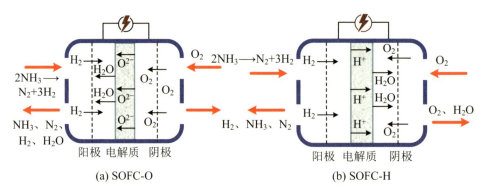

图 6.5 SOFC-O 和 SOFC-H 燃料电池的原理图

在 AFC 中，氨裂解反应器与燃料电池集成为一个系统，由氨裂解产生的 H_2/N_2 混合物可以直接注入燃料电池，从而避免了 H_2/N_2 分离装置。由欧洲燃料电池和氢能联合组织(FCH-JU)资助,由 AFC Energy integrated 牵头的 Alkammonia 项目,正在研发兼具高效率和经济性的氨燃料 AFC,可以为偏远地区提供临时电力。

与 AFC 不同的是,PEMFC 会受到含氨裂解的产物气体的显著影响,如氨中毒现象等。氨中毒可能是由于氨浓度增加导致聚合物膜/电极电导率下降、氨竞争性吸附导致阳极催化剂活性降低或氨穿透导致阴极活性降低。ISO 14687-2 要求氨含量应不超过 1×10^{-7},这是不可能仅通过促进氨分解的正向反应实现的。Hunter 等人开发了一种间接氨 PEMFC(IA-PEMFC)系统,将纯化后的 75% H_2 与 25% N_2 的混合物送入 100 W 的 PEMFC,实现为 LED 电视供电。Cha 等人报道了一个 1 kW 级的氨 PEMFC 系统。与 Hunter 的系统不同的是,该系统使用 $Ru/La-Al_2O_3$ 作为催化剂,且氨裂解反应器是与异丁烷燃料燃烧器集成的。该系统分别使用氢气和氢气+异丁烷稳定运行超过 2 h。实验表明,随着 PEMFC 外加电流的增加,氨裂解效率和系统效率均增加。采用再循环氢气作为热源,氨转换为氢的效率可提高至 85% 左右,整体系统效率可提高至 50% 左右。根据储氢容量的估算,该氨 PEMFC 系统在重量超过 50 kg 时,就有可能满足美国能源部 2020 年设立的指标[即 4.5%(质量分数)和 30 g H_2/L]。随着系统规模进一步扩大,其能量密度有望超过目前最先进的锂离子电池($\sim$350 W·h/kg)。

除了以上燃料电池形式,微生物燃料电池(Microbial Fuel Cell,MFC)也被视为一种可以直接由氨发电的电池技术。MFC 利用微生物在氧化过程中从生物可降解材料转化化学能,如氨污染废水。电子从外部电路的阳极一侧流向阴极,在那里它们与质子和氧结合形成水。MFC 的原理图如图 6.6 所示。MFC 是一种有潜力的含氨废水处理技术,但功率低、成本高和反应器可扩展性问题严重限制了其发展。除废水处理外,MFC 技术也被认为是一种可行的空气净化技术。2020 年 Yan 和 Liu 发现,Sn 掺杂的 V_2O_5 纳米颗粒是光电催化(PEC)MFC 快速去除空气中氨的良好催化剂。

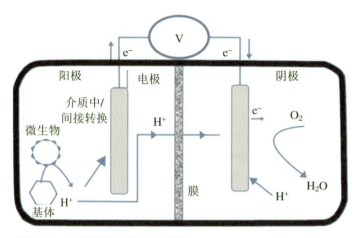

图 6.6 MFC 燃料电池的原理图

6.1.2 示范项目

6.1.2.1 大型氨裂解项目

位于德国西部的杜伊斯堡的埃森大学氢和燃料电池技术中心（ZBT）氨裂解器试点工程演示了绿氨裂解的系统概念。他们的设备（图 6.7）可以将液态绿氨分解成氢和氮。

图 6.7 ZBT 试点工程中的绿氨裂解器

位于华盛顿塔科马港的绿氨裂解示范工程具备优渥的地理条件,包括临近铁路、港口设施、输氨管道、5号州际公路、炼油厂,而且当地可再生能源过剩并含有大量的水,另外,还有地方和国家政府的大力支持。目前该工程的具体资料仍处于保密状态。

星火能源的普罗米修斯氨裂解技术可以实现高纯度、高压氨制氢(图6.8)。催化剂采用 Ru 或者 Co 活性金属修饰的 B2CA 催化剂,可以在较低温度下实现≥90 h 的裂解,产出 84 kg/d 的燃料电池级氢气。

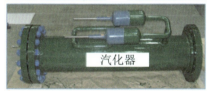

图 6.8　普罗米修斯氨裂解技术相应设备

基于莱斯大学开发的新型光催化剂,朔望等离子有限公司设计的化学反应堆用来自可再生电力发出的光进行催化,2021 年已经实现 5.4 kg/d 的氢气产量(图 6.9)。相比于热催化,光催化具有更低的能耗和更高的能量效率。

2020 年,澳大利亚联邦科学与工业研究组织(Commonwealth Scientific and Industrial Research Organization,CSIRO)开发出一套基于金属薄膜的"氨-氢"转换新技术,妥善解决了氢气的长途运输难题,以绿氨为载体的运输模式为澳大利亚的绿色能源出口扫清了障碍。CSIRO 新技术可在混合气流中分离纯氢,薄金属膜允许氢气通过,同时阻挡所有其他气体,这种情况下可将氨转化为高纯度氢气,用于燃料电池车辆(Fuel Cell Vehicies,FCV)。CSIRO 的膜反应器技术将填补氢能产业在储运和加注方面的空白,形成可在加油站使用的模块化单元。之后,澳大利亚科学与工业捐赠基金会(SIEF)提供 170 万美元

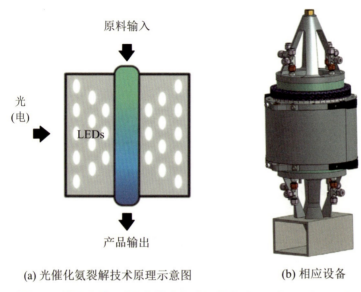

(a) 光催化氨裂解技术原理示意图　　(b) 相应设备

图 6.9　莱斯大学开发的光催化氨裂解技术原理示意图及相应设备

与 CSIRO 匹配,完成新技术的模块化设计,该技术受到了 BOC、现代、丰田和可再生氢公司的欢迎。目前开发正处于最后阶段,设备正在进一步完善,并准备进行商业部署。

此外 Rasmus Nielsen、Haldor Topsoe A/S 计划在 2023 年第二季度启动并投入运行全动态绿色氨装置,届时将达到 24 Mt/d 的直接与风能(12 MW)和太阳能(50 MW)耦合的绿色氨能产量。该项目的绿氨裂解将采用 Topsoe DNK 系列的催化剂,包括适用于中等温度的 DNK-2R 型(Co-Fe 基,高耐用性,主打产品)和 DNK-5R 型(Fe 基,在较低的氨浓度下已经被证明有良好的性能)、适用于较低温度的 DNK-10 型(Ru 基,超高活性催化剂)、适用于较高温度的 DNK-X 型(Ni 基)等。Topsoe 高效氨裂解器的设计将确保氨原料几乎完全转化为高纯氢气(转化效率为 97%,氢气纯度为 99.9%),适用于 5～500 Mt/d 的 H_2 产量。

6.1.2.2　氨燃料电池示范项目

2016 年,以色列新能源企业 GenCell Energy 副总裁阿龙-罗赞,在以色列特拉维夫第六届DLD创新节期间向《环球时报》记者透露,新研发的新一代液氢燃料碱性燃料电池Alkaline使用了先进的纳米技术,它能分别达到87%的热电联产(Combined Heat and Power,CHP)效率和52%的电能效率。这家企业的创新技术是拥有一种氨裂解器,能以极低的能耗率和效费比将氨转化为氢,应用于FCEV的燃料电池电动汽车。这种燃料电池具有如下特点:① 利用液氨分解器将液氨分解产生氢;② 可在-40~50 ℃的极端天气下使用;③ 能稳定提供1000 kW的功率,替代柴油发电机提供应急电源。非常适合关键部门作为能源备用,比如电信塔、通信基站、军队远程控制中心、蓄电池房、医院、公共设施以及安防领域。氨在线电化学分离制氢车辆结构图如图6.10所示。

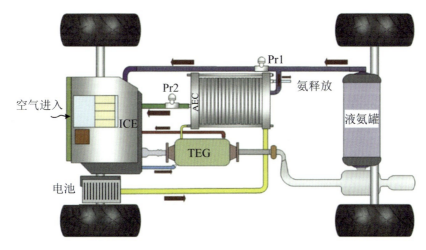

图6.10　氨在线电化学分离制氢车辆结构图

2018年,以色列燃料电池制造商GenCell Energy推出了4 kW的NH_3燃料AFC-A5 Off-Grid Power Solution,并将为肯尼亚800个电信基站提供电力,相比于传统的柴油发电机成本更低,可以节约2.5亿美元(图6.11、图6.12)。AFC-A5 Off-Grid Power Solution集成了氨裂解器、电解质为KOH的AFC、输出功率调节模块和散热装置,其发电效率可达59.52%,如果考虑到CHP,效率可达87%。

图 6.11　GenCell Energy 的 4 kW NH_3 燃料 AFC-A5 Off-Grid Power Solution

图 6.12　用于冰岛应急通信塔的 AFC-A5 Off-Grid Power Solution

2018 年，意大利卡西诺大学的 Perna 等人设计研究了一套基于氨燃料 SOFC 的氢、电和热联产的新型加氢站（图 6.13）。该系统包含了 SOFC 电力生产部门、氢气分离部分、氢气压缩和存储部分。具体的工作流程是利用氨燃料 SOFC 生产电力和热量，同时氨在 SOFC 阳极裂解生成氢气和氮气，通过分离部分分离以及压缩和储存部分对氢气进行压缩和储存。该新型加氢站有两种工作模式，模式 1 为 SOFC 发电，仅用于站内储备，不对外输出电力，在该模式下效率为 81%；模式 2 为 SOFC 发电，不仅用于站内储备，还对外输出用于电动车充电的电力，此时效率降至 71%。

2019 年，京都大学成功开发出目前功率最大的 1 kW 级氨燃料 SOFC，可

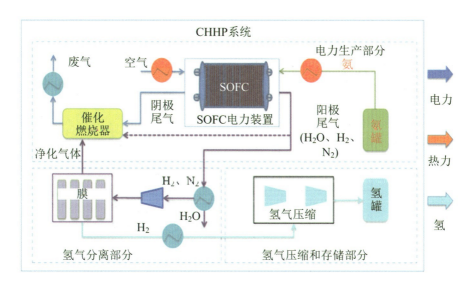

图 6.13 H_2、热和电联产(CHHP)的新型加氢站

以持续发电 1000 h 且效率高达 56.2% (图 6.14)。实验表明,SOFC 使用氢燃料或氨燃料时毫无差异,并将继续开发功率和效率更高的氨燃料 SOFC。他们同时设计制作了一个氨部分氧化放热的自热裂解装置,实现了在 130 s 内将出口气体温度提高到 500 ℃ 并启动 SOFC,证明了基于氨燃料的 SOFC 在不使用外部加热的情况下快速启动的可能性(图 6.15)。

此外,欧洲 Fraunhofer 研究所计划与 13 个欧洲财团联合开发出世界上第一个用于航运的氨燃料 SOFC,其工作原理是氨在电池外部裂解制备氢气输入 SOFC。他们已经完成了小型样机的设计与制造,并计划在 2022 年底完成一个实际尺寸的中试样机,在 2023 年下半年第一艘装有氨动力燃料电池的船——维京能源号补给船将下海试航,之后尝试为其他类型的船只配备氨动力燃料电池。据悉,欧盟将为该项目提供 1000 万欧元的财政支持。

无独有偶,Eidesvik 旗下的维京能源(Viking Energy)号补给船将在 2024 年以氨燃料电池作为主要动力(图 6.16)。这项改装工程是欧洲 ShipFC 项目的一部分。在 2 MW 的氨燃料电池改装后,这艘船每年可以使用清洁燃料运行 3000 h,证明了高功率、大规模船舶远程航行实现零排放的可能性。

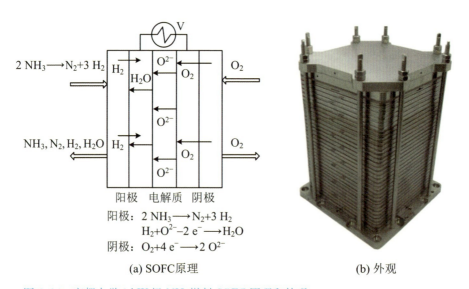

图 6.14 京都大学 1 kW 级 NH_3 燃料 SOFC 原理和外观

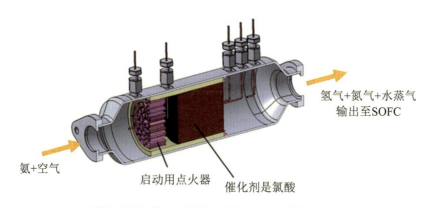

图 6.15 NH_3 部分氧化放热的自热裂解装置

  2022 年 2 月,由福大紫金氢能科技股份有限公司开发的 3 kW 级氨-氢燃料电池发电站正式交付中国铁塔龙岩分公司。该发电装置为中国铁塔位于龙岩市曹溪镇一座经常性离网基站提供持续不间断的电力保障,目前已实现成功发电并稳定运行。

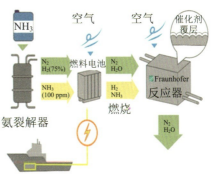

(a) 补给船　　　　　　　　(b) 供电系统

图 6.16　维京能源号补给船和供电系统

6.1.3　需要解决的问题

6.1.3.1　NH_3 分解的能量供应

由于吸热反应，NH_3 分解需要热量的输入来支持连续的反应。工业上采用的一种简单的方法是电加热，但是从热力学第二定律的角度来看，电加热会导致系统效率降低，并且过热的工作温度也会降低系统的安全性。

6.1.3.2　产氢效率问题

由氨分解装置、氨除去装置、氢精制装置组成的氨分解/高纯度氢供应系统的能量收支(即产氢效率)的计算方法为输出能量/输入能量。输入能量为外部投入能量 $E_入$，包括液态氨的蒸发热(23 kJ/mol NH_3)、从室温(25 ℃)升温至 550 ℃ 的必要热量(23 kJ/mol NH_3)、分解热(46 kJ/mol NH_3)，氨的能量 $N_氨$ 是由氨燃烧得到的能量(383 kJ/mol NH_3)。输出能量 $E_氢$ 是氨分解得到氢的燃烧能(429 kJ/1.5mol H_2)。产氢效率 E 为

$$E = \frac{E_氢}{N_氨 + E_入}$$

按热效率 60% 计算，代入氨的蒸发、升温、分解能的场合，产氢效率按上式计算得 80%；而仅投入分解能，蒸发、升温利用废热能量的场合，产氢效率计算

结果达到93%。考虑到实际装置运转的必要电能等,实际产氢效率会比计算结果略低。因此氨裂解产氢不可避免地存在效率损失的问题,可通过优化工艺流程,充分利用废热来提高产氢效率。

6.1.4 发展建议

6.1.4.1 建议鼓励、引导对高热效率新型氨分解反应器的研发

对于电加热导致的系统效率的降低问题,建议设计并优化一种微系统,集成一个基于钌基催化剂的氨裂解微反应器和一个用于燃烧 H_2/NH_3/空气混合物的微燃烧器。该微系统应该达到如下指标:产氢速率≥20 mL/min,NH_3 转化率≥97%,初步产氢纯度>99.95%。

6.1.4.2 建议组织我国的氨氢燃料电池研究

在氨氢燃料电池技术的研究开发方面,日本走在世界前列,许多方面已接近工业化水平。我国作为世界最大的合成氨生产、消费国,最大的汽柴油生产、消费国,巴黎协定的坚定支持者和执行者,有理由、有条件在氨氢燃料电池的研究开发上做出重大贡献。我国生产的合成氨约占世界产量的28%。因此我国可提供充足的合成氨用于氨氢燃料电池技术的初步研究与开发、利用。建议有关方面在氨氢燃料电池技术的研究开发上,借鉴日本等国的经验,组织科研院所和中石化等单位联合攻关,研究开发我国的氨氢燃料电池汽车。

6.1.4.3 建议推动关键部件的国产化应用

目前,关键零部件成本居高不下是限制氢能与燃料电池重卡普及的重要因素。以燃料电池系统为例,其成本占燃料电池整车成本的50%以上,而电堆占燃料电池系统成本的50%以上。在国内装车的氢燃料电池车曾一度采用国外电堆技术,近年来得益于关键材料和部件的国产化进程加快,电堆已整体降价30%~50%。目前,燃料电池发动机系统、空压机、电堆、双极板、膜电极领域已实现自主化应用,需持续进行性能提升和技术升级。对于氢气循环系统、质子交换膜、催化剂、碳纸等对进口产品依赖性较强的领域需实现国产化批量应用,以降低系统成本。

6.2 用绿氨代替高碳排放的传统商品氨作为工业原料可以协助化工行业实现低碳转型

6.2.1 简介

氨在工业上的用途广泛。工业上用氨气制取硝酸,而硝酸是重要的化工原料。此外制造化肥也是氨的重要用途之一。

另外,氨气溶于水还可以制备氨水,而氨水也是一种重要的产品和实验室重要的试剂。军事上氨水作为一种碱性消毒剂,常用于沙林类毒剂的消毒。无机工业氨水用于制造各种铁盐。毛纺、丝绸、印染等工业将氨水用于洗涤羊毛、呢绒、坯布,溶解和调整酸碱度,并作为助染剂等。有机工业则将氨水用作胺化剂,生产热固性酚醛树脂的催化剂。

药用稀氨水为刺激性药,能兴奋呼吸和循环中枢,用来治疗虚脱和休克。外用可治疗某些昆虫咬伤和化学试剂(如氢氟酸)造成的皮肤沾染伤。氨水也用作洗涤剂、中和剂、生物碱浸出剂,还用于制药工业、纱罩业、晒图等。

氨的用途非常广泛,绿氨与其他氨在本质上是一种物质,完全可以在未来接替灰氨和棕氨成为零碳工业原料。由于篇幅有限,下面将着重讨论绿氨在工业中可能会被忽视的其他用途。

6.2.1.1 氨法联合脱硫脱碳技术

为落实《国务院关于印发打赢蓝天保卫战三年行动计划的通知》中"推动钢铁等行业超低排放改造"的任务要求,生态环境部等五部委近日联合印发《关于推进实施钢铁行业超低排放的意见》指出,推动实施钢铁行业超低排放,有效提高钢铁行业发展质量和效益,大幅削减主要大气污染物排放量,促进环境空气质量持续改善,为打赢蓝天保卫战提供有力支撑。政府相关部门加大了对大气污染治理的力度。气体状态污染物主要有硫氧化物、氮氧化物以及碳氧化物等。在冶金工业中，化石燃料的燃烧所产生的烟气是这些污染物的最主要来源。

目前对 CO_2 和 SO_2 的脱除一般都是采用先脱硫后脱碳的技术方法，这种方法虽然可以高效脱除 CO_2 和 SO_2，但是增加了设备投资和运行成本。由于氨水溶液同时具备脱除烟气中 CO_2 和 SO_2 的能力，这意味着在同时脱硫脱碳技术理论上是可行的。

研究人员对氨法联合脱硫脱碳过程进行经济分析，研究表明相比于湿式脱硫加氨法脱碳组合工艺，氨法联合脱硫脱碳技术可以降低 17.4% 的投资及运行成本。虽然氨作为吸收剂相比石灰石等吸收剂价格要高一些，但是其副产品硫酸铵化肥有良好的销售市场，其收益可以抵消吸收剂的成本，因此氨法联合脱硫脱碳技术是一种可以做到兼顾经济效益和社会环境效益的烟气脱硫技术。该技术相比于其他技术具有能耗低、溶剂腐蚀性小等优点。因此，氨法联合脱硫脱碳技术是当前打赢"蓝天保卫战"的重要科技创新手段。

近年来为减少污染物的排放，热电联供发电厂机组会采用选择性催化还原(Selective Catalytic Reduction，SCR)技术来脱硝，氨充当其中的还原剂。SCR 技术是在适当温度下，利用氨或者尿素等还原剂将氮氧化合物中的氮还原成氮气。在加入催化剂的环境下，将氮氧化合物转化为氮气和水，需要在超过 850 ℃ 的高温环境下进行。当加入催化剂后，反应需要的温度大大降低，只需 300～400 ℃ 即可，锅炉省煤器和空气预热器之间的烟气温度即可满足要求。目前国内通过利用 SCR 技术脱硝，效率可达 80% 以上，SCR 的还原剂主要有氨水、无水氨和尿素三种。

在 SCR 系统中，无水氨和氨水都是合适的还原剂，但其使用需要根据当地的安全规定和实际应用环境综合考虑。无水氨和尿素是目前最为常用的还原剂。作为对比，尿素也被当作一种新型的还原剂使用，与无水氨相比，尿素在和氮氧化合物的反应过程中，氨的逃逸性较低，但反应需要更高的氨浓度，才能达到相同的效果，造成成本升高，同时在尿素氧化过程中会产生温室气体。

无水氨作为环保型还原剂，具有体积小、质量轻等优点，此外设备资金输入和运营成本比尿素充当还原剂低。另外无水氨的经济效益更高，见表 6.1，从中可以发现无水氨的 SCR 技术方案的资金投入明显较低。

表 6.1　不同还原剂在不同脱硝效率的设备资金投入情况

还原剂类别	脱硝效率 80%(亿元)	脱硝效率 50%(亿元)
无水氨	0.70	0.55
尿素	0.88	0.73

脱硝运营成本包括电能、水资源以及气体的消耗,但由于水和气的消耗差别较小,因此不进行比较,此外还包括还原剂、催化剂以及设备损耗。不同还原剂 3 年运营成本比较见表 6.2。

表 6.2　不同还原剂 3 年运营成本比较

损耗项目	无水氨(万元)	尿素(万元)
电能损耗	48	259
还原剂损耗	178	451
催化剂损耗	838	361
设备损耗	155	208
合计	1219	1279

由上述两表可见,在脱硝效率一定的情况下,无水氨的运营成本和资金投入成本更低。因此在热电联供发电厂机组的 SCR 装置中添加无水氨作为还原剂是一个既有利于经济效益增长又促进减排的选择。

随着我国对碳减排问题的日益重视,氨法联合脱硫脱碳技术作为一种成熟稳定、成本相对较低的技术值得大力推广。多污染物协同处理是我国大力提倡的一种污染物处理路径,氨法联合脱硫脱碳技术目前还处于研究探索阶段,其投资及运行成本比传统的气体污染物控制技术低,具有良好的应用前景。

6.2.1.2　吹氨冶炼高氮钢

高氮钢具有良好的力学和耐蚀性能,被认为是冶金领域中最具有研究和开发价值的新材料之一,因此高氮钢的研究和开发应用成了国际冶金界的新热点。

目前,有商业应用价值的高氮钢加氮工艺主要有两种:钢液添加氮化合金和钢液吹氮过程的"气相氮化"。与添加氮化合金的方法比较,气相氮化法生产成本低、污染少。但常压下气相氮化增氮效果不理想,且增氮速度较慢。采用吹氮气进行气体氮化冶炼含氮钢时,氮元素溶解于钢液的过程涉及吸附、化学反应和扩散三个限制性环节,许多研究工作结果认为,在吹氮增氮冶炼工艺中,氧、硫作为表面活性元素不利于钢液对氮的吸收。因此,在冶炼高氮钢工艺实践中,一般均需在切换氮气对钢液增氮前,增加一道对钢液进行深脱氧的工序。

与常压下钢液吹氮增氮工艺比较,吹氨冶炼高氮钢的优势在于可以取消常压下钢液增氮工艺中为提高增氮效果而采用的钢液预脱氧、脱硫工艺环节,同时也相应减少了钢中的非金属夹杂物。

6.2.1.3 氨法回收钢铁冶炼中的二次金属资源

(1) 回收钴。我国是钴资源较为匮乏的国家,未来不仅要开发低品位铜钴、镍钴以及海底富钴矿物的冶炼方法,还要特别注重从二次资源中回收钴。钴作为一种重要的战略资源,在合金材料、催化材料和电池材料等方面具有重要作用。

在钴的典型湿法回收过程中,氨法浸出相比于酸法浸出,具有浸出液纯净、流程短、成本低等优点,在钴矿物的冶炼和二次资源的回收过程中都具有广泛应用。目前从氨浸液中回收制备钴产品的方法还存在成本高、处理量小等缺点,因此,开发高效、经济的从氨浸液中回收并制备钴产品的方法将成为今后研究的重点。

(2) 回收锌。锌作为自然界资源分布较广的金属元素,锌矿资源主要以硫化矿、氧化矿及其混合矿等形式存在。近年来,中国锌资源呈现富矿少,低品位矿多;大型矿少,中小型矿多;开采难度大等总体特征。目前世界上70%的锌来自锌矿产资源,而30%的锌来自二次锌资源。中国的二次锌资源来源广泛、种类多,二次锌资源的回收在循环经济中占重要地位。我国每年通过二次锌资源回收的锌超过2×10^6 t,锌金属、合金及锌化合物循环利用量的增长速度为原生锌产量增长速度的3倍,说明二次锌资源的回收在循环经济中占重要地位。目前,大宗量的二次锌资源源自钢铁渣尘和锌冶炼渣尘,回收处理工艺主要有火法和湿法两大类。火法处理具有工艺流程简单、回收率高等优势,但存在设备维护成本高、工艺能耗大、易造成二次污染以及对低含量锌粉尘回收效果不理想等问题。

在湿法回收锌资源中,氨法工艺能有效进行锌铁分离,且对设备的腐蚀性小,但现阶段工业应用的可行性较低。2020年我国有研究表明:在一定温度和搅拌效率的情况下,锌浸出率可高达84%。氨法工艺可以大大提高浸出率,有效利用资源回收二次锌资源,减少设备的维护费用,在冶炼行业值得提倡。

(3)回收铜。铜包钢材料因为没有一种好的处理方法,已成为一种新的工业垃圾。这种废料通常是钢丝表面有一层铜,如果用其炼钢,则铜是有害杂质;而如果用其炼铜,则钢是有害杂质。

氨法浸取铜包钢很好地解决了铜铁分离问题。其中的铁可以作为炼钢的原料,而铜则生成氯化亚铜。近年来美国就铜包钢废料提取氯化亚铜的工艺进行了研究。经过实验室制备、小批量生产以及批量生产研究结果表明:使用氨法浸取铜包钢工艺,铜铁分离效果好,生产成本低,是从铜包钢中回收铜的可行的工艺方法。

6.2.2 需要解决的问题以及发展建议

氨是重要的工业原料,然而现阶段工业界大多将灰氨与棕氨作为原料,导致相应的产品碳足迹大。采用绿氨逐步完全替代灰氨与棕氨可以有效减少工业界的碳足迹,这种方法等效减少的二氧化碳排放约占我国碳排放总量的2%。然而,现阶段绿氨的成本相对较高,会使企业的生产成本上升,且产量较低,无法在短期内满足工业用氨的替换需求。此外由于在厂区内的氨无法有效鉴定是什么"颜色"的,因此在未来的氨原料替换改革过程中会出现部分企业瞒天过海甚至骗取补贴的情况。

面对上述问题与挑战,我们建议进一步优化推进绿色氨能发展的政策环境,并将绿色氨能纳入新能源与储能的财政支持范畴。各级政府要因地制宜利用市场与行政手段,强化资源要素保障,形成一套有利于引导氨能投资与发展的鼓励机制与监管机制。同时集中优质资源组织科研攻关,尽可能地降低绿氨的成本。

6.3 绿氨作为燃料使用的现状和发展建议

绿氨作为燃料使用具有零碳排放的突出优势。国外政府、企业和高校等机构对于氨作为燃料发电认可度较高,支持力度很大,而国内还未普遍认识到氨燃料的优势和发展潜力,因此这一领域国内很少有机构涉足,特别是发电行业向氨能转型的研发进度已经落后。近些年,合肥综合性国家科学中心能源研究院、厦门大学能源学院等氨能研究机构对于氨燃料重卡、小型锅炉和发电机组做过一系列的研究并取得了一些进展,迈开了我国氨燃料应用研发追赶世界领先水平的第一步。

6.3.1 理论研究

20世纪50年代以来,人们进行了一系列基础研究,以了解氨的燃烧特性。实验内容包括可燃性、着火延迟、火焰形态等。实验数据将不断完善人们对氨燃烧的认知,并为技术的进步指引方向。因此,对于氨燃烧理论研究的回顾是必要的,这也为同行研究人员总结前人的经验教训提供了便利。下文将介绍氨的两种最重要的燃烧特性——点火延迟时间和层流燃烧速度的研究。

6.3.1.1 点火延迟时间(IDT)

对氨混合物IDT的研究可以追溯到20世纪60年代,当时用点火延迟时间(Ignition Delay Time,IDT)来表征氨的氧化过程。从那时起,为构建氨氧化的综合化学动力学机制,研究人员在高温(>1600 K)和低压(<1.0 MPa)下氨氧化的激波管中进行了多项研究。在这些研究中,只有Drummond报告了在压力高于1.0 MPa(2.72~4.44 MPa)时测量到的IDT数据。绿氨要想在未来成为一种用途广泛的零碳燃料,在高压下测量IDT数据是必不可少的。在Drummond的研究中,高压数据涵盖了一个广泛但不明确的压力范围,这给模型验证带来了困难。许多新的实验在过去5年中,对高压下IDT的研究已经有报道。图

6.17 展示了现有文献中对不同条件下氨的 IDT 的测量结果的统计。

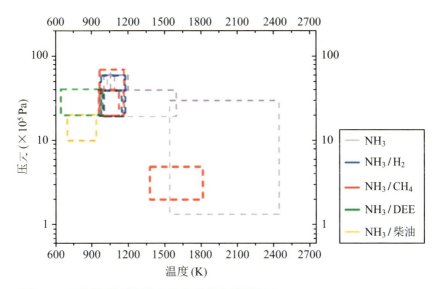

图 6.17　不同条件下氨的 IDT 的测量结果的统计

Mathieu 和 Petersen 报告了在激波管中进行的 IDT 测试,测试压力分别为 0.14 MPa、1.1 MPa 和 3.0 MPa,温度为 1560～2455 K,并用 Ar(98%～99%)稀释混合物,当量比为 0.5、1.0 和 2.7。IDT 数据是通过在 307 nm 附近激发的羟基自由基(OH·)的化学发光测定的。数据表明,IDT 与压力、当量比(φ)和高温稀释有明显的关系。考虑到现代能源和运输系统的操作条件,Shu 等人将 IDT 测量扩展到高压(2.0 MPa 和 4.0 MPa)下的中间温度(1100～1600 K),在高压激波管中应用当量比为 0.5、1.0 和 2.0 的未稀释氨/空气混合物。然而,由于稀释混合物的不同,Mathieu、Petersen 和 Shu 等人的实验数据不能直接进行比较。Gene 等人报道了用 IDT 精确测量氨混合物的快速压缩机(Rapid Compression Machine,RCM)的低温燃烧(Low Temperature Combustion,LTC)条件(1000～1100 K,4.3～6.5 MPa),φ 分别为 0.2、0.35 和 0.56,他们并没有测量出 IDT 与 φ 之间的明确关系。He 等人进一步扩展了 IDT 的测量范围,在 RCM 的 LTC 条件下,使用稀释的氨/氧混合物(70% Ar-N$_2$)的测试条件:温度为 950～1150 K,压力为 2.0 MPa、4.0 MPa 和 6.0 MPa,φ 为 0.5～

2.0。在2.0 MPa下未观察到点火现象。测量结果表明,IDT随着φ的减小而减小,这与Mathieu和Petersen在激波管中的观测结果一致。最近,Dai等人在RCM中测量了稀释的氨/氧混合物(75% Ar-N_2)的IDT,进一步扩大了压力和φ的范围,分别为2.0~7.0 MPa和0.5~3.0。

人们还利用甲烷和乙醚等烃类(DEE)作为氨的点火促进剂时的IDT进行了多项研究。Dai等人首次实现了在RCM中测量高压下氨/甲烷混合物的IDT。氨/甲烷混合物中的甲烷含量分别为0%、5%、10%和50%。在报道的条件(压力为2.0~7.0 MPa,温度为930~1140 K,φ为0.5~2.0)下,甲烷对氨表现出强烈的增强作用。Shu等人在RCM研究中证实了这一效应,他们取φ为1.0和2.0,甲烷馏分为10%和20%。最近,Issayev等人研究了氨/DEE混合物在温度为620~942 K、压力为2.0~4.0 MPa、φ为0.5~1.73、DEE分数为0.05~0.2的RCM中的燃烧行为。结果表明,在900 K和2.0 MPa条件下,10%的DEE对纯氨的点火延迟有显著的提高,提高倍数为10倍。增加20%的DEE使IDT接近纯DEE,表明DEE是一种很有前途的氨发动机点火促进剂。

6.3.1.2 层流燃烧速度(LBV)

对氨混合物的层流燃烧速度(Laminar Burning Velocity,LBV)的表征始于20世纪50年代。科学家们在燃烧器中进行了LBV测量,并用本生灯火焰(Bunsen flame)面积法测定了LBV数值。科学家们在20世纪七八十年代开展了进一步的研究,应用圆柱管方法来了解氨/空气混合物的可燃性和爆炸特性。Zakaznov等人和Ronney等人报告了在压力在0.06~0.2 MPa下贫燃料到富燃料氨/空气混合物(φ为0.7~1.5)的LBV测量结果。在燃料和化学计量混合物中,测量的LBV数据显示出良好的一致性。而Ronney等人在微重力条件下测量的富燃料混合物的LBV比Zakaznov等人报道的快30%。他们发现氨/空气混合物的最大LBV在微重力环境下为0.08 m/s,在重力条件下为0.07 m/s。为了评估作为核废料副产物的氨/空气混合物的爆炸危害,Pfahl和同事在0.1 MPa和295 K条件下,采用定容燃烧容器和纹影摄影法记录进行了LBV测量,他们的结果与Zakaznov等人的结果一致。Takizawa等人利用球容器法和纹影摄影法获得了氨/空气混合物的LBV数据。两种方法的结果几乎相同,数据与Zakaznov等人和Pfahl等人的结果一致。

由于绿氨已经成为一种很有前途的替代燃料,进一步研究氨混合物的未拉伸 LBV 和燃烧的 Markstein 长度是必需的。Hayakawa 等人对压力高达 0.5 MPa、当量比为 0.7~1.3 的氨混合物在采用了高速纹影摄影的定容燃烧室进行了测量。随着初始压力的增加,LBV 逐渐减小,在 0.5 MPa 和 $\varphi=1.1$ 时,LBV 最大值仅为 0.048 m/s。并且氨/空气混合物的燃烧气体 Markstein 长度随当量比的增加而增加,甲烷/空气和氢/空气火焰的燃烧气体 Markstein 长度也随当量比的增加而增加。燃烧气体 Markstein 长度随压力的增大而减小,0.3 MPa 和 0.5 MPa 时的值相同。最近,Han 等人报道了应用热流法进行 LBV 测量,该方法应该比传统的定容燃烧室或球形管方法更准确。在 0.1 MPa 和 295 K 条件下,在 $\varphi=1.05$ 时,氨/空气混合物的最大 LBV 为 0.06 m/s。现有文献中对不同条件下氨的 LBV 的测量结果的统计如图 6.18 所示。

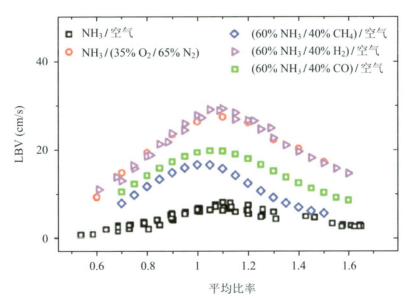

图 6.18 不同条件下氨的 LBV 的测量结果的统计

测定氨/空气混合物 LBV 的准确结果表明,氨的 LBV 比氢气或甲烷燃烧慢得多。因此,人们开始对氨/添加剂混合物的 LBV 进行测量,试图找到氨燃烧的最佳促进剂。氢是最有潜力的促进剂,因为它具有独特的点火特性(低爆燃极限和高反应性)和无碳特性。Lee 等人报告了在大气压力和室温下对氨/氢/空气火焰的首次 LBV 测量,采用了向外传播的球形火焰方法。他们观察到氢的存在可以有效地提高火焰速度,但高浓度掺氢也会导致 NO 的生成量增加。对于氨比例较高的混合物,氢能改善燃烧性能,同时保持低 NO 排放,然而添加氢往往会加大火焰的未拉伸 LBV。Ichikawa 等人通过将压力提高到 0.5 MPa 来跟踪调查。在他们的工作中,通过增加氢比例已经观察到非线性增加的未拉伸 LBV。燃烧气体 Markstein 长度随氢比非单调变化,该值随着压力的增加而减小,在 0.3~0.5 MPa 时趋于平缓,这与 Hayakawa 等人对氨/空气混合物的研究结果类似。Han 等人报道了在 0.1 MPa 和 295 K 下氨/氢混合物的 LBV 采用热通量法的新测量结果,他们的结果与文献数据具有较好的一致性,而且准确性有所提高。Wang 等人将测量结果扩展到升高的压力,即 0.3 MPa 和 0.5 MPa,在这两个压力下,LBV 数值急剧下降,具体来说,0.3 MPa 和 0.5 MPa 时比 0.1 MPa 时分别慢 2 倍和 3 倍。此外,Lhuilier 等人利用向外传播的球形火焰方法,在高温条件(0.1 MPa,473 K)下进行测量。如预期的那样,氨/氢混合物的 LBV 数值随着入口气体温度的升高而增大。

目前对氨/甲烷混合物(以氨为主要燃料)的研究非常有限。Han 等人使用热通量方法获得的结果与 Okafor 等人的报告高度一致。不像氨/氢混合物,甲烷的加入使 LBV 随甲烷含量的增加呈线性增加。

最近,关于富氧氨混合物和氨/CO 混合物的研究也被陆续报道。CO 的存在极大地提高了火焰速度,其效率介于氢和甲烷之间。富氧氨/氧/氮混合物的火焰得到明显改善,浮力效应减弱,LBV 增强。Hayakawa 等人用氧气完全取代氮气,在室温和 0.1 MPa 下,LBV 可达 1.20 m/s。然而,不同氧组分的最大 LBV 存在在不同的等效比,即对于高氧组分,最大 LBV 属于较稀的混合物。进口气体温度的升高也对 LBV 有较大的促进作用;390 K 时测量到的 LBV 通常比 303 K 时快 30%。按化学计量的氨/氧混合物在 390 K 和 303 K 时的 LBV 分别为 1.60 m/s 和 1.20 m/s。

6.3.2 氨是一种十分具有竞争力的燃料

经过一代又一代研发人员的不懈努力,氨燃烧的机理已经基本研究透彻。氨是一种十分具有竞争力的燃料,然而过去因为氨成本高昂,几乎没有人愿意用氨作为燃料。随着减碳要求的步步紧逼以及绿氨成本的快速下降,绿氨有望成为未来的主流燃料。几种燃料的燃烧性能对比见表6.3。

表6.3 几种燃料的燃烧性能对比

性能指标	氨	CNG	乙醇	汽油	柴油
压力(Pa,25℃)	1.03×10^6	2.5×10^7	1×10^5	1×10^5	1×10^5
辛烷值	110	107	89.7	87~93	113
LHV(MJ/kg)	18.8	50.0	26.9	43.8	42.5
理论空燃比	6.14	14.4	6.52	15.4	15.14
自燃温度(℃)	651	450	323	300	230
最小点火能量(MJ)	8	0.3	0.1	0.3	0.2
火焰峰值温度(℃)	1850	1884	1027	1977	2053
火焰速度(cm/s)	10	41	39	40	33
点火延迟时间(ms)	0.1~1.0	0.02~1.5	50	0.5~2.0	1.0~1.9
二氧化碳排放(kg/kg)	0	2.75	1.91	3.09	2.72

6.3.2.1 零碳排放

氨是一种具有多种优势的燃料,首要优势就是零碳排放。未来理想能源的首要条件是它们不排放会加速全球变暖的温室气体,在这一点上氨像氢一样燃烧时不会释放二氧化碳,完全符合要求。

6.3.2.2 更耐爆震

爆震是火花点火发动机实现更高热效率的主要瓶颈。爆震是指由于部分末端气体(未燃烧的)混合物在火焰前方传播之前过早地自动点火而产生的响亮的噪声。这导致极快的热释放和高频压力振荡,这对发动机耐久性是非常有害的。爆震燃烧对 SI 发动机的性能和效率施加了严格的限制,限制使用更先进的火花器、更高的压缩比和更高的增压压力。爆震的减少高度依赖于燃油抗爆质量以及发动机的运行条件。因此,为了制定可靠的减震策略,更好地了解燃料与发动机的相互作用至关重要。

氨的辛烷值($>$111)高于汽油(87 号)。这意味着它更耐爆震,并允许更高的压缩比。压缩比越高,腔室内部温度越高,从而产生更高的热效率和更多的功率。

6.3.2.3 燃料箱体积的增加较小

燃料的能量密度是很重要的,因为它影响在车辆的给定空间中可以储存的体积。在新能源中,体积能量密度最高的燃料为氨,为 11.3 MJ/L,其次为天然气,为 7.1 MJ/L。能量密度最低的燃料是压缩氢气,能量密度仅为 2.1 MJ/L (2.5×10^7 Pa)。相比之下,汽油的体积能量密度为 29.7 MJ/L,因此这些燃料的能量密度都低于汽油。而应当指出的是,与其他替代燃料相比,如压缩天然气或氢气等,如果将氨用作一种运输燃料,则目前机载燃料储罐需要增加的体积最少。

6.3.2.4 掺氨燃烧 NO_X 的排放量与纯煤燃烧的排放量持平甚至更低

通过合理设置燃烧参数可以使掺氨燃烧 NO_X 的排放量与纯煤燃烧的排放量持平甚至更低。从图 6.19 的整体趋势来看,20% 氨-煤混燃的 NO_X 值与纯煤燃烧的 NO_X 值相当。另外,即使改变这两个参数,NO_X 的抑制也能达到与纯煤燃烧相同的程度,在某些条件下还能得到低于纯煤燃烧的结果。这可能是因为该技术不仅可以抑制由氨产生的 NO,还可以通过氨的脱硝作用进一步抑制 NO。通过分析发现,以下三种因素的综合作用使得火焰区喷氨时的 NO 排放比燃煤时低:一是火焰区处于富 NH_3 的条件下,NO 排放相对较低;二是 NH_3 共烧使火焰区温度降低,这可能导致较低的热 NO 产率;三是由于火焰区原始温度较高,高于 2000 K,供应 NH_3 在焦氧化前被分解转化为 NO,这些 NO 被焦还原。由于供气 NH_3 产生的 NO 含量丰富,且余焦数量较多,因此炭对 NO 的还原作用大于燃煤。

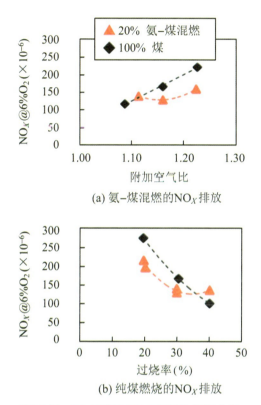

图 6.19 氨-煤混燃(20%氨等效燃烧热分数)与纯煤燃烧的 NO_X 排放对比

由此可知,在燃煤发电厂实施氨混烧时,增设既有脱硝设备的必要性较低(煤燃烧也会产生 NO_X,一般在尾气排放前设有脱硝设备)。另外,废气中没有发现氨残留,也就避免了 $(NH_4)_2SO_4$ 炉渣的生成。

为了进一步减少 NO_X 排放,可以采取更有效的措施,如二段燃烧法。二段燃烧法是通过在第一段燃烧区域进行低空气比的燃烧,促进微粉煤挥发部分的释放,同时实现还原焰的形成,抑制 NO_X 生成,在第二段进行完全燃烧的方法。通过合理设定两级燃烧率,可以使掺氨燃烧 NO_X 排放不会高于纯煤燃烧。

6.3.3 氨可以在多种设备中直接氧化释放能量

6.3.3.1 氨燃烧器/锅炉

工业企业是中国能源消费大户，能源消费量占全国能源消费总量的70%左右。工业企业的能耗中各种燃烧器或锅炉是大头，随之而来的是各种污染物和温室气体的排放。绿氨是一种十分具有竞争力的燃料。然而考虑到现阶段绿氨的生产能力有限，短期内不可能完全用氨替代煤。因此，目前氨与煤粉锅炉混燃是一种快速、可行的有效降低二氧化碳排放的方法，正受到越来越多的关注。

目前已经有许多研究者开始研究氨-煤混燃。Zhang等人利用三维数值模拟研究了掺氨燃烧比例的影响。在掺氨比例为0%~80%的条件下（若无特别说明，以下涉及"掺氨比例"有关的描述均表示燃烧热供需比例），NO的排放量在混燃比为10%时最大，且随着掺氨比例的增加，NO的排放量呈下降趋势。然而随着掺氨比例的增加，未燃氨气排放量急剧增加，尤其是当比例超过40%时。这可能是由于氨燃料比例高时，高速氨射流穿透火焰内部再循环区。结果表明，氨的脱硝作用降低了NO的排放。Iki等人进行了50 kW级燃气轮机操作。他们将煤油与氨混合，实现了30%的氨共烧，输出功率为21 kW。

评估混燃效果时需要考虑的一个关键参数是传热。在燃煤锅炉中，氨的加入降低了煤颗粒的浓度，可能会影响基于煤和半焦颗粒的存在而产生的辐射机制。相关研究表明，当掺氨35%燃烧时，煤颗粒的浓度足以保持传热不变。Tamura等人的研究结果表明，掺氨60%燃烧时，辐射量显著降低。尽管如此，对壁面的传热并没有相应的减少。他们将这种效应与火焰形状的变化联系起来——当氨增加时，火焰变薄变长，导致传热对流成分增加。在这种情况下，喷嘴的设计也是十分重要的，因为它对火焰形状将产生较大影响。

当氨与煤粉共烧时，另一个关键变量是氨喷射点的位置，其对氨燃烧效果以及NO_x的排放至关重要。众所周知，煤的燃烧是通过不同的步骤进行的，从煤颗粒的加热、脱挥发和半焦形成到脱挥发和半焦氧化产物的氧化。图6.20展示了一个氨与煤粉混合燃烧可能的过程，突出了氨喷吹影响NO_x形成的可能区域。在此基础上,氨喷口的位置强烈影响烟气成分和灰分。根据煤与氨相互作用区域的不同,氨可以起到 NO_X 还原剂或 NO_X 生成源的不同作用。需尽量优化燃烧参数,使氨-煤混燃的 NO_X 排放水平与纯煤燃烧的 NO_X 水平相近,在减少 CO_2 排放的同时,其他污染物的排放增加。

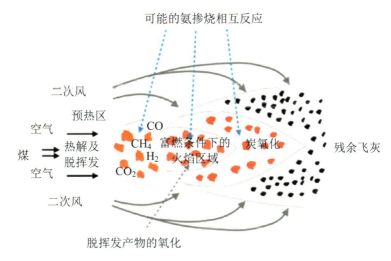

图 6.20 氨与煤粉混合燃烧示意图

Ishihara 等人首次采用 0D 数值模拟方法研究了氨在工业 1000 W 煤粉锅炉中共烧的效果。他们将一个商用燃煤锅炉简化为网格化反应器,并研究了不同喷氨位置下的排放物组成。结果表明,当氨从特定位置喷入火焰区时,NO 的排放量比纯煤燃烧时要低。Valera-Medina 等人对氨气与甲烷或氢气混合在燃气轮机燃烧器中的燃烧进行了实验和数值研究。他们发现,在有限的掺氨比例范围内,可以通过改变喷射点的位置形成强涡流以建立稳定的火焰。

Tamura 等人研制了新型氨喷嘴,可与煤粉燃烧器配合使用,并在某 1.2 MW 燃煤热电炉上进行了掺氨燃烧试验研究,实现了氨-煤混燃。他们还利用 ANSYS Fluent 软件对氨混燃火焰进行了三维流动模拟,了解了掺氨燃烧时的流场状况,得出了掺氨燃烧火焰的排放特性。他们还另外制造了一个不同的氨喷射器,并安装在煤粉燃烧器之外的侧壁上,以探究氨喷射点的位置对氨燃烧特性和 NO_X 排放的影响。最后在采用了新型氨喷嘴的同一台炉进行纯氨燃烧试验,实现了稳定燃烧。新设计的氨气喷射枪可用于纯氨燃烧,在空气分级充分的情况下,NO_X 排放非常低。结果表明,掺氨燃烧的燃烧特性在点火、火焰温度和烟气排放方面表现出与煤粉燃烧相同的趋势。当有足够的停留时间时,可以在分阶段燃烧的亚化学计量区有效减少 NO_X。

Tamura 等人和 Ishihara 等人研究表明,在脱挥发产物氧化区域的氨喷吹导致的 NO_X 排放水平与煤燃烧时几乎相同。更具体地说,Tamura 等人在 1.2 MW 炉中表征了氨-煤的混燃烧,他们证明了氨-煤混合和分级燃烧对 NO_X 形成的相关性,并指出燃烧行为很大程度上取决于炉的配置。而 Ishihara 等人指出,由于设置了分级燃烧,脱挥发产物氧化区域处于富燃状态,并随着氨的持续喷吹变得更加丰富。与通常不注入氨的情况相比,这降低了 NO 的产量。此外,喷氨过程中火焰温度的轻微降低也对 NO 的生成有积极影响。相反,作者表明,在煤的加热和脱挥发区域或在焦的氧化发生区域注入氨,将导致 NO_X 显著增加。Tamura 等人通过实验证明了通过煤喷嘴喷射氨煤混合物的可行性,在合适的区域注入氨并实施分级燃烧可以有效降低 NO_X 的生成。

其他物质也会对氨-煤混燃造成较大影响,必须加以考虑。一般情况下,NH_3 或 NO 与其他含碳物质存在竞争。它们之间的相互作用严重影响 NO_X 的排放。一般来说,由于火焰温度高,NH_3 在半焦氧化开始之前就转化了。关于氨对火焰区挥发产物影响的文献很少,需要进一步的研究。在典型的火焰区域温度范围内,高温反应分支是活跃的,因此预计 H_2 和 CH_4 的存在可以增强氨氧化。有趣的是,氨-煤混燃将导致 CO 排放减少。CO 的减少不仅与煤量的减少有关,而且与燃烧气体中发生的气体转移反应($H_2O + CO \longrightarrow H_2 + CO_2$)有关。在氨的存在下,这个反应更容易发生,因为在氨-煤混燃过程中,氧化过程中形成的水比在煤燃烧中形成的水要多。

能源密集型的工业生产活动,如钢铁和水泥生产,占工业能源消耗的 50% 左右。在这些行业中,使用替代燃料掺烧必须考虑到氧化气氛或燃烧残留物对产品生产的影响。在水泥工业中,使用替代燃料对原料进行热加工,从而产生熟料,是一种常见的做法,特别是在回转窑中协同处理废料方面。窑内的燃烧过程被认为是一个焚烧过程,其残渣成为熟料本身的一部分。然而,沿窑轴的温度分布对熟料的最终质量至关重要,它影响着熟料的微观结构,包括孔隙率以及熟料相中晶体的大小和分布。因此,沿窑轴的温度必须足够高,对物料的传热必须是有效的,以保证加热、熔化、结瘤和燃烧过程适当地沿窑轴分离。气体流相对于物料是逆流的,因此火焰温度必须达到 2300 K 才能使物料在燃烧阶段达到 1720 K 左右。此外,在这些炉中,热量基本上是通过热辐射机制传递的。

基于这些考虑,很明显,在没有分解炉的常规窑中使用纯氨和其他低热值燃料生产熟料是不可行的。然而,由于能源密集型的工业生产活动消耗了大量的能源并产生大量排放,仅替代原燃料的几个百分比就会对二氧化碳排放产生较大影响。Kujiraoka 等人证明,在重油共烧中使用 30% 的氨并不会改变与重油生产的熟料相比的压缩特性。至于分解炉窑,在分解炉中可能可以使用高达 65% 的氨燃料,因为分解炉工作在更低的气体温度(1200～1400 K)中,对应的最高材料温度仅为 1200 K。因此,氨作为燃料是有独特优势的。

在过去几年中,不断有创新的、灵活的燃料混烧技术被提出。例如,"温和燃烧"的特征是与反馈稳定的传统燃烧过程不同的稳定机制。当反应物的局部预热温度高于自燃温度,并且由于稀释或所使用燃料的低热值,局部成分允许温升低于自燃温度时,就会发生温和燃烧。这些条件使得温和燃烧过程在没有普通预混或扩散火焰结构稳定的情况下演变,而是通过所谓的"点火-扩散"结构,与传统扩散结构相比,这种燃烧扩散结构将覆盖更大的范围,而且其最大热释放量与化学计量混合分数无关。更值得期待的是,这种燃烧方法在整个燃烧室体积中,它们在时间和空间上几乎是均匀分布的。局部条件的燃烧扩散结构是一个非常高水平的内部热量和质量的再循环,这使温和燃烧过程的燃料种类与比例灵活,在该领域发表的许多论文证实了这一点,这一特性使得温和燃烧非常适合用于氨-煤混燃中。

由于越来越多的新燃料(如氨等)被用作能量载体,其燃烧特性与化石燃料有很大的不同,因此温和燃烧越来越受到人们的关注。一种非常有效的工业炉设计是制造出小尺度气旋流结构。Kujiraoka 等人对氨在该燃烧器中的温和燃烧进行了深入研究,确定了在当量比、初始温度和功率强度等方面的稳定范围。实验证明,在此条件下,氨的燃烧可以稳定在 0.4～1.8 的当量比范围内。与此同时,与通常在标准燃烧配置中使用氨测量的 NO_X 排放相比,检测到非常低的

NO_X 排放量。更具体地说,在这种条件下,在化学计量条件下,NO_X 的排放可能约为 7×10^{-5},而在富氧条件下,则只有 1×10^{-6}。根据进料条件,在氧化剂流中加水可以进一步减少 NO_X 的排放。

氨在温和稳定燃烧时,局部温度将高于 1300 K(贫化学计量条件),这个温度是使氨的 H_2/O_2 的高温分支反应开始的阈值。氨与甲烷或氢气共烧可使阈值温度降至 1300 K 以下。以甲烷为例,根据混燃程度的不同,温度可降至 1150 K 左右。这个阈值也受到再循环流组成(如水等)的影响,这是由于一些再循环流中的物质的高第三体效率。在温和燃烧中,第三体效率与分子反应动力学有很大的相关性,它强烈地影响着点火和燃烧机制。

上述研究结果证实了氨可以作为煤粉锅炉降低二氧化碳排放的替代燃料。煤粉炉和锅炉的设计适用于氨共烧,不需要作大的改动。氨可以有效降低纯煤燃烧的 CO 排放,并在一定条件下由于其本身的脱硝作用可以降低 NO_X 的排放。

6.3.3.2 氨内燃机

交通运输业是造成全球温室气体排放的主要行业之一。寻找合适的替代能源以减少交通运输业对化石燃料的依赖是一段漫长而充满挑战的过程。最近发展迅速的氢燃料汽车是减少温室气体排放和化石燃料依赖的解决方案之一。氨不仅可以作为氢燃料电池汽车的储存燃料,还可以直接作为火花点火(Spark Ignition,SI)内燃机和压缩点火(Compression Ignition,CI)内燃机的燃料。在过去几十年里,许多研发人员都对氨发动机进行了测试。然而,氨用于内燃机中的燃烧特性不理想,需要对其燃烧参数进行进一步优化。

与其他燃料相比,氨的火焰速度和比能较低,自燃温度高,可燃性极限窄,汽化热高。狭窄的可燃性极限和较高的自动点火温度给氨在发动机中使用带来了问题。虽然氨可以作为 CI 发动机中的单一燃料,但要自动点燃燃料需要极高的压缩比(Compression Ratio,CR)。此外,喷射时的高汽化潜热降低了发动机内的气体温度,使其燃烧产物更加复杂。而在 SI 发动机中,氨的使用受到火焰速度低和爆炸极限窄的限制,燃烧不完全。可以通过增压、提供更强的点火器(如等离子射流点火器)、设计更小的燃烧室来克服氨燃烧的缺点,以改善氨 SI 发动机的燃料燃烧性能。

另一种改善氨在内燃机中燃烧特性的方式是与别的燃料混合。除氨外，SI发动机中潜在的燃料还有氢、甲醇、乙醇、乙烷和汽油。而对于 CI 发动机来说，十六烷值较高的燃料由于具有更好的点火特性，是首选的助燃剂。

对于双燃料 CI 氨发动机，大多数研究都使用柴油作为助燃剂。研究结果表明，氨的最佳比例为 60%～80%（质量分数）。Kong 等人对生物柴油作为助燃剂的研究表明，该燃料与氨-柴油混合燃料具有相似的发动机性能特征。使用二甲醚（DME）作为氨燃料助燃剂将获得不同的发动机运行特性。研究表明，只有使用二甲醚作为助燃剂时，氨的利用率才能达到 80%。此外，研究还表明，现阶段氨和二甲醚的燃料组合具有与柴油燃料竞争的经济性。

对于双燃料 SI 氨煤发动机，大多数研究都使用汽油作为助燃剂。研究表明，当氨的质量比例为 70% 时，需要达到 10∶1 的压缩比才能使发动机达到最佳运行状态。在已有以氨/汽油为动力的 SI 发动机中，汽油采用端口喷射，而氨气则采用直接喷射。但由于氨的潜热较高，直接注入氨气会大大降低钢瓶温度，因此，通过设计在燃烧室中产生旋流会增强燃料的燃烧。但是，旋流过小不会影响燃烧，而过大的旋流由于氨火焰传播缓慢，会对燃烧产生负面影响，甚至吹灭火焰，最佳旋流参数有待进一步研究。

氢也是一种具备潜力的氨燃烧助燃剂。Morch 等人建立了以氨-氢混合燃料为燃料的 SI 发动机性能的完整数据库，对不同的空气比和氢氨比进行了一系列的研究。结果表明，含氢量为 10% 的混合燃料具有最佳的效率和功率性能。在与汽油的对比研究中，氨燃料更大的压缩比会导致效率和功率的提高。

除了直接将燃料混合外，另一种替代解决方案是将氢作为二次燃料，即安装一个车载重整器将氨分解为氢和氮。这种方式逻辑上应放在第 6.1.1 节讨论，但为了论述的集中性，我们在本节集中讨论氨内燃机。在意大利，已经建造了一个装配有 15 kW 氨-氢燃料发动机的电动汽车原型，对氨-氢燃料发动机的进一步试验也将开拓更多的商业应用途径。最近，Ezzat 和 Dincer 等人提出、分析和比较了多种配置方式的氨-氢燃料发动机集成系统。研究表明，与纯氨燃烧相比，氨部分裂解为氢，对燃烧是非常有益的。在内燃机中适当使用氨作燃料的不同可能途径如图 6.21 所示。

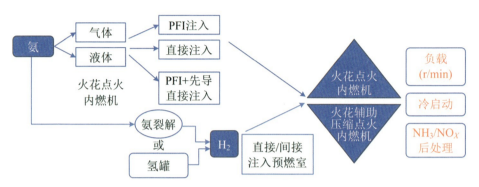

图 6.21　在内燃机中适当使用氨作燃料的不同可能途径

值得注意的是,如果在氨作为燃料消耗的同时,利用氨的制冷效果,发动机的效能可以进一步提高。根据冷却系统的典型性能系数(COP),可以对效能的提高进行量化。由于氨冷却焓而在发动机轴上降低的功(如来自风扇、泵和压缩机的功率节省)按下式计算:

$$w_{NH_3} = \frac{\Delta h_{c,NH_3}}{COP}$$

发动机节省的功将带来发动机性能的改善,可量化的效能提升按下式计算:

$$\varepsilon_{r,NH_3} = \frac{w_{NH_3}}{LHV} = \frac{\varepsilon_{c,NH_3}}{COP}$$

假设 COP 为 2(发动机冷却系统和空调系统的平均 COP)时,效率的最大增益约为 10%。

并且,氨内燃机可以采用更简单的冷却系统(只包含一个或两个热交换器和一个节流阀),相比于传统的机械冷却系统(包括压缩机、冷凝器、水泵、风扇、散热器),初始投资和维护成本可以降低。

6.3.3.3　氨燃气轮机

1. 燃气轮机是重要的动力机械

燃气轮机(Gas Turbine,GT)是以连续流动的气体为工质带动叶轮高速旋转,将燃料的能量转变为有用功的内燃式动力机械,是一种旋转叶轮式热力或动力发动机。燃气轮机是重要的动力机械,一般由压缩机、燃烧器、透平等构件组成,其最显著的优点是能量密度高。目前最大的燃气轮机的单机容量是 580 MW,单循环效率为 44%,联合循环效率为 64.3%。

1791 年,英国人巴伯首次描述了燃气轮机的工作过程;1872 年,德国人施托尔策设计了一台燃气轮机,并于 1900—1904 年进行了试验,但因始终未能脱开起动机独立运行而失败;1905 年,法国人勒梅尔和阿芒戈制成第一台能输出功的燃气轮机,但效率太低,因而未获得实用;1920 年,德国人霍尔茨瓦特制成第一台实用的燃气轮机,其效率为 13%、功率为 370 kW,按等容加热循环工作,但因等容加热循环以断续爆燃的方式加热,存在许多重大缺点而被人们放弃。随着空气动力学的发展,人们掌握了压气机叶片中气体扩压流动的特点,解决了设计高效率轴流式压气机的问题,因而在 20 世纪 30 年代中期出现了效率达 85% 的轴流式压气机。与此同时,涡轮效率也有了提高。在高温材料方面,出现了能承受 600 ℃ 以上高温的铬镍合金钢等耐热钢,因而能应用较高的燃气初温,于是等压加热循环的燃气轮机终于得到成功的应用。1939 年,在瑞士制成了 4 MW 发电用燃气轮机,效率达 18%。同年,在德国制造的喷气式飞机试飞成功,从此燃气轮机进入了实用阶段,并开始迅速发展。随着高温材料的不断发展,以及涡轮采用冷却叶片并不断提高冷却效果,燃气初温逐步提高,使燃气轮机效率不断提高。单机功率也不断增大,在 20 世纪 70 年代中期出现了数种 100 kW 级的燃气轮机,最高能达到 130 MW。与此同时,燃气轮机的应用领域不断扩大。1941 年瑞士制造的第一辆燃气轮机机车通过了试验;1947 年,英国制造的第一艘装备燃气轮机的舰艇下水,它以 1.86 MW 的燃气轮机作为加力动力;1950 年,英国制成第一辆燃气轮机汽车。此后,燃气轮机在更多领域中得到应用,如发电、飞机、船舶等。

目前,最经典的、应用最多的燃气轮机机型是 LM2500 和 GT25000。全世界从事燃气轮机研究、设计、生产、销售的著名企业有 28 家,全世界使用的工业燃气轮机约有 5 万台,而且全球的燃机市场几乎均被欧美公司所垄断。燃气轮机系统结构示意图如图 6.22 所示。

从市场容量来看,我国新世纪四大工程中"西气东输""西电东送""南水北调"三大工程均需要大量 30 MW 级及以上工业型燃气轮机,同时我国舰船制造业的健康快速发展也需要自主生产大量 30 MW 级舰船燃气轮机。因此我国已

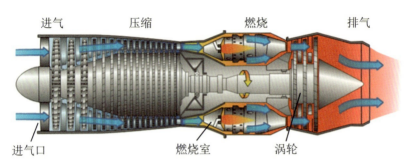

图 6.22　燃气轮机系统结构示意图

成为世界最大的燃气轮机市场。然而由于多方面的原因,我国燃气轮机同国际先进水平相比仍存在很大差距,某些关键技术仅被世界上少数几个发达国家控制,先进的燃气轮机在西方国家仍然限制对华出口。面对经济全球化、国际燃气轮机市场激烈竞争和国外高度垄断的新形势,国家对我国民族燃机产业的发展非常重视,国家发展改革委和科技部已经将我国燃气轮机市场发展的思路和对策纳入"十二五"及长期发展规划中,重型燃气轮机是国家优先发展的 10 项重大技术装备之一,是国家装备制造业重点发展的领域。我国燃气轮机正在形成一个"爆发性增长"的市场,同时西方国家在燃气轮机关键技术上形成的壁垒将被逐一攻破。

2. 氢燃气轮机正进入快速发展阶段,但存在技术瓶颈

燃气轮机的燃料类型具有多样化和清洁化的特点,可选燃料包括煤化气、天然气、氢气或氨气等。

由于在《巴黎协定》框架下各个国家纷纷将碳中和提上议程,传统发电用大型天然气燃气轮机市场正不断萎缩,而氢能的蓬勃发展将为这些工业巨头重新找到新的市场立足点。2019 年以来,三菱日立动力系统(MHPS)公司、通用电气(GE)发电公司、西门子能源公司和安萨尔多能源公司等纷纷加速开发可燃烧 100%氢燃料的大功率燃气轮机,使得氢燃气轮机步入快速发展阶段。

1970 年以来,MHPS 公司已经制造了 29 台燃氢燃气轮机,它们燃烧的燃料氢含量为 30%~90%,总测试时间超过 3.5×10^6 h。该公司设法解决的一个主要技术难点是如何在氢气燃烧中减少 NO_X 的排放,同时又不降低效率。而

且与天然气相比,氢气的火焰传播速度更快,因此该公司还一直在如何降低较高氢气燃料比例中容易出现的燃烧振荡和"回火"(逆火)风险的问题上组织技术攻关。

据公开信息报道,德国西门子公司即将推出 25～50 MW 的氢燃气轮机技术。要解决的技术问题仍是关于 NO_x 排放的挑战和回火风险控制,此外就是应对高温氢燃料燃烧所需的燃烧室和材料。西门子已经取得了一些成果,在新型燃烧室制造中使用了增材制造(3D 打印)技术。

燃气轮机市场竞争激烈,环保要求也日趋严苛,在西门子、GE 和三菱等巨头都看好氢燃气轮机的情况下,韩国斗山重工公司也开始开发氢气燃气轮机,并希望建立其氢燃料供应设备业务(图 6.23)。2020 年 5 月,韩国斗山重工公司利用自己的技术开发用于 5 MW 燃气轮机模型的 100% 燃氢燃烧室,并且还与韩国机械材料研究所(KIMM)进行了合作,开发用于 300 MW 燃气轮机的燃氢双燃料燃烧器。该公司 2022 年计划在其昌原工厂内建成一座氢液化厂。该设施将生产蓝氢,以供将来氢燃气轮机的使用。

图 6.23 韩国斗山重工公司氢气燃气轮机

3. 氨燃气轮机方兴未艾，未来可期

氢的一些技术挑战包括自动点火闪回、热声效应、更高的火焰温度和由此产生的 NO_x 排放。同时，从 100% 天然气到 100% 氢气，在设计上也面临着很大的挑战（如氢气需要更大的管道尺寸来处理涡轮增加的流量，以提供相同的功率）。而氨燃气轮机有望在一定程度上避免上述问题的发生，因此学界和工业界正越来越重视氢氨混合燃料燃气轮机或纯氨燃气轮机的研发。

20 世纪 60 年代，人们曾尝试用氨作为燃气轮机的燃料。然而由于成本等原因，在开发初期，对氨燃料燃气轮机的研究很少。近些年，寻求无碳替代能源载体的需求使人们对氨燃气轮机重新产生了兴趣。

（1）理论研究。

近些年有来自多个研究中心的关于氨燃气轮机的研究成果，包括卡迪夫大学燃气轮机研究中心（GTRC）的高压光学室燃气轮机（HPOC），沙特阿拉伯阿卜杜拉国王科技大学（KAUST）的高压操作设施和独特的测量技术，以及日本东宫大学与国家先进工业科学技术研究所（AIST）合作，涉及微型燃气轮机（Micro Gas Turbine，MGT）等。这些成果对燃气轮机中氨燃烧技术的相关问题进行了多方位的阐释，并提出切实可行的补救措施。所有这些研究的主要目标是解决实际问题，促进燃气轮机从使用化石燃料向使用氨过渡。

2014 年，Karabeyoglu 等人开发了一个燃气轮机试验台，并使用预燃器系统进行了一系列试验，将氨部分裂解成氢气。研究表明，在 10% 的裂解条件下，氨燃烧可以稳定运行。同年，Iki 等人开发了一种 50 kW 的微型燃气轮机系统，能够实现煤油和氨的双燃料供应。该系统中氨提供约 10% 的热量，可以实现 25 kW 以上的稳定发电。随后在 2015 年，Iki 等人通过对燃烧室的改进，其燃烧效率可达 96%。同年，Hayakawa 等人研究了氨燃气轮机内高压火焰的拉伸极限，并观察到较高的混合压力会减少 NO 的生成。

2016 年，Ito 等人开发了一种排放可控的燃气轮机燃烧系统，该系统使用氨和天然气的混合物作为燃料。他们还利用涡流燃烧器进行了燃烧特性的实验和数值研究，在常压和贫燃料条件下测定了燃烧器废气的详细成分。结果表明，该系统在氨混合比低于 50% 的情况下，燃烧效率可达到 97% 以上。随后在 2018 年，该团队进一步研究了氨和天然气混合燃料的 2 MW 燃气轮机。结果

表明,氨适合用于大型涡轮。

2017年,Onishi 等人研究了氨-天然气组合燃料燃气轮机减少 NO_X 排放的新方法。他们对两级燃烧中低排放燃烧的概念进行了数值模拟和实验研究。结果表明,实现低 NO_X 燃烧有两种方法:富-贫燃烧以及贫燃与额外氨输送相结合。在第一种技术中,当燃料充足时,NO_X 只在主区产生,燃烧的气体在二次区由二次空气稀释。因此,主要区域 NO_X 的排放占主导地位。在第二种技术中,一段区域的稀薄燃烧状态导致二段温度和氧浓度较低。由于这些情况,燃烧室出口的 NO_X 浓度很低。这些预期的燃烧特性已经通过实验验证。实验结果表明,NO_X 的排放行为与数值计算结果基本一致。

同年,Hayakawa 等人研究了涡流数(S)为 0.736~1.27 时不同旋流器的稳定极限和火焰发射特性。如图 6.24 所示,他们研究了氨火焰在不同操作条件下的图像,以及与在同一燃烧器上产生的典型甲烷火焰的对比。对比发现,氨的火焰长度更长。他们随后比较了富贫非预混环境下氨-空气和甲烷-空气在高压下的非预混燃烧性能和排放特性。结果发现,尽管这两种燃料都能产生稳定的火焰,但这两种化学物质的特性却截然相反。氨作为燃料时,局部 NO

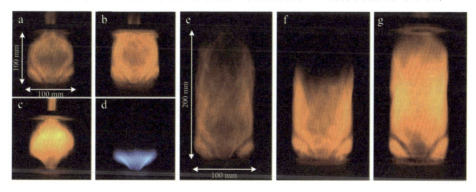

图 6.24　NH_3 火焰在不同操作条件下的图像以及与在同一燃烧器上产生的典型甲烷火焰的对比

资料来源:Elsevier。(a)氨/空气($\varphi=1.0, h=100$ mm,$U_{in}=3.14$ m/s);(b)氨/空气($\varphi=1.2, h=100$ mm,$U_{in}=3.14$ m/s);(c)氨/空气($\varphi=1.2, h=100$ mm,$U_{in}=3.35$ m/s);(d)甲醇/空气($\varphi=1.0$,$h=100$ mm,$U_{in}=3.14$ m/s);(e)氨/空气($\varphi=0.8, h=200$ mm,$U_{in}=3.14$ m/s);(f)氨/空气($\varphi=1.0, h=200$ mm,$U_{in}=3.14$ m/s);(g)氨/空气($\varphi=1.2, h=200$ mm,$U_{in}=3.14$ m/s)。

的生成取决于 OH· 的水平,而在甲烷作为燃料时,局部 NO 在很大程度上取决于局部温度。

同年,Somarathne 等人研究发现,要降低 NO 和未燃 NH_3 的排放,必须考虑压力的影响,当操作压力从 0.1 MPa 提高到 0.5 MPa 时,NO 和未燃 NH_3 的排放约从 7×10^{-4} 降低到 2×10^{-4}。随后在 2020 年,Okafor 等人对这一理论进行了更深入的研究。结果表明,需要通过两级燃烧来减少排放。

2018 年,Okafor 等人在实验和数值计算中得出结论,甲烷-氨火焰中的主要限速反应属于氨氧化路径,氨氧化路径控制 H 和 OH 自由基,这些自由基会影响燃烧速度。该研究还发现,在富氨条件下,NO 浓度随着氨氮的增加而降低。

2019 年,Liu 等人的研究发现在 NH_3-H_2 共混物中,反应物的增湿也降低了 NO_X 的排放。这一现象是由于降低火焰温度和通过 $O·+H_2O \longleftrightarrow 2OH·$ 反应来限制 $N_2+O·\longleftrightarrow NO+N·$ 反应,并增加 O· 消耗共同作用的结果。需要注意的是,火焰区温度的过度降低虽然抑制了 NO 的生成,但也可能导致火焰稳定性的损失,因此这种技术将在未来进一步优化。

2020 年,Bennett 等人的研究表明,使用非预混逆流火焰结构可以减少氨与其他燃料混燃时形成的排放。研究结果表明,在常规燃料中掺入氨具有减少 NO_X 形成的化学作用。

因此,目前学界正在对氨燃气轮机的混燃比例、燃烧性质、气体排放等方面进行积极的研究,有望通过技术的进步找到燃烧与排放之间的平衡。

(2) 日本在氨燃气轮机方面的技术较为领先。

20 世纪 60 年代,美国陆军曾委托 Solar 公司和加州大学伯克利分校研究过氨作为替代燃料用于燃气轮机,实验结果表明不论是液态氨或气态氨都不适合直接用于未经改造的常规燃气轮机,但通过扩大燃烧室容积、在燃烧室添加催化剂或氨部分裂解生成 NH_3/H_2 混合燃料能够在燃气轮机内实现高效燃烧。然而由于当时迅速发展的碳燃料燃气轮机技术,该项计划最终被放弃。Solar 公司实验所用的 T-350 燃气轮机如图 6.25 所示。

目前,大多数氨燃气轮机的工程示范集中在将氨用于大型船用内燃机和用于固定发电的燃气轮机。

图 6.25　Solar 公司实验所用的 T-350 燃气轮机

2015 年，日本国家先进工业科学技术研究所（AIST）首次实现 70%煤油-30%氨双燃料 50 kW 级燃气轮机发电，功率在 21 kW 时稳定输出（图 6.26）。同年，该研究所在 50 kW 燃气轮机实现了甲烷-氨混燃和纯氨燃烧，纯

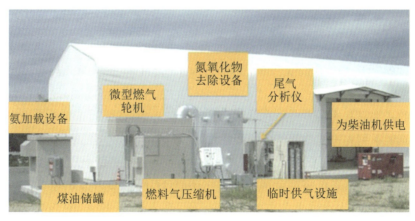

图 6.26　日本国家先进工业科学技术研究所 70%煤油-30%氨双燃料 50 kW 燃气轮机

氨煤燃烧时最大输出功率达到 44.4 kW,效率与混燃时并无差异(图 6.27)。之后他们在 2017 年开发出二代燃烧器,降低了尾气中 NO_x 的含量,扩大了输出功率范围。

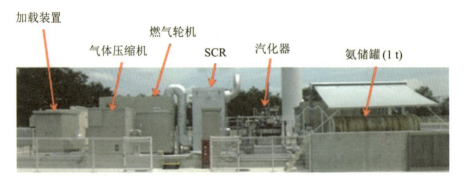

图 6.27　日本国家先进工业科学技术研究所的甲烷-氨和纯氨燃料的 50 kW 燃气轮机

2019 年,丰田能源解决方案公司成功开发出 300 kW 纯氨燃气轮机。该燃气轮机采用可提供两种燃料混燃的燃烧器,利用液化天然气(LNG)点火启动后,逐渐注入氨,成功实现了混烧发电,并进一步改进了燃烧器空气分配和燃料喷射方法,实现了纯氨燃烧发电(发电功率为 295 kW)。另外,燃烧后含有 NO_x 的排放气体通过使用脱硝装置处理,将排放量控制在 1.5×10^{-5} 以下,大大低于日本环境部的排放标准。

三菱电力(Mitsubishi Power)公司正在开发一种 40 MW 级燃气轮机,可直接燃烧 100%的氨气,这是日本最近制定的氨气燃料路线图,同时也是三菱电力的一个显著的新方向。在其"电力变革"活动中,该公司正带头开发专门针对其旗舰系列先进燃气轮机的脱碳技术,迄今为止,该公司已取得显著进展。为了解决由于氨的氮成分通过燃烧氧化而导致的 NO 生成问题,该公司的商业化燃气轮机系统将结合选择性催化还原(SCR)和新开发的减少 NO 排放的燃烧器。SIHI 公司于 2020 年 10 月开始在其横滨工厂(图 6.28)对一台 2 MW 级燃气轮机进行混燃试验,使用天然气以及 CCUS 生产的蓝氨作为燃料。该公司表示,其正在日本能源经济研究所(Institute of Energy Economics)

和沙特阿美石油公司(Saudi Aramco Oil Company)牵头的项目下进行燃气轮机测试,旨在证明蓝氨产业链的可行性。

图6.28 IHI横滨工厂燃气轮机

三菱重工业公司已开始研发100%使用氨燃料的涡轮。氨在燃烧时会产生有害的NO_X,不过如果巧妙调整空气量,则会抑制NO_X的排放。

2021年,三菱电力设计并制造出40 MW纯氨燃气轮机样机,并计划在2025年实现广泛投入使用,并引进到各个发电站(图6.29、图6.30)。

(a) 丰田能源300 kW燃气轮机　　(b) 三菱电力40 MW燃气轮机

图6.29 丰田能源300 kW燃气轮机和三菱电力40 MW燃气轮机

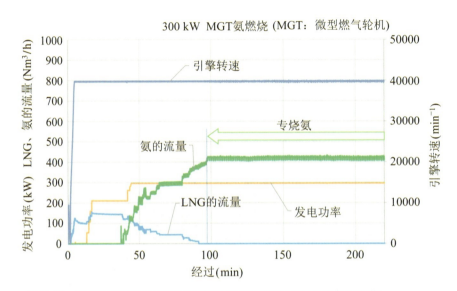

图 6.30　丰田能源 300 kW 纯氨燃气轮机燃料供给和发电功率的变化

最近，IHI 公司通过应用航空发动机技术实现了在 2000 kW 燃气轮机上成功混合 70% 液氨燃烧，并在纯液氨燃气轮机上取得了突破性进展（图 6.31）。英国卡迪夫大学也在积极开发氨-氢混合燃料的燃气轮机，数字模型模拟结果表明采用冷热电联供 CCHP 循环的第三代燃气轮机的效率达到 59%，这足以与传统化石燃料相竞争。

(a) 2000 kW 级燃气轮机(IM270)　　　　(b) 氨供给系统

图 6.31　IHI 公司的液体氨与天然气混烧的 2000 kW 级燃气轮机（IM270）和氨供给系统

4. 氨燃气轮机将成为未来绿色能源经济的关键技术之一

氢被认为是清洁的燃料,然而在氢储运环节的瓶颈未打通之前,作为氢能补充的氨能的终端应用都将存在市场空间。因此,开发以氨燃料为主体的燃气轮机电力或动力系统仍将具有较好的应用前景。氨燃气轮机与氢燃气轮机相比有以下几个优势:更好的安全性、更大的可操作性范围、更大的功率输出和更低的 NO_x 排放(低于 8×10^{-5})。

含蒸汽喷射的氨燃气轮机将成为未来的研发与应用热点之一。结合新的氨燃烧系统和三联发电的概念,氨作为冷却流体、动力燃料和加热气体,在燃气涡轮中可实现较理想的布雷敦循环。实验数据表明,与基本涡轮机设施相比,总效率显著约提高 59%,高于大部分化石电厂。

氨作为共烧燃料也是未来的发展趋势。一般认为氨具有较低的燃烧速度、较高的点火能量、较窄的可燃性范围和较低的火焰温度。因此,在燃烧装置中,为了克服使用纯氨的缺点,双燃料混燃法常常是一种选择。不含碳的氢被认为是改善氨气燃烧的理想促进剂,它不仅可以从裂解氨中得到,并且燃烧速度相对较高,可燃性范围较大。实验表明,一般情况下,氢与氨混燃不仅可以提高氨的燃烧性能,而且可以大大降低 NH_3 和 NO_x 的排放量。不同条件下 NH_3 和 NO 在非预混 NH_3/气火焰中的球形等效比分布如图 6.32 所示。

未来的氨燃气轮机将从军用逐渐向民用、航空航天领域转变。早期,美国陆军对氨作为喷气推进的替代燃料进行了大量的研究。近十年来,固定性燃气轮机用氨共混物的研究取得了显著进展。随着各种研究小组将重点放在氨燃气轮机上,预计当前的许多问题将在接下来的十年中得到解决。此外,令人受到鼓舞的是,像 Reaction Engines 这样的公司最近宣布正在考虑将各种氨混合燃料用于火箭发动机,创造了氨作为航空燃料的可能性。

在国家"双碳"目标下,氨混燃气轮机将在新型电力系统中发挥关键支撑作用:① 缓解新能源消纳困难的问题。在风、光资源丰富的地区,在大规模建设可再生能源基地的同时,配套建设电解水制氢、合成氨和燃氨燃气轮机设施,以就地消纳波动性的风、光电源。② 在电力系统中发挥调峰的重要作用。氨能与氢能互为补充,尤其在跨季节长时间储能方面具备独特优势。氨能燃气轮机的输出功率稳定可靠,因其启动速度快(5~10 min)、调峰深度大、负荷调峰速

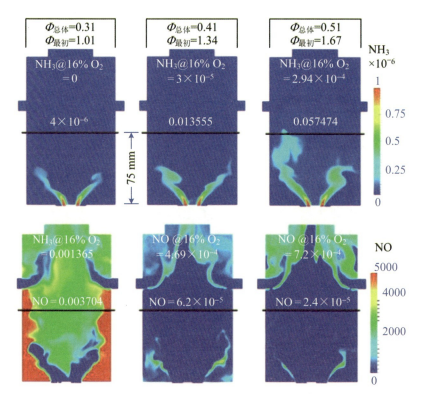

图 6.32　不同条件下 NH_3 和 NO 在非预混 NH_3/气火焰中的球形等效比分布

度快,既可以承担电网的基本负荷,又有优异的调峰能力。③ 保障电力系统安全稳定运行。一个国家的电力供应频率稳定性是体现这个国家工业水平的重要标志之一。作为同步机电源,氨燃气轮机由于其具有电压相应快、转动惯量大的特征,在保证电力系统稳定方面具有独特的优势,可为整个系统提供必要且稳定的频率支撑和短路容量支撑,从而对电网的稳定发挥着关键的作用。④ 可以大规模消纳绿氨产能。燃气轮机兼容不同含氨工质、兼容劣质氨,对氨的纯度要求不高,可以降低制氨、储运氨的成本。⑤ 电力系统配套基础设施完整成熟,燃气轮机技术成熟可靠,不需要重新建设,不颠覆现有大部分电力产业的基础设施,不会造成火电从业人员的下岗再就业问题,社会成本低,并且固定资产投资数额远小于氢燃料电池发电。氨燃气轮机与风电、光伏发电的对比见表6.4。

表6.4 氨燃气轮机可以保障电力系统安全稳定运行(氨燃气轮机与风电、光伏发电的对比)

	氨燃气轮机	风电、光伏发电
电力保障	提供稳定可靠的电力供应,满足系统高峰负荷的需求	提供间歇性、波动性电力,无法参与电力平衡
调峰特性	可作为电网的主力调峰电源,调峰深度大,调峰速度快	需要调峰电源为其提供调峰服务
系统短路容量支撑能力	作为同步机电源,可以为系统提供短路容量和支撑能力	无法向电网提供短路容量支撑
系统频率支撑能力	频率支撑能力强,可增加系统惯量,参与电网的一次调频和二次调频	频率制程能力弱,其间歇性、波动性做功的特征可能会引发系统频率波动
谐波	基本不产生谐波	并网逆变器产生谐波
次同步振荡	同步机电源,可以抑制次同步振荡	易发生次同步振荡
碳排放	随着掺氨比例的增加,碳排放逐步减少	不产生碳排放

6.3.4 氨作为燃料在工业、电力、交通、民生等领域的潜力巨大

6.3.4.1 氨燃料工业炉燃烧

工业和住宅用能是能源消费的重要组成部分,占世界能源消费总量的50%以上。随着能源密集型设施的不断增加,这一比例逐年增长。在工业领域,一次能源仍然是煤、石油、天然气,只有很小一部分来自可再生能源。锅炉是重要的能源转换设备,也是能源消费大户和主要的大气污染源。我国锅炉以燃煤为主,燃煤锅炉保有量大、分布广、能耗高、污染重,能效和污染控制整体水平与国外相比有一定的差距,节能减排潜力巨大。其中燃煤工业锅炉年排放烟

尘、二氧化硫、氮氧化物分别约占全国排放总量的 33%、27%、9%。近年来，我国出现的大范围、长时间严重雾霾天气，与燃煤锅炉区域高强度、低空排放特点密切相关。

因此，工业部门的脱碳是在不久的将来实现 CO_2 净零排放的关键一步。同时，氨是一种新型无碳能源载体的最佳候选燃料之一。

日本在氨燃料工业炉燃烧研发中取得了一定的领先优势。如图 6.33 所示，日本研究人员曾在 10 kW 试验炉中进行了比较实验。日本国家项目"跨部门战略创新推行计划（SIP）：能源载体"对 NH_3 与煤粉锅炉共烧进行了研究。在这个项目中，Yamamoto 等人用一个单燃烧器的水平试验炉研究了煤燃烧设施中 NH_3 的共烧。通过在炉内不同位置进行 NH_3 喷射，发现 NO 排放受喷射位置的影响最小，NO 排放值与燃煤情况相当。据推测，氨既是还原剂又是有效放热的燃料。

图 6.33　10 kW 试验炉

此外，在 SIP 项目中，IHI 公司成功地进行了氨-煤混燃的三维（3D）数值模拟、零维（0D）模拟和 10 MW 运行试验。Zhang 等人对 10 MW 测试进行了 3D 计算流体动力学（Computational Fluid Dynamics，CFD）分析，仿真结果与实验结果吻合较好，并对计算中使用的 NO 模型进行了改进。对于 10 MW 的装置试验，建议通过控制空气比或喷氨速度等操作条件来降低 NO 排放。此外，由于试验中未燃烧的氨排放几乎为零,供应氨几乎可以被完全消耗掉。因此,在工业锅炉中,NH_3与煤粉共烧是安全的。

6.3.4.2 火电掺氨/纯氨发电

电力作为我国碳排放占比最大的单一行业,减排效果对实现"双碳"目标至关重要。要立足我国能源资源禀赋,坚持先立后破、通盘谋划,传统能源逐步退出必须建立在新能源安全可靠的替代基础上。要加大力度规划建设以大型风光电基地为基础、以其周边清洁高效先进节能的煤电为支撑、以稳定安全可靠的特高压输变电线路为载体的新能源供给消纳体系。要坚决控制化石能源消费,尤其是严格合理控制煤炭消费增长,有序减量替代,大力推动煤电节能降碳改造、灵活性改造、供热改造"三改联动"。

作为践行"双碳"战略的主力军和引领全社会系统性变革的主战场,电力企业在低碳转型中挑战与机遇并存。

挑战是可再生能源发电成本的进一步下降对现有煤电产生的威胁。现阶段新建风、光发电成本低于现有燃煤电厂的运行成本,使燃煤电厂的经济效益降低,而煤价上涨、产能过剩和环保压力的叠加更加剧了这一风险。目前中国燃煤电厂的平均利用率仅为56%,这一现状在可再生能源资源较为丰富的西北和西南地区尤为凸显(当地的燃煤电厂平均利用率仅为35%),造成巨大的经济损失和资产搁浅。

而机遇是可以通过火电掺氨/纯氨发电的形式实现电厂深度脱碳调峰灵活性转型。煤电在电力系统中的定位将从电量供应型转变为电网调节型,为电网提供惯性和频率控制等,以促进和保障可再生能源的发展。氨能易储运、零碳排放、利用形式多等特点使其成为传统火电转型的关键媒介。在灵活性转型的过程中,逐步将动力的来源替换成绿氨,既可以像传统火电机组一样发挥灵活性支撑作用,又能很大程度上降低自身的碳排放,有望在未来电力系统中起到"压舱石"的作用。同时,对于火电厂自身的效益和发展来说,这一举措可以减少燃料开支、达到减排指标、积累碳交易权、拓展新的业务。

1. 煤电掺氨发电改造具有一定的经济性,并可以有效降低排放

煤电是我国目前最主要的发电方式,在总发电量中火电占比常年在70%左右,其中煤电约占90%,气电约占10%,电力CO_2排放量占我国总排放量的

34%。通过氨-煤混燃减少煤的使用率,无疑对我国实现"双碳"目标意义重大。

多数火电厂氨的储存和供应基础设施很完善,这也是在火力发电厂将氨作为燃料的一个优势。多数火电厂采用氨气作为尾气处理的一种还原剂,在厂区内配有相应的设施(如储氨罐、卸氨压缩机、液氨蒸发器、氨气缓冲槽、水喷淋降温系统、氨气管道、液氨管道等),并具备相应的资质。仅需要在原有系统的基础上稍加改造,便可实现氨-煤混燃,建设成本和开发难度均最低。因此火电厂转向利用氨能的改造较为方便。3 种不同发电形式的对比分析见表 6.5。

表 6.5 对比分析 3 种不同的发电形式

类型	规模	分布式发电	发电/联产效率	CO_2 排放	建设成本	开发难度
燃煤电厂	大型	否	37%/—	有	低	低
燃气轮机	中小型	是	34%/60%	无	高	中
燃料电池	中小型	是	60%/87%	无	高	高

下面对煤电掺氨燃烧以及氨燃气轮机发电进行成本和减碳效益方面的竞争力计算。表 6.6 对比了一个 3×10^5 kW 机组纯烧煤、掺 20% 商品氨(棕氨/灰氨)、掺 20% 绿氨(按第 3.2.4 节中的出厂价加上第 5.2.2 节中计算的运输成本)的每小时成本。

表 6.6 火电厂掺氨燃烧成本对比(不包含碳价)

类别	纯烧煤	掺 20% 商品氨	掺 20% 绿氨
消耗燃料	103 t(标准煤)/h	82.4 t(标准煤)/h 28.8 t(NH_3)/h	82.4 t(标准煤)/h 28.8 t(NH_3)/h
燃料单价	1680 元/t	液氨市场价 4500 元/t	绿氨成本价(含运输成本)1900 元/t
成本	17.3 万元/h	26.8 万元/h	19.3 万元/h

可以看出,掺商品氨燃烧会使得成本上升 55%,这也是至今没有火电厂会掺氨发电的原因。相比而言掺绿氨的情况下燃料成本仅上升 11%,考虑到其减碳效益,成本的上升是可以接受的,使得火电厂掺氨燃烧发电变为可能。发

电行业是首批被纳入全国碳排放配额管理的行业。在计入碳价的情形下,当碳价上涨之后,成本的差异会进一步缩小,甚至掺氨燃烧会出现正向经济性。

除了掺氨燃烧,氨燃气轮机由于其效率高、无碳排放等优点有望成为火电厂发电的终极模式,而煤电燃烧器掺氨燃烧只是近期产业转型过程中的一种过渡形式。氨燃气轮机与其他发电机组的燃料成本对比见表6.7。

表6.7 氨燃气轮机与其他发电机组的燃料成本对比(不考虑碳价)

类别	煤燃烧器+蒸汽轮机发电	天然气燃气轮机+废热锅炉蒸汽轮机发电	氨燃气轮机+废热锅炉蒸汽轮机发电
消耗燃料	103 t(标准煤)/h	39 t(天然气)/h	75 t(NH_3)/h
效率	36%	60%	69%
燃料单价	1680 元/t	6300 元/t	液氨成本价(含运输成本)1900 元/t
成本	17.3 万元/h	24.7 万元/h	14.2 万元/h

可以看出氨燃气轮机同时具有燃料成本低、效率高、无碳排放三方面优势。使用氨作为燃料的减碳效益明显。各种发电方式碳排放对比见表6.8。

表6.8 各种发电方式碳排放对比

类别	煤燃烧器+蒸汽轮机发电	煤燃烧器(掺20%棕氨/灰氨)+蒸汽轮机发电	煤燃烧器(掺20%绿氨)+蒸汽轮机发电	天然气燃气轮机+废热锅炉蒸汽轮机发电	氨燃气轮机+废热锅炉蒸汽轮机发电
消耗燃料	103 t(标准煤)/h	82.4 t(标准煤)/h 28.8 t(棕氨/灰氨)/h	82.4 t(标准煤)/h 28.8 t(绿氨)/h	39 t(天然气)/h	75 t(NH_3)/h
碳排放量	268 t/h	272 t/h(含棕氨/灰氨生产过程碳排放)	214 t/h	74 t/h	0 t/h

一方面，按每个 3×10^5 kW 机组年平均利用小时数为 5356 h 计算，30 GW 光伏年绿氨产值可供 75 个 3×10^5 kW 机组掺 20% 氨发电，每年可以减少碳排放 2.169×10^7 t，相当于 2020 年全国碳排放量的 2.2‰。

另一方面，30 GW 光伏年绿氨年产值可供 29 个 3×10^5 kW 机组氨燃气轮机发电，相较于天然气发电每年可以减少碳排放 1.149×10^7 t，相当于 2020 年全国碳排放量的 1.2‰；相较于燃煤发电厂每年可以减少碳排放 4.163×10^7 t，相当于 2020 年全国碳排放量的 4.2‰。

通过计算可以得出，在现阶段动力煤价格猛涨的背景下，火电厂氨能利用转型具有一定的经济性，更重要的是，采用氨代替化石燃料的减碳效益十分突出，将有助于电力行业的绿色转型，为实现"双碳"目标提供强劲推力。

2. 在氨发电技术方面，日本处于领先地位，中国正奋起直追

在氨发电技术方面，日本处于领先地位，这可能是因为日本能源资源匮乏倒逼的，因此日本政府也计划持续加大支持力度。日本经济产业省将从促进脱碳技术开发与普及的国家基金中，抽调 700 亿日元，致力于在 2030 年确立 100% 氨发电技术，并在 2040 年实现其实用化。日本也计划在 2030 年前淘汰效率低下的煤电。日本目前还有 150 座火力发电厂，占电力来源的 32%。另外，因火力发电具有对电网安全与稳定性的调节与保障作用，到 2030 年也会保留占电力来源 19% 的火力发电。因此，为了在 2030 年前实现对煤电的淘汰，氨发电的实用化迫在眉睫。燃煤火力发电厂掺氨降碳改造如图 6.34 所示。

2018 年，日本水岛发电站 2 号燃煤发电机组（冈山县仓敷市，额定输出功率为 15.6 kW，见图 6.35）利用厂区原本用于脱硝装置的氨设施，在天然气管道接入了氨管道，掺入了占总燃料量 0.6%～0.8%（质量分数）的氨，完成了时长 7 天的氨-煤混燃的小规模初步实验，实验示意图如图 6.36 所示。结果发现电厂效率维持不变，CO_2 排放有所下降，并确认了 NO_X 值也与煤炭专烧时没有太大差异，在环境标准值内。经计算该电厂如果全年掺入 0.6%（质量分数）的氨燃烧，每年将减少 4000 t CO_2 的排放。该实验在日本得到了广泛的关注。

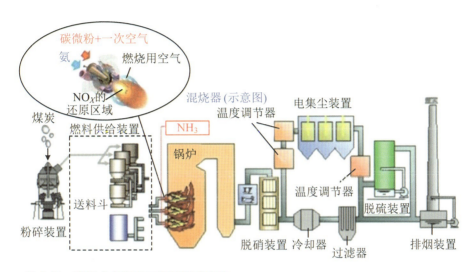

图 6.34 燃煤火力发电厂掺氨降碳改造

图 6.35 日本水岛发电站

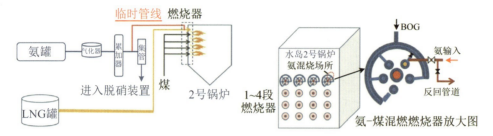

图 6.36　日本水岛发电站氨-煤混燃实验示意图

2018年,日本电力工业中心研究所在 760 kW 小型卧式粉煤炉中进行了中试,研究了掺氨量和掺入位置对 NO_x 和未燃碳的影响,结果发现掺入 20% 的氨并未影响锅炉的燃烧效率,同时生成的 NO_x 有所降低(图 6.37)。实验表明,氨既可作为 NO_x 还原剂,又可作为放热燃料,证明了氨-煤混燃直接减少 CO_2 排放的巨大潜力。

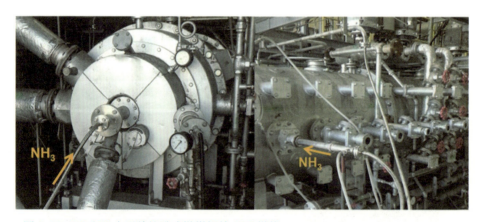

图 6.37　760 kW 小型单炉卧式燃煤锅掺 NH_3 燃烧

IHI 公司成立于 1853 年,曾名为"石川岛播磨重工业",是日本一家重工业公司,同时是重要的军事防务品供应商。2019 年,IHI 公司分别在 10 MW 和 1000 MW 原有装备旋流式粉煤燃烧器的燃煤锅炉中进行了掺氨 20% 的燃烧实验,燃烧器区由混合区、再循环区、火焰区、火焰后区和还原区组成,结果预期燃煤用量和 CO_2 分别降低了 20%,旋流式氨-煤混燃燃烧器如图 6.38 所示。

2020 年，IHI 公司又在 1.2 MW 的燃煤热电炉实现了掺氨 35% 燃烧。

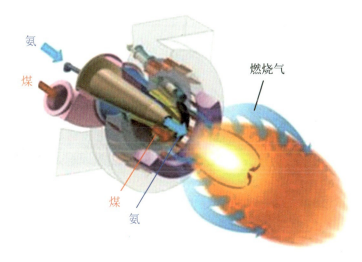

图 6.38　旋流式氨-煤混燃燃烧器

日本于 2021 年 10 月开始进行氨发电的实证试验。由东京电力控股公司和中部电力公司共同出资的 JERA 公司，与大型机械制造商 IHI 合作，在日本最大的燃煤火力发电站——碧南燃煤火力发电站（发电功率为 8×10^6 kW）进行了该发电规模下的世界首次燃烧实验，碧南燃煤火力发电站 4 号机组改造示意图如图 6.39 所示。JERA 和 IHI 公司计划首先从少量的混烧开始，到 2024 年度将氨的混烧比例提高到 20%，在 2024—2025 年进行时长 1 年的掺氨 20% 实验，以减少 CO_2 的排放，并计划在 2050 年完成纯氨燃烧，实现 CO_2 零排放，以达成 2050 年日本的碳中和目标。

IHI 公司还采用数值分析和实验测试相互结合的方式解决技术问题，如图 6.40 所示。他们对火力发电厂氨燃烧稳定火焰和降低燃料氮氧化物的燃烧室进行数值模拟和优化设计。他们得出的结论是：① 通过控制二次风的旋流可以实现稳定的火焰；② 20% 氨气共烧时 NO_X 浓度与煤燃烧条件相同；③ 废气中 NH_3、N_2O 未达到检测限。他们计划于 2030 年目标发展 100% 纯氨燃烧技术——实现拥有无二氧化碳排放的发电厂。

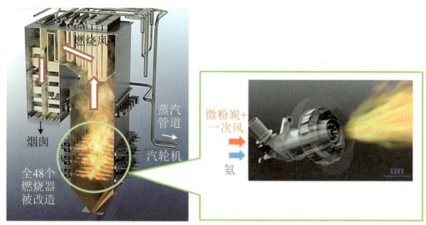

(a) 发电用锅炉　　(b) 氨-煤混燃燃烧器概略图
(通过对现有的燃烧器进行一部分改造)

图 6.39　碧南燃煤火力发电站 4 号机组改造示意图

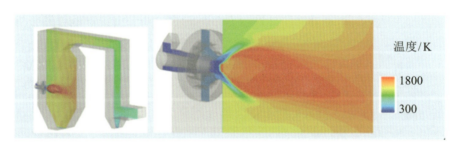

图 6.40　火电掺氨燃烧数值模拟

除日本外,马来西亚、韩国等国也在对燃煤发电氨共烧项目进行可行性研究。

在中国,2022 年 1 月 20 日,位于山东省烟台市开发区的烟台龙源电力技术股份有限公司研发的世界首个燃煤锅炉混氨燃烧技术工业应用项目成功投运,并顺利通过中国电机工程学会与中国石油和化学工业联合会组织的技术评审,在国际上首次实现 40 MW 等级燃煤锅炉氨混燃比例为 35% 的中试验证,标志着我国燃煤锅炉混氨技术达到世界领先水平(图 6.41)。

图 6.41　烟台龙源 40 MW 燃煤锅炉混氨燃烧顺利达到 35% 比例

2021 年 9 月 23 日,合肥综合性国家科学中心能源研究院与安徽省能源集团有限公司(简称皖能集团)在皖能铜陵发电有限公司举行"安徽能源协同创新中心"揭牌仪式,并同步启动氨能利用发电项目。2022 年 4 月 27 日,由上述两个单位共同研发的国内首创 8.3 MW 纯氨燃烧器在皖能股份铜陵发电有限公司 300 MW 火电机组一次性点火成功,并稳定运行超过 2 h。点火成功意味着我国首次在百兆瓦级的在运行燃煤发电厂上实现氨-煤混燃,标志着我国氨能综合利用发电技术取得了关键性进展,这对全国火力发电厂实现 CO_2 减排具有里程碑的意义。皖能铜陵发电有限公司俯视图及其掺氨发电规划如图 6.42 所示。2021 年 11 月,合肥综合性国家科学中心能源研究院还与安徽理工大学以及淮北矿业(集团)有限责任公司达成合作意向,计划于淮北市临涣工业园区试点废弃矿坑架设光伏→制氢→合成氨→掺氨燃烧发电试点工程。

由于我国发达的电网、较低的电价和较高的氨价,短期内掺氨发电经济效益低,且国家在这方面尚未有政策支持,缺乏顶层设计。然而在化石燃料价格的持续上涨,以及绿氨成本的逐渐压低,叠加碳价上升以及环境保护政策的倒逼等因素的共同作用下,从长远的眼光看没有碳排放的氨在发电领域将具备经济效益。

除了可以被大量应用于传统火电厂(蒸汽轮机)降碳改造,氨还可以作为燃

图 6.42　皖能铜陵发电有限公司俯视图及其掺氨发电规划

料电池和燃气轮机发电的燃料。氨燃料电池的效率最高且无 CO_2 排放是最理想的发电方式,适用于家庭和社区的热电联产,相比于传统集中式发电系统回收利用了热量,能量利用效率达到 60% 以上。在氢燃料 AFC 或 SOFC 前添加氨裂解装置就可以用氨作为燃料,改造难度较低。但目前我国燃料电池技术与国外相差巨大,开发难度较大。燃气轮机是效率最高的功-热转换设备,广泛应用于电力生产行业,其发电量约占全球发电量的 22%。我国燃气轮机发展与国外有一定的技术差距,但随着国家政策支持,该技术不断发展并逐渐缩小与国外的差距,目前已具备 5 MW 以下燃气轮机自主研发的能力,对现有技术进行了整合,能够快速开发出轻型氨燃气轮机。

6.3.4.3　氨能汽车

正如氢能大面积推广先从交通领域开始一样,对氨燃料的使用,交通领域也可以成为先行"试验田"。

传统燃油汽车不仅消耗了大量不可再生的石油资源,也造成了大量的碳排放。汽车是碳排放的一个重要来源,主要来自发动机中燃烧的汽油或柴油。汽油和柴油的碳排放量不同,汽油发动机每升排放 2.35 kg CO_2,而柴油发动机每升排放 2.69 kg CO_2。道路上的汽车数量每年都在增加，因此碳排放仍然是一个日益严重的问题。我国汽车保有量增长迅猛。根据公安部最新统计，截至 2022 年 3 月底，全国机动车保有量达 4.02 亿辆，其中汽车 3.07 亿辆。近几年新注册汽车数目均大于 2000 万辆，2022 年一季度全国新注册登记机动车数量就高达 934 万辆。假设目前道路上的普通汽油车的燃油效率约为每升汽油行驶 52 km，每年行驶约 7188 km，则每辆车每年就要排放 6 t CO_2。

发展新能源汽车是缓解燃油供需矛盾、减少尾气排放、改善大气环境、促进汽车产业技术进步和优化升级的重要举措。目前，世界多国已经出台了燃油车禁售的计划（图 6.43）。氨能汽车有望成为新能源汽车的备选方案之一。

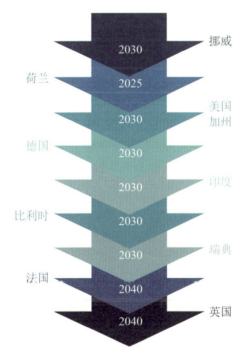

图 6.43　有关国家及地区计划禁售燃油车的时间

由可再生能源产生的绿电和绿能将在未来汽车工业中发挥重要作用。当前新能源车辆（纯电动、氢燃料电池等）的发展得到了很大的提升，然而电池和氢燃料电池成本高及其关键部件与材料难以自主提供等问题，在短期内仍难以克服。纯电动汽车存在电池自重的问题。以锂离子电池能量密度 200 W·h/kg 计算,400 kW·h 电池自重为 2 t;如果用铅酸电池,电池自重将达到 3~5 t。此外充电速度慢、废旧电池处理也是需要解决的问题。因此,能量密度和充能速度更胜一筹的内燃机仍然是短期内不可替代的汽车动力源,取代碳氢化合物作为内燃机燃料的一个潜在的候选者是氨。

在乘用车等车辆自重不是关键问题的市场,纯电动或混合动力将占据主要份额;而在货车等车重/载荷比低的应用场景中,使用氨作为燃料替代传统的汽油、柴油或者天然气等含碳能源具有吸引力,而且从使用成本上也具有极高的竞争力,市场前景和发展趋势良好。

按照动力来源的不同,氨能汽车可以分为氨内燃机汽车和氨燃料电池汽车。而按照汽车的类型来分,氨能汽车又可以分为氨能中、小型汽车以及氨能重型/工程用汽车。

1. 理论研究

1822 年,Goldsworthy Gurney 等首次提出并开发了火车用氨燃料驱动发动机。在 20 世纪 40 年代,第二次世界大战中的盟军摧毁了德国的炼油厂和储油库,导致了严峻的石油库存危机,此时氨被作为装甲战车和军用车辆燃料的重要替代品,自此氨作为燃料正式登上历史舞台。1941 年,比利时 A. Macq 提出将氨作为燃料应用于发动机,并将氨燃料成功应用到从轻型到重型的各种车辆上。在之后的几十年中,以氨为发动机燃料的研发进展迅速,逐渐发展了压燃/点燃、双燃料/单燃料的发动机类型(表 6.9)。

表 6.9 发动机燃烧方式、燃料类型

燃料类型	点火方式	代表研发单位
碳基双燃料	火花点燃	意大利 Bigas International and the SAVIA coalition(汽油) 中国厦门大学(甲烷、甲醇) 韩国 KIER(汽油)
	压燃	加拿大 Sturman Industries(柴油) 美国 Iowa State University(柴油、DME) 加拿大 Hydrofuel(柴油)

续表

燃料类型	点火方式	代表研发单位
氨+氢	点燃	美国 Iowa State 韩国 KIER 加拿大 Hydrofuel 日本 Toyota 美国 Hydrogen Engine Center

只有少数研究探索了用纯氨作为发动机燃料的可能性。小池等人首先证明,对于 14∶1 的压缩比增压条件下的发动机可以在高负荷下使用氨气作为燃料,但转速只有 800 r/min。Lhuillier 等人证实,在目前的 SI 发动机(压缩比为 10.5∶1)中,在满载 1500 r/min 时使用氨作为燃料是可行的。Mounaïm-Rousselle 等人通过一系列实验总结发现,在较低负荷(即进气压力低于大气条件)下使用纯氨运行发动机也是可能的,然而,必须对燃烧室进行剧烈的加热以增强稳定的条件。Lee 等人还研究了一种压缩比为 35∶1 的高压缩比的部分预混充电燃烧策略,其进气温度适用于不需要其他燃料的纯氨燃烧。

2. 示范项目

1933 年,挪威 Norsk Hydro 能源公司将一款小型卡车改造为氢动力汽车(图 6.44)。这种卡车上载有用来提取氢气到内燃机中的氨气裂解装置。

图 6.44　1933 年 Norsk Hydro 开发的氨氢改装车

1960年，美国军方资助了一项能源站计划以发展可替代能源体系来应对将来的燃料储备问题，计划中燃料包括氢、氨、联氨等，并在单缸Waukesha发动机上进行了测试，测试结果证实氨作为燃料替代化石能源具备可行性。路基氨发动机研制历程见表6.10。

表6.10　路基氨发动机研制历程

时间/开发者	发动机类型	燃料类型	测试结果
1967年，Pearsall和Garabedian	CI和SI	CI:柴油＋氨	成本高，军事用途可行
1968年，Starkman等	SI	氨部分裂解为氢、氮	70%～77%功率输出
2013年，Marangoni Toyota	赛车	氨、汽油	2800转内氨燃料，2800转以上汽油直喷
2014年11月，HEC公司	拖拉机	氨＋氢	—
2014年，KIER	SI	氨＋汽油	70%氨(热值)＋30%汽油(直喷)
2018年，Ezzat和Dincer	SI	氨＋氢	氨在线电化学分离制氢

2015年，意大利DESTEC Stefano Frigo等成功开发出装载氨氢混合燃料内燃机的增程式混动垃圾运载车(图6.45、表6.11)。

(a) 垃圾运载车

(b) 发动机

图6.45　意大利氨氢混合燃料垃圾运载车及其发动机

表 6.11　意大利氨氢混合燃料垃圾运载车发动机参数

类型	Lombardini LGW523MPI
排量	0.505 L
冲程	62 mm
缸径	72 mm
压缩比	10.7∶1
冷却系统	水冷
阀门	每缸 2 阀
最大功率(汽油)	21kW@6000 r/min
最大扭矩(汽油)	39N@2200 r/min
怠速	1100 r/min
质量	49 kg

在中国,2021 年 9 月,在合肥综合性国家科学中心能源研究院院长李建刚院士与氢能源和氨应用研究中心主任丁军研究员的引领和指导下,氨燃料内燃机项目组充分利用中国科学院等离子体物理研究所多年发展积累的深厚底蕴和优势力量,攻坚克难,解决氨燃料点火能量高、燃烧速度慢、燃烧特性差等关键瓶颈,成功研发出世界上第一台以低温等离子体为核心技术的氨能发电机和氨能重卡(图 6.46)。

2022 年 6 月 8 日,由一汽解放自主设计研发的重型商用车缸内直喷氢气发动机成功点火并稳定运行。这款氢气发动机属 13 L 重型发动机,运转功率超 500 马力,同级排量动力最强,指示热效率突破 55%。本次发布的氢气直喷发动机所基于的零碳氢基内燃动力孵化平台,具备氢气单燃料缸内直喷、氢气单燃料缸内和气道混合喷射、氨气和氢气双燃料喷射能力,可灵活转化成氢气、氨气等净零碳燃料产品,具备在不久的将来实现氢、氨双燃料发动机点火的实力。

2022 年 6 月 30 日,玉柴 YCK16H 氢氨混燃内燃机在广西玉林成功点火。

图 6.46　世界上第一台以低温等离子体为核心技术的氨能发电机和氨能重卡

该款发动机排量达 15.93 L，最大可达 560 马力，为氨单一燃料、氨氢混合燃料应用提供良好的技术平台。YCK16H 采用了高可靠性燃料喷射系统技术、电驱式闭式再循环技术、先进废气再循环技术，避免了氨内燃机着火困难、燃烧不稳定等问题的发生。

3. 发展氨内燃机汽车是可行且必要的

氨作为一种燃料可以替代传统汽油和柴油、天然气等，在乘用车市场其竞争主要来源于传统化石燃料车（如汽油、柴油、天然气）和新能源电动汽车（纯电动、混合动力、燃料电池等）。在国家"双碳"的背景下，汽油、柴油、天然气等传统化石燃料车在市场中将会逐渐减少；燃料电池目前的价格还很高（比传统内燃机高 10 倍），而且其核心部件和材料（催化剂、离子交换膜、碳质等）国产化程度很低，必将导致其应用推广缓慢。因此，对于陆地交通工具来说不同的工具类型均有相应的市场需求。在小型乘用车领域，氨能汽车的主要竞争者将来自纯电动和混合动力汽车。

(1) 小型、中型车辆市场(车重/载荷比高)。我国汽车市场经历了十年的快速发展,汽车保有量已超过 4 亿辆,乘用车的需求量也逐渐趋于饱和,特别是近年来城市公共交通的完善、高铁线路网的扩散、城市限行等影响造成了汽车销量处于波动下降的状态(图 6.47);同时,新能源汽车近年来发展迅速,2021 年中国新能源汽车销量为 352.1 万辆,同比增长 157.6%;中国新能源汽车产量为 354.5 万辆,同比增长 159.5%(图 6.48)。

图 6.47 2013—2021 年中国乘用车产量及其增长速度
资料来源:中国汽车工业协会。

随着新能源汽车的发展,我国的充电基础设施发展迅速。充电网络初步满足新能源汽车发展的需要,根据中国电动汽车充电技术与产业联盟的数据,截至 2022 年 1 月,全国充电基础设施累计数量为 273.1 万台,同比增加 59.1%。全国公共充电设施已覆盖近 500 个城市,建成了"十纵十横"高速公路快充网络。

因此,从市场容量和发展趋势来说,在小型或者中型乘用车市场(车重/载荷比高),纯电动或混合动力将占有相对主导权,氨燃料作为替代能源用于小型或中型乘用车市场在短期内不具备竞争力,但长期来看,氨燃料汽车的占比将逐渐提升。

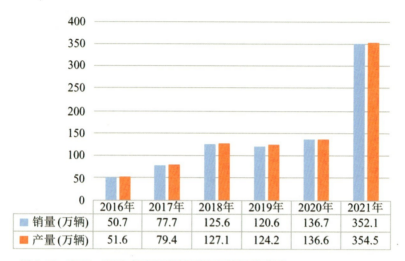

图 6.48　2016—2021 年中国新能源汽车销量及产量
资料来源:中国汽车工业协会。

(2) 重型车辆市场(车重/载荷比低)。我国的物流和工程相关行业发展较快,这些行业对于运输方面的需求较大,这些需求反映在我国的重卡行业产销量上。2015—2020 年,我国重卡汽车产销量逐年走高,产销率总体维持平衡,总体运行在 97%～104%范围。2020 年后,由于新冠肺炎疫情的影响,网购的火热点燃了物流行业对于重卡的需求,我国也加大对于基础设施建设的投资以刺激经济的发展。2021 年,中国重型卡车产量为 139.5 万辆,销量为 130.0 万辆,产销率为 107.3%,行业供需维持平衡。按照中国汽车工业协会分类标准,载货汽车按照总质量划分为重、中、轻、微四大类,其中重量大于 14 t 为重型载货车。按照车型,重卡又分重卡整车、重卡非完整车和半挂牵引车。按照动力类型也可以分为传统燃油重型卡车、天然气重型卡车、纯电动重型卡车、混合动力重型卡车、燃料电池重型卡车以及替代燃料重型卡车,氨能重卡就是一种替代燃料重型卡车。

据测算,虽然每台氨能重卡比柴油重卡的生产成本高 10 万元,但氨能重卡每千米燃料费比柴油重卡少约 1 元,因此每年可以节约燃料费 15 万～20 万元。在"双碳"背景下传统化石能源使用受限,氨作为替代能源,具有较大的市场竞争力。氨作为重卡燃料的价格优势见表 6.12。

表 6.12 将氨作为重卡燃料的价格优势明显

发动机型号	燃料种类	发动机效率	百公里燃料消耗量(kg)	燃料热值(MJ/kg)	燃料价格(元/kg)	百公里燃料费(元)
4 L 发动机	柴油	48%	44.16	42.5	9.8	432.79
	LNG	40%	37.5	50.05	10	375.00
	液氨	40%(保守估计)	99.83	18.8	3.2	319.47
13 L 发动机	柴油	48%	37.68	42.5	9.8	369.31
	LNG	40%	32	50.05	10	320.00
	液氨	40%(保守估计)	85.19	18.8	3.2	272.61

尽管人们对氨的研究仍处于起步阶段,但氨作为发动机燃料可以解决目前困扰氢发动机推广应用的诸多技术难题,氨燃料发动机在以下几方面具有明显优势:

(1) 技术可行性。氨具有较好的理化特性,储存、运输容易,也具有发动机常用燃料的主要特点。氨可在现有发动机上使用,可充分利用已成熟的发动机技术积累,实现相对容易。

(2) 推广应用基础。氨长期以来被广泛应用于化工和农业等诸多领域,且用量大、用途广,在生产、储运、供给等各方面积累了丰富的经验并已形成体系,各种安全措施较为完善,可以很快地形成氨燃料加注网络,因而氨燃料具有良好的推广应用基础。

(3) 经济与环保。世界上大多数国家和地区的液氨单位能量价格已低于汽油,从长期走势上看,氨的价格将低于各种现有能源的最低价格。绿氨是可再生燃料,使用氨燃料可避免由某一特定能源的供应失衡而引起的价格冲击,可始终保持燃料价格稳定。

(4) 国家能源安全。氨燃料发动机的推广应用,有利于我国从现有化石能源转向可再生的天然能源,自力更生地以可再生的氨燃料来实现我国的能源自给,不仅能为我国的长治久安提供必要的物质基础,亦可从战略上确保我国的能源安全。

(5) 氨较高的能量密度允许更多的燃料储存在有限的车辆空间里。虽然氨燃料储罐的体积是汽油的 2 倍,但汽油是含碳的燃料。而相较于氢罐的庞大体积,氨燃料的优势明显。

6.3.4.4 氨能船舶

1. 背景介绍

由于独特的运力和成本优势,水运至今仍旧是世界运输业的中流砥柱。中国水运大体分为内河运输、沿海运输和远洋运输三类,其中内河运输约占全国水运周转量的 16%,沿海运输约占 32%,远洋运输约占 52%。而且,近年来随着各种交通方式的联合,"公转水""铁水联运"的推广,水运进一步发挥出了最高效能。

如图 6.49 所示,全球商船数量及运力一直保持稳定增长,2020 年 100 总吨以上的船舶已达 10 万艘,总运力升至 2.1×10^9 载重吨。目前全球造船产能

图 6.49 全球商船数量及运力增长

资料来源:克拉克森研究。

约 90% 集中在中、日、韩三大造船国。2021 年,我国造船三大指标国际市场份额继续保持世界领先,造船完工量、新接订单量、手持订单量以载重吨计分别占世界总量的 47.2%、53.8% 和 47.6%。

然而航运业是能源消耗大户和温室气体的主要排放源之一。以 2021 年为例,该年航运业估算排放约 8.55×10^8 t CO_2,约占全球 CO_2 排放量的 2.4%。为了控制航运业的碳排放,2018 年,交通运输部发布了《关于印发船舶大气污染排放控制区实施方案的通知》,全面扩大我国沿海和内河水域船舶大气污染排放控制区范围,我国对船舶排放的管控日趋严格。

因此,在全球"双碳"的背景下,航运业的绿色降碳转型是必然的。而作为航运业中占最大比重的远洋航运,更是减少碳排放的主阵地。事实上,广泛受到关注的"碳税"最初就是从欧洲的航空和航海两个领域开始的。

2010 年以来,全球船舶燃料消费量为 $2.5 \times 10^8 \sim 3.0 \times 10^8$ t/年,并逐步形成亚洲地区、欧洲 ARA(阿姆斯特丹、鹿特丹、安特卫普港口)地区、美洲地区和地中海地区四大船用油市场。根据欧佩克(OPEC)数据,由于新冠肺炎疫情的影响,2020 年全球船用燃料消费量萎缩约 5%,但亚太地区保税燃料供应逆势上扬,中国同比增长 37%,新加坡同比增长 5%。在现有技术平均水平下,船用燃料油碳含量约为 86%,1 t 燃料约产生 3.15 t CO_2。2020 年全球船运排放近 8.1×10^8 t CO_2,占全球总排放量的 2.3%。

近年来,国际公约法规对船舶排放要求日益严格。2018 年 4 月国际海事组织(International Maritime Organization,IMO)制定了海运温室气体减排初步战略要求:与 2008 年相比,在 2030 年船舶 CO_2 排放量至少降低 40%,到 2050 年降低 50% 以上;从 2020 年起,全球船舶所用燃油硫含量不得超过 0.5%,硫氧化物排放控制区域(SECA)硫含量不超过 0.1%。IMO 致力于推动在 2023 年之前确定并开始实施相关的强制性措施,并拟在后续相关立法中要求无论悬挂何种国旗的船舶都要充分和完全实施强制性措施,同时还将对船舶上强制性措施的符合性进行考核。

随着排放要求日趋严格,以清洁能源为主的绿色生态技术是航运业实现可持续发展目标的必由之路已经在业界达成共识。

中国船级社(China Classification Society,CCS)积极推进造船业、相关制

造业和航运业产业结构优化升级,促进航运企业绿色发展,提高船舶能效,降低温室气体排放,为航运业节能减排提供强有力的技术支撑。CCS 不断深耕各种绿色生态技术在船舶上的应用,包括低碳燃料 LNG、零碳/碳中和燃料电能、氢能、氨能等,可再生能源太阳能、风能等,新型动力系统与能效技术混合动力、节能装置,以期能为行业提供绿色生态综合技术解决方案,助力行业的高质量发展。

2008 年,CCS 首次启动了"绿色船舶计划",并开展新造船节能减排指标体系研究。2009 年,正式启动绿色船舶规范体系研究。2010 年,正式对外推出《绿色船舶规范》,首次界定了"绿色船舶"的概念,对造船界转变船舶设计和建造理念、提升整体竞争力、占领国际市场具有积极的指导和促进作用。2018 年,基于十九大要求以及国家提出的一系列环保政策,CCS 提出全面落实交通运输部关于船舶温室气体减排、大气污染防治、《中共中央 国务院关于全面加强生态环境保护 坚决打好污染防治攻坚战的意见》、《交通运输部关于推进长江经济带绿色航运发展的指导意见》四个专项工作方案。CCS 对《绿色船舶规范》中的绿色环保要求进行了全面梳理,对绿色船舶的要求进行重新定位,同时需要基于各种绿色技术的发展及应用实践经验,重新构建绿色船舶指标体系。2019 年底,CCS 正式推出了全新升级版《绿色生态船舶规范》,创新提出生态概念。目前,CCS 已全面建立起能效设计、能效管理、能效认证、能效评估、能效计算、能效验证以及各种新颖技术船舶应用和检验的规范体系,规范体系包括《绿色生态船舶规范》《船舶能效管理认证规范》《内河绿色船舶规范》《水运船舶碳排放核查技术规范》《船舶能效设计指数(EEDI)验证指南》《内河船舶能效设计指数(EEDI)评估指南》《船舶能效管理计划(SEEMP)编制指南》《船舶 CO_2 排放监测、报告和验证实施指南》等。新颖技术船舶应用和检验的规范包括《天然气燃料动力船舶规范》《船舶应用替代燃料指南》《纯电池动力船舶检验指南》《风帆技术应用指南》《船舶空气润滑减阻系统检验指南》《太阳能光伏系统及磷酸铁锂电池系统检验指南》等。完善的规范体系,意味着 CCS 可向客户提供全方位的能效相关服务,助力船舶全面升级,促进并引领航运业高质量发展。

2021 年,碳中和咨询公司(Carbon Neutral Consulting)的 Stephen Crolius 提出新观点,"从商业角度出发,氨是未来航运燃料的最佳选择,因为它能够帮助航运公司在绿色转型阶段实现长期财务风险最小化"。IRENA 也于 2021 年

10月发布报告,认为氨在船舶动力领域将成为清洁燃料的主力军,在商业化上氨内燃机是解决海上航运低碳化的最优途径。报告预计氨在2050年时至少占船舶燃料的50%,比液化天然气多一倍以上,而氢的占比低于2%,而且由于生物质的稀缺和高成本,届时生物甲醇和其他生物质燃油的总占比很难超过25%。

越来越多的人开始意识到,氨有望成为传统航运燃料的完美替代品,具备较强的综合竞争力(表6.13、表6.14)。其主要竞争力如下:① 如果船舶燃料全部改为氨,可以减少全球约2.3%的碳排放,氨在减少碳排放方面的竞争力是含碳替代材料无法企及的;② 与另一种零碳燃料——氢相比,液态氨体积能量密度是液态氢的1.5倍以上,供应稳定,储存运输方便,安全性更高,综合成本更低,更易于船舶携带,因此更适合在船舶上应用;③ 与重油相比,氨在内燃机中燃烧时不会产生SO_X或者颗粒排放,N_2O/NO_X排放也很有限;④ 船运行业所使用的发动机具有其独特的特点——转速较低,因此特别适合于氨这种燃烧速度比较低的燃料;⑤ 只需要将船用发动机储存燃料的油罐放大体积,即可携带等续航能力的氨燃料,只需要在之前的发动机上稍作改动即可使用氨燃料,船只改造容易;⑥ 加注容易,可以在任何时间、任何地点进行燃料加注,甚至可以利用海上的风能和太阳能自主合成氨,进行燃料补充;⑦ 价格便宜,在将来绿氨的生产成本有望低于传统船舶燃油+碳价。由此可见,氨燃料船舶具有优势和发展前景。

表6.13 各种船舶用燃料的优劣对比

动力燃料	优势	当前劣势
船用燃料油	内燃机燃烧技术成熟,市场配套完善	碳排放量大、污染严重
LNG	具有更好的抗爆性;燃烧更充分、效率更高	燃料加注和船舶续航能力受限;船舶成本增加20%~30%;低温燃料储存并损失部分运货量;甲烷存在逃逸风险;存在碳排放
甲醇	低碳、获取便利	船舶成本增加10%;燃料储存损失部分运货量;存在碳排放

续表

动力燃料	优势	当前劣势
低碳烷烃	低碳	船舶成本增加5%~10%；燃料供应受限；存在碳排放
碳中和燃料	碳中和	燃料供应受限；燃料成本很高
氢	无碳排放	燃料价格及动力系统成本很高；燃料供应受限；储存受限；存在安全问题
氨	无碳排放；改装容易；燃烧速度合适；储存方便	燃料价格目前较高；腐蚀性和毒性问题；NO_x排放问题；缺少相应的标准和法规
储能电池	无碳排放（前提是电力来源是无碳排放或碳中和的）	能量密度低；充电时间长

表6.14 提供10 TW·h能量的船用燃料的燃料量、质量和成本的比较

燃料类型	液化天然气	柴油	H_2（气态）	H_2（液态）	金属氢化物	NH_3	甲醇	电池（锂离子）
效率	58%	20%~40%	40%~60%	40%~60%	40%~60%	30%~60%	55%~60%	70%~95%
所需输入能量（MW·h）	15983	23175	15450	15450	15450	15450	15450	9758
体积能量密度（MW·h/m³）	5.83	9.7	1.4	2.36	3.18	4.82	4.99	0.30
燃料总储存空间(m³)	2740	2389	11036	6547	4858	3206	3095	32855
燃料体积占运载货物体积的百分比	2.03%	1.77%	8.17%	4.85%	3.60%	2.37%	2.29%	24.3%

续表

燃料类型	液化天然气	柴油	H_2（气态）	H_2（液态）	金属氢化物	NH_3	甲醇	电池（锂离子）
质量能量密度（MW·h/kg）	0.0142	0.0116	0.0333	0.0333	0.0006	0.0052	0.0055	0.0002
燃料总重量（t）	1123	1998	464	464	26638	2959	2792	44354
燃料重量占运载货物重量的百分比	1.68%	2.99%	0.69%	0.69%	39.81%	4.42%	4.17%	66.3%
每航次燃油价格/百万英镑	0.349	1.367	8.654	8.654	8.654	1.976	1.123	6.913

在国际视野中，氨作为海洋运输的潜在无碳燃料正引起世界各行业的兴趣。事实上，欧洲、日本、韩国、中国均已开展氨燃料船舶研发，不同国家和地区的研发路径各具特点，但欧洲主导氨燃料发动机研发。在欧盟运输部门温室气体排放总量中，航运业的排放量占了大约13%。欧盟委员会在2011年的《欧盟交通运输白皮书》中提到，到2050年实现交通运输领域碳排放量减少60%的目标。2019年12月，欧盟发布《欧洲绿色协议》，雄心勃勃地要让欧洲于2050年在全球首先实现"气候中和"，加强其工业竞争力，意欲使所有交通方式削减90%的温室气体排放。日本在2019年举办的MEPC74会议上提出了EEXI的理念，EEXI考虑了与EEDI相协调，是面向短期减排目标的强制性技术方案，旨在"以可控的技术方案实现船舶减排"，侧重于船舶自身减排性能的提升。几家大型海事公司（如曼恩能源解决方案公司、Wärtsilä、NYK、Ricardo等）都开始了重要的开发项目，以帮助将氨燃料船舶推向油轮和游轮市场。

2. 实验室研发现状

与汽车应用类似，船用双燃料或纯氨SI发动机是两个主要选择。与汽车行业不同，船舶发动机没有太严苛的空间限制，因此可以配备更大体积的NO_x

处理装置。

当船舶使用氨时,一种替代传统燃烧的方法是均匀燃烧压缩点火(Homogeneous Charge Compression Ignition,HCCI)。这个概念基于喷射混合良好的燃料和氧化剂(通常是空气)流,压缩到自燃点。因为氨的使用,HCCI在自由活塞线性发动机、发电机的压缩比(Compression Ratio,CR)高于22∶1,甚至在CR中的压缩比高达40∶1。

必须指出的是,HCCI配置对于辅助动力单元(Auxiliary Power Unit,APU)或增程发动机单元更有吸引力,因为它们的固定发动机制度限制了负载范围要求。例如,在HCCI条件下,这种燃烧模式不可能用于高负荷,因为在使用碳氢基燃料时,会产生强大的压力峰值。然而,对于APU或量程扩展器,可以选择负载来提供稳定和可控的条件。以氨为例,由于它的高点火延迟和有限的可燃性极限,在稳定、预先选定配置的中等电荷条件下,如在非常稀的混合物(计量比为0.5)中,这个问题就会消失。此外,氨的使用不会产生二氧化碳、一氧化碳、未燃烧的碳氢化合物或煤烟等排放物,这使得它在这些应用中成为一项非常有前景的技术。

此外,各种配置参数最近已经过测试,以改善氨燃烧特性。一些模拟研究的结果表明,在HCCI操作模式下,含水氨可以像无水氨一样燃烧,但压缩比略高。含水氨可能能够改善对氨的健康和安全问题,并消除对加压罐的需要。因此,在这一领域还需要进一步研究和开发,以减少未燃烧燃料,同时满足高效率和低排放的特点。

Hansen等人研究氨作为船用燃料的经济性。他们的建模结果表明,随着一些技术问题的解决,氨燃料的成本效益将愈发凸显。

Kim等人对氨用于船舶推进系统进行了详细的可行性研究。他们的工作对比了集装箱船的四种不同的氨燃料推进系统设计,并将这些设计与传统的重燃油推进系统进行了比较(经济上和环境上)。他们的结果表明,氨系统减少了84%~92%的温室气体排放,但全生命周期成本是重燃油推进系统的3.5~5.2倍。

3. 示范项目

到目前为止,只有少数航运公司宣布了他们将氨作为燃料的可能性。其中最突出的是马士基(Maersk)、日本邮船(NYK)、DFDS 和 Klaveness。同时,曼恩(MAN Energy Solutions)和瓦锡兰(Wärtsilä)等发动机制造商正在开发氨动力发动机。氨燃料船舶如图 6.50 所示.

图 6.50　氨燃料船舶

在欧洲,2017 年,C-Job Naval Architecture、Proton Ventures 和 Enviu 成立了一个联盟,通过实验室测试、试点和评估进一步研究氨和氢作为船用燃料,设计出相应的双燃料压缩点火柴油。2020 年 1 月,纽卡斯尔大学启动了一项基于少量的氢作为先导燃料氨线性发动机-发电机的全电力推进船舶项目,这一新颖的概念是由游轮制造商 Meyer Werft 提出的。

2021 年初,欧盟科研创新框架计划"地平线 2020"提供资助,计划 2023 年前在维京能源号补给船安装 2 MW 氨燃料电池。

北欧是氨能船舶开发的先驱者。芬兰船用发动机制造商 Wärtsilä、挪威海工船东 Eidesvik 以及挪威国有能源公司 Equinor 正在合作研发一艘以氨燃料电池为动力的零排放大型船舶,预计最早将于 2024 年下水,在 2030 年实现商业化。为了加速氨能船舶下水,2021 年 7 月,Wärtsilä 启动了一项主要测试项目,近日,该公司报告了令人鼓舞的结果,在典型的船用负载范围内,一台测试发动机在使用含 70% 氨的燃料时表现非常好。Wärtsilä 还与挪威航运公司

Simon Møkster 合作，探索在 LNG 燃料船舶发动机中使用氨的方法，将对使用氨作为液化天然气双燃料发动机的主要燃料进行可行性研究。Wärtsilä 也宣布支持海上零排放能源分配（ZEED）计划，计划使用双燃料和火花点火气体发动机进行初步测试，并在 2022 年发布这些系统。

挪威政府已经批准了一项 8900 万挪威克朗的资助项目，用于 Azane Fuel Solutions 公司的"氨燃料补给网络"项目。该公司将在挪威港口开发、建造和运营第一个氨燃料码头。Amon Maritime、Arena Ocean Hyway Cluster、Azane Fuel Solutions、Connect Energy 和 Yara 组成了一个研发联盟。该联盟将开发并演示用于船舶的氨燃料补给网络，说明氨作为一种无碳燃料，具有成本效益并且可以安全的分配、储存、转移和利用。

丹麦创新基金（Innovation Fund Denmark）已宣布创立研发联盟，开发用于海运的二冲程氨燃料发动机，并设计制造出一个完整的船用推进系统。德国大众旗下 MAN Energy Solutions（MAN ES）公司将领导该联盟，其他参与者包括 Eltronic FuelTech 公司、丹麦技术大学（DTU）、挪威德国船级社（DNV GL）。MAN ES 公司于 2019 年已经成功地进行了氨燃烧性初步研究，2020 年初，MAN ES 公司开始其 MAN B & W ME-LGIP 二冲程发动机氨燃料变型开发项目，2021 年该公司首台氨燃料发动机试验在哥本哈根研究中心展开（图 6.51）。该公司计划 2024 年完成 MAN B & W ME-LGIP 样机试验，其中包括实施选择性催化反应器来解决 NO_x 排放问题。

在亚洲，2020 年初马来西亚国际船运有限公司、韩国三星重工、英国劳埃德船级社和德国船机制造商曼恩能源解决方案达成合作意向，将在未来 3~4 年内进行氨燃料油轮联合开发项目，助力航运业迈向低碳化未来。日本邮船株式会社（NYK）、希腊航运、韩国船级社等也开始考虑使用氨作为零排放船舶的船用燃料。NYK 不仅考虑将氨作为船用燃料，还将把海上运输氨作为业务之一。现代 Mipo 造船公司也收到了英国劳埃德船级社要求开发氨燃料船的请求，并计划在未来 5 年内将氨燃料船推进商业化。日本政府承诺将为氢气、氨气等"零排放船舶"技术开发提供 50% 的经费补贴，最长期限为 3 年。2021 年 3 月，日本国土交通省和海运业界制定二氧化碳零排放船舶进度表，并成立燃料氨委员会。

中国同样聚焦氨能船舶的研发。中国船舶大船集团的"C-Future"液氨动

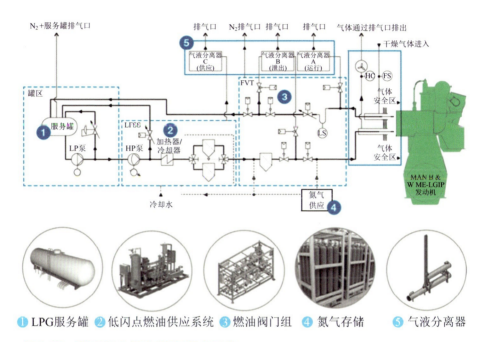

图 6.51 MAN B & W ME-LGIP 发动机

力集装箱船获得劳埃德船级社原则性批准。江苏新时代造船有限公司与希腊 Avin International 签约全球首艘氨预留苏伊士型油轮。2019 年底,中国船舶工业集团公司下属事业单位上海船舶研究设计院 1.8×10^5 t 氨燃料散货船,取得了英国劳氏船级社的原则性认可(Approval In Principle,AIP)。该船型全程采用氨燃料推进,满足主机的零碳排放要求。中国船舶集团有限公司旗下江南造船(集团)有限责任公司研发团队顺应液化二氧化碳运输的市场需求,人力投入氨燃料发动机研发,在江南造船最新一代半冷半压式 C 型舱液化气船研发的基础上,及时推出了"零碳"型氨燃料液化二氧化碳运输船设计方案,这是江南造船面向"双碳"目标的一个重要里程碑。

6.3.4.5 氨能飞行器

1. 氨能无人机

近年来,全球无人机行业保持了高速增长,特别是商业无人机领域。军用方面,无人机分为侦察机、警戒机、作战机和靶机等。民用无人机目前在航拍、农业、植保、微型自拍、快递运输、灾难救援、观察野生动物、监控传染病、测绘、新闻报道、电力巡检、救灾、影视拍摄等领域得到愈加广泛的应用。Drone Industry Insights 发布的无人机市场环境统计数据显示,从 2008 年开始,截至 2019 年,全球无人机行业已接受累计 44330 亿美元的投资金额。2021 年全球无人机市场规模约为 256 亿美元,同比增长 14%。中国无人机产销量增长迅速。截至 2021 年底,我国无人机实名登记系统注册无人机数量共计 83 万架,比 2020 年底的 57 万架增加了 44.9%。据 2022 年中国民航工作会议报告,2021 年中国无人机企业已达 1.27 万家,累计飞行时间超千万小时。无人机市场已进入爆发期。2018—2025 年全球无人机市场规模及预测如图 6.52 所示,国内无人机销售规模与同比增速如图 6.53 所示。

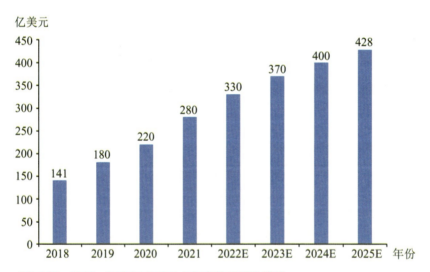

图 6.52 2018—2025 年全球无人机市场规模及预测

氨也是可行的无人机动力来源之一。俄罗斯 Reynolds 公司研发的 R500 小型无人机用氨涡喷发动机已经在喀山完成了台架试验。在标准大气条件下,该型号发动机燃油消耗量为每小时 1.24 kg/kgf,推力为 48.6 kgf,维修间隔时间为 300 h,最大起飞重量为 100~300 kg。

来自韩国科学技术研究院(Korea Institute of Science and Technology,KIST)的 Cha 等人设计了一架氨无人机。其主要由液氨罐、氨裂解器、热交换器、燃烧

图 6.53 国内无人机销售规模与同比增速

器、氨吸附柱和 1 kW 级 PEM 燃料电池组成。与使用电池的无人机仅可以飞行 14 min 相比，使用 3.4 L 液氨燃料箱的无人机飞行时间可延长至约 4.1 h。

在美国，美国 Textron Systems 公司开发了采用矢量推力技术的 X5-55 无人驾驶氨能飞行器，于 2017 年 7 月首次飞行，总起飞重量为 34 kg；无人机可承载近 2.3 kg 的有效载荷；电力功率为 50 W；飞行距离大约为 200 km。

美国 Amogy 公司开发了一种氨-氢燃料无人飞行器样机，将氨作为储存燃料，在使用时裂解成氢，为氢燃料电池提供能量（图 6.54）。该样机的各项参数如

(a) 氨燃料裂解氢无人飞行器样机　　(b) 发动机结构

图 6.54　Amogy 公司的氨燃料裂解氢无人飞行器样机及发动机结构

下:功率为 5 kW(燃料电池的 100％额定功率),系统能量密度＞650 W·h/kg 以及＞440 W·h/L,燃料-动力系统效率为 36％～38％,NH_3 裂解速率为 0.76 g/s(65.6 kg/d),产氢速率为 0.13 g/s(11.6 kg/d)。最近他们将氨能无人机的功率提升至了迄今报告的最高的 20 kW。

2. 氨能飞机

在航空工业领域中,氨完全燃烧产生的副产物为氮气和水,空气当量比约为 6.7;汽油的燃烧产物是二氧化碳和水等物质,空气当量比为 17,在燃烧时需要更多的空气。因此,在航空飞机上采用氨作为燃料可以减少因气体稀薄必须携带的液氧或压缩空气,换言之,氨能飞机可以携带更多的燃料,航程更长。

氨作为喷气式发动机燃料的研发始于 20 世纪中期。1963 年,美国航天局的 X-15 型试验机以当时人类航空史上最高时速(6.7 马赫,飞行高度 108 km)飞上高空(图 6.55)。X-15 的诞生是为了挑战飞行的极限,探索用飞机实现太空旅行的可能性。这架飞机创下了非官方的世界速度和高度纪录——1967 年 10 月 3 日,由空军飞行员威廉·J.·奈特控制,飞行最高时速达到 4520 英里/h(约 7274 km/h);1963 年 8 月 22 日,由美国宇航局飞行员约瑟夫·沃尔克驾驶,飞行最高高度约为 108 km。该飞行器的发动机是纯氨动力的液体推进剂火箭发动机 LR-99,它能够将人类推进到太空的边缘。

X-15 型试验机之后,氨燃料航空/航天器的相关报道较少。俄罗斯 Energomash 公司曾研制过采用氨-乙炔混合燃料的新型火箭发动机。2020 年,Reaction Engines 和英国科技设施委员会(Science and Technology Facilities Council,STFC)完成了一项关于使用氨作为喷气式航空燃料的概念与实用性研究。通过将 Reaction Engines 的热交换技术与 STFC 的高级催化剂相结合,他们希望利用氨能为未来的飞机制造出一种可持续、低排放的推进系统。

2021 年,雷神技术公司研发中心(RTRC)与美国能源部高级研究项目局(ARPA-E)签订 260 万美元的项目开发合同,研制以液态氨作为燃料和冷却剂的涡轮电动航空推进系统。

近几年,澳大利亚 Aviation H2 公司尝试对涡轮风扇发动机进行改造(图 6.56),并于 2022 年发布关于 2023 年实现氢动力飞机首飞的计划。经过比较,他们选择液氨作为最好的储氢燃料。预计这项设计改造成功后,现有飞机可以

(a) X-15型氨燃料试验机

(b) 发动机结构

图 6.55　X-15 型氨燃料试验机及发动机结构

直接改装成氨-氢燃料飞机,而不必购买新的飞机,这对航空公司来说具有非常大的商业价值。

6.3.4.6　氨能冷热电联供

1. 氨燃料电池冷热电三联供

冷热电三联供(Combined Cooling, Heating and Power, CCHP)是指燃气轮机、锅炉蒸汽轮机或内燃机等发电设备,在正常运行产生电力供应用户电力需求的同时,系统发电后排出的余热通过余热回收利用设备(如余热锅炉或者余热直燃机等)向用户供热、供冷。

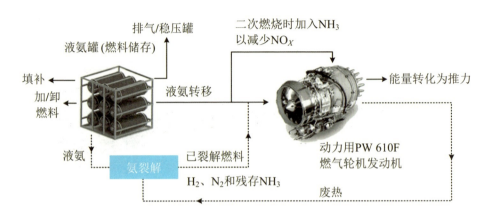

图 6.56　Aviation H2 公司的氨-氢燃料涡轮风扇发动机运行原理图
资料来源：Aviation H2 公司官网。

氨分解（吸热反应）与氨燃烧（放热反应）的结合有利于有效的热量和能量管理，有助于开发更简单的 CCHP 系统。

2. 氨水热电联供系统

在冷热电联产中的以余热发电技术中，以水为工质的朗肯循环系统是其基本形式。然而由于水的等温蒸发特性，使循环的平均吸热温度偏低，温差增大，不可逆损失增加。而以氨水混合物为工质的卡林那循环中，由于氨的沸点远比水的沸点低，在较低的温度下就处于汽化状态，因此，在中低温余热利用方面具有明显的优势。氨水动力循环在同样的条件下可比燃气蒸气联合循环的发电效率提高 14.5%～23%。近年来，国内外动力工程学界展开了广泛的研究和探讨，并取得了丰硕的成果，在卡林那循环的基础上发展起来了众多以氨水混合物为工质的动力循环或热电冷联供循环流程适用于不同应用场合，具体见表 6.15。

表 6.15　各个系列的卡林那循环的应用场景和效率比

卡林那循环系列编号	应用场合	效率比（Kalina/Rankine）
KCS-1	小型电站底部循环	32.0/26.6=1.20
KCS-2	低温地热	20.5/13.1=1.56

续表

卡林那循环系列编号	应用场合	效率比(Kalina/Rankine)
KCS-3	高温地热	—
KCS-4	复合循环	
KCS-5	直燃式	48.6/42.2＝1.15
KCS-6	联合循环底部	37.8/28.7＝1.32
KCS-7	直燃分布式循环	50.5/42.2＝1.20
KCS-8	分布式底部循环	39.0/28.7＝1.36
KCS-9	现有电站局部改型	—
KCS-12	低温地热	19.2/13.1＝1.47

最新有研究提出了一种新的氨水热电联供系统,该系统将过热卡林那循环与压缩热泵循环相结合,为用户同时提供电力和热空气,研究结果表明:

(1) 可以产生更多功率,从热源吸收更多的能量,并在分离器排出的贫氨液体中保留一些剩余能量,从而为与其他循环耦合以形成新的热电联产系统提供了许多可能性。

(2) 通过火用损失分析可知,由于换热器传热温差较大,部件火用损失最大的两部分发生在蒸汽发生器和供热装置中存在一个系统的最佳高压,将产生最大的系统火用效率。在一定范围内氨水混合物中氨的质量分数越高,系统火用效率越高。

因此,随着研究的不断深入,氨水动力循环由于其能源损耗少,余热利用效率高,可以实现能源多级利用的特性,将在热电联产中逐渐占据更大份额。而采用绿氨的氨水动力循环更是具有零碳排放的巨大环保优势,将成为绿氨作为燃料的又一重要利用方式。

3. 氨吸收式制冷

CCHP 系统动力子设备会产生大量的高温尾气,因此能够收集并利用尾气热能是能量梯级利用的核心。吸收式制冷通常采用溴化锂-水或氨-水作为工质对,以水为制冷剂,溴化锂/氨为吸收剂。但是溴化锂溶液易结晶,对金属有腐蚀性,对系统的使用寿命有一定的影响。而氨水制冷系统采用氨作制冷剂,不存在结晶现象,对系统也没有腐蚀作用。而且系统制冷温度为$-50\sim10\ ℃$,能够满足零上到零下摄氏度的制冷要求。

目前,对于吸收式制冷循环如何利用高温尾气余热制冷的研究越来越广泛。20 世纪 60 年代,我国第一台氨吸收式制冷机建成。20 世纪 80 年代,东南大学曾为南京炼油厂设计了一套能够利用低压蒸汽或热水余热的双级氨水吸收式制冷机组,制冷量能够达到 350 kW,系统运行效果良好,减少了工厂余热浪费,缓解了夏季用冷量不平稳的问题。除了利用工厂余热,利用太阳能作为氨水吸收式循环制冷机热源也是当今的研究重点。

图 6.57 展示了吸收式制冷过程示意图。在发生器中浓氨水溶液经过加热蒸发出氨气,氨气进入冷凝器,温度骤降被冷凝为液氨;之后在蒸发器内液氨汽化,吸收冷媒水带来的热量后进入吸收器,此时冷媒水温度降低,达到制冷的目的。

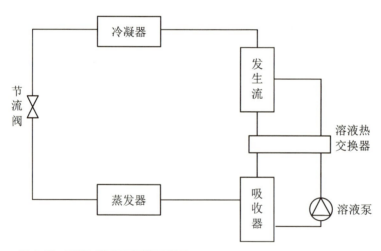

图 6.57　吸收式制冷过程示意图

6.3.4.7　生活用燃气

中国用气人口超 5 亿人。城市燃气主要包括人工煤气、液化石油气和天然气三大类。人工煤气由于成本高、气质差以及气源厂生产过程中污染环境,正在逐步退出人们的视线。相比于液化石油气,天然气作为一种更清洁、高效、便宜的能源正越来越受到人们的青睐。目前,我国城市燃气进入天然气时代,中国城市化进程、家庭小型化趋势是城市天然气消费持续成长的动力。随着中国城市化进程不断加快,促使城市人口的快速增加,扩大了用气人口的基数。2013—2020 年,我国城市天然气用气人口持续增长,2020 年达到 4.13 亿人。城镇燃气作为城镇基础设施建设的重要组成部分,在提升市民的生活质量、改善自然环境和社会环境、推动经济和社会的可持续发展等方面发挥着越来越重要的作用。

氨可以燃烧,但燃烧热值低、点火困难。因此将氨作为城市燃气使用除了要解决氨作为能源的政策性难题和氨具有轻微毒性的危化品管理难题,还需要解决家庭使用氨时氨燃烧稳定性的问题。但当这些问题都有合适的解决方案时,氨可以掺混或直接将纯氨通入现有天然气管网供给家庭使用,将会对"双碳"目标达成起到必要的促进作用。

6.3.5 氨燃烧需要解决的技术难点

将绿氨作为燃料需要克服诸多困难,最突出的就是绿氨的成本问题。掺氨燃烧达到应有的燃机效率和 NO_X 的排放水平,是技术上的主要瓶颈。此外在技术上还有腐蚀性问题、燃料箱体积增加问题、震爆问题、点火延迟问题、火焰温度问题、系统设计时的残余清吹效果问题、热通道部件冷却问题、热声振荡问题、氨的不完全燃烧问题等。

6.3.5.1 氨燃烧尾气处理

使用氨作为燃料时,氨完全燃烧产生的尾气是 N_2 和 H_2O,然而氨在低负载情况下的不完全燃烧将会产生氮氧化物尾气。氮氧化物家族(NO_X)包括一氧化氮(NO)、二氧化氮(NO_2)、一氧化二氮(N_2O)及其衍生物,对健康和环境有负面影响,是造成空气污染、酸雨、臭氧空洞、光化学烟雾和全球变暖等环境问题的主要因素。为了减少大气中的 NO_X 污染,不同的国家和地区正在实施或提高 NO_X 的排放控制标准并执行严格的 NO_X 排放法规。为了满足这些严格的 NO_X 排放控制标准和 NO_X 排放法规,需要对氨燃烧排放的尾气进行处理。氨燃烧产生的 NO_X 通常是 95%NO 和 5%NO_2 的混合物,其中 NO_2 易溶于水,较易去除,但 NO 较难去除是氨燃烧尾气处理面临的主要挑战。

目前去除 NO_X 的技术有选择性催化还原(SCR)、选择性非催化还原(Selective Non-Catalytic Reduction,SNCR)、电子束辐射、脉冲电晕等离子体、碳还原、吸附法和稀燃 NO_X 捕集技术等。

1. SCR 技术是除去 NO_X 的有效方法

SCR 技术被认为是最有前景且最易商业化的技术。SCR 脱硝技术因其良好的催化选择性以及高效的脱硝活性等优点,而被广泛用于大型工业锅炉烟道气和燃煤火力发电厂的处理净化。

SCR 的基本原理是在适宜的温度范围内,在催化剂的作用下,喷入还原剂,把尾气中的 NO_X 还原成 N_2 和 H_2O。SCR 技术的脱硝效率取决于催化剂和还原剂。一般来说催化剂的结构包括三部分:载体、涂层和活性相。载体主要提供形状和大部分机械强度,涂层主要为活性成分提供高比表面积,活性相为有催化性能的材料。

文献中报道的 SCR 中使用的还原剂有氨、尿素、氢气、一氧化碳和碳氢化合物等。其中氨对 NO_X 的选择性最好,因此去除 NO_X 的效率更高。考虑到氨作为 NO_X 还原剂的作用,NO_X 与氨在催化剂上的反应只产生无害的水蒸气和氮气。一辆普通的汽车每行驶 100 km 只需要大约 30 mL 的 NH_3 就可以中和氨发动机产生的 NO_X 排放。

氨作为还原剂的 SCR 反应为 NH_3 与 NO_X 反应生成 N_2,其反应式为 $2NH_3+2NO+1/2O_2 \longrightarrow 2N_2+3H_2O$。在标准 SCR 反应中,低温($<250\ ℃$)条件下催化剂的活性是受限的,这将导致发动机在冷启动的过程中有大量的 NO_X 排放。可以通过将 NO 预氧化为 NO_2 从而得到最佳的 NO_2/NO_X 比例(50%)以改进脱硝效率,相关 NO_X 还原反应被称为快速 SCR 反应,其反应式为 $2NH_3+NO+NO_2 \longrightarrow 2N_2+3H_2O$。氨作为还原剂的 SCR 技术原理图如图 6.58 所示。

(1) SCR 催化剂种类。

目前文献报道可以用作 SCR 催化剂的有贵金属、分子筛、金属氧化物等。不同的 SCR 催化剂有各自的优势和不足。分子筛适宜做低温 SCR 催化剂,而

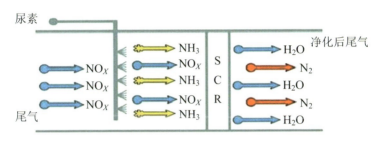

图 6.58 氨作为还原剂的 SCR 技术原理图

金属氧化物较适宜做中高温 SCR 催化剂。分子筛和金属氧化物 SCR 催化剂的相关性能比较列于表 6.16。下面将详细介绍这两类 SCR 催化剂。

表 6.16 分子筛和金属氧化物 SCR 催化剂的相关性能比较

	成分	还原剂	温度窗口	抗水蒸气和 SO_2	O_2	NO 转化率	文献
金属交换分子筛催化剂	Cu-SSZ-13 Cu-SSZ-16	NH_3	250~500 ℃			100%	Appl. Catal. B 2011, 102, 441-448
	Cu-CHA	NH_3	150~400 ℃				J. Am. Chem. Soc. 2016, 138, 12025-12028
	Fe-SSZ-13	NH_3	150~400 ℃	抗 SO_2		>95%	Environ. Sci. Technol. 2014, 48, 13909-13916
	Cu-SSZ-13	NH_3	~175~350 ℃			>90%	J. Phys. Chem. C 2012, 116, 4809-4818
金属交换分子筛催化剂	Cu-Ce/ZSM-5	NH_3	148~427 ℃			90%	Chem. Eng. J. 2015, 270, 549-556
	Mn-Ce/ZSM-5	NH_3	244~550 ℃	√		75%~100%	Appl. Catal. B 2007, 73, 60-64

续表

成分		还原剂	温度窗口	抗水蒸气和SO_2	O_2	NO 转化率	文献
金属氧化物	CeO_2/TiO_2-ZrO_2-SO_4^{2-}	NH_3	225～425 ℃			96%	Chem. Eng. J. 2018, 334, 855-863
	Ga modified MnO_X	NH_3	120～330 ℃	√		100%	Chem. Eng. J. 2018, 348, 820-830
	MnO_X-CeO_2-ZrO_2/γ-Al_2O_3	NH_3	100～400 ℃	√	促进	60%～95%	Chem. Eng. J. 2014, 243, 347-354
	Fe-Mn-Ce/γ-Al_2O_3	NH_3	250～350 ℃	√		≥95%	Fuel 2015, 139, 232-239
	Sn-modified MnO_X-CeO_2	NH_3	110～230 ℃	√		100%	Environ. Sci. Technol. 2013, 47, 5294-5301

分子筛是微孔型晶体氧化物，具有较高的面积体积比率。早在20世纪60年代，已有报道显示过渡金属离子交换的分子筛拥有在还原剂存在下催化还原NO的活性。实验及理论研究主要关注金属(Cu、Fe、Ce、Co和Ag)和分子筛类型(ZSM-5、Y、MFI、MOR、FER、BEA、SSZ-13和SAPO-34)对分子筛型SCR催化剂稳定性和整体性能的影响。一般来说，Fe基分子筛和Cu基分子筛在NO_X还原中是活性最高的SCR催化剂。特别是Cu基分子筛具有较高的低温活性，最佳的Cu负载量为3%～4%，而Fe基分子筛具有较高的高温(≥400 ℃)活性。近年来，有研究表明将Fe基分子筛和Cu基分子筛复合有助于实现在较宽温度范围的NO_X较高的转化率。Fe基分子筛的催化活性大小顺序为：Fe-BEA＞Fe-MFI＞Fe-FER＞Fe-MOR≈Fe-Y。

三种类型的金属种态共存于金属离子交换的分子筛中并在影响分子筛型SCR活性中起着重要作用。这三种金属种态为游离的金属离子、金属氧化物簇和金属氧化物颗粒，其催化活性大小顺序为：游离的金属离子＞金属氧化物簇＞金属氧化物颗粒。游离的金属离子贡献低温活性，金属氧化物簇和金属氧化物颗粒贡献高温活性。适当增加金属离子负载有助于提高金属离子交换分子筛的 SCR 活性。而过量增加金属离子负载会不可避免地导致金属物种的聚集形成金属氧化物大颗粒,从而使催化剂活性温度窗口变窄。

然而,到目前为止,大部分金属离子交换的分子筛催化剂还没有被广泛地应用于商业,因为在废气中存在相关浓度的水蒸气的情况下,金属离子交换的分子筛催化剂的活性和稳定性不足。与其他金属离子交换的分子筛催化剂相比,Cu-CHA 的活性、选择性和水热稳定性都得到增强,因此在近年来实现了商用。然而商用 Cu CHA 催化剂在柴油车辆上实际应用中碰到的一个问题是 Cu-CHA 催化剂在过滤器再生温度超过 450 ℃时转化 NO_X 的能力有限。

近年来,报道显示很多过渡金属氧化物包括 NiO、FeO_X、MnO_X、CeO_2、CuO_X 以及一系列混合金属氧化物包括 CeO_2-TiO_2、CuO-CeO_2、CeO_2-CuO-TiO_2、$CuO/WO_3/Ce_{0.5}Zr_{0.5}O_2$、$CuO/CeO_2/ZrO_2$、$CuO$-$CoO_X/Ce_{0.67}Zr_{0.33}O_2$、$CuO$-$Ce_{0.9}Zr_{0.1}O_2$ 和 MnO_X-CeO_2 等可以作为低温 SCR 的有效催化剂。

目前,真正实现工业化应用的是以氨为还原剂、TiO_2 为载体、WO_3-MoO_3 为助剂(抗氧化抗毒化辅助成分)、V_2O_5 为主要活性成分[V_2O_5-$WO_3(MoO_3)/TiO_2$]的选择性催化还原技术。基于 V_2O_5/TiO_2 催化剂的 SCR 技术报道最早见于 20 世纪 70 年代末至 80 年代初。V_2O_5/TiO_2 系列催化剂由于具有高活性、热稳定性和抗 SO_2 毒性的优点,是使用最广泛的 SCR 催化剂。但钒基催化剂有如下缺点:① 钒对人类和生态环境具有生物毒性;② NH_3-SCR 反应温度窗口较窄,为 250~400 ℃;③ 在高温条件下会将 NH_3 氧化生成 N_2O。

CeO_2 因具有卓越的储氧能力和通过 Ce^{4+} 到 Ce^{3+} 转变的高氧化还原能力而闻名。因为上述性质,CeO_2 也是一种被广泛研究的 SCR 反应催化剂的活性成分。然而,纯 CeO_2 在高温下易烧结导致热稳定性较差。在 CeO_2 立方结构中引入其他过渡金属离子或非过渡金属离子可以提高 CeO_2 的热稳定性以及其在整个高温反应过程中储存和释放氧气的能力。在 CeO_2 中加入 TiO_2 形成的 CeO_2-TiO_2 催化剂不仅在 NH_3-SCR 反应中表现出优异的催化活性且具有对 SO_2 和 H_2O 的高耐受性和高 N_2 选择性,这与 Ce 和 Ti 之间的强相互作用、较高的 BET 表面积、丰富的酸中心、丰富的 Ce^{3+} 和化学吸附氧的存在有关。CuO 经常在各种催化过程中被用作活性物质,CeO_2-CuO-TiO_2 催化剂即使是在 H_2O

和 SO_2 存在的条件下也表现出优异的 SCR 性能。加入 ZrO_2 形成的 CuO-$Ce_{0.9}Zr_{0.1}O_2$ 催化剂不仅能改善催化剂的热稳定性和储氧能力，同时也有助于形成更多 Cu^+ 和高分散的氧化铜，从而促进 NH_3-SCR 反应。金属氧化物类型的 SCR 催化剂的酸性和还原性是控制 SCR 反应活性的主要因素。

下一步需要开发更加环境友好的 NH_3-SCR 催化剂作为 V 基、Ce 基催化剂的替代品。新开发的 NH_3-SCR 催化剂需要具有优异的低温 NO 转化率、高 N_2 选择性、抗 H_2O 和硫氧化物中毒性以及宽的工作温度窗口，这就需要深入探究影响 SCR 催化剂催化性能的因素并摸索出提高 SCR 催化剂性能的方法。

（2）影响 SCR 催化剂性能的因素。

SCR 催化剂本身的物理化学性质、尾气成分、催化剂运行条件等相关的众多因素均会影响 SCR 催化剂的催化性能。已见文献报道影响 SCR 催化剂催化性能的具体因素列举如下：催化剂结构、催化剂制备方法、催化剂形貌、H_2O、SO_2、金属取代、碱金属杂质、NO_2、活性成分负载量、反应温度、载体、氧化物添加、还原剂等。一般而言，不同影响因素对不同类型的 SCR 催化剂的影响效果存在差异。

SCR 反应中 NO 的转化率显著依赖于反应温度。因为温度显著影响 SCR 反应过程中活性成分的形态变化，从而对 SCR 活性位点和机理产生影响。对于 Cu-CHA 的同步辐射吸收谱（X-ray Absorption Fine Structure，XAFS）和 X 射线发射谱（X-ray Emission Spectroscopy，XES）测试分析结果显示，低温段 SCR 的温度升高到约 200 ℃时，Cu 位点表现为 Cu（Ⅰ）/Cu（Ⅱ）位点的平衡种群。而温度为 250～400 ℃时，Cu 位点主要以骨架配位的 Al-Cu（Ⅱ）存在，占总 Cu 位点的 70%～90%。

对于氧化物及混合氧化物 SCR 催化剂，氧化物存在多种晶型，一般而言其中一种晶型的 SCR 催化性能最佳。例如，对于 MnO_2 来说，其晶型有 α、β、γ 和 δ，其中 γ-MnO_2 的 SCR 催化性能是最佳的。煅烧温度影响氧化物的晶型，因此会影响催化剂的催化性能。

催化剂载体对 SCR 催化剂的性能也有很重要的影响。催化剂载体如果具有高比表面积和良好的热稳定性，会促进载体表面上活性物质形成更多有效活性位点。NH_3-SCR 反应中用的载体材料有 TiO_2、Al_2O_3、SiO_2 和 ZrO_2 等。其中 TiO_2 是去除 NO 最受欢迎的载体材料,当其负载 V_2O_5 时表现出良好的低温催化活性和良好的抗 SO_2 中毒性。Al_2O_3 是具有高比表面积的多孔固体材料。Al_2O_3 具有微孔形貌,其表面酸中心多、吸附容量高、热稳定性好,这些性质决定了 Al_2O_3 适合作为催化剂载体。SiO_2 具有较高的键合强度、较大的表面积、良好的光学性能和优异的机械性能,其表面的硅羟基具有较高的热稳定性,因此,SiO_2 也是一种被广泛用于催化剂载体的载体材料。ZrO_2 不仅具有高的热稳定性、极高的硬度、酸/碱两性特征以及在还原条件下稳定性高等特性,而且还能抑制高温水蒸气条件下被负载氧化物的烧结,适合作为严苛条件下使用的催化剂载体。与单组分氧化物载体相比,复合氧化物载体如 CeO_2-ZrO_2、TiO_2-Al_2O_3 和 TiO_2-ZrO_2 具有更高的比表面积、更好的氧化还原能力以及更好的抗硫和储氧能力。通过比较 CeO_2 在不同载体包括 TiO_2、ZrO_2、Al_2O_3、SiO_2、TiO_2-SiO_2、TiO_2-ZrO_2 和 TiO_2-Al_2O_3 上的催化性能,发现 CeO_2/TiO_2-SiO_2 的 NH_3-SCR 催化性能是最佳的。

催化剂的形貌和微结构也会影响 SCR 催化剂性能。CeO_2 微球的 SCR 催化性能优于 CeO_2 微米棒的 SCR 催化性能。$Mn_XCo_{3-X}O_4$ 纳米笼在 NH_3-SCR 反应活性、操作温度窗口、抗 SO_2 性能、N_2 选择性方面均优于 $Mn_XCo_{3-X}O_4$ 纳米颗粒。具有核壳结构的 CeO_2@MnO_X 的 SCR 催化性能优于无核壳结构的 $CeMnO_X$。不同的催化剂制备方法将得到不同形貌和微结构的催化剂,因此催化剂的制备方法也将影响 SCR 催化剂的催化性能。有报道显示,共沉淀法制备得到的 V_2O_5-WO_3/TiO_2 的催化性能优于湿浸法得到的 V_2O_5-WO_3/TiO_2 的催化性能。对于金属离子交换的分子筛 SCR 催化剂来说,其常见的制备方法有液相离子交换法、化学气相沉积法和水热合成法,不同的合成方法将得到不同类型的金属形态,相应的催化剂展现出不同的催化活性。

尾气中如果存在 SO_2,由于 SO_2 会与 SCR 催化剂中的活性成分发生硫酸盐化作用,不可逆地损失氧化 NO_X 的能力。如果还原剂为 NH_3,SO_2 还将与 NH_3 反应生成 $(NH_4)_2SO_4$ 和 NH_4HSO_4 沉积在催化剂表面,阻塞催化剂活性位。以上两种方式均会使 SCR 催化剂失去活性,这个过程称为催化剂 SO_2 中毒。在温度较低的条件下,尾气中的 SO_2 对 NH_3-SCR 和 HC-SCR 的金属氧化物和分子筛型催化剂都有严重的毒害作用。但也有相反的报道称 SO_2 能促进 SCR 反应。硫酸铵在温度为 300 ℃时开始分解,而在更高温度时,金属硫酸盐也变得不稳定,因此催化剂生成硫酸铵的中毒比生成金属硫酸盐的中毒更容易再生。前者在 350 ℃温度处理下即能恢复 80% SCR 催化性能,而后者以 SO_2 中毒的 Cu-SSZ-13 和 Cu-SAPO-34 为例,需要在 550 ℃温度处理下才能恢复 SCR 催化性能。

(3) 提高 SCR 催化剂性能的方法。

在催化剂中加入适当(稀土)金属元素可以有效改善 SCR 催化剂性能。SO_2 中毒是使 SCR 催化剂失活的一个重要原因,因此增强 SCR 催化剂的抗 SO_2 性能,有助于提高 SCR 催化剂的催化活性。Ce 的加入能阻止 TiO_2 和 MnO_X 的硫酸盐化作用,同时抑制 $(NH_4)_2SO_4$ 和 NH_4HSO_4 的形成,因此 Ce 改性 Mn/TiO_2 催化剂的抗 SO_2 性能得到提高。在 SCR 催化剂 MnO_X-CeO_2 中加入 Sn 不仅能在水蒸气存在的条件下增强催化剂的抗硫性能,而且能显著增加氧空位的浓度,有助于促进 NO 氧化为 NO_2,当催化剂中 Sn、Mn 和 Ce 三者的摩尔率配比为 1∶4∶5 时,能在温度窗口 110~230 ℃实现 NO_X 接近 100% 的转化。在 MnO_X 中加入适宜量的稀土金属元素 Gd 能有效地抑制 MnO_X 的结晶,提高比表面积,增加表面 Mn^{4+} 和化学吸附氧的浓度,增加表面酸中心的数量和强度,从而增强 MnO_X 的催化性能和抗硫性能。

催化剂的酸性和还原性是催化剂反应活性的控制因素。低温 SCR 催化剂的活性与吸附 NH_3 的表面酸性有很好的相关性,因此增加催化剂的酸性也能提高 SCR 催化剂的催化性能。SnO_2 改性 MnO_X-CeO_2 催化剂的硫酸盐化可能由于形成硫酸亚铈(Ⅲ)从而增强 Lewis 酸性,有助于 NH_3 吸附,促进温度高于 200 ℃的 NH_3-SCR 反应中 NO 氧化为 NO_2。

2. SNCR 技术可以作为 SCR 技术的补充

一般来说,燃烧装置在许多设计约束条件下运行,这些约束条件通常会对燃烧装置运行的有效当量比产生重大影响。例如,燃气轮机在高过剩空气比率下运行,以确保涡轮叶片充分冷却。中速柴油发动机在稀燃油混合气上运行,以确保完全燃烧。而大多数汽油发动机在接近化学计量比或浓油条件下运行,以实现最佳功率和燃油经济性。事实上,在常见的燃烧装置中,尾气氧气含量的变化范围可以从小于 8% 到大于 21%（按体积计），正是这些运行参数对待选择的尾气后处理施加了设计限制，因此 SCR 技术并不是万能的。

选择性非催化还原（SNCR）是一种后燃烧过程，在该过程中，选择性还原性氮基物质被注入发动机下游的排气中，以降低末端 NO_x 浓度，整个过程无需催化剂。在大多数情况下，SNCR 仅在较窄的温度范围内有效。在较高的温度下，还原剂本身会被氧化为 NO。而低于最佳温度时，还原反应太慢，还原剂与 NO_x 将在未完全反应的情况下排放。在现有燃烧系统中，温度梯度可能随操作条件而随机变化，这对还原剂喷射系统造成了严重的设计限制——该系统必须将化学试剂均匀地分散在整个排气流中，以便在适当的温度范围内与 NO_x 混合。

目前主流的 SNCR 工艺主要有三种：使用氨的热脱硝工艺、使用三聚氰酸的 $RAPRENO_x$ 工艺和使用尿素的 NO_xOUT 工艺。

第一种被开发和公布的工艺是热脱硝工艺（Thermal $DeNO_x$），该工艺使用氨作为 NO_x 还原剂，氨气可以以水溶液或无水溶液的形式注入。Thermal $DeNO_x$ 是埃克森美孚公司于 1972 年开发的专利工艺，该工艺涉及在非常高的温度（>1500 ℃）下向贫燃燃烧废气中注入氨气进行还原，Kimball-Linne 等人对此进行了证明。这种工艺主要用于熔炉和大型锅炉燃烧器的废气流 NO_x 处理。氨作为燃料时，热脱硝工艺最合适，因为来自同一储罐的氨既可以作为燃料又可以作为还原剂，从而大大简化了系统设计。

第二种 $RAPRENO_x$ 工艺使用固体三聚氰酸作为主要还原剂。温度高于 920 ℃ 时升华的固体三聚氰酸被注入热废气中，并形成气态异氰酸（HNCO）。这种异氰酸引发一系列反应在适当条件下进行，从而减少 NO_x。这一过程最初由 Perry 和 Siebers 提出。该工艺的一个负面特性是可能产生过量的氧化亚氮（N_2O）。尽管这三种 SNCR 工艺都可能产生 N_2O，但相比之下，$RAPRENO_x$ 产生的 N_2O 最多。

第三种 NO_xOUT 工艺使用尿素作为其主要还原剂。在该工艺中，通常将固体尿素或尿素溶液注入热废气中，并允许其在特定条件下通过以下反应分解为 HNCO 和 NH_3：

$$NH_2 \cdot CO \cdot NH_2 \longrightarrow NHCO + NH_3$$

由于这些原因，$NO_X OUT$ 工艺被描述为氨基热脱硝和三聚氰酸基 $RAPRENO_X$ 工艺的组合。

许多因素会影响 SNCR 工艺的整体性能。这些包括尾气氧含量（当量比）、还原剂的化学动力学、还原剂与 NO_X 浓度的比率、还原剂与尾气流的混合效率、尾气温度和压力、尾气中的 $O_2/CO/H_2O$ 的浓度以及其他可能的干扰反应。

如前所述，发动机尾气氧含量对于选择处理后最有效的排气极为重要。对于当量比较低（氧气含量较高）的发动机，$RAPRENO_X$ 工艺可能是最有效的。对于像汽车发动机这样的，其当量比较高（较低的氧气水平），热脱硝过程可能是最好的。对于在中间当量比的燃烧，$NO_X OUT$ 方法可能是最合适的选择。然而，对于三种工艺，反应必须在 1420～1600 ℃ 的温度范围内发生，这是正常操作条件下尾气难以维持的温度，因此需要设法加热尾气。

6.3.5.2 对燃烧设备的腐蚀性

氨对特定材料（如含铜材料）具有一定的腐蚀性，详见第 3.1.4.3 节的内容。Aaron J. Reiter 等对氨燃料发动机进行了腐蚀性测试，结果发现运转 40 h 后发动机材料仍满足美国材料实验协会的限制要求，说明氨的腐蚀性对发动机的影响很小。整体而言，氨作为燃料在改造后的燃烧设备上使用安全且环境友好。

6.3.5.3 氨的燃烧问题

氨作为燃料存在燃点及最小点火能量较高、可燃范围窄、燃烧速度慢、燃烧（火焰）温度低、热值低等问题。因此，在实际燃烧应用中，使用氨作为燃料面临着挑战。例如，与传统燃料相比，氨内燃机点火困难，且速度和功率存在局限性。

氨燃烧会降低火焰温度与辐射强度，这在氨-煤混燃技术中需要被特别关注。氨的火焰温度一般比煤低，另外，由于混烧氨，炉内存在的煤灰和微粉煤粒子减少，有可能改变火炉壁面的受热分布。

炉内温度如图 6.59 所示。可以看出，氨-煤混燃的温度要比纯煤燃烧的温度略低，且温度梯度分布也有变化。氨-煤混燃出口废气的温度与组成与纯煤燃烧的比较见表 6.17，可以看出氨-煤混燃的出口废气温度也略低于纯煤燃烧。为了使锅炉平稳运行，应尽量设法保持氨-煤混燃与纯煤燃烧具有相同的受热量和受热分布。

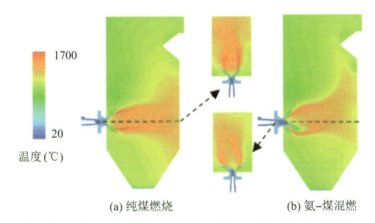

(a) 纯煤燃烧　　　　　　(b) 氨-煤混燃

图 6.59　纯煤燃烧与氨-煤混燃的燃烧温度的模型计算

表 6.17　纯煤燃烧与氨-煤混燃的燃烧温度及尾气对比

参数	纯煤燃烧		氨-煤混燃	
	模拟计算	实验数据	模拟计算	实验数据
气体温度(℃)	1051	1045	1043	1033
NO 排放($6\%O_2$)	2.14×10^{-4}	2.22×10^{-4}	2.63×10^{-4}	1.6×10^{-4}
CO_2 排放(体积分数,$6\%O_2$)	13.6%	13.0%	10.9%	11.0%
未燃尽炭(质量分数)	2.5%	2.4%	3.4%	3.7%

6.3.5.4　未燃尽氨形成硫酸铵炉渣

氨在燃烧设备内燃烧未尽,与排出的气体中所含的二氧化硫反应,会产生硫酸铵,硫酸铵会成为粘合材料,有可能在排气处理设备内附着、堆积形成炉渣。一般而言,氨在燃烧区几乎完全分解,未燃烧的氨排放几乎为零,产生的硫酸铵极少。

6.3.6　氨燃烧技术重点研发方向建议

6.3.6.1　建议研发等离子体助燃技术解决氨燃烧问题

针对氨燃烧的 NO_x 排放、点火困难、燃烧速度慢、火焰温度低等问题,国内外相关学者进行了深入研究。其中,对于氨燃料点火及燃烧困难的问题,国内外采取了一系列氨燃烧增强措施,如氨掺化石燃料燃烧技术、富氧燃烧技术、氨掺氢燃烧技术和等离子体助燃技术等。Henshaw 等人采用氨掺甲烷来提高氨燃烧速度,但发现当氨气体积分数超过 5% 时,易导致火焰熄灭,限制了氨燃料的工业化应用;此外,这种助燃方式也无法彻底地解决碳排放问题。为了进一步提高火焰传播速度,Liu 等人研究了氨燃料在纯氧气下的火焰传播特性,研究发现纯氧条件下,OH·、H·、O·和 NH_2·自由基参与的反应速率可显著提高,火焰传播速度可达 1.09 m/s,但因纯氧的制备成本高而降低了氨气富氧燃烧的经济性。相比于上述两种燃烧增强技术,氨掺氢燃烧技术不仅可以提高氨的燃烧速度,且可实现彻底的零碳排放。Ichikawa 等人研究了氨/氢混合气的燃烧特性,发现将氢气掺混比例提高到 40% 左右时,混合气的层流火焰传播速度提高到了 0.35 m/s,达到了甲烷在空气中燃烧时的级别。此外,氨掺氢中的氢气可以通过氨气在线催化裂解获得,无需额外的储氢罐。

因此,相对于氨掺化石燃料燃烧技术、富氧燃烧技术,氨掺氢燃烧技术在增强氨燃烧性方面具有显著优势,但其本身也存在着明显不足,主要表现在:① 氨裂解制氢的催化剂催化温度需达到 700 K 以上,易导致加热功耗较高;② 催化剂预热时间长,无法瞬时调整氢气浓度;③ 固定装置体积较大和易失活等问题。等离子体因其放电的瞬时性,且富含高能电子和活性粒子,国内外研究人员开始尝试采用等离子体增强氨燃烧的方法,并取得了较好的效果。以色列理工学院的 Fainold 等人对 $NH_3/O_2/He$ 在等离子体作用下的点火过程进行了仿真研究,发现等离子体能够将氨燃烧的点火延迟时间缩短 40%~60%。美国普林斯顿大学的 Choe 等人开展了脉冲等离子体辅助氨燃料的燃烧实验研究后发现与纯氨燃烧相比,等离子体可使氨燃烧火焰的稳定性显著增强。国内北京理工大学石保禄课题组和清华大学李水清课题组联合研究了滑动电弧等离子体增强氨燃烧的火焰稳定性,结果发现滑动电弧放电产生的大量高能电子和 OH·活性基团可有效提高氨燃烧性能。北京交通大学的陈琪课题组开展了非平衡等离子体辅助 NH_3/空气/稀释气体低温高压点火的仿真计算研究,结果表明等离子体放电产生的电子碰撞反应促进 NH_3 低温活化,使得 NH_3 变成 NH_2·、NH·、H·、N·和 H_2,促进 O_2 的低温活化,生成 O·、OH·和

O(^{1}D),这些活性基团能够促进燃料氧化消耗。西安交通大学的黄佐华课题组对滑动电弧等离子体辅助氨燃料的预混燃烧进行了系统研究,结果发现等离子体能够将氨气旋流火焰的稳定域和吹熄极限拓宽,低流速下可拓宽25%。

由上所述,富氧燃烧技术因纯氧的制备成本高而降低氨气富氧燃烧的经济性;大比例氨裂解制氢功耗较高,无法瞬时调整氢气浓度以及固定装置体积较大、催化剂易失活等问题限制了氨燃料的工业化应用。而等离子体增强氨燃烧技术既可解决以上问题,还可有效解决氨掺氢燃烧技术的固定装置体积较大、易失活、氢气浓度无法瞬时调整等问题。因此,等离子体增强氨燃烧技术可有效提高氨燃料的工业化应用,具有很大的应用潜力,建议将该技术列为氨燃烧技术的重点研发方向。等离子体应用于增强氨燃烧仍存在许多急需明晰的关键性问题,需要相关研发机构重点探究,如针对等离子体辅助氨燃烧过程动力学效应的问题还鲜有研究,而等离子体放电产生的热效应和燃料裂解效应的研究更是较少提及,且目前等离子体辅助氨燃烧多为预混燃烧下的助燃,动力学效应与燃料裂解效应难以区分。

6.3.6.2 建议率先研发氨混合燃料

建议率先研发氨混合燃料燃烧技术及设备,并在此基础上研发纯氨燃烧技术及设备。

采用混合燃料共烧策略是纯氨燃烧技术不成熟时期的过渡技术和替代策略。因此,在燃烧装置中,为了克服使用纯氨的缺点,双燃料混燃法常常是一种选择。在氨作为燃料燃烧时使用引燃燃料(如乙炔、二甲醚、汽油、柴油、氢等)进行辅助燃烧是可行的,可以有效解决纯氨燃烧燃点及最小点火能量较高、燃烧速度慢、燃烧温度低、热值低等问题。目前已经验证可行的双燃料系统有:汽油/NH_3、柴油/NH_3、H_2/NH_3、CH_3OH/NH_3、C_2H_5OH/NH_3、NH_4NO_3/NH_3。

氢是绿色燃料,点火点极低,约为氨的万分之三,且具有可燃范围大、火焰传播速度快、燃烧温度高等特点。氢被认为是改善氨气燃烧的理想促进剂,它不仅可以从裂解氨中得到,而且不含碳。一般情况下,氢与氨混燃可以提高氨的燃烧性能,燃烧速度适中,NO_x 排放较低。

国内外的研究发现未拉伸的层流燃烧速度随氢气添加量的增加而非线性增加,而 Markstein 长度随氢气添加量的增加而非单调变化。随着初始压力的增加,燃烧速度和 Markstein 长度会减小。该研究还论证了用氢取代法改进各种氨火焰的稳定性极限,在富燃料条件下,氢与氨混燃可显著提高层流燃烧速度。这表明在燃料火焰中,氢可以作为促进剂提高氨的燃烧性能,且 NO_X 和 N_2O 排放较低。实际上,在实际燃烧装置的试验中已经证明,由于火焰温度较低,由 80%(摩尔百分比,下同)NH_3 和 20% H_2 组成的燃料产生的 NO 排放量与汽油相当。由于压缩比更高,添加 10% 以上的氢气显示出较短的点火延迟以及与汽油相当的效率和功率。此外,在一个燃气轮机中,含 70% NH_3 与 30% H_2 的混合燃料实现了稳定燃烧。综上所述,氨-氢混燃可有效提高燃烧性能,并可显著降低 NH_3 和 NO_X 的排放。

建议重点研发在实际的氨发动机燃料供给系统中,使一部分氨燃料在旁路系统的等离子体、催化剂或高温条件下裂解产生氢,然后混合氨燃料进入发动机气缸内进行燃烧的技术,达到氨氢燃料性能互补。

作为天然气的主要成分,甲烷(CH_4)与氨混燃也有可能成为一种清洁的燃料转型方案,与纯天然气燃烧相比,可以显著减少 CO_2 的排放。甲烷的加入有利于氨燃料在较低温度下点火,从而提高了混合物的反应性。与纯甲烷燃烧相比,非预混的 NH_3/CH_4/空气火焰的 CO_2 排放量要低得多。由于 NH_3/CH_4 混合物中含有大量的燃料结合氮,NH_3 的加入会导致更高的无害 N_2 排放浓度,而减少了 NO 排放。此外,随着压力的增加,不同 NH_3/CH_4 比例的燃料混合物的 IDT 之间的分离变得清晰。因此甲烷作为氨燃料添加剂,可以显著改善氨燃烧的火焰特性,表明这种混合燃料具有较大的潜力。

采用柴油/氨混合物作为燃料也是使用氨的一种途径。在发动机中使用氨取代柴油的研究显示出可喜的结果,当氨替代比例不超过 60% 时,使用柴油和氨燃料混合物产生的 NO_X 排放水平低于使用纯柴油,据推测这是燃烧温度较低的结果。

与柴油一样,汽油也被用来增强发动机中氨的燃烧。研究发现,氨-汽油混合燃料的能源效率与纯汽油相当,同时 CO_2 的排放量显著减少了。但加入氨后,NO_X 和碳氢化合物(HC)的排放量会略微升高。此外与单独使用汽油相比,氨与汽油一起使用,可以实现更高的压缩比和更高的负荷。

在国内,周梅等人研究了氨-丙烷混合燃料降碳燃烧的排放特性,结果表明:纯丙烷燃烧降低49%,CO浓度降低37.9%。因此,与纯丙烷燃烧相比,在一定的进料条件下,以氨作为丙烷补充燃料不仅可显著降低CO_2排放量,还能同时降低CO与NO的排放浓度。

许多其他燃料,如二甲醚(DME)、乙醇、煤油等,也是潜在的促进剂,可用于氨燃烧。但是,在以往的尝试中发现,由于氨的燃烧温度较低,虽然可以降低NO_X的排放水平,但混合燃料的CO和HC的排放较高,仍然需要投入更多的研发资源去解决。

6.3.6.3 建议率先研发氨能重卡

载重卡车保有量占全部车辆的比例不高,却是移动污染排放的主要来源。2020年我国重型卡车产量为165.47万辆,销量为161.898万辆,产值超过7000亿元,为近十年的峰值(图6.60)。生态环境部《中国移动源环境管理年报(2021)》显示,2020年,全国货车CO、HC、NO_X、颗粒物(PM)排放量分别为$2.073×10^6$ t、$4.6×10^5$ t、$5.178×10^6$ t、$5.8×10^4$ t,分别占汽车排放总量的

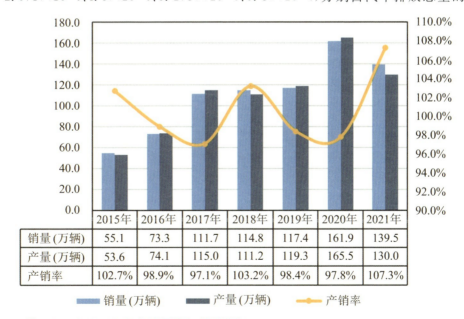

图6.60 2015—2021年中国重卡产销情况
资料来源:中国汽车工业协会。

29.8%、26.6%、84.3%、90.9%,是道路交通中综合排放最高的车型。因此,基数少、污染占比大的重卡是减排的重点关注对象,建议率先研发氨能重卡,重卡保有量少的特点可以使其更迅速地完成燃料替换,同时取得可观的减排效益,并带动加氨站等配套设施的建设,为其他类型氨能车辆的发展奠定基础。

建议提供政策支持,鼓励企业购置氨能重卡。一方面提供购置和运营补贴,加大资金支持,鼓励国企或物流头部企业将传统燃油重卡(含载货、牵引)更新置换氨能源车辆,对更新置换并选购同等及以上吨位氨能源车辆的给予置换补贴;对运营氨能重卡的物流企业给予运营补贴和奖励。另一方面选择合适的场景开放路权鼓励氨能重卡的使用,对固定线路开放路权。

建议推动氨能重卡示范路线的规划,构建氨能重卡的应用场景体系。在示范路线及周边形成上下游协同的氨能重卡产业生态,全面降低绿氨制、储、运、加全环节成本,从通过补贴、扶持等手段引导头部企业达成采购,到推进企业逐步走向独立、可持续的商业运作。

综上,通过政策推动,一方面各级政府的奖励机制将弥补目前氨能重卡的成本劣势。另一方面打造示范路线和场景推动产业和市场的成熟,并扩大上下游市场需求,达到提高上游生产规模、降低关键零部件及整车成本的目标,在下游展开港口牵引和运输、城际货运和物流、矿石和渣土运输、工程建筑和城市环卫等多种应用场景的探索,逐步完成重卡的"柴改氨"任务。

6.3.6.4　建议开展煤炭掺氨燃烧器实验

我国燃煤发电量占总发电量的大部分,虽然有着能耗高、排放大的缺点,但在未来很长一段时间内仍然将在大电网中起着不可替代的调节作用。要坚决控制化石能源消费,尤其是严格合理地控制煤炭消费增长,有序减量替代,大力推动煤电节能降碳改造、灵活性改造、供热改造"三改联动"。

氨-煤混燃技术无疑是最快速简单的燃料替代式减碳方法,但还鲜有企业尝试,这需要政府的大力支持。建议先在小型试验锅炉进行实验并得到各种数据,分析氨-煤混燃对现有设备的影响,收集数据,为大型商业锅炉的氨-煤混燃实验做足准备,最后企业在政府的鼓励和支持下完成"三改联动"示范性项目。

1. 建议进行氨燃料注入氨-煤混燃燃烧器研发

液氨从液氨储罐中泵出,经过液氨汽化器加热后汽化,经减压阀减压后,到达流量控制器,调整氨流量和压力使其达到氨燃烧器工作所需要的工况。氨的燃烧与控制过程受空燃比(即空气进气量)、空气进气压力、进气温度等参数的影响。建议在锅炉改造中应需要增加空燃比调整装置,空气进气压力、流量的检测与反馈装置,氢气浓度检测与控制装置,尾气中 NO_X 检测装置等,以保证电站锅炉在工作时的稳定运行。

建议搭建煤粉气流着火试验台和一维炉试验台,可模拟实际锅炉燃烧中的煤粉气流燃烧过程,直接测定煤粉气流的着火温度、燃尽特性、结渣特性,比起工业分析或热重分析来说,更贴近煤粉在锅炉中燃烧的实际情况,可为大容量煤粉燃烧锅炉选型设计提供指导(图 6.61)。

(a) 煤粉气流着火试验台　　　　　(b) 一维炉试验台

图 6.61　煤粉气流着火试验台与一维炉试验台

建议搭建 L 型氨-煤混燃沾污结渣腐蚀实验平台(功率建议为 50 kW),如图 6.62 所示。实验台主要由 L 型自持式稳氨-煤混燃燃烧炉、送风系统、给粉系统、烟气系统、冷却系统、仪表、DCS控制系统以及钢架支撑结构组成,L型炉可实现自持式稳燃,可用于模拟实际锅炉炉内燃烧热环境。同时为进一步提高其对氨燃料的适应性,在实验系统内还需增加配气系统,可再按需求增加不同比例的NH_3、H_2S、HCl等腐蚀性气体,用于模拟极端情况下的氨-煤混燃腐蚀特性。建议在这种实验平台上开展不同掺氨比例的燃烧、沾污、结渣、腐蚀以及污染物排放特性方面的实验研究。

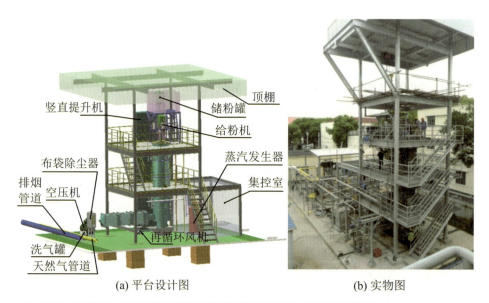

图 6.62　50 kW L型氨-煤混燃沾污结渣腐蚀实验平台设计图与实物图

建议搭建多功能煤燃烧热态实验平台,功率建议为2～5 MW(图6.63)。实验台需要具备以下主要功能:① 可模拟实际锅炉炉内热环境,研究不同掺氨比例在与实际锅炉相同的燃烧方式(如四角切圆)下,炉内氨-煤混合气流着火、燃尽以及不同燃烧工况下的煤灰、沾污、结渣特性;② 可模拟实际锅炉炉内热环境,研究不同燃烧方式(空气分级燃烧、炉内喷氨、高级再燃、富氧燃烧等)和不同运行工况下实际氨-煤混燃污染物(SO_X、NO_X粉尘等污染物)和CO_2等温室气体排放特性及多种因素的影响作用机制;③ 可用于对比分析,研究传统空气燃烧与O_2、CO_2富氧燃烧两种不同条件下的煤燃烧特性、烟气换热特性及大气污染物排放特性等多功能氨-煤混燃热态实验系统。

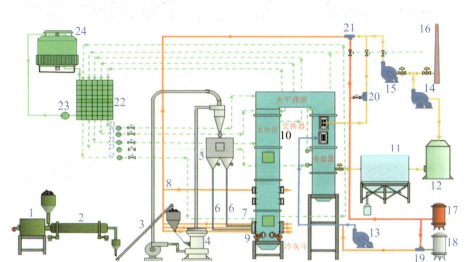

图 6.63 3 MW 多功能煤燃烧热态实验平台流程图

2. 建议研发氨-煤混燃等离子体点火及重整技术

等离子体点火技术已经被一些大型燃煤锅炉应用,接下来要研发适合氨-煤混燃等离子体点火技术。如上所述,氨燃料中混合 20％氢(体积占比)可以改善燃烧特性。建议增加等离子体助燃燃烧器(图 6.64)。现有以氨作为锅炉燃料的系统中,一部分氨会在旁路系统中等离子体助燃燃烧器的作用下生成氢气,与主系统的氨气形成氨-氢混合燃料后,进入锅炉内燃烧,达成裂解氢引燃氨燃料的目的。用等离子体技术将氨裂解成氨氢混合物,氨氢混合物更加有利于煤粉掺氨燃烧,可以改善纯氨燃烧低燃烧速度、低燃烧稳定性的问题,并减少氨泄漏和氮氧化物的排放。

3. 建议进行燃烧仿真研发

在锅炉内使用等离子体-煤-氨-氢混合燃烧技术将面临氨燃烧是否充分、能量输出是否满足应用场景、氨燃烧后 NO_X 排放是否可控等问题。基于仿真模拟发展氨基燃烧理论将对氨燃烧动力学、NO_X 排放控制等方面提供重要参考和指导。

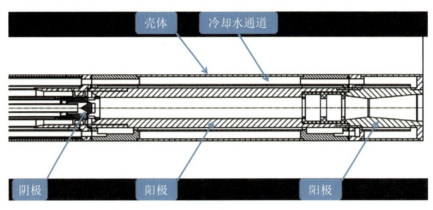

图 6.64　直流等离子体炬助燃燃烧装置示意图

6.3.6.5　加大力度研发 NO_X 去除系统

建议研发燃烧前、燃烧中、燃烧后三位一体耦合式脱硝技术。在燃烧前控制进入燃烧设备的氮元素和氧元素的比例,并使用等离子体助燃技术,使得氨能够尽可能地充分燃烧,从源头上控制 NO_X 的形成。在燃烧时采用低氮直流燃烧器,结合燃烧设备内径向/轴向空气分级、燃尽风、烟气再循环、燃料再燃等技术,最大限度地控制 NO_X 的排放。

在尾气脱硝处理端,建议研发 SCR 与 SNCR 相结合以及低温等离子体相协同的形式治理 NO_X。SCR 技术是目前 NO_X 脱除效率最高、N_2 选择性和经济性最好、最为成熟的一项技术,在国内外已经得到了广泛的商业应用,建议通过稀土元素改性的方法继续研发高性能 SCR 催化剂。SNCR 技术不需要昂贵的催化剂,可以减少总体成本。

本 章 小 结

在本章我们分别介绍了氨在高效利用端的三大应用情景,分别是氨转变为氢、绿氨替代高碳排放的传统商品氨作为工业原料以及氨作为燃料。氨在应用终端转变为氢的技术较为成熟。氨从绿氢中来又转变回绿氨,仅在储运端作为氢能的载体,以期解决氢储运困难的问题,能够有效发挥其作为氢能战略补充的作用。

　　氨能还可以作为氢能的发展与延伸,主要体现在其本身就是重要的工业原料或性能优良的无碳燃料。氨在工业上的用途十分广泛。采用绿氨逐步完全替代灰氨与棕氨可以有效减少工业界的碳足迹,这种方法等效减少的 CO_2 排放量约占我国碳排放总量的 2%。氨作为燃料具有零碳排放、更抗震爆的特点,并且通过一定的技术手段可以让氨燃烧的 NO_X 排放量比煤低,可以应用于燃烧器、内燃机、燃气轮机等多种燃烧设备中,是工业、电力、交通、供暖、供气等领域的优质替代燃料。

第 7 章
绿色氨能产、储、运、用一体化产业链试点模式建议

在前面的章节中，绿色氨能在生产、储运、应用端的研发现状与产业前景被依次详细讨论，一幅绿色氨能产、储、运、用一体化产业链的宏伟画卷将被勤劳的中国人民绘就。在这幅画卷完全展开时，各地区将充分发挥自身优势，形成高效的地域分工协作。然而在产业发展初期，我们建议各地区因地制宜，强化资源要素整合，开展产、储、运、用一体化产业链试点。甲地独自研发氨能生产、乙地独自研发氨能储运、丙地独自研发氨能应用，最后三地相结合就能走通氨能产业链的想法过于理想主义。所以应该实事求是，在氨能发展伊始就多探索一体化产业链研发平台、试点项目、产业集群等，再逐步在全国范围内复制推广优秀的范式，由点及面谱写氨能画卷。

本章我们将依次介绍 7 种可能的氨能示范模式，包括：西北地区绿氨生产基地、氨能绿色智慧城镇、采煤沉陷区光伏-氢-氨-电-环境修复一体化产业、海上综合性绿氨生产平台、氨能辅助的智慧电网、绿氨港口、绿氢-绿氨耦合式智慧工业园区。

7.1 西北地区绿氨生产基地

7.1.1 背景介绍

积极研究并探索"双碳"目标对于各地方绿色低碳发展的差异化影响，并从

地方的经济发展、产业布局和能源资源禀赋条件入手,定位碳中和路径和重点措施,对促进国家能源的系统性转型和国家"双碳"目标的落实有着重要意义。

西北地区是中国能源资源的聚集地之一,不仅拥有大量的煤炭等传统能源和其他矿产资源,也具备丰富的风力资源和充足的光照。在能源转型大趋势的推动下,西北地区面临着从大规模高比例传统能源为依托的高耗能产业向新能源逐渐过渡的挑战。与此同时,由于西北地区地广人稀,且可再生能源储量较多,不但自身具备高质量实现碳达峰、早日实现碳中和的潜力,还能够作为国家新能源的主要基地,为东部地区的碳减排提供支持,从省级和区域的层面为国家系统性转型提供支撑,打造最佳实践。

7.1.1.1 现有基础

中国将持续推进产业结构和能源结构调整,大力发展可再生能源,在沙漠、戈壁、荒漠地区加快规划建设大型风电光伏基地项目。进入2022年,国家能源局党组书记、局长章建华在《经济日报》发表的题为《推动"十四五"可再生能源高质量跃升发展》的署名文章,国家发展改革委党组书记、主任何立峰在《党建》杂志发表的名为《从百年党史中汲取力量全力做好发展改革工作》的署名文章,国家发展改革委与国家能源局印发的《关于完善能源绿色低碳转型体制机制和政策措施的意见》,国家发展改革委发联合十一个国务院部门印发的《关于印发促进工业经济平稳增长的若干政策的通知》,国家能源局下发的《"十四五"新型储能发展实施方案》,2022年全国两会政府工作报告,生态环境部、国家发展改革委、国家能源局等七部委联合印发的《减污降碳协同增效实施方案》中均明确指出,要推动在我国沙漠、戈壁、荒漠地区加快规划建设大型风电光伏基地项目。

以温带大陆性气候为主的西北地区,以其晴日多、降雨少、风速大的气候特点,成为中国风光资源最优质的地区之一。在国家发展改革委划分的光伏资源分区和风能资源分区中,光伏一类资源区全部位于西北地区的宁夏、青海、甘肃、新疆、内蒙古(蒙西)5个省区,风能资源全部一类资源区和除张家口、承德以外的二类资源区也全部位于西北地区。且西北地区地广人稀、土地相对平坦、荒漠戈壁面积大,是世界罕见的风能、太阳能优质开发区。在构建以新能源为主体的新型电力系统的过程中,西北地区可再生能源的资源优势,以及该地区相对低的电力负荷水平,使该地区成为最有可能率先实现可再生能源大比例接入,甚至100%绿电供应的地区之一。

为深入贯彻落实中共中央、国务院关于碳达峰、碳中和的重大战略决策,加快建设风电和光伏发电基地,国家发展改革委、国家能源局在各省提出的具备条件项目基础上,汇总提出了第一批以沙漠、戈壁、荒漠地区为重点的大型风电光伏基地项目,规模约 1×10^8 kW。这些项目主要分布在西北地区,正在按照"成熟一个、开工一个"的原则有序开工。西北地区在迈向本地区电力零碳化供应的同时,有能力为全国其他地区供给绿色能源,为全国完成碳达峰和碳中和目标提供有力的支持。

目前,西北地区可再生能源+绿氢项目发展迅速。典型的项目如宝丰能源拟投资10亿元在宁夏宁东设立全资子公司,建设 1×10^5 kW 太阳能发电装置、10000 Nm³/h 电解水制氢装置的太阳能电解水制氢储能与应用示范基地。然而西北地区绿氨项目尚未见报道。西北地区一些风光制氢项目的运营情况在表7.1中列出。

表7.1 当前我国西北地区(及内蒙古自治区全境)风电、光电制氢项目情况

运营方	项目地点	项目名称	装机容量(GW)	绿氢产量	项目进展
国家电力投资集团有限公司	鄂托克前旗	—	—	—	签约
	乌兰察布市	—	6	—	签约
	银川市、灵武市	宁东可再生能源制氢示范项目	0.012	1000 Nm³/h	投产
	鄂尔多斯市	内蒙古杭锦旗库布齐沙漠 EOD	—	—	签约
国家能源投资集团有限责任公司	鄂尔多斯市	鄂尔多斯"风光火储氢一体化"综合智慧能源基地 $1\times 10^6/2.35\times 10^6$ kW 新能源项目	1+2.35	—	开启可研编制

续表

运营方	项目地点	项目名称	装机容量（GW）	绿氢产量	项目进展
中国能源建设集团有限公司	包头市	包头市达茂旗 2×10^5 kW 新能源制氢工程示范项目	0.12(风)+0.08(光)	7800 t/年	中标
	张掖市	甘肃省张掖市光储氢热综合应用示范项目	1	—	开工
中国大唐集团能源投资有限责任公司	乌兰察布市	兴和县 5×10^6 kW 清洁能源项目	1.5	—	签约
中国石油化工集团有限公司	鄂尔多斯市	鄂尔多斯风电、光电制氢项目	0.25(风)+0.5(光)	20000 t/年	在建
中国华能集团有限公司	赤峰市	—	1	—	签约
	兴安盟	—	3+1	—	可研招标
中国华电集团有限公司	哈密市等	—	1.85+1.75+1.5	—	公开招标中
北京能源集团有限责任公司	阿拉善盟	—	5	—	在建
	鄂尔多斯市	鄂尔多斯市鄂托克前旗 250 MW 光伏及氢能综合利用示范项目	0.25	6000 t/年	已编成可研报告
	锡林郭勒盟	—	0.5+0.5	—	在建
中国能源建设集团规划设计有限公司	海西州	4000 MW 风光储氢一体化项目	4	—	签约

续表

运营方	项目地点	项目名称	装机容量（GW）	绿氢产量	项目进展
中国船舶集团风电发展有限公司、润丰能源集团有限公司、中泰集团有限责任公司	赤峰市	赤峰风电、光伏制氢及氢液化产业化项目			签约
宁夏宝丰能源集团股份有限公司	宁东市	太阳能电解水制氢综合示范项目	0.2	1.6×10^8 Nm^3/年	投产
陕西恒泰新能源有限公司	渭南市	陕西恒泰氢能利用示范园建设项目	—	—	开工
协鑫集成科技股份有限公司	鄂尔多斯市	—	—	—	签约
亿利资源集团有限公司	定西市	—	—	—	签约
陕西延长石油(集团)有限责任公司	延安市	延长石油1 GW风光气氢牧能源互联网国家示范项目	0.1		投产

续表

运营方	项目地点	项目名称	装机容量（GW）	绿氢产量	项目进展
鄂尔多斯市东润清能新能源有限公司	鄂尔多斯市	鄂尔多斯市达拉特旗光储氢车零碳生态链示范项目	0.4	9300 t/年	已启动
明拓集团有限公司	包头市	国际氢能冶金化工产业示范区新能源制氢联产无碳燃料项目	5(风)+1.5(光)	3×10^5 t/年（绿氢）1.2×10^6 t/年（绿氨）	已签约
久泰集团有限公司	呼和浩特市	久泰高效氢能综合利用示范项目	—	27 t/d	已签约
内蒙古圣圆能源集团有限责任公司	鄂尔多斯市	圣圆能源制氢加氢一体化项目	—	10000 Nm^3/h	在建
深圳能源集团股份有限公司	巴音郭楞蒙古自治州	库尔勒"绿氢制储加用"一体化示范项目	0.006	500 $Nm^3/h\times2$	在建
—	鄂尔多斯市	鄂尔多斯市准格尔旗纳日松光伏制氢产业示范项目	0.4	—	开工
—	鄂尔多斯市	鄂尔多斯市乌审旗风光融合绿氢化工示范项目	0.05(风)+0.27(光)	10000 t/年	已立项
—	鄂尔多斯市	鄂尔多斯市鄂托克前旗上海庙经济开发区光伏制氢示范项目	0.25	6000 t/年	已开工

续表

运营方	项目地点	项目名称	装机容量（GW）	绿氢产量	项目进展
—	包头市	包头市达茂旗风光制氢与绿色灵活化工一体化项目	0.2(风)＋0.2(光)	17800 t/年	已获批
—	库车市	新疆库车绿氢示范项目	0.3	20000 t/年	在建

7.1.1.2 西北地区碳中和及能源转型面临的挑战

目前西北地区碳中和及能源转型主要面临四个方面的挑战：

（1）可再生能源充分利用难度大。西北地区的风光资源禀赋相对较好，但由于风、光电力具有较大的频率和功率波动性，且目前储能技术整体处于发展初期，加之国内电网区域调度系统和市场机制尚未完善，高比例可再生能源并网将对大电网的灵活性、稳定性和安全性造成冲击。如何实现可再生能源在西北本地的充分消纳是西北地区低碳转型道路上首先要解决的难题，因此西北省份相比普通东部省份更依赖储能。由于地形不适合、降水量少、蒸发量大以及江河发源地需要生态保护等因素，西北地区建设抽水蓄能电站难度较高，对于较长时间、空间跨度的储能需求，氨能是最合理的储能选择。

（2）大规模可再生能源外送的挑战。西北地区优质而丰富的可再生能源不仅能充分满足自身使用的需要，也能够通过大规模输送和调度，解决我国可再生能源匮乏地区的传统化石能源转型难题，在整体上促进全国"双碳"目标的实现。新能源电量大规模外送目前面临着经济、技术等方面的多重挑战：远距离特高压输电尚不具备明显的成本优势，氢能输送成本居高不下，千公里级大口径输氢管道技术短期内难以突破。西北地区可再生能源外送的挑战是技术与经济的复合挑战，亟待诸如氨能的新科技手段加以应对。

（3）产业清洁化转型方向尚不明确。西北地区丰富的煤炭、天然气、金属等矿产资源储量造就了有着扎实基础的煤化工、石油化工等重工业炼化产业，为当地带来了巨大的经济发展收益。但在碳中和的背景下，上述高碳产业不仅面临着被迫转型的压力，也增加了西北各省潜在的社会经济负担。尽管氢能、锂电池和储能等技术的快速发展为西北地区传统工业提供了转型的出口,但如此庞大的经济体量要全面完成清洁化转型,仍然需要大规模的投入和有效的转型后就业等问题的应对措施。随着政府补贴的暂停,西北地区需要寻找新的驱动力引导平价时期可再生能源的可持续发展。因此西北地区整体产业转型的路线和方式都需要进一步深入研究。

(4) 生态系统综合优化时间紧迫。除了日渐蓬勃发展的工业产业,广阔的土地同样为西北地区带来了成熟的农业和畜牧业,以及大面积的荒漠戈壁。即便是在经济迅速发展的时代,农业和畜牧业仍然将是西北各省重要的产业之一,同时沙漠化的治理也一直是国家建设生态文明社会的重要举措。在碳中和目标的推动下,如何充分削减农业和畜牧业造成的碳排放,同时综合利用沙漠和森林的碳汇价值,在打造新产业的同时实现生态系统优化和碳中和,是西北地区需要积极探索的重要方向。

7.1.2 试点模式简介

针对上述难题,我们建议在西北地区建设绿氨生产产业,将过剩的风光发电量制氢并就地合成氨。绿氨将以工业原料或燃料的形式逐步推进西北地区高消耗、高排放行业(油气、电力、矿业、金属、化工等)的结构调整与绿色转型。并通过数条输氨干线将多余的绿色能源输送至其他地区,为东部地区的碳减排提供支持。我们测算,仅一条直径为 1.2 m 的输氨管线每年就可以输送约 2.8×10^7 t 绿氨,为西部地区创收 1120 亿元,并为东部地区减少 CO_2 排放量 5.5×10^7 t。西北地区绿氨生产基地试点模式建议如图 7.1 所示。

该试点模式的推广,将有利于西部大开发、东西部协同发展,新建的绿氨产业链将助力西部地区乡村振兴;氨储能将在很大程度上解决西北地区可再生能源消纳和外送困境,可以加速和促进可再生能源规模的扩大,助力我国能源结构转型;输氨管线的造价低,能量密度高,是未来西部能源向东输送的主要支柱之一,能够减轻"西气东输""西电东送"工程的运行、扩建压力;新增投资和项目将增加地方财政收入,可以为西北地区生态系统综合治理提供一项资金来源。

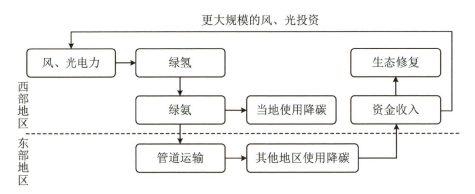

图 7.1　西北地区绿氨生产基地试点模式建议

7.1.3　发展建议

在西北地区大力发展氨能产业,不仅有助于西北省份快速实现"双碳"目标,也能更好地助推其他高电力消费省份实现减排。现阶段发展相对落后的西部省份,将成为中国乃至东亚的绿色能源生产中心。这些变化将极大地促进西部大开发与东西部协同发展,推动高质量共建"一带一路"不断取得新成效。

7.1.3.1　建议利用市场与行政手段促进西北氨能产业发展

在当前的政策要求下,新能源发电企业必须按照自身装机容量搭配一定量的储能资源,用以保证电网的稳定性。但是由于我国电力市场制度在该方面的欠缺,储能项目没有足够的盈利渠道,储能投资无法得到相应的经济回报,因此许多新建储能项目仅仅是为了满足政策要求,实际处于入不敷出的状态。甚至对于一些已经建成的储能项目,发电企业也尽量少用甚至不用,以此来降低维护和使用成本。在这种背景下,氨储能凭借着前期投资少、建设周期短、运营成本低、回报率高等优势将成为保障西北地区储能产业可持续发展的中流砥柱。

建议西北各省、自治区及新疆生产建设兵团政府因地制宜地利用市场与行政手段,形成一套利于引导氨能产业投资、利于促进氨储能的价格机制和管理机制。建议综合利用市场手段和价格政策,如建立新能源与氢-氨能多年合约体系、健全跨省区绿氨中长期和现货交易机制、推广储能有偿调频服务机制、明晰可再生能源消纳配额制及储能容量补偿政策等,提高氨能产业投资回收的确定性。同时要避免对储能产业的无差别扶持、"救济式"过度补贴,以确保氨储能的价格优势凸显,实现氨能产业的自发且可持续发展。

7.1.3.2 建议在西部荒漠地区采用光热+光伏/风电相结合的方法合成绿氨

西北地区晴朗、干燥的自然气候特点,为光热发电的应用提供了发展空间。光伏发电(Photovoltaic,PV)和光热发电(Concentrated Solar Power,CSP)技术都基于对太阳辐射的利用。前者虽然出力水平受太阳辐射的直接影响,但它可以同时利用直接太阳辐射和散射太阳辐射发电,在多云或阴天时也可以产生电量。后者仅可以使用直射太阳辐射,这使得这类技术对适用区域有更严苛的气候条件要求,但这一技术更接近于现有的火电发电技术,具有发电出力水平可调节、发电时间与日照时间部分脱钩的优势。在西部荒漠地区采用光热+光伏/风电相结合的方法电解水制氢,可以形成全天不间断的绿氢产出,以最大程度地避免绿氨生产设备的频繁停车,还可以优化运行负荷,以提供稳定的功率曲线。图7.2为设想的CSP+PV耦合式发电模式中两种发电方式的功率矩阵。

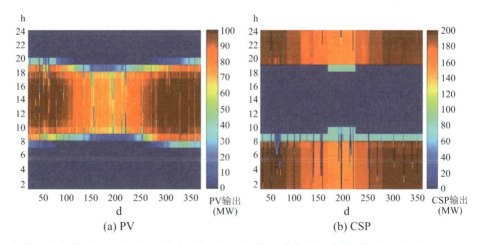

图7.2 设想的CSP+PV耦合式发电模式中两种发电方式的功率矩阵(365×24)

该模式下的电解槽有两种工作模式:白天主要利用PV电力生产氢气;CSP支持夜间H_2的生产,维持H-B法的连续性,避免停车。CSP+PV耦合式发电模式生产绿氢、绿氨流程图如图 7.3 所示。据测算，1000 t/d 的绿氨产能需要 100～200 MW 的 CSP。CSP 系统收集到的太阳热能可以通过以下两种方式生产氢气：一是利用熔盐热驱动蒸汽轮机发电，电解水制氢；二是采用熔盐热驱动热化学反应直接产氢（硫酸-热循环或碘-硫循环反应），相对而言后者的生产效率略高。

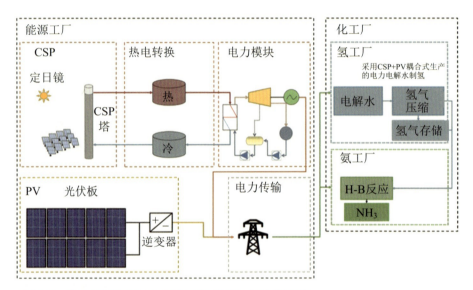

图 7.3　CSP+PV 耦合式发电模式生产绿氢、绿氨流程图

我国光热发电技术的后发优势明显，已具备整体项目设计以及绝大部分装备的制造能力。光热发电的度电成本已经由 2010 年的 2.30 元/(kW·h) 下降到 2020 年的 0.70 元/(kW·h)。但这一成本水平依然高于西北省区的煤电基准价，考虑到国家层面光热发电补贴退坡的因素，建议西北各地区结合自身情况适当出台省级光热发电补贴政策，促进光热发电技术在西北地区更好更快地推广。建议将绿氨产能纳入国家新能源监测预警机制的评价因素，根据各地氨储能的规模调整预警级别。海西多能互补示范工程中的 CSP 矩阵（近景）与 PV 阵列（远景）如图 7.4 所示。

7.1.3.3　建议利用绿氨推进西北地区重工业转型

在丰富的煤炭、石油、天然气以及各类矿产资源的支撑下，煤化工、石油化工等重工业一直是西北地区经济发展的重要支柱。然而面对"双碳"目标的压

图 7.4 海西多能互补示范工程中的 CSP 矩阵(近景)与 PV 阵列(远景)
资料来源:青海省科技厅。

力,西北地区需要大胆利用氨能作为转型出口,在产业转型的带动作用下完成碳中和的目标。

西北地区也是国家"十四五"规划的若干大型清洁能源基地的所在地,如新疆清洁能源基地、河西走廊清洁能源基地、黄河上游清洁能源基地等。西北地区利用其可再生电力生产绿氨具有优越的成本竞争力。绿氨本身是一种优质的燃料或常见的工业原料,可以以更直接的方式参与到工业体系转型升级中,这是其他储能方式难以企及的优势。

对于重工业不能简单地限制或取缔,而应结合国家战略需求,结合氨能作为转型的缓冲剂,通过技术进步、效率提升等手段,推动重工业的有序、平稳转型。

7.1.3.4 建议在推广氨能产业的同时跟进沙漠碳汇的开发利用以及沙漠化治理

西北干旱区是中国沙漠最为集中的地区,沙漠化土地面积为 $1.637 \times 10^6 \text{ km}^2$,约占全国沙漠总面积的 80%。我国西北地区的沙漠以重度沙漠化为主,自西向东有塔克拉玛干沙漠、古尔班通古特沙漠、库姆塔格沙漠、柴达木沙漠、巴丹吉林沙漠、腾格里沙漠、乌兰布和沙漠及库布齐沙漠八大沙漠。土地荒漠化造成了极大的碳库损失,恢复荒漠化土地将极大地发挥西北广大地区的碳库作用,同时也能够减少沙尘天气的发生。

沙漠化主要由社会经济发展对资源环境的巨大压力所致,西北地区资源环境承载力有限,单纯依靠当地资源难以满足日益增长的高质量生活与可持续发展的需求,发展不直接依赖于土地资源的第二、三产业,如沙漠特色旅游、风电和光伏/光热产业开发等,是平衡经济发展与沙漠化矛盾的有效解决途径之一。

沙漠化问题的治理是非常复杂的系统工程,需要全民动员、政策扶持、制度保障以及资金支持。我们建议通过行政和市场等手段,以"以奖代补"、成立"绿氨治沙基金"等激励措施,压实绿氨产业企业的社会责任,鼓励企业踊跃参与到治沙事业中,制定吸纳农牧民就业以及防沙治沙或植树造林的指标。另外,我们建议充分调动公众对绿氨治沙事业的积极性,加大宣传力度,并通过组织互联网公益活动的形式鼓励消费者购买更多的绿氨相关产品,将收益的一部分用于治理沙漠。如在"蚂蚁森林"互联网+义务植树公益活动中,将使用氨能产品/服务也纳入"绿色能量池"(图7.5)。这样既可以起到很好地向公众宣传氨能的作用,为氨能的普及铺平道路,又同时可实现西北地区荒漠化治理。

图7.5 "蚂蚁森林"中国绿化基金会合作造林项目:宁夏中卫构建防风固沙体系(工人们正在栽种草方格)

7.2 氨能绿色智慧城镇

7.2.1 背景介绍

7.2.1.1 现有基础

城镇人口占世界总人口的55%以上,城镇碳排放约占全球碳排放的3/4。因此,全球各地的城镇都在积极推动可再生能源发展、提高可再生能源使用率。2021年4月,21世纪可再生能源政策组织(REN21)发布了《全球城市可再生能源现状报告》(2021版),报告从市政交通、城镇供暖及制冷等方面详细介绍了城镇在推动可再生能源转型方面发挥的独特作用。国际上,城镇可再生能源转型常常与智慧城镇的概念相结合,即同时推进城镇的能源转型和数字化、智能化,相辅相成,目标是打造绿色能源智慧城镇。

绿色能源智慧城镇的概念正受到全世界的广泛关注。截至2020年底,72个国家的834个城镇在发电、供热、制冷、交通中至少一个行业领域内制定了可再生能源发展目标,其中,617个城镇承诺要实现100%的可再生能源发展。目前的发展趋势是各地纷纷联合起来发起倡议或成立联合体。主要可再生能源倡议和活动如下:① 全球市长气候与能源盟约(全球最大的城镇与地方政府减排倡议);② 撒哈拉以南非洲市长联盟,是全球市长盟约的组成部分;③ 市长气候行动CC35倡议,主要支持拉美地区政府的减排立法;④ "零碳冲刺"倡议,在《联合国气候变化框架公约》的基础上整合了许多零碳排放倡议,旨在推动全球整体脱碳;⑤ 世界自然基金会"四海一城"挑战赛,旨在落实《巴黎协定》;⑥ 塞拉俱乐部"100%绿色"挑战赛,2020年在美国举办,吸引全美172个城镇参赛,所有城镇均承诺在2050年前实现100%的可再生能源发展。已成立的联合体如下:① 宜可城-地方可持续发展协会(ICLEI,简称宜可城)网络,及时发布全球城镇的气候变化和能源情况;② C40城镇网络,计划在2030年之前将碳排放量减半；③ 能源城镇网络，旨在对欧洲的治理和法律结构进行改革，支持城镇在能源转型方面发挥更大作用；④ 东盟智慧城镇网络，旨在推动智慧城镇的可持续发展。全球已有799个城镇制定了政策法规1107条，这些措施主要针对建筑和交通领域的可再生能源发展。

中国共产党第十八次全国代表大会以来，我国大力推进智慧城镇和绿色城镇建设。按照《2019年光伏发电项目建设工作方案》要求，对分布式电源实行分级分类管理，用户光伏发电根据切块的补贴额度确定的年度装机总量和固定补贴标准，进行单独管理。2021年3月出版的《中华人民共和国国民经济和社会发展第十四个五年规划和2035年远景目标纲要》提到分级分类推进新型智慧城镇是落实数字化战略的重要抓手之一。2021年6月国家能源局发布《关于报送整县(市、区)屋顶分布式光伏开发试点方案的通知》，在"整县推进"模式下分布式光伏的发展有望提速。

光伏与氨能的结合具备广阔的发展前景。一方面在部分地区光伏已成为成本最低的发电方式，光伏制氢合成氨的成本优势将逐渐显现。另一方面相较于其他形式的可再生能源，光伏的应用场景更为灵活。光伏电站可分为集中式电站和分布式电站，与集中式电站直接上网的供电方式不同，分布式电站分为全额上网发电和余电上网发电两种模式。分布式电站可分为与建筑分离和与建筑结合两种，后者按照与建筑结合的方式，又可分为普通型光伏构件(Building Attached Photovoltaic，BAPV)和光伏建筑一体化(Building Integrated Photovoltaic，BIPV)两种。考虑到未来适合集中电站建设的土地资源日益紧张，我们预计靠近用户侧的分布式场景将成为光伏装机中的重要组成部分。东部及南部地区光热资源丰富，人口密集，适宜发展分布式光伏。2013—2021年国内集中/分布式光伏装机情况如图7.6所示，光伏电站的分类及在国内的占比如图7.7所示。

在乡村清洁能源建设、千乡万村沐光行动、整县推进等诸多政策的牵引下，叠加分布式光伏相较集中式电站对组件价格敏感度较低，2021年国内分布式光伏装机展现高增长。据国家能源局数据统计，2021年新增分布式光伏电站29.28 GW，约占全部新增光伏发电装机的55%，历史上首次突破50%，光伏发电集中式与分布式并举的发展趋势明显。其中户用光伏发展迅速，户用光伏继2020年首次超过1×10^7 kW后，2021年超过2×10^7 kW，达到约2.15×10^7 kW。

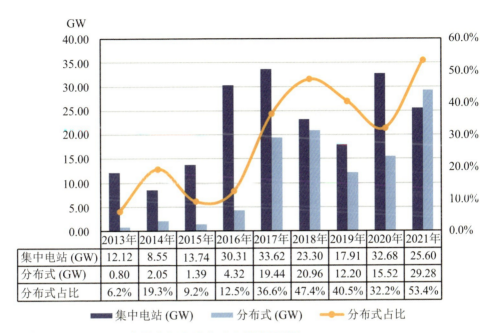

图 7.6　2013—2021 年国内集中/分布式光伏装机情况
资料来源:国家能源局。

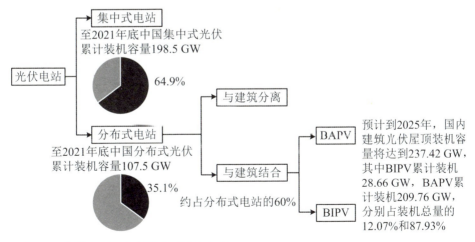

图 7.7　光伏电站的分类及在国内的占比
资料来源:国家能源局;预测数据参考来源:招商证券。

户用光伏已经成为我国如期实现"双碳"目标和落实乡村振兴战略的重要力量。

建筑、交通、园区和供暖领域将是氨能智慧城镇的主试验场。绿色智能建筑方面,我国起步较晚,但后来居上,根据住建部的统计,截至2021年底,全国累计绿色智能建筑面积达 $8.5 \times 10^9 \text{ km}^2$;绿色智慧交通方面,清洁能源自动驾驶车辆已经在一些封闭园区、港口等场所应用;绿色智慧园区方面,北京、福建、江苏、内蒙古等地,华为、阿里巴巴等集团均纷纷参与零碳园区的规划与建设。城镇分布式光伏生产的绿氨可以与天然气混合使用,借助基于燃气轮机或燃料电池的冷热电三联供(CCHP)技术,可以为城镇提供灵活连续的冷热能与电能,进而有望取代高碳排放的化石燃料 CCHP。与氢相比,氨可以高比例且安全地混合到现有天然气网络中,无需对基础设施或设备进行重大调整。

目前世界上唯一一个被公开报道的结合绿色氨能的绿色能源智慧城市位于沙特王国。沙特计划在沙特、埃及、约旦三国交界地的一片沙漠上建一座占地 2.65 km^2 的崭新智慧城市,名为"NEOM 生态城",投资总额为 5000 亿美元,第一阶段工程预计将在 2025 年前完成。这座全新的城市毗邻红海和亚喀巴湾,靠近经由苏伊士运河的海上贸易航线,既有丰富的可再生能源资源,又与国际海上贸易要道相邻,地理位置优越。新城将在能源、供水、交通运输、食品生产、关键工业领域采用世界最新智能化技术,并完全依靠新城自身生产的绿色氢-氨能供电。2021 年 12 月 13 日,世界领先的工业气体供应商 Air Products 宣布与 ThyssenKrupp 签署合同,为沙特阿拉伯的未来城市 NEOM 建设一个超过 2 GW 的水电解制氢合成绿氨工厂,这将是全球最大的绿氨项目之一。

7.2.1.2 需要解决的问题或挑战

建设氨能绿色智慧城镇可能会遇到以下问题或挑战:

一是项目融资面临挑战。挑战包括初始投资过大、信息不对称、投资锁定期过长、政府预算短缺、贷款额度不足等问题。

二是城镇居民对氨能的反对。氨能对于大部分城市居民来说很陌生,会让人联想到难闻的气味。市民对于氨能的认可和接受程度会在很大程度上影响氨能绿色智慧城镇模式的推广。

三是各部门之间的步调不一致。建设氨能绿色智慧城镇将涉及多个部门,如能源、交通、环境、住建、城镇规划等。如果顶层和各部门对于试点项目不能形成统一的认识和意见,在实施的过程中将困难重重。

四是缺乏安全保障体系。绿氨走进千家万户,需要制定更加具有针对性的标准,明晰安全责任,建立对应的监管体系,这些环节的缺失将为氨能绿色智慧城镇埋下隐患。

7.2.2 试点模式简介

我们建议在合适的地市开展氨能绿色智慧城镇试点。智慧城镇是一个复杂的数字化系统,涵盖智慧市政、智慧社区、智能建造、智慧交通、智慧教育、智慧医疗、智慧环卫等诸多方面。单就能源方面而言,开展试点的城镇应包含以下要素:① 绿氨供给分为外部输入和自产两部分,自产绿氨的电力来源为城镇内分布式光伏发电(或其他形式的分布式绿色能源)、市外可再生电力的局地局时过剩电力、垃圾焚烧等;② 城镇绿色电力源自市外可再生电力的非过剩电力、绿氨掺烧发电、垃圾焚烧等;③ 城镇工业所需氨置换为绿氨,锅炉所热量源自掺氨燃烧、余热等;④ 城镇车辆逐步替换为电动车或氨能汽车,建设配套的充电桩、加氨站等基础设施;⑤ 城镇供暖源自电厂热电联产、掺氨燃烧发热、余热等;⑥ 提升氨能、电力、工业、交通、供暖、教育、医疗等领域的数字化和智能化,打造氨能绿色智慧城镇。氨能绿色智慧城镇试点模式建议如图7.8所示。

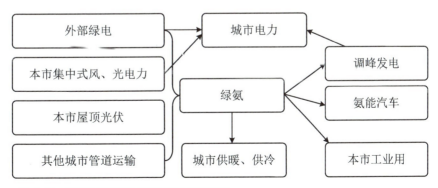

图7.8 氨能绿色智慧城镇试点模式建议

该试点模式在全国各城镇的推广,可以减少环境污染、提升生活质量、增强城镇适应力、促进经济发展、提高治理水平、降低费用和节约成本并确保能源供给安全稳定,助力"双碳"目标的实现。

7.2.3 发展建议

7.2.3.1 建议通过各种渠道筹措资金

市政府从外部渠道融资主要有两种方式:一是发行市政债券或绿色债券,二是从开发性金融机构申请贷款。对于氨能绿色智慧城镇这种时间周期长的基础设施项目,发行债券比银行贷款更合适。绿色债券和一般债券的最大差异在于其只用于合格的可再生技术类或气候变化类项目的融资。2013年,瑞典哥德堡成为全球首家发行绿色债券的城镇。2019年,美国和中国分居绿色债券发行额和发行城镇数的榜首。行为体还可以通过公私合营(PPP)、绿色银行借款、签署购电协议等方式撬动外部资金,为可再生能源项目提供资金。最后一种撬动私人资本参与新模式投资的工具是购电协议,中国许多城镇在近郊地区投资兴建的小型风电项目大多和市政签署了购电协议。

7.2.3.2 建议借助各种政策工具和激励手段在全市范围内推广新模式

建议多措并举向民众、私企积极宣传新模式对我国能源、城镇转型以及改善城镇生活水平等方面的益处。市民的踊跃参与对于推动可再生能源事业的发展来说非常重要。加强公众宣传、市民踊跃参与可刺激氨能项目投资,有利于加速城镇的脱碳转型。市民对氨能项目的参与几乎涵盖了项目流程的所有环节,包括规划、管理、治理与实施等。消费者可通过自己的选择影响相关政策的制定和市场趋势。市政府可通过参与型治理将市民纳入相关决策流程,鼓励市民参与制定规划、气候与能源计划、预算等。

根据联合国环境规划署的统计,当前全球温室气体排放总量的 2/3 与家庭消费有关,其中,饮食、居住、出行所引起的碳排放占据前三位,分别占生活相关排放总量的 20%、19% 和 17%。引导公众形成绿色的生活方式,在衣食住行上贯彻低碳环保的宗旨,可以聚沙成塔,形成磅礴的降碳力量。建议以氨能绿色智慧城镇试点为契机,宣传、鼓励市民形成绿色生活理念。

7.2.3.3 建议统筹协调城镇低碳化与数字化

建议统筹协调城镇低碳化与数字化,即所谓的"数绿协同"。以氨能底座和数字底座全方位赋能城镇进化,涵盖城镇分布式光伏、氨能交通、氨能发电、氨能供暖、氨能制造等领域。开展智慧氨能项目的建设,结合城镇环境面临的主要问题,对现有信息化资源进行整合,需要逐步完善信息化建设,将互联网的创新成果深度融合于降碳、环保领域之中,从海量数据入手,通过多源异构数据融合分析,打造动态反馈、持续进化的城镇治理创新循环链,并与"数字政府"挂钩,切实提升城镇环境精细化管理水平。以智能化、现代化的手段加快推进城镇环境质量的改善和碳排放量的降低,助力智慧城镇的建设。

7.2.3.4 建议同步开展氨能绿色智慧县城试点

2020年7月,国家发展改革委发布《国家发展改革委办公厅关于加快落实新型城镇化建设补短板强弱项工作　有序推进县城智慧化改造的通知》,指出要有序引导各地区因地制宜推进县城智慧化改造。2021年起河南省、河北省、山东省都遴选了数个智慧化试点县城。我们建议已做出规划的地区引入氨能作为试点的一部分,正在规划的地区将氨能编入规划中,多点开花进行氨能智慧县城试点。

7.3　采煤沉陷区光伏-氢-氨-电-环境修复一体化产业

7.3.1　背景介绍

7.3.1.1　现有基础

面对如何解决经济发展与环境保护兼顾的问题,一方面对于未来的发展要做到规划先行,不断丰富发展经济和保护生态之间的辩证关系,加强生态优先的战略谋划理念。另一方面对于矿山沉陷区已污染的土壤与水体要加快治理进度,还清"生态债",保护人民群众的身体健康,构建绿色发展的社会主义生态文明。

采煤沉陷是煤炭井工开采造成的最典型、范围最广的地表变形现象。在全国范围内,仅 2020 年就约有超过 1.5×10^6 hm^2 的土地因采煤而沉陷下去,这相当于北京市的大小。多年来科研机构和矿山企业均将采煤沉陷作为生态环境治理的对象,但却忽视了井工开采导致的采煤沉陷是矿区资源转换、生态价值演变的推动力。沉陷导致了原有陆生生态系统向水生生态系统、水陆交替生态系统转变,进而促进了不同生态系统的生态服务价值的演变。在"双碳"目标的大背景下,在采煤沉陷区废弃土地或塌陷塘水面布设光伏已是沉陷区综合利用的一种常见途径。

2021 年 6 月,国家发展改革委下发《关于请提供利用采煤沉陷区受损土地发展光伏发电有关情况的函》。该文件将 23 省的 115 个县,列入全国采煤沉陷区综合治理规划、重点采煤沉陷区集中的县(市、区、旗)名单。国家发展改革委要求各省组织这 115 个县利用采煤沉陷区受损土地发展光伏发电有关情况,介绍当地是否适合利用采煤沉陷区受损土地发展光伏发电。这标志着,继光伏治沙之后,光伏+采煤塌陷区将成为另一个重要的光伏电站形式。

2021 年 11 月,国家发展改革委发布的《"十四五"特殊类型地区振兴发展规划》提出:要深入推进采煤沉陷区综合治理,包括沉陷区居民避险安置、生态修复和矿山环境治理,要创新治理模式和投入机制,建立完善国家-省-市县三级采煤沉陷区综合治理规划和组织实施体系。要协同推进可再生能源发展和生态保护修复,统筹推进土地综合整治利用,盘活沉陷区土地资源,按规定将采煤沉陷区复垦土地的节余指标纳入跨省域调剂政策范围。探索开展采煤沉陷区综合治理信息化监测评估工作。总结典型经验,因地制宜地推广利用沉陷区受损土地发展光伏、风电。

2022 年 6 月,生态环境部、国家发展改革委、国家能源局等七部委联合印发《减污降碳协同增效实施方案》,提出要研究利用废弃矿山、采煤沉陷区受损土地、已封场垃圾填埋场、污染地块等因地制宜地规划建设光伏发电、风力发电等新能源项目。

在政策的引导下,2015 年以来,全国已经开展了超 6×10^6 kW 的光伏+采煤塌陷区治理工作,且取得了卓越的成效。安徽省淮南市潘集区采煤沉陷区水面漂浮光伏电站如图 7.9 所示,图中一块块面板有序排列在 4500 亩(1 亩≈

666.67 m²)的湖面上,形成一道亮丽的风景线。

图 7.9　安徽省淮南市潘集区采煤沉陷区水面漂浮光伏电站

7.3.1.2　需要解决的问题或挑战

近 20 年来,煤炭行业企业在采煤沉陷区的生态修复、地质环境治理投入了大量的人力、物力和财力,取得了一系列的成果,但均是被动的投入,基本没有效益产出,也给煤炭行业企业带来了沉重的负担。在"双碳"目标和"谁污染谁治理、谁开发谁保护"原则的约束下,沉陷区生态环境的保护与生态资源的高效开发利用仍是煤炭企业的迫切需求。如何进一步提升沉陷区光伏发电效率和调峰能力、降低煤价上涨条件下火电厂的发电成本、促进采煤沉陷积水区的水-光 火多能源并存条件下水-能-碳三要素的生态资源环境与经济增长的协调发展,是煤矿企业亟须解决的高质量发展难题,也是全面贯彻践行"两山"理论的基本要求。

近年来,光伏发电也被广泛应用到采煤沉陷区塌陷塘。光伏用于采煤塌陷水域可以有效利用沉陷水域资源,并产生可观的经济效益,但太阳辐照强度波动性大会导致光伏发电利用率低下的问题,这些生产出来的电力如果并网将对电网的安全稳定造成冲击。而目前火力发电厂的动力煤价格持续上涨,发电成本不断增加,电厂发电机组掺氨是降低发电成本且能保证稳定发电效率的有效途径。配套以氨能为主的储能措施可以有效促进煤电去产能以及采煤沉陷区光伏增产能,实现可再生能源发展、煤电绿色低碳转型和生态保护修复的协同发展。

要从系统的角度出发,从资源的转换、光伏+储氢+掺氨等多种能源的协调配合、生态环境的优化提升等多重需求着手,结合采煤沉陷区目前的生态治理、资源分布、光伏能源布局等现状,研发沉陷区生态-资源-光伏-氢氨储能高效协同发展关键技术,构建采煤沉陷区水生态环境稳碳增汇新模式。这是煤炭企业实现"双碳"目标的重要途径,也是矿区生态环境保护和效益双赢的重要保障。

7.3.2 试点模式简介

我们建议在矿区沉陷区水域及其周边建设塌陷塘水面光伏设施,并向制氢+合成氨的产业延伸。围绕氨能的完整产业集群既解决了水面光伏的储能问题,又为矿区生态修复提供了资金来源,也为资源枯竭型城市提供了绿色高效的新经济增长点,还可以为将来氨经济的全面推广做出示范。东部地区采煤沉陷区光伏-氢-氨-电-环境修复一体化产业试点模式建议如图7.10所示。

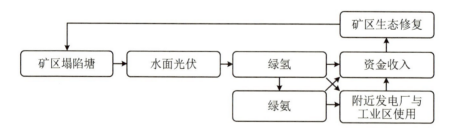

图7.10 东部地区采煤沉陷区光伏-氢-氨-电-环境修复一体化产业试点模式建议

7.3.3 发展建议

7.3.3.1 建议采煤沉陷水域面积精准勘测

采煤沉陷区往往伴生有塌陷塘。建议采用无人机航空摄影测量平台、无人船测量平台的采煤沉陷区水域水下地形与水深精准勘测等方式,进行水资源量精准核算和基于沉陷预计的水资源量动态预测。建议探索不同季节光伏沉陷水域气象因子、水环境与水生态因子的耦合变化关系,研究矿区开采全周期沉陷水域微环境气象因子变化特征及调控方法。

通过搜集采煤沉陷区相关统计数据,进行数据再分析,查明采煤沉陷区水资源利用、能源消耗、碳排放的时空变化特征,分解研究影响能源消费及碳排放的因素,识别推动采煤沉陷区低碳发展的关键问题。

7.3.3.2 建议采用渔光一体的模式修复生态并提升收入

沉陷水域与常规水塘、小型湖泊、水库相比更为复杂,受原始地形地貌、地下岩层分布、开采方式、开采范围、开采时间等因素影响,具有时间和空间分布特性,沉陷水域的水资源若要进行资源化利用,需要采用一定的技术手段进行提质才能增效。

淡水鱼、虾、贝、藻类由于其特殊的水质净化和生态修复能力,对水体的水质及水环境产生具有良好的提升作用。因此我们建议采用渔光一体的模式,能够提升水质和增加产业输出效益,实现沉陷水域水生态环境与价值协同高效发展。广东湛江市 100 MW 渔光互补光伏电站项目如图 7.11 所示。

图 7.11 广东湛江市 100 MW 渔光互补光伏电站项目

建议建立低碳目标下水资源-生态-能源系统关键因子关联性模型,提出多目标协同发展评价指标体系。研究基于低碳目标的水资源-生态-能源的协同发展综合风险调控机制,提出低碳目标下水资源-生态-能源系统高效协同发展模型。

建议构建"光伏+"生态能源体系。在试点成功后推广应用氨能储能保障下的水风光互补、渔光农业互补、光伏治沙等技术,解决光伏发电安全并网、提高土地综合利用率、环境治理等问题,探索出一条多能互补、智慧协同、多方共赢的能源生态发展道路。

建议按照 2022 年 5 月发布的《水利部关于加强河湖水域岸线空间管控的指导意见》的要求,水面光伏坚决避免布设在具有防洪、供水功能和水生态、水环境保护需求的区域,不得妨碍行洪通畅,不得危害水库大坝和堤防等水利工程设施安全,不得影响河势稳定和航运安全,并依法履行相关审批手续。

7.4 海上综合性绿氨生产平台

7.4.1 背景介绍

随着陆地上的优质资源逐渐被开发利用,人们开始将目光转向面积更广、资源更为丰富的海洋,海上风力发电成为关注焦点。海面平坦,风速一般较大,海上风电发电功率高且海上建设风电场可以避免对宝贵土地的占用。更为重要的是,我国东南沿海地区是我国人口集中区域,也是用电负荷中心,海上发出的电力可以就近消纳。发电功率高、不占用土地、距离用电负荷中心近,是海上风电在全球范围内快速发展并被普遍看好的重要原因。

中国广袤的领海蕴藏的可再生能源储量丰富,尤其是风能。未来随着海上风电由近海向远深海发展,中国将以全球第一的海上风电装机容量和发展速度把领海变成重要的能源(绿氨)生产基地、全球性氨能船舶燃料补给站和绿氨出口起点。

7.4.1.1 现有基础

根据全球风能理事会(GWEC)发布的《2020 年全球海上风电报告》的预测,随着全球能源转型步伐的加快以及更多国家进入海上风电领域,2020—2030 年全球海上风电装机容量将新增 2.05×10^8 kW 以上,海上风电在全球风电市场的占比会在 2025 年达到 20% 左右,为能源消费结构的转型升级提供关键支撑。

在未来几年,海上风电年均装机容量将翻番。从分布地区看,中国和欧洲将是海上风电发展的主要市场,2040 年合计装机占全球市场的 70% 以上。近年来,我国海上风电建设成效显著,年新增装机容量为世界第一,我国海上风电制造、建设、运维技术水平均不断提高,呈现出发电成本逐年下降、装机规模不断上升的良好局面。2021 年我国海上风电新增装机容量 1.448×10^7 kW,占全部新增装机容量的 25.9%,同比增长高达 262%。截至 2021 年底,我国海上风电并网容量达到 2.551×10^7 kW(图 7.12)。据行业统计,我国海上风电年平均利用小时数约 2500 h,比陆上风电年平均利用小时数高出约 500 h。未来我国海上风电的发展趋势是深远海化和机组大型化。2019 年,我国首个水深超 40 m 的海上风电项目正式开始建设。2022 年 2 月,由中国东方电气集团有限公司自主研制、拥有完全自主知识产权的 13 MW 抗台风型海上风电机组,在福建三峡海上风电产业园顺利下线,标志着我国海上风电技术站上世界之巅;同

图 7.12 我国海上风电历史吊装容量
资料来源:CWEA。

年中国船舶集团有限公司启动 16 MW 海上风电机组研发,将引领全球海上风电技术攀登新的高峰。

由于海上风力涡轮机比陆上风力涡轮机提供的电力和频率都要高得多,通过其直接生产绿氢并合成绿氨具有巨大的潜力。相比于其他品种的氢的衍生物,如含碳的甲醇等,在海上由于受到场地的限制,CCUS 技术的应用受到挑战,合成原料补给困难。因此最为可行的方案就是氢气与空气中的氮气合成绿氨,并加压液化后运输。生产绿氨所需的氮气可以就地直接从空气中提取,所需的水可以就地抽海水用风电淡化,淡化所消耗的电力不到全工艺总电力消耗的 2%。

海上风电制氨有两种可能的形式:第一种是将产生的电能通过海地电缆传送至沿岸的电解槽生产绿氢并合成绿氨,将绿氨储存起来并运往各处;第二种是将电能传送至海上油气平台,在平台上将水电解并合成氨后利用现有的天然气管道或船舶将氨能传送至陆地。由于氨可以通过管线或船舶低成本地运输,直接在海上风电场就地生产绿氨并储存和输出,相比于输电或输氢可以节省投资和运营成本,因此我们建议多采用第二种形式。此外,海上风电场的规模使更大的产量成为可能,这反过来降低了销售价格,使绿氨作为能源载体更具市场竞争力。

发展液氨管道、运输船相结合的多式联运,可以加快液氨的推广应用,同时推动海上风电制绿氨和液化后长距离储运的快速产业化。新建海底管网的成本高于陆地管网,因此适合近海风电场。此外还可以利用现有海地天然气管网进行掺氨运输。而对于资源更加丰富、开发潜力更大的中远海风电制氨来说,将氨气液化并采用船舶运输回岸上的方式更为可靠。

氨本身可以直接作为燃料,也可以作为船舶的替代燃料,降低航运业的碳排放。关于氨能船舶的介绍详见第 6.3.4.4 节。未来海上绿氨生产基地可以在四周建设海上船舶加氨站,为附近航线上的船舶提供燃料补给。

利用不同的风能系统来生产氨燃料已经在马萨诸塞大学的一些项目中进行了研究。他们研究了多种情景下的绿氨生产成本,这些情景包括:并网式近海风电岸边产氨、离网式漂浮式远海风电产氨、离网式海岛风电产氨等。结果表明,离网式海上风电绿氨生产的平准化成本(LCOA)大约为 350 美元/t,略高于陆基并网系统。但他们没有将绿氨运输成本的优势考虑入内。未来随着深远海和海岛上风电装机规模的提高,绿氨的整体成本优势将逐渐显现。

此外,Rouwenhorst 等人回顾了无电网孤岛氨能源系统的最新技术进展,并基于现有技术对未来技术进行概念性工艺优化设计。该工艺设计包括用于发电的风力涡轮机和太阳能电池板、用于短期储能的电池、用于制氢的电解槽、用于制氮的变压吸附装置、用于合成氨的新型钌基催化剂、用于氨分离和储存的负载型金属卤化物以及用于发电的氨燃料固体氧化物燃料电池。他们得出结论,在北欧地区,孤岛能源系统的往返效率为 61%,电力成本为 0.30~0.35 欧元/(kW·h)。

目前世界上仅有海上制氢相关试点项目,尚未见到在建或建成的海上制氢规模化项目的报道。2021 年 8 月,由法国可再生制氢项目开发商 Lhyfe 与 Chantiers de l'Atlast 合作开发的海上制氢项目被公布,由浮式风机供电的海上制氢工厂计划于 2022 年投入运营,这将是世界上第一个投入运营的浮式海上绿色制氢项目。该项目地点位于法国勒克罗西克海岸的 SEM-REV 示范风场,项目将在基于 GEPS 技术的浮动平台上安装电解槽,并将其连接到包括 Floatgen 风机(2 MW 浮式风机)在内的海洋可再生能源装置。

在中国,以中国船舶集团有限公司、中国三峡新能源(集团)股份有限公司为代表的中国风电企业已经开始海上风电制氢的尝试。我国漳州也在积极探索"核风光储氢一体化"发展路径,建设海上风电制氢基地,发展氢燃料水陆智能运输装备,形成"海上发电-制氢储氢"的产业链。2021 年,我国首台漂浮式海上风电试验样机"三峡引领号"正式下线,为海上风电制氢提供了额外的思路。

一些企业正在提前谋划布局,开拓海上绿氨产业的蓝海。德国 ThyssenKrupp 公司计划到 2025 年的四年内,将进一步扩大其在整个绿色化学品价值链上的技术领先地位。他们将开展的研发涉及大型电解槽的规模化生产,海上合成绿氨等绿色燃料,绿氨海上运输,以及氨裂解等氢运输和转化技术,目标年产能 5 GW。来自新加坡的能源企业 Enterprize Energy 和 Engie 旗下的工程公司 Tractebel Overdick 签订了一份谅解备忘录,将联合在北海开发建设一个"一站式"海上平台,利用海上风电制氢和制氨。

2021 年 8 月 6 日,中国船舶集团有限公司旗下大连船舶重工集团有限公司举行《海上风电制氢/氨产业链创新及产业化战略合作(框架)协议》签约仪式。大连船舶重工集团有限公司与中国科学院大连化学物理研究所、国创氢能科技有限公司、中国船舶集团风电发展有限公司四方代表在协议书上签字。根据协议,合作各方将以国家"碳达峰、碳中和"为战略目标,聚焦海洋绿色能源开发及利用,密切合作,共同促进制氢、制氨、燃料电池及液氢/氨储运技术在船舶与海洋工程领域的创新应用与发展,共同推进海上风电制氢/氨及其储运技术与装备的研发及产业化,推动地方及我国绿色海洋经济发展。

海上风电制氨可获得无碳、可储存、可运输的绿氨,使得海上风电开发跨越电力输送的环节,是一种适合大规模部署的未来能源解决方案。随着国内海上风电的蓬勃发展以及风电制氨项目经验的积累,我国海上风电制氨有望进入快速发展期。

7.4.1.2 需要解决的问题或挑战

目前海上风能开发主要面临四个方面的挑战:

一是成本挑战。中国大部分近海风电度电成本仍高于当地标杆电价,深远海风电度电成本更高,现在无法实现平价。

二是关键技术仍存在不足。虽然我国风机技术取得了长足进步,但是在一些关键技术上仍然与国际先进水平存在差距,如风资源评估技术与软件产品、控制系统、主轴承、大功率变流器等严重依赖于国外厂商。特别是叶片和主轴承是我国海上风电技术的主要瓶颈。对于叶片,超大风轮技术必须采用碳纤维技术,整个供应链全部由日本、德国掌握,价格高昂。轴承技术方面,调心滚子轴承技术(SRB)和双列圆锥滚子轴承技术(DRTRB)是 8 MW 及以上海上风机的最佳选择。采用这两项技术的轴承承载能力比较大,对加工尺寸非常敏感,目前国内尚无轴承厂能够生产。

三是海上风能资源的科学评估和准确预测困难。海上基础观测数据缺失以及海上观测成本高、难度大等因素制约着海上风电项目开发资源与环境评估的准确性。国内部分项目由于工期和成本制约,在没有进行海上测风或测风数据不完整的情况下开展可行性研究甚至工程建设。

四是离网式风电系统对电解槽的要求更高。一个完全独立于电网的系统,所有来自风力涡轮机的能量都将用于电解水生产氢气。由于风力发电机组出力变化大,容量因子相对较低,氢气产量会不断波动,电解槽容量因子也较低。而将电解槽的容量定在风电场容量系数较低的水平将有助于降低电解槽的资本成本,但结果是,在大风期间,多余的风力将不能被利用。

7.4.2 试点模式简介

我们建议在海上建设绿氨产、储、销、运一体化平台,充分利用海上充沛的风能资源和水资源制氢,并就地合成绿氨。平台设施包括:电解水制氢设备、合成氨设备、氨液化设备、氨储罐、氨加注设备、氨燃料补给站、泊船区域以及配套人员居住、工作、系统控制设施和相应的输氨管网。平台的功能包括:海上天气(特别是海风)预测、风电场控制、生产/储存/输出绿氨、氨燃料的补给、附近海域突发事件应急处置、氨能出口等。海上综合性绿氨生产平台试点模式建议如图7.13所示。

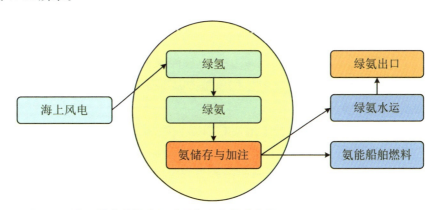

图7.13 海上综合性绿氨生产平台试点模式建议

该试点模式的推广,将使得东部沿海经济发达且人口密集的地区找到就近获得绿色能源的方案,将有利于这些省份能源体系的绿色转型;为远海风电消纳和运输问题提供一种有效的解决方案,将反过来助推海上风电装机规模的扩增,从而更好地利用海中的能源;将绿氨从海上直接出口至日本、韩国、东南亚等地,可以减少运输成本,单从成本考虑将成为这些国家绿氨进口计划的首选产地(目前日本计划从澳大利亚进口绿氨,运输距离长,运输成本高)。绿氨海路出口将成为新时代海上丝绸之路的重要贸易货物之一,有助于提升我国的外汇储备、国际影响力以及在国际新的能源秩序中的地位。

7.4.3 发展建议

7.4.3.1 建议采用海上风能+海洋热能相结合的方式发电

海洋热能转换发电技术(Ocean Thermal Energy Conversion, OTEC)是一种利用海洋表面和深海水域之间温差发电的技术。在赤道附近,太阳能使海洋顶部 50~100 m 的温度升高到 27~30 ℃,而深度 1000 m 的海水保持或低于 5 ℃,巨大的温差中蕴含着丰富的可再生能源。OTEC 的优点是发电相对持续稳定。

OTEC 发电的问题之一是发电地点位于远海,将产生的能源输送回岸上十分困难。将产生的能量就地以化学形式储存起来,如转化为绿氨,将有助于解决上述问题,使 OTEC 技术的推广变得可行。Avery 等人在 1985 年就提出了这样的想法,他们设计了一个 325 MW 净发电量的 OTEC 工厂,以 1000 t/d 的速度生产绿氨。该工厂将 OTEC 蒸馏和电解海水产生氢气,然后氢气与从空分装置产生的氮气合成绿氨。最后绿氨被冷却并储存在 OTEC 工厂中,并通过油轮运输到陆地。

我们建议在海上绿氨平台上增加 OTEC 发电环节。这样可以更加充分地利用海洋能源,并且可以调和风电的波动性,从而提高电解槽的容量因子,避免合成氨设备频繁停车,提升设备的使用寿命,并且我国可以利用氨能发展的契机,掌握、突破和发展 OTEC 相关技术。

7.4.3.2 建议鼓励、引导液氨罐箱运输船技术的研发

参考 LNG 海上贸易产业链的发展历程,想要实现绿氨液化和液氨海上运输,如果走与 LNG 船类似的专用液氨船运输路线,需要突破的技术除了浮式海上氨液化平台,还有专门运输液氨的船只建造和海上液氨接收站的技术。而在这些技术领域,中国的海上 LNG 贸易产业链尚且落后于澳大利亚、美国、日本、韩国等发达国家,想要在液氨领域赶超的难度更大。

液氨船配送到陆地的过程中需要经过多次液氨转注环节:液氨船到液氨接

收站,液氨接收站到液氨罐车,液氨罐车到加氨站或气化站。由于液氨的温度低于空气的凝固温度,每多一次转注,就多一次空气进入液氨系统形成固体颗粒物的风险,同时每次转注都需要浪费一定量的氨气进行吹扫。只有在液氨进入超大规模应用时,这种运输方式才具备经济性。而从目前全球液氨的应用来看,这一技术路线还有很长的路要走。

而将海上风电氨液化后以液氨罐箱形式运输的技术路线,只需突破液氨罐箱的多式联运技术。目前我国已经有 LNG 罐箱多式联运的成熟经验,升级到液氨罐箱领域相对于开发液氨船和液氨海上接收站要容易得多。针对海上风电的发展特点和中国特色,选择液氨罐箱运输船的运输路线,可以加快液氨产业化应用的速度。

液氨罐箱多式联运,不仅可以无缝衔接海上运输和公路运输,还可以将运到目的地的罐箱直接放置在加氨站和气化站作为固定容器使用。因此绿氨从生产地到用户,最多可以减少三次转注。在海上液氨生产尚不具备超大规模时,液氨罐箱多式联运可以快速实现液氨产业链的产业化推广,比专用液氨船更具经济性。

7.4.3.3　建议建立海上风能资源评估体系

建议在海上绿氨平台附近建设海上监控场,开展漂浮式激光雷达的应用示范和优化。建议针对中国海区域的气象、海洋、海浪特征,搭建区域大气-海洋-海浪-海水温度耦合数值模拟系统,用于海上风电风能资源与海洋环境的综合评估与预测。典型漂浮式激光雷达测风装置结构图如图 7.14 所示。

7.4.3.4　建议优化系统设计

风力发电机产生变频交流电源,然后在电网频率转换为直流电源,再转换回交流电源。同时大多数电解槽使用来自电网的交流电作为电源,将交流电转换成低压直流电用于电解水。由于设计的海上风电制绿氨系统中,风电能只是满足电解槽所需而不并网,可以简化这些重复的、可能是不必要的转换。此外,建议使用更轻量化、更大尺寸的风力涡轮机,提高整体效率,降低合成氨装置的成本。因此优化组件和提供集成设计的设计工作可以进一步降低绿氨成本。

7.4.3.5　建议提前做好规划

建设海上绿氨平台试点应提前做好规划。欧洲海上风电项目一般有 5 年

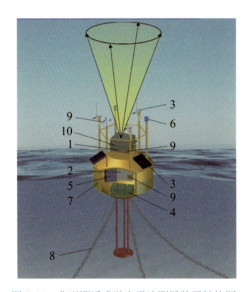

图 7.14　典型漂浮式激光雷达测风装置结构图
1. 测风雷达；2. 操作系统；3. 发电系统；4. 储电系统；5. 数据储存系统；6. 通信系统；7. 漂浮式平台；8. 状态保持系统；9. 其他传感器；10. 运动补偿系统等。

以上的规划期，中国则只有 1 年左右。而相较于单纯的海上风电项目，海上绿氨平台的系统更复杂，施工难度更大。如果不提前做好规划，可能会导致后期非技术成本陡增，还会造成抢装、低价竞争抢市场等非正常现象。

海上绿氨平台开发涉及多个管理部门，如海事、国土资源、环保、水利等。建议各部门事先对海上绿氨平台的研发形成统一的认识，建立起协调联动机制，避免出现某部门审批难的情况。

建议提前制定中国海上能源发展相应的标准体系。目前我国相关标准体系不完善，许多行业标准从国外引进，与中国行业发展的实际情况匹配度低，亟需自己的标准体系。

建议地方提前出台扶持政策。东部沿海是中国经济发达且用电负荷大的地区，海上绿氨平台的发展和应用将对拉动当地社会经济发展、调整能源结构起到积极作用。特别是在中央对海上风电补贴退坡后，地方政府在地方补贴、金融财政优惠、电力消纳及市场化交易等方面提供的政策将对海上绿氨平台的发展产生十分重要的影响。因此应鼓励地方政府积极设计相应的扶持政策,保持产业政策的持续性,营造海上绿氨平台健康有序的发展环境。

7.5 氨能辅助的智慧电网

7.5.1 背景介绍

可再生能源波动性和间歇性的特点会增加电力系统的不确定性。随着可再生能源发电装机的快速增加,大规模新能源集中并网带来的电网安全稳定运行和消纳的矛盾日益突出,配电网的薄弱环节更加凸显,电力峰谷差日益增加,因此电网的风险抵御能力亟需增强。传统上,电力系统的不确定性往往来自需求侧。随着可再生能源接入比例的提高,供给侧的不确定性显著增加,未来电力系统需要更智慧、更灵活地应对供需双方不确定性带来的复合影响。

按照峰荷需求扩建电源和输配电网,并配套储能技术可以有效增加电网的风险抵御能力。储能技术主要应用在发电侧、电网侧以及用户侧等场景,主要考虑在闲时/低电价时储存能量,在用能高峰期/高电价时释放能量。由于储能技术能够很好地解决电能供需不平衡问题,因此,在电力系统的源网荷端及微电网中都有广泛的应用,实现调峰调频、平滑出力负荷、削峰填谷、备用电源等多重作用。中国 2030 年、2060 年电力行业温室气体减排路径如图 7.15 所示。

7.5.1.1 未来电力系统的发展趋势——智慧化

作为低碳转型的重要推动力,数字化、智能化技术带来的效率和成本优势日益凸显。充分发挥技术创新的支撑作用,促进数字化和绿色化产业融合,推动以氢-氨能为核心的绿色能源体系建设,是实现转型升级和长期可持续发展的基础。目前,人工智能、大数据分析、云计算的数字化技术已广泛应用于能源行业。可以预见,未来电力系统的发展趋势是越来越智慧。

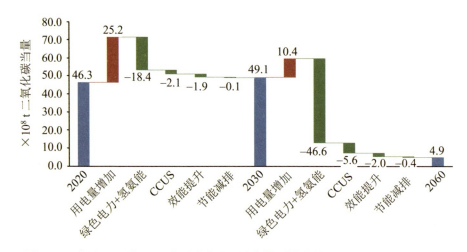

图 7.15　中国 2030 年、2060 年电力行业温室气体减排路径
资料来源：埃森哲等。

现阶段的电力行业是资源消耗型、环境污染型行业的代表。2020 年,电力行业碳排放总量超过 4×10^9 t,是我国碳排放总量最大的单一行业,占全国碳排放总量的近半数。2020 年,火电发电量是 5.33×10^{12} kW·h,单位千瓦时煤耗按 0.28 kg 计算,总耗煤 1.492×10^9 t。随着可再生能源发电经济性日益凸显,传统煤电将更加举步维艰。在传统电力企业遭受巨大冲击的同时,能源交易和消费的新形势、"能源互联网"等新业态及新模式的逐步演进也为智慧电力系统创造了广阔的舞台。

智慧电力系统是清洁、低碳、安全、高效的现代能源体系建设的核心组成部分,将改造升级现有大电源、大电网的形态。通过多能互补、信息传递、智能管控等先进技术,将"源网荷储"融合互动,并智能调节、调动系统内部资源,达到能源生产与消费的协同与平衡,具有清洁化、智能化、便捷化等优点,是未来能源发展的理想形式。

智慧电力系统是"源网荷储"融合互动的平衡系统。智慧电力系统以电力为中心,以电网为基础平台,打通"源网荷储"各环节信息,纵向"源网荷储"协同互动,实现从"源随荷动"到"源荷互动"的转变;通过横向"源""网""荷"内部要素的融合，实现电网、气网、热网的深度耦合和互联互通，保障运行安全，提升运行效率。

智慧电力系统是多层级电力防护的安全系统。电网规模越大、形态越丰富、与经济社会发展融合越深入，对人为攻击、自然灾害等极端情况带来破坏的应变能力要求越高，因此，合理的电源结构和电网结构是电网安全稳定的基础。智慧电力系统通过电力电子设备参与电力调控与防护全过程的方式，打造多元融合高弹性电网，拥有强大的感知能力和快速应变能力，支持高比例新能源电力并网，保证极端事件下电力系统的快速反应与恢复。

智慧电力系统是产业互联互通的智能系统。智慧电力系统将开创数字经济体制机制，打造充满活力的数字能源新业态，改变传统能源电力的配置方式，呈现数字与物理系统、现代信息通信技术与电力技术的深度融合。

此外，构建以新能源为主体的智慧电力系统，不仅能够加速推动电力行业清洁低碳转型的步伐，同时，作为经济社会发展的重要依托，电力行业的深度脱碳还能够让其他行业在电气化进程中充分享受减排效益，有效降低电气化行业的产品碳足迹，助力工业、交通部门，乃至全社会尽早实现"双碳"目标。

7.5.1.2 发展智慧电网需要解决的问题或挑战

我国电力系统转型及智慧电网的建设面临以下挑战：

(1) 在"双碳"目标的要求下，未来每年新增 1×10^8 kW 新能源装机的规模已是板上钉钉，加之分布式电源的广泛并入和需求侧的深度变革，全球最大电网将如何适应和承接时代快速发展的需求，这一问题的复杂程度已经远远超过了单一学科技术的边界，需要多学科协同攻克。

(2) "严控煤电项目"已经成为电力系统低碳发展的总基调。然而煤电的存量是海量的，如何实现煤电有序减量替代，推动煤电节能降碳改造、灵活性改造、供热改造"三改联动"，有效地适应并融入未来智慧能源体系，尚需研发更有效的煤替代燃料和新型燃烧技术及设备。

(3) 以新能源为主体的智慧电力系统的概念一提出，储能就作为不可或缺的灵活性调节关键技术吸引了足够多的关注目光与发展空间。然而回顾历史，储能技术经历了数个所谓爆发"元年"，要想踏上未来智慧电力系统主角之路，仍需要技术和经济性上的突破。

（4）将现有电力系统"升级"为智慧电力系统并非像游戏升级那样简单。技术方面，从现有电力系统向智慧电力系统演变，将会面临电力电量平衡概率化、电力系统运行方式多样化、电网潮流双向化、电力系统稳定机理复杂化、电力系统灵活性资源稀缺化、电力系统源荷界限模糊化等一系列技术问题。市场方面，电力系统形态的重塑不仅涉及传统利益格局的调整，更意味着价值认知层面的颠覆与重构。时下，在配网交易层面存在着无形的利益藩篱，限制了"隔墙售电"等直接交易模式的发展空间，阻碍了分布式新能源的发展壮大和综合智慧能源微网等新业态的培育。目前以降电价为导向的电力交易市场化改革，在满足多元化市场主体诉求方面仍存在着不少可以完善的空间。面对系统成本上升的风险和先进技术发展的迫切需求，长效的市场化运行机制与合理的政府定价机制亟须形成合力。

7.5.1.3 氨能将在智慧电网构建中发挥重要作用

氨能具有来源广、能量密度高、无碳排放的优势，且具备长周期储存和远距离输送的能力，可以作为能量源、能量储存和转换媒介在智慧电网中发挥重要作用。智慧电网的重要内容是实现电网、气网、热网的深度耦合和互联互通，氨能的优势将推动其成为重要的分布式能源和智慧电网的重要组成部分，并能极大提高智慧电网能量储存与转化的灵活性与操作弹性，进而推动我国能源系统的清洁化和智能化转型。

前文提到，配套储能技术可以有效增加电网的风险抵御能力，然而不同储能技术的成熟度有较大差异。抽水蓄能、压缩空气储能等物理方式储能具有使用寿命长、容量大等优点，但选址受限；铅炭电池等电化学储能功率密度高、效率高，但存在安全隐患和关键元素供给不足的问题；熔盐蓄热、电磁储能等技术成本较为高昂。氢能及氨能作为少数长周期的储能类型，有望成为清洁低碳、安全高效的新型电力系统的骨干支撑。

基于我国能源资源负荷逆向分布的特征，需要着力构建利用液氨作为能源大时空范围内大规模输送的主体，特高压作为补充和调节的能源输送新模式，可以用于构建区域电网解耦链接、分层分区的输电网架和就地消纳与远距离输送相结合的新型电网模式。通过集中式与分布式并举的方式，结合氢氨储能、抽水蓄能等手段进行多元互补，新能源规模化并网对电力系统的影响将大幅消减,最终实现系统接纳更大规模新能源并网的目标,保障新能源装机容量飞跃式发展。

7.5.1.4 现有基础

2017年,国家能源局在其官网公布了首批"互联网＋"智慧能源(能源互联网)示范项目共55个。其中,全国首个城市级能源互联网项目——浙江嘉兴能源互联网综合示范项目于2019年8月29日通过验收。项目核心示范区实现了可再生能源100%接入与消纳及清洁能源、高效电网、低碳建筑、智慧用能、绿色交通的广泛开放互联。这之后,浙江丽水、天津滨城、北京通州等地均在积极打造能源互联网综合示范区。

目前,国内外电力企业、电网公司正积极布局智慧电网,提前加码氢能、CCUS等新技术发展。国内以五大发电集团、两网为代表的主要电力企业纷纷响应"双碳"目标的号召,并已着手行动。虽然叫法(智慧电网、数字化电网、新型电力系统、能源互联网等)不同,但本质上都是朝着构建智慧电力系统前进。国际上法国电力公司(EDF)的碳中和三步走战略、德国的微电网系统等都是可以借鉴的发展道路。然而现阶段国内外难以寻觅将氨能纳入智慧电网的产业化规划方案。

7.5.2 试点模式简介

我们建议试点包含氨能的智慧电网。第一阶段选取一处临近煤电厂合适的地点建设一定规模的(如1.5 GW)非水可再生能源发电设施(如光伏),并在附近建设配套的电解制氢、合成氨厂区,将合成的绿氨通入附近发电厂的某煤电机组锅炉中进行掺氨燃烧降碳试点。第二阶段是逐步优化参数,提高掺氨比例,并将掺氨燃烧模式在地市级区域内普及。第三阶段是有关单位研发配套的"云大物移智链"技术并建设相应设施,改进传统能源电力的配置方式,统筹协调"源网荷储"四端,提升当地电网的数字化、智慧化,并实现区域内火电掺氨燃烧深度降碳的灵活性改造,共同构成地区智慧电网的骨架。待氨能战略全面铺展开来,以氨能为主角之一的智慧大电网也将编织完善。

包含氨能的智慧大电网的建成,可以在全国范围内实现电力"发、运、储、配、用"的协调联动,充分调动需求侧灵活响应的积极性,可进一步提升可再生能源的消纳能力和利用率,减少电力浪费,以此提升电网保障能力和清洁能源的利用效率。氨能来源广、能量密度高、无碳排放、可长周期储存和远距离输送,可以作为能量源、能量储存和转换媒介在未来智慧电网中发挥重要作用。

7.5.3 发展建议

7.5.3.1 建议在体制机制上要创造自由公平竞争的条件,让市场化价格机制尽快成为发展主旋律

构筑智慧电力系统,要在体制机制上创造自有公平竞争的条件。要自上而下清醒地意识到,当下中国电力转型亟需从"简单的可再生能源替代"转变为"更综合的智慧能源系统"。构筑智慧电力系统是一项国家意志决定的集体行动,这就要求发、输、配、售、用各个环节均成为智慧电力系统的合格主体。其中电网作为电力系统的中枢与核心,是智慧电力系统建设的关键环节,其在承担大规模新型能源传输与消纳任务的同时,也要担负起未来上下游碳价信号传导的"二传手"角色。建议通过政府对其职责定位的重新界定和业绩考评机制等方面的调整,消除自然垄断企业在相关政策执行和游戏规则制定中的特权和影响力,还原其公共事业属性,从根本上破除来自系统内部的改革阻力。

构筑智慧电力系统,要让市场化价格机制尽快成为发展主旋律。以新能源为主体的智慧电力系统建设,令系统成本的构成和内涵悄然发生改变,这也为我国电力市场化改革及现货市场建设提供了更深层次的要求。智慧电力系统的构建绝非清洁电量对化石能源发电的简单替代,因此建议让灵活调节的价格信号成为"指挥棒",引导各类市场主体主动创造和参与系统解决方案,而不是以行政命令替代市场经济的底层逻辑,造成低效无效的零和博弈或恶性竞争。有效运转、机制合理的电力市场,是释放电力系统活性、扩大新能源消纳的成本最低路径。比如通过市场消纳手段,使火电、储能(氨能)和需求响应等各类调节方式各展所长、各尽所能,找到与之匹配的应用场景和价值补偿模式。唯有如此,新能源才能与这些"战略伙伴"在智慧电力系统构建中共生共荣,达到类似生态学上的互惠共生关系,从而保障新能源从电力系统生力军到主力军的

蜕变。

7.5.3.2 建议发展主干电网＋区域电网＋微网的智慧电网模式

建议参照德国的成功经验,建设数十万个独立于电网的供电单元,小到路灯、住宅,大到社区、园区微电网系统,通过与大电网相对独立又互为补充的分布式能源利用形式,以由点及线、由线及面的示范方式,逐步实现新型智慧电网对传统电网的替代。以新能源为主的微电网不仅是一个示范模式,还将在智慧电网中永久保留,与大电网形成能量传递和互为备用支撑。

建议采用"跨省区主干电网＋中小型区域电网＋配网及微网"的电网规划建设,提升电力传输的灵活性,支持新能源优先就近并网消纳,提高清洁能源接纳能力;积极探索智能微电网等技术,满足分布式能源和多元负荷用电需要。此外,需持续提升已建输电通道的利用效率;提高电网信息采集、感知、处理、应用能力,实现向智慧电网的转型升级。同时加快输氨管线建设,将氨能发电机整合到电网电力输送线路中,提高能源利用效率和调峰能力,实现基于绿氨的规模化储能和大规模能源调配。

建议鼓励和引导现有火电机组通过技术升级实现"三改联动"。火电机组是现阶段西北地区电力系统灵活性的首要来源。通过技术改造,机组的平均每分钟爬坡速率可以从铭牌容量的 $1\%\sim2\%$ 提升至 $2\%\sim5\%$,纯凝机组的最小负荷可以从铭牌容量的 $50\%\sim60\%$ 降至 $30\%\sim35\%$,同时由于采用部分掺氨燃烧降碳技术,在提高灵活性的同时能够实现碳排放的降低。为了促成"三改联动",还需要完善包括现货市场、调峰辅助服务在内的市场设计,以确保灵活性改造的投资成本可以被合理回收。

7.5.3.3 建议研发以氢能为核心的,服务于智慧电力系统的共享型储能系统

储能是构建智慧电力系统的关键环节。未来,以氢、氨能为核心的电网储能系统共享化、集约化发展将成为趋势。围绕提升储能的共享性,建议着力构建储能企业和新能源发电企业或用户之间的交易机制,促进储能电站通过市场化交易为多个市场主体提供电力辅助服务。建议加速推动支撑储能多功能复用的"云大物移智链"技术、规划配置优化技术、协调控制技术、故障防御技术以及系统集成技术的提升,催生更加多样化的商业模式创新。建议以电网的高弹

性、服务的普惠性、技术的灵活性、资源的共享性转变为目标,围绕低成本、长寿命、高安全性、大容量四大主攻方向加快攻关,加速氨储能技术创新和与之对应的商业模式创新,促进氨能辅助的智慧电网高质量发展。

建议发展共享储能模式。狭义上,共享储能就是以电网为纽带,将独立分散的电网侧、电源侧、用户侧储能电站资源进行全网优化配置,由电网进行统一协调,推动源网荷各端储能能力全面释放,既可为电源、用户自身提供服务,也可灵活调整运营模式,实现全网电力共享,提升电力品质。广义上,共享储能将实现智慧园区、城市乃至更大区域内能源跨区域、跨季节、跨能源形式的灵活调配的"发、运、储、配、用"。我们预计,氨能将成为共享储能模式的核心储能方式之一。

目前,我国已在"三北"地区成功应用了多种共享储能的创新商业模式,实现了在用户侧、电源侧和电网侧应用场景模式全覆盖。2021年5月,国家能源局发布的《关于2021年风电、光伏发电开发建设有关事项的通知》中就提出要共享建设思路,即可通过自建、合建共享或购买服务等市场化方式,落实储能等新增并网消纳条件,且电网企业要保障项目并网。建议在今后的共享储能的规划建设中,逐步引入氨能。

7.5.3.4 建议将氨储能纳入调频、调峰市场交易体系中

无论从储能技术优势、国外实践还是国内储能行业自身研判来看,储能参与调频将是储能最具前景的应用领域之一。广东、山西等省份已经出台了相应的调频市场规则并允许储能准入。从电网需求和储能有序发展的角度出发,在形成全国化的调频市场之前有必要结合我国电网的特性研究储能参与调频的最优容量,并完善相关市场机制。

为应对市场过渡期我国电源装机过剩、系统灵活性不足的情况,我国多个省份还建立了调峰辅助服务市场,并明确了储能准入条件。但现阶段储能实际参与调峰交易的省份较少。

建议各地将氨储能纳入已有或新建的调频、调峰市场交易体系中,遵循电力系统的需求进行市场总体设计,让各类储能、调节资源同台竞技。建议实施调频辅助服务按效果补偿机制,按效果补偿的原则不仅有利于市场公平,使氨储能的价格优势得以凸显,还可以提升各类资源为电网提供优质调节服务的积极性。

7.6 绿氨港口

7.6.1 背景介绍

我国东部沿海良港众多,占据世界十大港口名单中的七席。截至 2021 年底,全国共有水上运输船舶 12.59 万艘,而我国船舶排放的 NO_x、PM 和 HC 占非道路移动源排放的比例分别为 28.2%、24.2% 和 19.8%。我国船舶和港口的绿色转型势在必行。

根据国际可再生能源署预计,到 2050 年,参与国际贸易的氢气将达到氢气生产总量的 1/4,其中包括超过 1×10^8 t 的绿氢和超过 5×10^7 t 的蓝氢。这些氢气中约一半将通过管道运输,而另一半将转换为氨并通过氨船运输。因此氢-氨能港口是未来国际能源贸易中的关键节点。我们预计港口既是氨能战略发展的重要推动者,又是氨能战略的首批受益者。

目前,氢能港口和氨能港口的发展都处于初期探索阶段。青岛港开展氢能港口设备、港城绿色供能等示范,欲打造全国第一座"氢+5G"智慧绿色港口。青岛港中的 1 座港区加氢站已于 2022 年 4 月具备加氢条件,并已布局 6 座港口氢能轨道吊、3 辆港口集卡,逐步实现布局管道供氢。此外,天津市滨海新区、上海市临港新片区、浙江省宁波市、江苏省张家港市等地区也正积极筹划建设氢能港口。在国外,美国的长滩港和洛杉矶港、日本的横滨港、西班牙的瓦伦西亚港、荷兰的鹿特丹港等,都正在进行与氢能相关的改造。这些氢能港口可以成为氨能港口的参考样板。

目前,液氨作为常见的贸易货物的属性使得世界各地的许多港口都已经配备了氨储存设施。但这些港口仅是可以装卸氨的港口,而不是氨能港口。较完善的基础设施、较成熟的装卸和储存技术以及较完备的资质使得上述港口更容易向氨能港口转变,而不像氢能港口改造那样需要新建与氢能相关的特殊设施。

2021年7月,日本山口县的德山港口将改造为氨转运港口,用来接收中东、澳洲、北美的氨。德山港口原来主要用于石油的转运。这是2021年日本规划改造的第二个氨转运港,第一个是由煤港改造为氨港的小名滨港口。

7.6.2　试点模式简介

我们建议首先在某港口的液氨设施基础上进行改扩建,以扩大港区氨储存和调配的规模,并为将来大规模绿氨出口预留容量。之后逐渐补充港区液氨管网和分销设施,如加氨站等。接着将港区内的集装箱车、码头牵引车、叉车、冷藏车、罐车、起重车、有轨车辆等逐步替换为使用绿氨作为燃料。此外还可以利用氨能无人机对港区进行远程监视和遥控。最终打造出完全无碳的氨能示范港口。绿氨港口试点模式建议如图7.16所示。

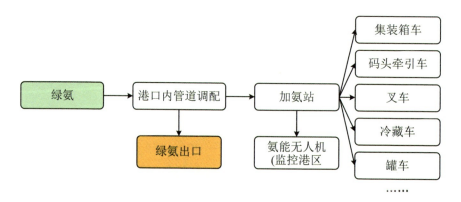

图7.16　绿氨港口试点模式建议

率先示范氨能港口将在三个方面推动氨能发展:一是将形成氨能产业园区的示范模板,为全国范围以产业园区的方式推广氨能提供有效参考;二是可以直接用绿氨替代航运燃料,助力航运业实现降碳;三是随着氨能港口在多地落成,将贯通氨能水陆运输网络,优化氨能产业全链条资源要素配置,并为大规模绿氨出口提供保障。

7.6.3 发展建议

7.6.3.1 建议在新建/改造的无人码头率先试点氨能港口模式,严把安全关

液氨装卸过程中易产生泄漏事故,长距离输送液氨更要对温度、流速、压力等工艺参数严格控制,对工艺、设备、操作人员严格要求,以防止泄漏、中毒、爆炸事故发生。基于大数据的码头全域协同优化与智能决策,应用大数据、云计算和数字孪生等新一代信息技术,有望突破制约氨能港口面临的各类瓶颈。即使发生泄漏等事故,也可以尽可能地减少对人员的伤害。

在有人的氨能港口中,建议通过对作业液氨各环节的风险分析,采取有效安全的技术措施,严格控制作业各环节风险,严把安全关,保障液氨装卸及储存安全。

7.6.3.2 建议有关部门大力配合与支持绿氨出口

绿氨要实现大量出口,必须得到有关部门,特别是出口监管部门的大力配合与支持。针对绿氨出口的安全性问题,建议各地出入境检验检疫局积极创新工作方法,根据绿氨的产品属性及企业的实际情况,提前介入,实行从企业罐装生产到运抵港口的全过程监管。例如,浙江出入境检验检疫局就采取了三条措施:一是第一时间告知企业有关液氨的贸易要求和检验监管规定,要求制作危险特性分类报告和安全数据单,指导企业正确填写报检资料,沟通检验流程;二是深入企业现场,从车间安全管理、生产工艺、标签标识警告等方面加强沟通指导,确立检验检疫依据,要求企业加强现场品质监控,严格按照标准组织生产,确保出口产品的整体质量安全;三是加强成品灌装过程中的监管,对出口液氨生产和灌装过程进行全程跟踪,确保液氨及时顺利出口。建议延续液氨出口零关税政策。在将来,以绿氨港口为支点的绿氨出口将成为海上丝绸之路的重要绿色名片。

7.6.3.3 建议将绿氨港口的模式推广至其他领域

与绿氨港口类似的模式还可以推广至绿色物流枢纽、绿色工地、绿色矿场等多种应用场景。氨能重卡、氨能叉车、氨能无人机等绿氨港口成熟的技术转向上述场景应用的技术壁垒很低,也就是说,绿氨港口领衔的氨能技术在这些场景中可以做到融会贯通。

7.7 绿氢-绿氨耦合式智慧工业园区

7.7.1 背景介绍

钢铁、水泥等工业行业既是我国的工业主导产业,同时也是能源消耗和温室气体排放的重点行业。我国钢铁工业 CO_2 排放量约占中国总排放量的 15%,在国内所有工业行业中位居第二位。2020 年,我国水泥产量 2.377×10^9 t(湖南 1.103×10^8 t),约占全球的 55%,水泥生产过程中排放 CO_2 约 1.466×10^9 t,约占全国碳排放总量的 14.3%。经计算,我国最终水泥与水泥熟料单位产量 CO_2 排放为 0.61 t CO_2/t 和 0.87 t CO_2/t。

目前的炼钢企业大部分都采用通过燃烧焦炭提供还原反应的高炉炼铁技术,因此钢铁行业资源消耗多、碳排放量大、污染严重。我国粗钢产量超过世界产量的 50%,90% 以上的粗钢由高炉-转炉长流程工艺生产,每年煤炭消耗约 6.4×10^8 t,占我国煤炭总消耗量的 17%。截至 2020 年,我国钢铁企业平均吨钢碳排放量为 1756 kg。采用基于天然气的炼钢工艺,可以将吨钢碳排放降低至 940 kg;而使用 80% 的氢气与 20% 的天然气则可降低至 437 kg;如果完全使用绿氢炼钢,则可以实现 CO_2 的"零排放"。

氢气是现代工业中应用于石油领域的炼油和化学工业的主要原料,全球每年在工业领域消耗的氢气量超过了 5×10^{10} Nm^3。目前,为了改善石油和天然气等化学燃料的品质,必须对其进行精炼,如烃的增氢、煤的气化、重油的精炼等,这些过程都需要消耗大量氢气。如今的化学工业是以碳氢化合物为基础的,这种物质既被用作原料,也被用作能源。通过绿氢能够合成最终构成化工业碳排放量一半以上的 9 个关键产品(氯、氨/尿素、甲醇、乙烯/丙烯、苯/甲苯/二甲苯)。因此化工行业与钢铁行业的情况十分类似,造成这两个行业无法单纯依靠清洁电力，而是要结合绿氢实现深度脱碳。

我国在《强化应对气候变化行动——中国国家自主贡献》中规划了详细的政策措施和实施路径，其中第四条为"形成节能低碳的产业体系"，并提出"通过节能提高能效，有效控制电力、钢铁、有色、建材、化工等重点行业排放"，可见钢铁和水泥都属于深度脱碳的重点领域。2022年2月，国家发展改革委、工信部、生态环境部联合发布《关于促进钢铁工业高质量发展的指导意见》，提出支持建立低碳冶金创新联盟，制定氢冶金行动方案，加快推进低碳冶炼技术的研发应用，力争到2025年氢冶金等先进工艺技术取得突破进展。

未来工业领域的应用将主要集中在绿氢炼钢、绿氢化工和掺氢（氨）燃烧功能三大场景，由此助力工业领域深度脱碳。而绿氨在应用端可以较容易地裂解为绿氢，可以与绿氢携手打造绿氢-绿氨，炼化-化工-冶金耦合式产业集群。

此外，氨本身也是重要的化工原料或还原剂，这为在氢能工业中引入绿氨提供了额外的意义。液氨的吸热汽化过程可以提供冷源，也可以额外节省工业区制冷设施的能量消耗。

7.7.1.1 现有基础

2019年，位于德国杜伊斯堡的ThyssenKrupp就首次进行了以氢代煤的尝试，他们将氢气通过一个风口注入高炉中，并逐渐扩展至该高炉的全部28个风口。

西班牙电力公司Iberdrola和瑞典H2绿色钢铁公司将耗费23亿欧元合作开发一个电解能力为1000 MW的大型绿氢设施。生产出的绿氢可以每年生产约2×10^6 t直接还原铁（Direct Reduced Iron，DRI），然后这些铁可以用于生产钢铁。这一项目将于伊比利亚半岛落地，具体位置尚未公布，预计将于2025年或2026年投产。两家公司表示，他们还尝试共同设立一个每年能够生产$2.5 \times 10^6 \sim 5 \times 10^6$ t绿色扁钢的生产设施，并表示绿色氢将是钢铁生产等重工业过程脱碳的一项关键技术。

国内外氢能炼钢应用案例还包括瑞典钢铁HYBRIT项目、萨尔茨吉特SALCOS项目和奥钢联H2FUTURE项目、河钢集团与卡斯特兰萨共建1.2×10^6 t氢冶金示范性工程项目等。

在国内，中国宝武钢铁集团有限公司、河北钢铁股份有限公司、鞍山钢铁集团有限公司、包头钢铁(集团)有限责任公司、酒泉钢铁(集团)有限责任公司等已纷纷启动氢能冶金项目；以中国石油化工股份有限公司、中国石油天然气集团有限公司等为代表的石油化工央企，以张家港东华能源股份有限公司、宁夏宝丰能源集团有限公司等为代表的民营化工上市公司均已在布局绿色化工。

河钢集团有限公司(简称河钢集团)正将氢能利用作为重点发展的战略性新兴产业，积极介入制氢、储运、加氢等氢能利用领域，致力于成为推动我国氢能产业发展的先行者。2020年8月，河钢集团首座加氢示范站在河北邯郸投入运行，站内同时运营的包括49 t牵引车、31 t自卸车、9 t厢式物流车和厂区通勤客车，是我国钢铁行业首个固定式加氢示范站。2021年4月，由河钢集团建设的加氢站投运。该加氢站日加注能力为500 kg，可为氢车进行氢气加注及对长管拖车进行氢气充装，可为30～40辆49 t燃料电池重卡提供加氢服务。同时，河钢集团正建设一座年产1.2×10^6 t炼钢原料的氢气直接还原厂，建成后可使二氧化碳排放量减少40%～60%。此外，"十四五"时期，河钢集团还将在唐山、邯郸分别建设一座1.2×10^6 t的产线，全力打造全球氢能还原与利用技术研发中心。2021年5月，河钢宣钢氢能源开发和利用工程示范项目正式启动建设，将充分利用张家口地区国家级可再生能源示范区优势，打造可推广、可复制的"零碳"制氢与氢能产业发展协同互补的创新发展模式。该项目是全球首例使用富氢气源的氢能源利用项目，并且该项目将成为世界首套新一代低碳氢能源示范装置。该项目开发的氢还原新工艺，依靠自主和集成创新，采用产学研相结合的模式，核心技术为Tenova公司的Energiron-ZR(零重整)技术，可替代传统高炉碳冶金工艺，预计年可减碳幅度达60%。

2022年4月，上海大学与河北省昌黎县兴国精密机件有限公司联合完成了我国首次以纯氢为喷吹气源的高炉富氢冶炼技术开发试验，试验中系统运行正常，相关数据达到预期标准，实现了"降低焦比10%以上，减少二氧化碳排放量10%以上和铁产量增加13%以上"的目标，获得了钢铁生产中大规模安全使用氢气的宝贵经验。

2022年4月签约的国际氢能冶金化工产业示范区新能源制氢联产无碳燃料项目计划年产3×10^5 t绿氢，并计划围绕以绿氢作为还原剂，建设中国首台套氢直接还原技术的$2\times5.5\times10^5$ t直接还原铁和8×10^5 t铁素体不锈钢绿色冶金项目,并逐步形成绿色低碳冶金产业群;围绕以绿氢、空气捕捉的氮为原料,建设中国首台套氢电催化合成技术的 1.2×10^5 t 绿氨化工项目,推动形成绿色低碳化工产业链,实现冶金化工产业的全面碳中和。

2022 年 6 月,山东淄矿东华水泥集团与厦门大学氨能源工程实验室在大型水泥窑炉中采用氨氢替代煤的工程顺利开车运行。该工程采用的新技术不仅可以采用绿氢与绿氨减煤降碳,还实现了催化燃烧,使得氮氧化物 NO_x 排放比单纯使用煤降低了一半以上,而且单个氨氢燃烧器的功率比日本同类设备高一个数量级。据现有的公开报道,这是世界上第一次在大型工业水泥窑炉中成功采用氨氢融合技术实现减煤和超低排放燃烧。

7.7.1.2 需要解决的问题或挑战

目前国内部分氢能工业技术已建成示范工程并投产,取得一定的创新突破,但示范工程尚处于工业性试验阶段,还存在基础设施不完善、相关标准空白、成本较高、安全漏洞和没有涉及氨能等问题。而且考虑到气源供给、制备、储运、成本等因素,现阶段氢能工业示范项目所用的氢气多数仍为灰氢,距离实现"绿氢工业"还有很长的路要走。

虽然已经有许多企业开始行动,但现阶段还是有相当一部分企业在观望或自我麻痹,总觉得氢能或氨能离自身还很遥远。随着"双碳"目标时间节点的临近以及社会公众对大气质量的日趋关注,政府对于工业排放的污染物控制将会越来越严格。如果企业不做出反应,很可能会在消费者、投资者和监管机构突然加大行动力度时不知所措,再想亡羊补牢时已经在同行业中处于被动的局面。及时唤醒这些企业并立刻采取行动也是现阶段面临的不小的挑战。

7.7.2 试点模式简介

我们建议在氢能工业中引入绿色氨能。将绿氨直接作为绿氢的原料与储存媒介,解决氢的大规模储存和安全性痛点。绿氨还可以作为燃料在工业锅炉中掺烧,这点与氨能发电的作用类似。氨还可以直接作为原料和还原剂参与到工业生产中,将原用灰氨、棕氨替换为绿氨可以有效降低工业领域整体的碳足迹。

7.7.3 发展建议

7.7.3.1 建议顺应未来能源产量区域性的变化将耗能企业相应地转移、集中

建议将冶金、化工等高耗能企业或生产环节转移到西北、东北、华北、西南等可再生能源资源禀赋丰富的地区,利用沙漠、荒漠、戈壁滩等荒地建设大规模"零碳工厂",通过源网荷储一体化、多能互补配合水电解制氢、合成氨,有效解决耗能企业的清洁能源供给,同时解决可再生能源大规模消纳储存问题,同时副产的绿氢就地保障工业氢气的需求,大力发展绿色冶金、绿色化工,助力最难减碳的钢铁、水泥和化工行业实现碳中和。

7.7.3.2 建议建立健全工业领域深度脱碳与大气污染协同控制体制机制

在寻找深度脱碳路径的同时,中国也面临着改善空气质量的压力。能否实现深度脱碳与局地大气污染物减排的协同,是深度脱碳能否取得成功的关键。由此,采取温室气体与局地大气污染物排放协同控制策略,成为当前中国同时应对全球与国内环境问题的不二选择。工业是中国温室气体排放的重点领域,也是局地大气污染物排放的主要来源,具备协同控制的巨大潜力。在工业领域引入氨能可以有效减少碳排放,但要防范 NO_X 排放增加的风险,要通过改善燃烧条件、改造尾气处理装置等措施确保 NO_X 排放符合标准。随着应对气候变化和减排职责划入生态环境部,温室气体与大气污染物减排同属生态环境部主管,以往由于管理部门职能分割所造成的"协同"管控障碍将得到消除。在当前的政策形势下,探索温室气体与大气污染物的协同控制已经成为生态环境部的工作职责,未来应进一步探讨如何落实协同控制策略、如何获得最大的综合减排效应。

7.7.3.3 建议引入绿色甲醇,形成绿氢-绿氨-绿色甲醇的互补模式

甲醇也是一种重要的化工原料,是对氢和氨的补充。绿色甲醇可以通过CCUS有效消纳工业领域产生的二氧化碳,因此建议引入绿色甲醇,形成绿氢-绿氨-绿色甲醇的互补工业模式。

本 章 小 结

氨能是中国综合能源结构的关键组成部分；推进氨能发展可以提升国家能源的安全性和灵活性，可以为跨领域不同应用提供经济价值和环境效益。在实施氨能战略的过程中，不能急于求成地在一开始就全面展开，而是要因地制宜，在局部试点阶段发挥地区特色，分区块推行氨能示范项目，同时积累多个方面的经验。

在本章中，我们对共 7 种可能的氨能示范模式逐一进行了背景介绍和可行性和必要性分析，提出了发展模式的设想，并针对可能出现的问题和挑战提出了相应的发展建议。这 7 种示范模式也代表了氨能在未来的常见应用情景，将在试点成功后逐步复制推广至全国范围，使得氨能战略进入技术成熟的快速发展期。

第 8 章
氨能战略的前景和发展建议

8.1 我国发展氨能战略是自主可控且安全的

我国发展氨能产业链的自主可控性与安全性可以从以下几个方面论证：

中国幅员辽阔，可再生能源总储量居全球首位。据国际可再生能源机构的报告显示，2020 年中国可再生能源总储量为 8.949×10^5 MW，居世界首位，占比为 32%；同期美国可再生能源总储量为 2.921×10^5 MW，仅为中国总储量的 1/3。

中国可再生能源装机容量领跑全球，而且遥遥领先。据国际能源署 2021 年 5 月发布的《2021 年可再生能源市场报告》，2019 年和 2020 年，中国的可再生能源年度装机容量均占全球总量的 80% 以上。据国家能源局统计的数据，截至 2021 年 10 月底，我国可再生能源发电累计装机容量达到 1.002×10^9 kW，突破 1×10^9 kW 大关，比 2015 年底实现翻番，占全国发电总装机容量的比重达到 43.5%，比 2015 年底提高 10.2%。其中，水电、风电、太阳能发电和生物质发电装机分别达到 3.85×10^8 kW、2.99×10^8 kW、2.82×10^8 kW 和 3.534×10^7 kW，均持续保持世界第一。

中国的可再生能源设施组装施工技术世界领先，设备制造规模全球遥遥领先，在一些技术和材料上可以实现国家层面上的垄断。在太阳能光伏制造业中，2019 年中国硅料、硅片、电池和组件产量分别达到 3.43×10^5 t、135 GW、110 GW 和 100 GW，全球占比分别达到 66.9%、97.8%、82.7%、76.9%。目前,我国光伏发电产业化技术和制造示例已处于全球领先水平,是我国具备国际竞争力的产业之一。在风力发电机的产业链中,我国拥有大约全球一半的产能,已基本实现全产业链国产化,产业集中度不断提高。此外,中国在光热、地热、生物质发电、能源互联网等领域也总体处于全球领跑或并跑的水平。在可再生能源所必需的稀土材料、EVA粒子和硅片等材料上可以实现国家层面上的垄断,使我国从能源领域"被扼喉者"蜕变为市场主导者。

中国氢能技术与产业发展迅速,并且已经上升为国家战略层面。氢能源作为技术密集型行业,有着极高的技术要求。尽管我国氢能产业链的一些关键技术与国际先进水平还有差距,但近年来在广大科技研发人员的不懈努力下,我国氢能利用技术研发能力有了长足进步。2012年以来,我国出台了一系列氢能相关政策,使我国氢能产业发展政策框架得以进一步完善。即使受到中美贸易摩擦的影响,我国氢能发展势头不减。仅2021年上半年就公布了近40个氢能产业链项目。目前,我国已布局了较为完整的氢能产业链。在氢能及燃料电池领域,我国已经初步形成从基础研究、应用研究到示范演示的全方位格局,布局了完整的氢能产业链,涵盖制氢(含纯化)、储运、加注、应用4个环节。未来"可再生能源+水电解制氢"有望成为大规模制氢的发展趋势。

中国氨产业发达,合成氨产量全球遥遥领先。中国是氨的最大生产国,占全球产量的28.5%。合成氨行业是我国五大重点行业之一,占我国化学工业能源消费总量的25%。合成氨产业上下游配套企业齐全,材料设备供应商充足,氨的储运技术和设施完备,相关指南、规定、标准、政策、法律完备。然而,我国合成氨产业存在着能源消耗高、污染大的顽疾,这也为绿氨产业的发展提供了广阔的舞台。

中国人口众多,市场规模大。我国汽车消费量高,并且在未来,汽车人均保有量会迅速提高。我国运输业发达,重卡、船舶数量众多。我国发电总量高,且除发电以外每年还需要消耗大量能源用于生产生活。庞大的市场为氨能汽车、氨燃料船舶、煤电掺氨降碳、氨燃料锅炉、绿氨化肥等绿氨应用终端的发展提供了保障,绿氨产业完全符合以国内大循环为主体、国内国际双循环相互促进的新发展格局。

中国具有独特的制度优势。在中国共产党的领导下,"全国一盘棋""集中力量办大事""大国发展,规划先行"的制度特色保障了大型项目的布局和建设,能够因地制宜地充分发挥各地区在氨能产业上的特长,弥补我国可再生能源/绿氨生产中心与用能/绿氨中心不重合的地理劣势。

综上,一个个"全球领先"汇聚成一句话:在不久的将来全方位推广以可再生能源为核心、以氢能为血液、以氨能为辅助补充的新型能源体系,中国占据"天时地利人和"。知己知彼,百战不殆。俄罗斯和加拿大虽然土地辽阔,但是可再生资源储量并不算丰富,并且开发和调配难度大。美国的土地大多是私有的,大多数农场主(资本家)并不愿意将自己的土地改造成光伏/风电站,而内陆沙漠地区极度缺水,不具备电解水制绿氢合成绿氨的条件,加之制造业外包的现状,难以形成氢/氨能完整的工业体系和产业链。欧洲小国众多,土地面积少,可再生能源缺乏。欧洲想要发展氨能产业,就必须在各国步调一致的前提下全力开发北海风电,并且大量进口绿氨。印度人口众多,土地的可耕地占比大。印度本土的氨和化肥产业脆弱,高度依赖进口,能够发展足量供给本国需求的棕氨/灰氨产业就已经困难重重,更不用说发展绿氨产业了。日本、韩国和东盟将是绿氨的主要进口国,虽然可能在绿氨应用后端发展出先进的技术,但终归在绿色能源来源上受制于人。对于巴西来说,生态与发展的矛盾尖锐,雨林与耕地缠成了难解之结,可用于可再生能源发展的陆地土地资源少,而保护好雨林就是最好的减碳措施。智利拥有最高的太阳能辐射密度,可惜面积太少。北非和澳大利亚的太阳能资源充足,可用于可再生资源开发的土地也较多,将成为绿氨的主要出口国,但是这些国家的体量较小,难以形成完整或者较大规模的绿氨产业。纵观寰宇,虽然过去的长时间内中东和俄罗斯的油气资源令全世界羡慕,但相信在不久的将来,羡慕的目光将转移到中国的可再生能源之规模和氢氨能产业之领先。

8.2 创新驱动氨能产业的发展

中国的先人们早在2500多年前就认识到:苟利于民,不必法古;苟周于事,不必循俗。变革创新是推动人类社会向前发展的根本动力。谁排斥变革,谁拒绝创新,谁就会落后于时代,谁就会被历史淘汰。

创新是我国发展氨能产业链的自主可控性与安全性的根本保障,是突破氨能产业链发展遇到的"卡脖子"技术难题的特效药,是氨能产业的发展和氨能战略落地的核心驱动力。

8.2.1 理论研究

在未来氨能战略实施的过程中,我国既有巨大的市场需求,也有丰富的应用场景,为理论研究、技术发明以及发展关键核心技术提供了广阔的土壤和试验田。从新战略设想到成熟的项目落地绝非一蹴而就,理论研究是其中排在最前面的、不可或缺的一环。氨能产业是各类知识、多种技术的系统集成,其实用性、稳定性、可靠性等都需要在实际应用中不断调整、完善,很难一步到位。基础研究是科技创新的源头。我国面临的很多"卡脖子"技术问题,根本原因是基础理论研究跟不上,源头和底层的东西没有搞清楚。基础研究一方面要遵循科学发现的自身规律,以探索世界奥秘的好奇心来驱动,鼓励自由的探索和充分的交流辩论。另一方面要通过重大科技问题带动,在重大应用研究中抽象出理论问题,进而探索科学规律,使基础研究和应用研究相互促进。

氨能产业需要解决的主要理论问题有:① 材料结构-性能的相关性,采用第一性原理计算等方式探索实验参数与所合成新材料的尺寸、组成、结构、活性位等微观结构之间的内在联系;② 10 倍及以上聚光 CPV 硅材的承受极限、散热机理与疲劳损伤机制;③ 太阳跟踪器及数控系统的理论预测和软件开发;④ 风电叶片的空气动力特性以及抗强风极限;⑤ 智能电力系统;⑥ 催化剂表面电子/局域电子、差分电荷分布、原子结构等的能级状态的确定,活性位点上的基元反应及其反应活化能和动力学性质;⑦ 催化剂活性位点存在条件下的等离子体活化 N_2、H_2O、NH_3 的机理;⑧ 氨对材料的腐蚀机理;⑨ 氨燃烧或混燃时的模拟仿真等。

氨能战略的赛道上,我们在加速,别人也在加速,比拼的是谁的速度更快、谁的速度更能持续。只要我们遵循科技创新规律,在强化基础研究的同时不断发挥应用需求的牵引作用,就一定能打赢关键核心技术攻坚战。

8.2.2 新材料开发

材料科学是氢能产业的柱石。加快关键基础材料、前沿新材料等的研发和应用创新可以使氢能产业提高生产效率(减少能源消耗、降低成本、提高产量)、提高可靠性和安全性、提升设备的环境耐受性和使用寿命以及减少对高纯硅或者稀土/贵金属等珍贵资源的消耗。

大力发展氢能产业,要在以下几种材料的研发上下大力气:以钙钛矿材料为主流的新型太阳能电池材料(可以提高光伏发电效率)、风电机组叶片芯材和主轴承材料(目前在我国风电行业中这两种材料的进口依赖度高)、高效电解制氢电极(催化剂)材料(可以提升度电产氢量以及降低绿氢成本)、新型合成氨催化剂(提高合成氨效率)。

建议同时在多个有基础、有实力的科研机构同时开展研究和示范多组成、多结构、跨尺度、多功能的材料开发。建议制定支持新材料产业推广应用相关政策,启动实施"重点新材料研发及应用"重大工程。建议加快新材料生产测试评价平台、应用示范平台、资源共享平台、新材料制造业创新中心等建设。在新材料领域实现与国际先进水平"并跑"乃至"领跑",为氢能战略的顺利实施和21世纪中叶实现制造强国提供基础支持。

8.2.3 新型制氢方法

我国制氢所用原料中化石燃料(煤和天然气)占据了相当大的比例,化石燃料作为一次能源储量有限,氢气生产主要原料的改变是必然趋势。除工艺上相对成熟的化石燃料制氢法外,目前还存在具有发展前景的其他制氢方法,如水分解制氢、生物质制氢、热化学循环制氢等。

随着氢能与氨能战略的推进,对绿色氢气的需求量会呈爆发式增长。根据预测,到2030年,我国以电解槽为代表的新型制氢产业规模将扩大约1000倍。要鼓励新型制氢方法的创新,降低成本和单位能源消耗,提高绿氢生产效率,就可以在很大程度上提升氨能产业的利润空间。

8.2.4 新型合成氨方法

氨合成是最耗能的过程之一,占世界能源近3%的消费。因此,每一次加强减少能源需求的努力都会对资源节约和全球环境产生巨大的影响。

最近,科学家们在理解氮化反应过程和探索新型合成氨方法方面取得了重大进展。光催化、等离子体催化和电催化等方式有望成为氨生产的绿色替代途径。与旧的 H-B 法相比,这些新技术具有明显的优势。

光催化、电催化、等离子体催化技术的创新代表了新兴的固氮合成方法,非常适合生产电力的可再生能源,如风能和太阳能光伏,因为这些固氮系统消除了制氢电解槽和 H-B 法合成循环过程,从而对传统合成氨产业形成了颠覆性的工艺替代,能够为氨能产业的发展带来更高的效率和经济收益。

8.2.5 氨能利用新形式

建议在氨能产业的应用端加强创新、加速创新。建议加强产学研合作,因地制宜地率先开展氨能汽车、煤电掺氨降碳、绿氨化肥、氨燃料船舶等一批把握大、见效快的氨能终端应用研发。建议同时开展氨能的生产储运研发与氨能的应用研发,相互启发、促进、协同发展,"用两条腿走路"。在氨能应用端的研发初期,可能并没有足够且价廉的绿氨供应保障,可以先用商品氨代替,建议政府提供适当的资金支持。在确保安全无危害的前提下,建议有关部门尽可能缩短氨能研发创新实验室或实验装置的安评、环评和审批周期,让创新实体少忐忑、少跑腿、少等待,最大限度地减少在起跑线上耽误的时间。

8.2.6 新型产业发展模式

在氨能产业的研发、试点、推广的过程中,可以在产业发展模式上寻求创新,以适应新时期社会经济发展的内在要求:① 氨能终端拉动型模式。围绕氨能高效利用终端,如氨能重卡等,拉动、倒逼整条产业链的不断优化升级。面向产前、产中、产后环节的生产与服务需求,开展创新创业活动。② 产业融合创新驱动型模式。围绕产业融合形成的新模式、新业态、新集群开展双创活动。③ 领军人才带动型模式。领军人才发挥领头羊作用,筹划、创办研发平台和创新企业。④ 创新创业集群式基地模式。集合式双创基地能够更加集中地围绕氨能产业进行协同科研、协同创新、产学研合作,能够更快地实现科技成果转化,就地孵化出一批氨能企业,推动产业集群的形成。⑤ 龙头骨干企业带动模式。依托企业的资本、技术和人才的优势,牵头带动氨能产业,引领当地经济发展。⑥ 互联网＋经济模式。借助移动互联网,以共享的经济思维,以 P2P、C2C、B2B 等形式,充分调动闲置资源,构建新的经济模式。⑦ 西部地区团结互助模式。可以与周边省份联合,打造跨省氨能试点片区,将包含氨能的绿色能源基地的蛋糕做大,发掘西部地区经济腾飞的内生动力。

8.3 氨能战略发展建议

8.3.1 绿氨整体布局建议

我国不仅要充分利用中国丰富的天然气、煤炭等能源来制取氨能源,也可以利用自然能源,如风力、太阳光等来制取氨能源。使得中国的氨能源能够实现最大化利用,降低环境污染,实现经济发展与能源可持续发展的战略目标,充分利用中国的巨大市场潜力,实现中国氨能源与世界接轨,对世界氨能源的研究发展做出杰出的贡献。

建议尽快统一认识,深刻理解生态、政治、经济与能源四者之间盘根错节、唇齿相依的关系。要把节约能源资源放在首位,并把握好短期与长期、局部与整体的关系和推进节奏,以审慎且积极的态度迎接这场广泛又深刻的能源变革。从国家层面推动发展氨能源的战略部署开始逐步落地,进入有序实施的轨道,对氨能赛道来说是强有力的支持信号。

建议培植氨能良性发展的市场沃土。新型能源系统建设从某种意义上来说,是对现有能源体系的颠覆性革命。当前,技术进步已经使氨能产业的一些核心技术具备了与传统能源"同台竞技"的条件,但考虑到成本问题,氨能产业在短期内的成本优势并不明显,难以充分激发市场主体活力和社会创造力。当务之急是通过规划设计和整体布局,使新能源对生态环境友好的特性得以充分体现。应尽快通过碳交易市场、强制性的新能源和储能(氨能)配额以及绿证市场交易等措施,使新能源的零碳价值在多个不同属性的市场中充分"变现",增强其市场竞争力和可持续发展能力,并以此赋予绿色产业经济更多的发展空间。同时还要制定促进氢能发展的各项激励扶持政策,促进私营投资,扩大氨能发展的资金来源,打通上游低成本、低碳制氨的产业链,加强在加氢站等基础设施领域的建设,并大力发展氨能社区、氨能汽车、氨能电厂等下游氢能利用场景。建议发挥好市场的引导作用,不能走完全依靠国家补贴的路子。

建议明晰绿氨产业链鉴别图谱。氨能产业是区域战略性新兴产业,具有极其重要的战略地位。对以硅材料的应用开发形成的氨能产业链的理论构成与图谱表达进行梳理,有其不可或缺的重要意义,具体体现在以下几个方面:其一,有利于区域核心竞争力的培育与形成。由产业链上、中、下游企业及相关配套的企业和设施形成互为依存、相互作用、不断扩张的链式形态,有利于区域核心竞争力的培育与形成。目前,区域竞争力的比较主要表现为"龙头"企业之间的竞争、产业链之间的竞争、对产业链控制能力的竞争以及新产业区之间的竞争。其中,产业链之间的竞争处于核心地位,对一个地区产业与经济的发展至关重要,因此,梳理氨能产业链群是实现深入研究区域核心竞争力的有效手段,也是关键环节。氨能产业在全球范围内属于朝阳产业,有着极大的发展潜力,及时对氨能产业链群进行梳理,具备一定的前瞻性。其二,有利于区域比较优势的充分发挥。氨能企业的有效集聚是实现地区经济较快发展的捷径之一。在当今世界,产业配套性、市场潜力等已成为产业发展过程中的关键因素。梳理氨能产业链能切实了解氨能产业的市场潜力以及产业配套程度,便于有计划地完善氨能产业链,充分发挥集聚效应,进而降低成本、促进创新、改善产业布局,有利于区域比较优势的准确识别及充分发挥。其三,有利于识别发展障碍,规避产业风险。氨能产业属于新兴产业,目前对其产业链的梳理还不够成熟。梳理氨能产业链,能够有效识别氨能产业发展中的技术壁垒和发展障碍,从而有利于规避产业发展过程中存在的潜在风险。其四,可以防止个别地方炒概念、一哄而起、盲目发展。绿氨产业链图谱可以避免各地在对本地发展氢能产业比较优势的客观分析不充分的情况下一哄而上、大规模布局全套产业的做法,从而避免重复走发展氢能时的错误道路,避免氨能产业低水平扩张、资源浪费、盲目投资,避免同质化发展和无序竞争,以影响我国氨能产业的健康发展。总而言之,世界范围内的新兴产业发展经验已表明,产业链鉴别图谱梳理能够为相关部门制定有效的产业政策提供有力依据,有利于推进产业的持续健康发展。

建议做好氨能产业化发展的路线图。建议先从氨能生产供需两侧的核心要素开始,然后逐步地向外延伸,转向市场和技术等辅助要素赋能,最后迈向成熟的数字化赋能的综合能源系统。具体来说,建议发展路线图按照技术储备、局部试点和全面展开三个阶段进行。第一阶段:技术储备。促进绿色氨能应用的最大障碍是成本(具体来说是电解水制氢的成本)。有关部门需支持氨能生产供需两侧的核心要素的研发、投资和项目落地,可通过制定长期规划和短期扶持政策,弥补投资和运营成本缺口。相关措施包括提供研发资金资助、资助小微型示范项目、促进产学研合作、协助建立完备的行业规范等。目前,全球绿色氨能发展最快的几个国家仍处于发展的第一阶段。第二阶段:局部试点。即小规模拓展延伸。从这一阶段开始,氨能在不同应用之间的协同效应凸显,氨能需求大幅提升,并实现生产和基础设施的规模经济。可推动专用"绿色氨能走廊"的开发,将低成本可再生能源产地与需求地连接在一起。大多数基础设施可基于现有的天然气网络和电网建设。建立第一条绿氨(或其衍生产品)国际贸易路线,随着生产商和用户的增加,开始逐步建立全球氨气市场。第三阶段:全面展开。在这一阶段,氨能已经成为知名度高、广泛使用的能源载体,发展潜能趋向饱和,基础设施已基本完善。在多数应用领域,不再需要直接激励措施,在推动氨能增长方面,私人资本已取代了公共资本。在这一阶段,需要引导行业进行数字化升级,提升氨能能源系统的综合性和智能性。

建议因地制宜,在局部试点阶段发挥地区特色分区块分别推行氨能示范项目,同时积累多个方面的经验。有关部门可根据氨能应用场景、市场需求等,提出氨能发展的指导意见及相应标准,鼓励有绿氨发展基础的地区先行先试,然后在全国推广。西部地区太阳能、风能资源丰富,光伏、光热、风电装机容量大,因此可以先行推进绿氨生产试点(详见第7.1节);福建近海风能资源丰富,因此可以先行推进海上绿氨生产(详见第7.4节);京津冀地区能源、电力及汽车企业云集,其氢能产业规划布局全面,因此可以先行推行加氨站建设和氨能汽车试点;长三角地区能源化工企业众多,制造业和金融业发达,耗电量大,因此可以先行试点绿氨化肥厂、氨燃料工业锅炉和掺氨电厂(详见第7.7节等);珠三角地区燃料电池产业发达,良港众多,制造业和互联网产业发达,因此可以率先发展氨燃料电池,示范绿氨码头和氨能参与的智慧电网(详见第7.5节与7.6节);在农业发达的地区可以试点绿氨乡村;在西部地区与东部地区之间可以构建绿氨经济走廊等。建议在制定新的发展规划过程中,尽快破除制约氨能发展的标准检测障碍和市场准入壁垒。

8.3.2 政策制定建议

国家政策一直在为新能源的发展铺路扫障。坚持顶层设计和完善政策体系,就是要确保高质量地执行国家的双碳"1+N"的政策体系,在全国一盘棋的基础上统揽全局,突出低碳新能源经济可持续发展的一条主线。"N"个具体方案和实施路径,也是要根据这"1"主线提出具体的工作思路、发展方向和具体要求,进行细化流程和目标分解,以便地方政府和相关职能部门在执行层面的具体落实和机制考核。

在"双碳"目标下,新能源产业要在未来的能源系统中发挥主力军的作用,这必然会对整个能源产业链产生深远的影响,全球的新能源产业目前正处在新、旧能源替代革命的初潮期,以及"百年未有之能源供给与消费大变革"的风口启动期。

目前在作为氢能源补充的氨能产业链相关环节逐步建立完善的过程中,还存在着缺乏顶层设计的问题,阻碍了产业的发展。要进一步优化推进绿色氨能发展的政策环境,在一开始就做好顶层设计,在双碳"1+N"的政策体系中引入氨能规划,避免日后"创可贴"式的改革,对于氨能产业的推进至关重要。

虽然未来绿氢及绿氨产业规模扩大和降本潜力极大,但前提是要扩大绿氢及绿氨的应用规模,并建设相应的基础设施网络,这就需要各级政府的支持,以及各政府部门间的相辅相成的协调政策。要总结之前我国风电、光伏、氢能和新能源汽车等产业补贴的政策规划路径,汲取经验,以期不走弯路、少些坎坷,使得氨能产业发展更加行稳致远。

建议多出台鼓励氨能产业发展的国家级政策。目前与氨能可能相关的国家级政策与法规保障包括:《能源技术革命创新行动计划(2016—2030 年)》《中华人民共和国国民经济和社会发展第十四个五年规划和 2035 年远景目标纲要》《"十四五"循环经济发展规划》《关于加快建立健全绿色低碳循环发展经济体系的指导意见》《国家创新驱动发展战略纲要》《西部地区鼓励类产业目录(2020 年本)》《碳排放权交易管理办法(试行)》《中国制造 2025》《能源技术革命创新行动计划(2016—2030 年)》《能源生产和消费革命战略(2016—2030)》《绿色产业指导目录(2019 年版)》《关于做好可再生能源发展"十四五"规划编制工作有关事项的通知》《中华人民共和国能源法》等,但这些政策或法规绝大多数都没有明确提及"绿氨"或"氨能"。

2021 年 8 月 16 日印发的《北京市氢能产业发展实施方案(2021—2025年)》中明确指出北京市要以冬奥会和冬残奥会重大示范工程为依托,2023 年前,实现氢能技术创新"从 1 到 10"的跨越,开展绿氨、液氢、固态储供氢等前沿技术攻关。这是国内首个明确提及绿氨的地方性政策。

2022 年 2 月 10 日,国家发展改革委国家能源局印发的《"十四五"新型储能发展实施方案》中明确提出,要拓展氢(氨)储能、热(冷)储能等应用领域,开展依托可再生能源制氢(氨)的氢(氨)储能、利用废弃矿坑储能等试点示范。针对新能源消纳和系统调峰问题,推动大容量、中长时间尺度储能技术示范。重点试点示范压缩空气、液流电池、高效储热等日到周、周到季时间尺度储能技术,以及可再生能源制氢、制氨等更长周期的储能技术,满足多时间尺度的应用需求。这是中央出台的首个明确提及氨储能的政策。

未来在作为氢能补充的氨能工程化实施战略不断发展的过程中,需要出台更多的针对绿氨产业的全国性政策,各级地方政府也要出台相应的政策扶持产业的落地。总的来看,在绿氨产业的发展过程中政策风险很小,随着更多的地方政策以及国家层面的政策的出台,将有助于绿氨产业的发展。

建议加强和完善氨能产业相关的管理体系、技术标准体系。正如前文中反复提及的,与氨相关的标准体系较为完善是氨能产业的核心优势之一。与氨相关的正在执行的国家标准就有《液体无水氨》(GB/T 536—2017)、《输送无水氨用橡胶软管及软管组合件规范》(GB/T 16591—2013)、《合成氨单位产品能源消耗限额》(GB 21344—2015)、《含氨(铵)废液处理处置方法》(GB/T 36496—2018)、《无损检测 氨泄漏检测方法》(GB/T 32074—2015)等。

一些地方为了扶持氢能产业发展出台的审批绿色通道政策值得在发展氨能产业时借鉴。广东省在制氢加氢站建设上走了一条"先行先试"的道路,在政策审批上给予了极大的支持。四川省成都市郫都区正在建设的制氢加氢一体化综合能源示范站,也采取了"特事特办"的模式进行审批。

可以借鉴日本和欧洲一些国家的经验,将绿氨作为能源管理而不是作为危化品处理。建议有关部门尽快明晰氨能属于"资源类和为其他行业配套的危险化学品建设项目",不受"危险化学品生产项目进入化工园区"的限制,以便氨能战略可以更快落地实施。在作为能源管理时,对不同类型的气态氨、液态氨、固态储氨、有机液体储氨等氨能的运输、储存以及加氢站的安全等问题,尤其需要予以足够的重视,明确各种类型氨能的定义范围,制定严格的标准和完善的管理程序,保证氨能产业链的整体安全。此外,各级政府还需要因地制宜地利用市场与行政手段,强化资源要素保障,形成一套有利于引导氨能投资与发展的鼓励机制与监管机制。

建议将绿色氨能纳入新能源与储能的财政支持范畴。建议首先明晰绿氨产业链鉴别图谱,严格区分绿氨与传统合成氨产业,为氨能产业平稳致远的发展指明方向,避免氨能产业低水平扩张、同质化发展和无序竞争,这样才能让财政支持精准高效。在财政支持中不能进行大水漫灌式补贴,这样会冲淡各种储能方式的成本优劣,要发挥好市场的引导作用,以突出氨能的优势。

建议鼓励社会资本进入,成立产业基金。实现从高碳化石能源到低碳、零碳能源消费的转变，是一场全社会共同参与的广泛性变革。终端用户对于绿色能源消费意识的觉醒，以及对低碳化变革成本的认可与接纳，将成为影响能源系统"再造"进程的重要变量。低碳产品和服务在短期内是"奢侈品"，其增加的成本，应由全社会受益者买单。央企、国企和民营上市公司要首先挑起大梁，牵头投资，建立产业基金，扶持产业链上的中小企业发展，成为氨能产业发展的支柱力量。除了倡导社会资本进入外，政府的宏观政策也应做好合理调控价格的制度安排。政府还应构建支持市场、企业的政策保障体系，既能体现国家战略意图，又能发挥市场的动力。

建议完善健全碳定价机制，提升氨能的经济性。2021年7月16日，我国碳排放权交易开市。首批被纳入全国碳排放配额管理的是发电行业，"十四五"期间将逐步纳入化工、建材、冶金、造纸和交通等其他数个高耗能行业。这些行业在碳排放权的倒逼下，将自觉地向零碳排放的氨能转变，以期获得成本优势和额外收益，氨能在各个领域的市场将自然地被打开。需要特别注意的是，在全球碳定价市场迅速发展的背景下，目前很多海外企业为控制价值链上的碳排放，在供应商标准中设立了环保条例，对供应商的碳排放标准也会逐渐收紧。未来，率先完成碳中和目标的西方发达国家会以此限制发展中国家的全球贸易，涉及制造、运输等碳排放较高的科技企业应重视碳中和，重视其合作伙伴的碳中和进程等。中国制造业需要警惕以欧美为代表的西方国家加收"碳关税"或"边境调整费"，形成"环保主义国际贸易壁垒"，应提前做好应对之策，以氨能路线为基础，减少出口产品各个环节的碳排放，保持国际竞争优势。

建议加大对氨能技术研发的扶持力度，加强人才培养，让科技创新和技术进步成为构建以氢能和氨能为核心的新型能源系统的强大助推器。氨能产业推广的成功与否更多是取决于实验室的技术突破和示范项目的及时推广，这不仅需要在可再生能源、氢能、氨能、智慧电网、CCUS等关键技术上取得重大突破，同时还要与人工智能、区块链、边缘计算、物联网等数字化技术深度融合与相互赋能。随着氨能的推广，氨能从业人员会逐渐增加，而氨能技术发展迅速、行业千变万化，大量的技术人员需要持续的教育和培养。目前，我国没有足够的专门针对氨能的研发机构，也难以寻觅提供相关技能培训或课程的中专、大专、大学等教育机构。建议谋划制订开设相关课程和专业的实施方案，进一步明确学科建设、人才队伍培养、基础设施建设等具体内容,加快人才队伍培养和科技成果转化。建议放眼全球"引才",不拘一格"用才",搭建平台"育才",用心用情"留才"。建议集中国家优质资源重点支持建设一批国家实验室和新型研发机构,发起国际大科学计划,为氨能人才提供国际一流的创新平台,加快形成战略支点和雁阵格局。建议进一步探索有利于人才、资本、信息、技术等创新要素跨境流动和区域融通的政策举措,建设国际化氨能创新平台。建议加强氨能人才梯度化培养,大力培养使用战略科学家,打造大批一流科技领军人才和创新团队,造就规模宏大的青年科技人才队伍,培养大批卓越工程师等。建议持续加强氨能创新资源协同配合,鼓励企业发挥其资本、市场与技术优势,联合学术端,与科研院所建立合作与联系,发挥后者的理论、创新、研发优势,加速相关技术的产业化落地,推动形成人才和谐发展、生产链价值链稳步上移、创新创业创造蓬勃兴旺、区域发展与人才发展相互支撑和相互成就的良好局面。建议国家和重点企业、高校等大力推进"揭榜挂帅"机制,提前布局前瞻性、颠覆性技术的研发,着力打造氨能产业区块链的原创技术"策源地",鼓励更多企业勇做先进氨能产业链、供应链的"链长"。

建议制定氨能宣传政策。创新的氨能产业商业运营模式,不仅需要依托政府、政策的搭台,同时更需要主体意识的统一,才能构建出"共生共荣"的市场环境。公众对可再生能源的接受程度较高。经调查发现,公众普遍支持大型能源项目,对于可再生能源项目,尤其是太阳能的支持更为显著。公众对氢和氨的态度分歧很大。人们对氢能的态度总体上是积极的,在我们的调查中,人们主要关注的是安全问题。人们对氨能的态度总体上是模糊或怀疑的,一直以来,公众对氨的了解不多。如图 8.1 所示,经过我们的初步调研发现,在听说过氢能源的受访者(约占总体的 77%)中,只有不到 1% 的受访者听说过可以将氢进一步转化为氨,将氨能作为氢能的补充。同时约 24% 的受访者明确表示反对氨能战略的实施,反对理由(受访者可多重选择)分别是氨有异味——让人联想起厕所或猪圈(82.2%)、氨有毒(48.0%)、氨易燃易爆(26.3%,尽管氨不易燃烧、爆炸,但公众仍可能在氨与其他化学品之间形成一种联想)、氨有污染(6.5%)。

除此之外,消费者对环保或"清洁"产品的要求越来越高(图 8.2)。近期的

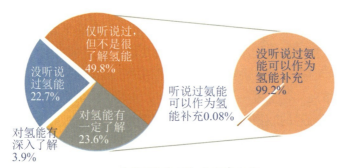

(a) 大众对氢能和氨能的认知度

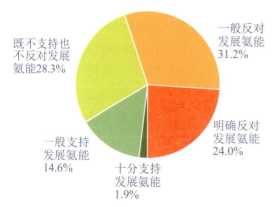

(b) 大众对是否应该发展氨能战略的看法

图 8.1 对于大众对氢能和氨能的认知度以及是否应该发展氨能战略的看法的初步调研结果

调研数据显示,约 3/4 的消费者积极寻找那些提供清洁产品、坚持可持续行动、支持回收利用和使用有机成分的公司品牌。如果有选择的话,多达 88% 的人会在网购时支付额外的费用来抵消运输的碳排放。这一趋势对年轻消费者来说尤其强烈:据业内人士称,90% 以上的千禧一代会倾向于支持环保事业的品牌。考虑到国民对氨能作为氢能补充的认识不足,需要以科普宣传的公众教育方式,用浅显易懂的语句向国民解释,加深氨能是绿色环保事业一部分的公众印象。在墨西哥进行的小型研究是一个很好的示例:研究小组在向某社区居民解释了氨的概念后,居民普遍支持将氨作为能量载体。建议还要完善管理机制,积极开展氨能源利用示范项目的建设,提升大众对氨的认可度和接受度。总体来看,如果公众的担忧得到重视,并努力宣传使公众了解绿色氨燃料,那么社会接受就不会成为氨能发展的限制。高水平的公众支持,会对政府制定的发展战略形成正向反馈。

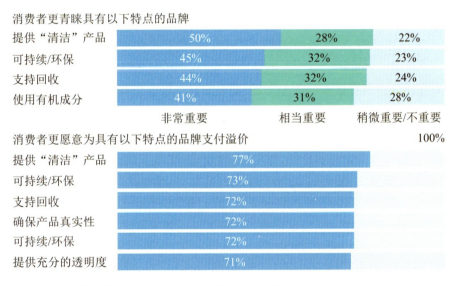

图8.2 调研显示现在的消费者更倾向于选择低碳、绿色的品牌
资料来源:IBM、罗兰贝格等。

8.3.3 重点扶持单位建议

央企、国企、民营上市公司、综合性氨能研发平台是氨能产业发展的支柱力量。同时也要清醒地认识到,氢能的产业链涉及面广且技术十分复杂,除了如宝武集团、海螺集团等大型支柱单位,也要重点扶持一批攻关关键技术和"卡脖子"环节的"专精特新"中小企业的发展,完善氨能产业链的细枝末节。

建议对已设立的专门的氨能研发机构加大扶持力度,特别要以综合性氨能研发平台作为旗舰领衔研发。同时集中优质资源重点支持建设一批各具特色的氨能研发机构,并开设相关课程和专业,加强人才梯度化培养,最终打造出大批一流科技领军人才和创新团队。

国内目前专门的综合性氨能研发平台有合肥综合性国家科学中心能源研究院氢能源和氨应用研发中心、宁夏氨氢产业联盟"氢氨谷"、佛山仙湖实验室、福州氨-氢能源重大产业创新平台等。此外,具有与氨能战略相关技术研发实力的科研机构包括浙江大学、中国科学技术大学、厦门大学、天津大学、东南大学、中国科学院合肥物质科学研究院、中国科学院大连化学物理研究所、福州大学、合肥工业大学、西南石油大学、安徽理工大学等。

合肥综合性国家科学中心能源研究院(安徽省能源实验室)为安徽省和中国科学院共建的省事业单位法人,依托中国科学院合肥物质科学研究院、安徽理工大学、中国科学技术大学、合肥工业大学等单位建设(图 8.3)。对标国家战略、瞄准世界前沿,结合国家能源中长期发展规划,集聚国内外能源领域创新资源,积极探索新型机制体制,遵循"军种组建、战区主战、以战领建"的管理模式,建成突破型、引领型、平台型一体化的具有"一流的研究设施、一流的核心技术、一流的研究团队、一流的科研成果"的大型综合性研究基地,占领未来能源技术发展的战略制高点,为解决我国能源发展问题提供强大理论和技术支撑。

图 8.3　合肥综合性国家科学中心能源研究院

氢能源与氨应用研发中心是合肥综合性国家科学中心能源研究院下属研发中心之一。中心以等离子体技术创新为突破点,发展以氨为载体的可再生能源氢能产业,在供给端研究可再生能源制氢以及工程化方案。前期工作进展成果主要有:① 成功开发出高效低温等离子体氨裂解装置;② 成功开发出 5 kW/30 kW 掺氨发电机样机,稳定运行掺氨比 71%～85%,预期达到 100%;③ 成功研制 20 kW 掺氨锅炉样机,计划开发氨燃料涡喷发动机、燃气轮机等;④ 成功开发出世界上第一台等离子体氨引擎重卡;⑤ 与安徽省能源集团有限公司合作研制、国内首创的 8.3MW 纯氨燃烧器在皖能股份铜陵发电有限公司 300MW 火电机组一次性点火成功,成功进行 300 MW 煤电机组掺氨燃烧实验;⑥ 成功完成加氨站设计(包括核心的氨加注机);⑦ 掌握超低温液氢储存核心技术,领先优势明显。

此外,我们还建议支持、鼓励召开氨能学术会议。例如,氨燃料动力产业上海国际论坛已举办两届,重点是交流、探讨和分享今后绿色船舶市场机会现状和趋势等(图 8.4)。今后在我国类似的论坛还需要更多。

图 8.4　第二届 2022 年氨产业和氨燃料动力系统上海国际论坛

结 语

CONCLUSION

"双碳"目标的确立,是我国经济社会发展模式的战略性转变,它既是化解资源环境约束、开启增长新动能的可行路径,也是抢占全球科技和产业制高点的战略举措。

实现我国"双碳"目标,是一项艰巨且繁杂的系统性工程。要如期完成既定的战略性任务,必须以审慎又不失紧迫感的态度,把握好不同时期的发展节奏、重点任务和实施途径。

目前各方普遍认为,我国的能源消费总量将会在碳达峰之后逐步下降,彼时,"非化石能源电力+氢能+氨能"将逐步替代传统的能源。

氢能一直以来被视为最理想的清洁能源,是许多国家能源发展战略的重点研究对象。然而越来越多的研究表明,氢并不是最合适的能源载体,其本身的诸多缺点成为阻碍其大规模推广应用的障碍。这些缺点包括:传统方式制氢碳排放高而低碳或无碳方式制氢成本居高不下;氢气的难液化、高腐蚀性、高逃逸性等特性导致其储存或运输相当困难,对材料、技术与设备要求高,且浪费多、成本高;氢气易泄漏且易爆,安全性很低。

因此需要寻找别的媒介作为氢能的补充与载体,弥补氢的缺点。综合考虑生产、储存、运输、利用各个阶段,选择氨作为载体,易于使用,最方便替代氢。

氨同样是一种无碳化合物,燃烧时只产生水和氮气以及少量的氮氧化合物,也可以作为清洁能源代替化石燃料。使用可再生能源生产的氢(绿氢)与空气中的氮气合成的氨被称为绿氨。氨的能量密度高于汽油、甲醇等燃料,辛烷值高,又极易压缩液化,储运安全方便。合成氨是世界上产量最大的化工产品之一,生产、储运和供给工艺成熟,设备完善,安全保障方式的有效性已被证实,相关法律法规与行业规范健全。此外氨是富氢化合物(含氢质量分数17.8%),作为储氢物质其储氢性能远高于目前性能最高的储氢材料,并且释放氢的过程也较为容易。综合来看,氨可以作为氢的良好载体,将绿氢进一步合成绿氨可以有效解决氢能的储运难题。氨本身也是一种无碳且优质的能源,与氢一样可以直接作为交通载具、燃料电池、发电厂或供暖系统的燃料,并且拥有很高的安全性。

因此,作为一种高密度的能量载体,氢能够吸纳可再生能源发出的电力,将电能转化氢能的形式储存与运输可以有效解决间歇式能源的消纳困局。可以说,氨能是氢能发展的补充,是氢能大规模推广应用的必经之路,能够更高效安全地发挥氢能对于"双碳"目标将会贡献出的所有关键作用。在"双碳"大背景下,氨能在我国能源转型中的作用和定位包括但不限于:① 作为氢能的补充,作为氢能大规模长时间储存和远距离运输的替代能源;② 实现时间、空间维度上的大范围、大规模高效可再生能源消纳;③ 充当能源缓冲载体,提高能源系统韧性;④ 降低化工、冶金、交通、电力、供暖等领域的碳排放。

此外,绿氨生产产业还可以完全代替传统合成氨产业,使得从化石能源中获得氨并排放大量CO_2的生产方式一去不复返。我国是世界上合成氨产量最高的国家,合成氨产业如果能完成产业升级,仅此一项就可以减少大量化石能源的消耗与二氧化碳的排放,可以有效地降低我国化石能源的依赖度,保障我国能源安全,并为实现"双碳"目标再加一把劲。

展望未来,我们预计在将氨能作为氢能补充的情境下,实现到2030年风电、太阳能发电实际装机容量之和将达到1.5×10^9 kW,新能源总装机将达到2.3×10^9 kW,配套氢-氨储能$3 \times 10^8 \sim 5 \times 10^8$ kW,氨能产业年直接投资2000亿元,年新增就业岗位2万余个。届时氨能每年直接碳减排贡献可达3.8×10^8 t。到2060年,风电、太阳能发电实际装机容量之和将达到4×10^9 kW,新能源装机将达到6×10^9 kW,配套氢-氨储能$8 \times 10^8 \sim 1 \times 10^9$ kW,新能源电源建设直接投资累计将超过50万亿元,氨能产业直接投资累计将超过10万亿元,累计创造超150万个就业岗位。届时氨能每年直接碳减排贡献可达7.6×10^8 t。

能源的系统转型发展是一个螺旋上升、循环往复的过程。以新能源为主体、氢氨能为辅助的新型能源系统，已经超出了许多人的预期，也颠覆了产业内外的认知。尽管目前，我们无法对"双碳"目标于能源领域带来的冲击和巨变给出准确结论，但我们仍可从细微处觉察，新业态已初露峥嵘，新技术更显锋芒，这些都将成为能源电力低碳改革和绿色经济复苏——这一宏大叙事的开篇。唯有精准把握、有效面对，才能形成能源系统低碳转型的磅礴伟力。

九万里风鹏正举，新一轮能源巨变的大幕已经徐徐开启，崭新而生动的氨能愿景已日渐清晰。乘风而动，扬帆启航；名垂"氢"史，护国"氨"邦。

参考文献

REFERENCE

安恩科,杨霞,宋尧,2008.氨作为富氢载体和燃料的应用[J].能源技术(4):209-211.
白永秀,鲁能,李双媛,2021.双碳目标提出的背景、挑战、机遇及实现路径[J].中国经济评论(5):10-13.
卞尔辉,2019.氨水吸收式制冷在冷藏车中使用的探讨[J].企业技术开发,38(8):3.
曹仑,张卫峰,高力,等,2008.中国合成氨生产能源消耗状况及其节能潜力[J].化肥工业,35(2):5.
冯继伟,2018.液氨存储与输送安全管理技术探讨[J].化工管理(27):144-145.
付斌,2021.能源产业如何为"双碳"出力[N].学习时报 06-30(3).
傅成玉,2021.落实"双碳"目标的三点建议[N].人民政协报 07-20(7).
高世楫,俞敏,2021.中国提出"双碳"目标的历史背景、重大意义和变革路径[J].新经济导刊(2):4-8.
顾长明,潘俊明,2019.港口液氨装卸储存作业安全技术[J].广东化工,46(18):2.
郭朋彦,聂鑫鑫,张瑞珠,等,2019.氨燃料电池的研究现状及发展趋势[J].电源技术,43(7):1233-1236.
何青,孟照鑫,沈轶,等,2021."双碳"目标下我国氢能政策分析与思考[J].热力发电,50(11):27-36.
洪恒飞,2021.助力"双碳"愿景能源转型需多领域协同[N].科技日报 07-16(5).
黄丽,2020.液氨储罐布置和管道安全设计[J].辽宁化工,49(10):1309-1310.
黄宣旭,练继建,沈威,等,2020.中国规模化氢能供应链的经济性分析[J].南方能源建设,7(2):13.
焦丽杰,2021.我国的碳排放现状和实现"双碳"目标的挑战[J].中国总会计师(6):38-39.

李航,孙薇,2013.我国航空运输未来发展趋势分析[J].经济研究导刊(11):65-67.

李磊,2018.浅谈石油储存与运输安全问题分析[J].石化技术,25(10):225.

李勇,2021.大型常压低温液氨(NH_3)贮罐快速清空置换方案[J].广东化工,48(13):179-180,176.

李重谦,2019.浅析液氨存储及运输安全应对[J].化学工程与装备(10):294-295.

罗承先,2017.世界可再生能源电力制氢现状[J].中外能源,22(8):8.

罗承先,2018.氨氢燃料电池研究开发现状[J].中外能源,23(6):20-26.

罗鹏,2017.LNT催化剂吸附和脱附柴油机NO_X排放的试验研究[D].镇江:江苏大学.

宋清辉,2021.实现"双碳"目标难在哪里?[N].每日经济新闻07-20(5).

孙伯昌,1984.液氨的运输与储存[J].新疆农垦科技(2):39-42.

汪宗御,2019.低温等离子体辅助活性炭催化脱除船舶废气NO_X研究[D].大连:大连海事大学.

王道远,2014.关于液氨的储存与运输[J].中国石油和化工标准与质量,34(8):22.

王敏,2020.哪种石油运输方式最安全[J].石油知识(5):37.

王顺成,汪艳华,2014.大型氨站的液氨储存工艺方案选择和优化[J].化工技术与开发,43(6):78-80.

王月姑,吴崇君,郑淞生,等,2019.氨燃料缓解能源安全及替代天然气的可行性分析[J].可再生能源,37(7):949-954.

徐也茗,郑传明,张韫宏,2019.氨能源作为清洁能源的应用前景[J].化学通报,82(3):214-220.

佚名,2018.应用"氢-氨"转换新技术的氢燃料电池车成功路测[J].农业装备与车辆工程,56(8):62.

应洁,门吉,孙亚超,等,2011.液氨长距离管道输送的设计实践[J].煤气与热力,31(4):48-49,52.

张洪江,2017.大型氨站液氨储存工艺的选择和优化[J].中小企业管理与科技(下旬刊)(5):143-144.

张继亨,2000.深冷常压液氨储存系统的环境影响[J].大氮肥(6):413-414,425.

周梅,楚育纯,王兆林,等,2020.氨-丙烷混合燃料降碳燃烧的排放特性[J].燃烧科学与技术,26(3):8.

朱铁斌,2010.铁路、公路、航空三种运输方式在运输市场中的合理分工[J].甘肃科技纵横,39(6):87-88,195.

庄贵阳,2021.我国实现"双碳"目标面临的挑战及对策[J].人民论坛(18):50-53.

Al-Breiki M, Bicer Y, 2020. Comparative cost assessment of sustainable energy carriers produced from natural gas accounting for boil-off gas and social cost of carbon[J]. Energy Reports, 6: 1897-1909.

Alfa Laval, Hafnia, Haldor Topsoe, Vestas, and siemens Gamesa, 2020. Ammonfuel: an industrial view of ammonia as a marine fuel[R]. Shanghai.

Ali S, Chen L, Li Z, et al., 2018. $Cu_X Nb_{1.1-X}$ ($X=0.45, 0.35, 0.25, 0.15$) bimetal oxides catalysts for the low temperature selective catalytic reduction of NO with NH_3[J]. Applied Catalysis B-Environmental, 236:25-35.

Ali S, Chen L, Yuan F, et al., 2017. Synergistic effect between copper and cerium on the performance of $Cu_X Ce_{0.5-X} Zr_{0.5}$ ($X=0.1—0.5$) oxides catalysts for selective catalytic reduction of NO with ammonia[J]. Applied Catalysis B-Environmental, 210:223-234.

Andonova S, Tamm S, Montreuil C, et al., 2016. The effect of iron loading and hydrothermal aging on one-pot synthesized Fe/SAPO-34 for ammonia SCR[J]. Applied Catalysis B-Environmental, 180:775-787.

Anthonysamy S B I, Afandi S B, Khavarian M, et al., 2018. A review of carbon-based and non-carbon-based catalyst supports for the selective catalytic reduction of nitric oxide[J]. Beilstein Journal of Nanotechnology, 9:740-761.

Auvray X, Olsson L, 2015. Stability and activity of Pd-, Pt- and Pd-Pt catalysts supported on alumina for NO oxidation[J]. Applied Catalysis B-Environmental, 168:342-352.

Avery W H, 1988. A role for ammonia in the hydrogen economy[J]. International Journal of Hydrogen Energy, 13(12):761-773.

Ayval T, Tsang S C E, Van Vrijaldenhoven T, 2021. The position of ammonia in decarbonising maritime industry: an overview and perspectives(part Ⅰ: technological advantages and the momentum towards ammonia-propelled shipping)[J]. Johnson Matthey Technology Review, 65(2): 275-290.

Ayval T, Tsang S C E, Van Vrijaldenhoven T, 2021. The position of ammonia in decarbonising maritime industry: an overview and perspectives(part Ⅱ: costs, safety and environmental performance and the future prospects for ammonia in shipping)[J]. Johnson Matthey Technology Review, 65(2): 291-300.

Barreau M, Courtois X, Can F, 2020. Selective catalytic reduction of NO at low temperature using a (ethanol plus ammonia) mixture over a Ag/Al_2O_3 + WO_3/$Ce_X ZrO_2$ dual-bed catalytic system: reactivity insight of WO_3/$Ce_X ZrO_2$[J]. Catalysis Today, 355:375-384.

Bartels J R,2008. A feasibility study of implementing an ammonia economy[D]. Ames:Iowa State University.

Bin F, Song C, Lv G, et al. 2014. Selective catalytic reduction of nitric oxide with ammonia over zirconium-doped copper/ZSM-5 catalysts[J]. Applied Catalysis B-Environmental, 150:532-543.

Bird F, Clarke A, Davies P, et al. Ammonia: zero-carbon fertiliser, fuel and energy store [J]. Policy Briefing, 2020.

Boningari T, Smirniotis P G, 2016. Impact of nitrogen oxides on the environment and human health: Mn-based materials for the NO_X abatement[J]. Current Opinion in Chemical Engineering, 13:133-141.

Boyano A, Lazaro M J, Cristiani C, et al., 2009. A comparative study of V_2O_5/AC and V_2O_5/Al_2O_3 catalysts for the selective catalytic reduction of NO by NH_3[J]. Chemical Engineering Journal, 149(1/3):173-182.

Busca G, Lietti L, Ramis G, et al., 1998. Chemical and mechanistic aspects of the selective catalytic reduction of NO_X by ammonia over oxide catalysts: a review[J]. Applied Catalysis B-Environmental, 18(1/2):1-36.

Cao F, Su S, Xiang J, et al., 2015. The activity and mechanism study of Fe-Mn-Ce/gamma-Al_2O_3 catalyst for low temperature selective catalytic reduction of NO with NH_3[J]. Fuel, 139:232-239.

Cao F, Xiang J, Su S, et al., 2014. The activity and characterization of MnO_X-CeO_2-ZrO_2/gamma-Al_2O_3 catalysts for low temperature selective catalytic reduction of NO with NH_3 [J]. Chemical Engineering Journal, 243:347-354.

Cardoso J S, Silva V, Rocha R C, et al., 2021. Ammonia as an energy vector: current and future prospects for low-carbon fuel applications in internal combustion engines[J]. Journal of Cleaner Production, 296(22):126562.

Carja G, Kameshima Y, Okada K, et al., 2007. Mn-Ce/ZSM_5 as a new superior catalyst for NO reduction with NH_3[J]. Applied Catalysis B-Environmental, 73(1/2):60-64.

Cesaro Z, Ives M, Nayakluke R, et al., 2021. Ammonia to power: forecasting the levelized cost of electricity from green ammonia in large-scale power plants[J]. Applied Energy,

282(PA):116009.

Chai W S, Bao Y, Jin P, et al., 2021. A review on ammonia, ammonia-hydrogen and ammonia-methane fuels[J]. Renewable and Sustainable Energy Reviews, 147(39):111254.

Chang H, Chen X, Li J, et al., 2013. Improvement of activity and SO_2 tolerance of sn-modified MnO_X-CeO_2 catalysts for NH_3-SCR at low temperatures[J]. Environmental Science & Technology, 47(10):5294-5301.

Chen B, Xu R, Zhang R, et al., 2014. Economical way to synthesize SSZ-13 with abundant ion-exchanged Cu+ for an extraordinary performance in selective catalytic reduction (SCR) of NO_X by ammonia[J]. Environmental Science & Technology, 48(23):13909-13916.

Chen H Y, Wang X, Sachtler W M H, 2000. Reduction of NO_X over various Fe/zeolite catalysts[J]. Applied Catalysis A-General, 194:159-168.

Choe J, Sun W, Ombrello T, et al., 2021. Plasma assisted ammonia combustion: simultaneous NO_X reduction and flame enhancement[J]. Combustion and Flame, 228:430-432.

Deka U, Juhin A, Eilertsen E A, et al., 2012. Confirmation of isolated Cu^{2+} ions in SSZ-13 zeolite as active sites in NH_3-selective catalytic reduction[J]. Journal of Physical Chemistry C, 116(7): 4809-4818.

Dimitriou P, Javaid R, 2020. A review of ammonia as a compression ignition engine fuel[J]. International Journal of Hydrogen Energy, 45(11):7098-7118.

Dinçer I, Zamfirescu C, 2012. Sustainable Energy Systems and Applications[M]. New York:Springer.

Dou B, Lv G, Wang C, et al., 2015. Cerium doped copper/ZSM-5 catalysts used for the selective catalytic reduction of nitrogen oxide with ammonia[J]. Chemical Engineering Journal, 270:549-556.

Duynslaegher C, Jeanmart H, Vandooren J, 2009. Kinetics in ammonia-containing premixed flames and a preliminary investigation of their use as fuel in spark ignition engines[J]. Combustion Science and Technology, 181(8):1092-1106.

Ezzat M F, Dincer I, 2018. Development and assessment of a new hybrid vehicle with ammonia and hydrogen[J]. Applied Energy, 219(JUN. 1):226-239.

Faeste L, Chen B, He D, et al., 2021. Building a greener future: how china can reach its climate goals[R]. Beijing: China Development Forum.

Faingold G, Lefkowitz J K, 2021. A numerical investigation of NH_3/O_2/He ignition limits in a non-thermal plasma[J]. Proceedings of the Combustion Institute, 38(4):6661-6669.

Fan J, Ning P, Song Z X, et al., 2018. Mechanistic aspects of NH_3-SCR reaction over CeO_2/TiO_2-ZrO_2-SO_4^{2-} catalyst: in situ DRIFTS investigation[J]. Chemical Engineering Journal, 334:855-863.

Fan Z Y, Shi J W, Gao C, et al., 2018. Gd-modified MnO_X for the selective catalytic reduction of NO by NH_3: the promoting effect of Gd on the catalytic performance and sulfur resistance[J]. Chemical Engineering Journal, 348:820-830.

Fickel D W, D'Addio E, Lauterbach J A, et al., 2011. The ammonia selective catalytic reduction activity of copper-exchanged small-pore zeolites [J]. Applied Catalysis B-Environmental, 102(3/4):441-448.

Gao X, Du X, Cui L, et al., 2010. A Ce-Cu-Ti oxide catalyst for the selective catalytic reduction of NO with NH_3[J]. Catalysis Communications, 12(4):255-258.

Giddey S, Badwal S P S, Munnings C, et al., 2017. Ammonia as a renewable energy transportation media[J]. ACS Sustainable Chemistry & Engineering, 5(11):10231-10239.

Gillette J L, Kolpa R L, 2007. Overview of interstate hydrogen pipeline systems[R]. U. S. Department of Energy Office of Scientific and Technical Information.

Gong P, Xie J, Fang D, et al., 2017. Effects of surface physicochemical properties on NH_3-SCR activity of MnO_2 catalysts with different crystal structures[J]. Chinese Journal of Catalysis, 38(11):1925-1934.

Guo R, Chen Q, Ding H, et al., 2015. Preparation and characterization of CeO_X@MnO_X core-shell structure catalyst for catalytic oxidation of NO[J]. Catalysis Communications, 69:165-169.

Guo Y, Pan Z, An L, 2020. Carbon-free sustainable energy technology: direct ammonia fuel cells[J]. Journal of Power Sources, 476:228454.

Han X, Wang Z, Costa M, et al., 2019. Experimental and kinetic modeling study of laminar burning velocities of NH_3/air, NH_3/H_2/air, NH_3/CO/air and NH_3/CH_4/air premixed flames[J]. Combustion and Flame, 206:214-226.

Han X, Wang Z, He Y, et al., 2020. Experimental and kinetic modeling study of laminar burning velocities of NH_3/syngas/air premixed flames[J]. Combustion and Flame, 213:1-13.

Hasan M H, Mahlia T, Mofijur M, et al., 2021. A comprehensive review on the recent development of ammonia as a renewable energy carrier[J]. Energies, 14(13):1-32.

Hayakawa A, Arakawa Y, Mimoto R, et al., 2017. Experimental investigation of stabilization and emission characteristics of ammonia/air premixed flames in a swirl combustor[J]. International Journal of Hydrogen Energy, 42(19):14010-14018.

He Y, Ford M E, Zhu M, et al., 2016. Influence of catalyst synthesis method on selective catalytic reduction (SCR) of NO by NH_3 with V_2O_5-WO_3/TiO_2 catalysts[J]. Applied Catalysis B-Environmental, 193:141-150.

Henshaw P F, D'Andrea T, Mann K R C, et al., 2005. Premixed ammonia-methane-air combustion[J]. Combustion Science and Technology, 177:2151-2170.

Hussein N A, Valera-Medina A, Alsaegh A S, 2019. Ammonia-hydrogen combustion in a swirl burner with reduction of NO_X emissions[J]. Energy Procedia, 158: 2305-2310.

Hydrogen Council, 2021. Hydrogen Insights Report 2021[R]. New York: Mckinsey & Company.

Hydrogen Council, 2021. Hydrogen Scaling up[R]. New York.

Ichikawa A, Hayakawa A, Kitagawa Y, et al., 2015. Laminar burning velocity and Markstein length of ammonia/hydrogen/air premixed flames at elevated pressures[J]. International Journal of Hydrogen Energy, 40(30):9570-9578.

Ikheimo J, Kiviluoma J, 2017. Power-to-ammonia in future North European 100% renewable power and heat system[J]. International Journal of Hydrogen Energy, 43(36): 17295-17308.

Ishihara S, Zhang J, Ito T, 2020. Numerical calculation with detailed chemistry of effect of ammonia co-firing on NO emissions in a coal-fired boiler[J]. Fuel, 266:116924.

Ishihara S, Zhang J, Ito T, 2020. Numerical calculation with detailed chemistry on ammonia co-firing in a coal-fired boiler: effect of ammonia co-firing ratio on NO emissions[J]. Fuel, 274(2):117742.

Ishimatsu S, Saika T, Nohara T, 2004. Ammonia fueled fuel cell vehicle: the new concept of a hydrogen supply system[J]. SAE transactions, 2004:1085-1091.

Ito E, Mergler Y J, Nieuwenhuys B E, et al., 1995. Infrared studies of NO adsorption and co-adsorption of NO and O_2 onto cerium-exchanged mordenite (CeNaMOR)[J]. Microporous Materials, 4(6): 455-465.

Ito T, Zhang J, Ishihara S, et al., 2019. Development of the coal co-firing technology with ammonia and numerical evaluation of the boiler performance[J]. Journal of the Combustion Society of Japan, 61(198):304-308.

Jangjou Y, Wang D, Kumar A, et al., 2016. SO_2 poisoning of the NH_3-SCR reaction over Cu-SAPO-34: effect of ammonium sulfate versus other S-containing species[J]. ACS Catalysis, 6(10):6612-6622.

Karaca A E, Dincer I, 2020. Ammonia-based energy solutions and research and development efforts in Canada: a perspective[J]. International Journal of Energy Research, 44(14): 11020-11028.

Klaas L, Guban D, Roeb M, et al., 2021. Recent progress towards solar energy integration into low-pressure green ammonia production technologies[J]. International Journal of Hydrogen Energy, 46(49):25121-25136.

Kobayashi H, Hayakawa A, Somarathne K, et al., 2018. Science and technology of ammonia combustion[J]. Proceedings of the Combustion Institute, 37(1): 109-133.

Koike M, Miyagawa H, Suzuoki T, et al., 2012. Ammonia as a hydrogen energy carrier and its application to internal combustion engines[J]. Sustainable Vehicle Technologies:61-70.

Konnov A A, De Ruyck J, 2001. A possible new route for no formation via N_2H_3 [J]. Combustion Science and Technology, 168:1-46.

Kurata O, Iki N, Matsunuma T, et al., 2017. Performances and emission characteristics of NH_3-air and NH_3-CH_4-air combustion gas-turbine power generations[J]. Proceedings of the Combustion Institute, 36(3): 3351-3359.

Leighty W C, Holbrook J H, 2012. Alternatives to electricity for transmission, firming storage, and supply integration for diverse, stranded, renewable energy resources: gaseous hydrogen and anhydrous ammonia fuels via underground pipelines[J]. Energy Procedia, 29: 332-346.

Li P, Feng L, Yuan F, et al., 2016. Effect of surface copper species on NO + CO reaction over XCuO-$Ce_{0.9}Zr_{0.1}O_2$ catalysts: in situ DRIFTS studies[J]. Catalysts, 6(8):124.

Li P, Xin Y, Li Q, et al., 2012. Ce-Ti amorphous oxides for selective catalytic reduction of NO with NH_3: confirmation of Ce-O-Ti active sites[J]. Environmental Science &

Technology, 46(17):9600-9605.

Li Y, Lan S, Ryberg M, et al., 2021. A quantitative roadmap for China towards carbon neutrality in 2060 using methanol and ammonia as energy carriers[J]. iScience,24(6):102513.

Lin Q, Jiang Y, Liu C, et al., 2021. Instantaneous hydrogen production from ammonia by non-thermal arc plasma combining with catalyst[J]. Energy Reports, 7:4064-4070.

Lin Q, Jiang Y, Liu C, et al., 2022. Controllable NO emission and high flame performance of ammonia combustion assisted by non-equilibrium plasma[J]. Fuel, 319:123818.

Liu C, Chen L, Li J, et al., 2012. Enhancement of activity and sulfur resistance of CeO_2 supported on TiO_2-SiO_2 for the selective catalytic reduction of NO by NH_3[J]. Environmental Science & Technology, 46(11), 6182-6189.

Liu Q, Chen X, Huang J, et al., 2019. The characteristics of flame propagation in ammonia/oxygen mixtures[J]. Journal of Hazardous Materials, 363 (FEB.5):187-196.

Liu S, Zou C, Song Y, et al., 2019. Experimental and numerical study of laminar flame speeds of CH_4/NH_3 mixtures under oxy-fuel combustion[J]. Energy, 175:250-258.

Lomachenko K A, Borfecchia E, Negri C, et al., 2016. The Cu-CHA $deNO_X$ catalyst in action: temperature-dependent NH_3-assisted selective catalytic reduction monitored by operando XAS and XES[J]. Journal of the American Chemical Society, 138 (37): 12025-12028.

Ludwig M, Lüers M, Lorenz M, et al., 2021. The green tech opportunity in hydrogen[R]. Boston: The Boston Consulting Group.

MacFarlane D R, Cherepanov P V, Choi J, et al., 2020. A roadmap to the ammonia economy[J]. Joule, 4(6): 1186-1205.

Miller J A, Smooke M D, Green R M, et al., 1983. Kinetic modeling of the oxidation of ammonia in flames, western states section/combust [J]. Combustion Science and Technology, 34:149-176.

Miura D, Tezuka T, 2014. A comparative study of ammonia energy systems as a future energy carrier, with particular reference to vehicle use in Japan[J]. Energy, 68:428-436.

Morlanés N, Katikaneni S P, Paglieri S N, et al., 2020. A technological roadmap to the ammonia energy economy: current state and missing technologies[J]. Chemical Engineering Journal, 408(15): 127310.

Okafor E C, Naito Y, Colson S, et al., 2018. Experimental and numerical study of the laminar burning velocity of CH_4-NH_3-air premixed flames[J]. Combustion and Flame, 187:185-198.

Okafor E C, Yamashita H, Hayakawa A, et al., 2021. Flame stability and emissions characteristics of liquid ammonia spray co-fired with methane in a single stage swirl combustor[J]. Fuel, 287(2):119433.

Otoguro M, Saika T, Akasaka K, et al., 2007. Design of a fuel-cell electric vehicle with a hydrogen generation system fueled with ammonia[J]. Sae Technical Papers, 1:3494.

Park J H, Park H J, Baik J H, et al., 2006. Hydrothermal stability of CuZSM5 catalyst in reducing NO by NH_3 for the urea selective catalytic reduction process[J]. Journal of Catalysis, 240(1):47-57.

Pozzana G, Bonfanti N, Frigo S, et al., 2012. A hybrid vehicle powered by hydrogen and ammonia[J]. Sae Technical Papers, 32:85.

Prenni A J, Day D E, Evanoski-Cole A R, et al., 2016. Oil and gas impacts on air quality in federal lands in the Bakken region: an overview of the Bakken air quality study and first results[J]. Atmospheric Chemistry and Physics, 16(3):1401-1416.

Reiter A J, Kong S C, 2011. Combustion and emissions characteristics of compression-ignition engine using dual ammonia-diesel fuel[J]. Fuel, 90(1):87-97.

Rouwenhorst K, Lefferts L, 2020. Feasibility study of plasma-catalytic ammonia synthesis for energy storage applications[J]. Catalysts, 10(9):999.

Saito Y, Mitsui H, Nohara T, et al., 2009. Hydrogen generation system with ammonia cracking for a fuel-cell electric vehicle[J]. Sae Technical Papers, 1:1901.

Salmon N, Baares-Alcántara R, 2021. Green ammonia as a spatial energy vector: a review [J]. Sustainable Energy & Fuels, 5(58):2814-2839.

Shen Y, Ma Y, Zhu S, 2012. Promotional effect of zirconium additives on $Ti_{0.8}Ce_{0.2}O_2$ for selective catalytic reduction of NO[J]. Catalysis Science and Technology, 2(3):589-599.

Siddiqui O, Dincer I, 2021. Optimization of a new renewable energy system for producing electricity, hydrogen and ammonia[J]. Sustainable Energy Technologies and Assessments, 44(34):101023.

Siddiqui O, Dincer I, 2020. Design and transient analyses of a new renewable energy system for multigeneration of power, heat, hydrogen and ammonia[J]. Journal of Cleaner Production, 270:122502.

Tang G, Jin P, Bao Y, et al., 2021. Experimental investigation of premixed combustion limits of hydrogen and methane additives in ammonia[J]. International Journal of Hydrogen Energy, 46(39):20765-20776.

Tang Y, Xie D, Shi B, et al., 2022. Flammability enhancement of swirling ammonia/air combustion using AC powered gliding arc discharges[J]. Fuel, 313:122674.

The Royal Society, 2020. Ammonia: zero-carbon fertiliser, fuel and energy store [R]. London.

Valera Medina A, Amer-Hatem F, Azad A K, et al., 2021. Review on Ammonia as a Potential Fuel: From Synthesis to Economics[J]. Energy & Fuels, 35(9):6964-7029.

Valera-Medina A, Xiao H, Owen-Jones M, et al., 2018. Ammonia for power[J]. Progress in Energy and Combustion Science, 69: 63-102.

Wan Z, Tao Y, Shao J, et al., 2021. Ammonia as an effective hydrogen carrier and a clean fuel for solid oxide fuel cells[J]. Energy Conversion and Management, 228(15):113729.

Wang D, Ji C, Wang S, et al., 2020. Numerical study on the premixed oxygen-enriched ammonia combustion[J]. Energy & Fuels, 34(12):16903-16917.

Wang D, Ji C, Wang S, et al., 2021. Numerical study of the premixed ammonia-hydrogen combustion under engine-relevant conditions[J]. International Journal of Hydrogen Energy, 46(2):2667-2683.

Wang Y, Zhou X, Liu L, 2021. Theoretical investigation of the combustion performance of ammonia/hydrogen mixtures on a marine diesel engine[J]. International Journal of Hydrogen Energy, 46(27):14805-14812.

Wu Z, Jin R, Wang H, et al., 2009. Effect of ceria doping on SO_2 resistance of Mn/TiO_2 for selective catalytic reduction of NO with NH_3 at low temperature[J]. Catalysis Communications, 10(6):935-939.

Xia Y, Hashimoto G, Hadi K, et al., 2020. Turbulent burning velocity of ammonia/oxygen/nitrogen premixed flame in O_2-enriched air condition[J]. Fuel, 268: 117383.

Xiao H, Lai S, Valera-Medina A, et al., 2020. Study on counterflow premixed flames using high concentration ammonia mixed with methane[J]. Fuel, 275:117902.

Xie G Y, Liu Z Y, Zhu Z P, et al., 2004. Simultaneous removal of SO_2 and NO_X from flue gas using a CuO/Al_2O_3 catalyst sorbent II. Promotion of SCR activity by SO_2 at high temperatures[J]. Journal of Catalysis, 224(1):42-49.

Zhang J, Ito T, Ishii H, et al., 2020. Numerical investigation on ammonia co-firing in a pulverized coal combustion facility: effect of ammonia co-firing ratio[J]. Fuel, 267:117166.

Zhang L, Shi L, Huang L, et al., 2014. Rational design of high-performance DeNO$_X$ catalysts based on Mn$_X$Co$_{3-X}$O$_4$ nanocages derived from metal-organic frameworks[J]. ACS Catalysis, 4(6):1753-1763.

Zhou B, Zhang N, Wu Y, et al., 2021. An option for green and sustainable future: electrochemical conversion of ammonia into nitrogen[J]. Journal of Energy Chemistry, 60(70):384-402.

Zhu H, Gu X, Yao K, et al., 2009. Large-scale synthesis of MgCl$_2$·6NH$_3$ as an ammonia storage material[J]. Industrial & engineering chemistry research, 48(11):5317-5320.